Kommerzielles Text- und Data-Mining im Urheberrecht

Europäische Hochschulschriften Recht

European University Studies in Law

Publications Universitaires Européennes de Droit

Band/ Volume **6288**

Maximilian Wellmann

Kommerzielles Text- und Data-Mining im Urheberrecht

PETER LANG

Bibliografische Information der Deutschen Nationalbibliothek
Die Deutsche Nationalbibliothek verzeichnet diese Publikation in der Deutschen Nationalbibliografie; detaillierte bibliografische Daten sind im Internet über http://dnb.d-nb.de abrufbar.

Zugl.: Münster (Westfalen), Univ., Diss., 2022

Gedruckt auf alterungsbeständigem, säurefreiem Papier.

D 6
ISSN 0531-7312
ISBN 978-3-631-86890-4 (Print)
E-ISBN 978-3-631-86217-9 (E-PDF)
E-ISBN 978-3-631-87471-4 (EPUB)
DOI 10.3726/b19513

Peter Lang – Berlin · Bern · Bruxelles · New York · Oxford · Warszawa · Wien

Diese Publikation wurde begutachtet.

www.peterlang.com

Vorwort

Die vorliegende Arbeit wurde im Sommersemester 2021 von der rechtswissenschaftlichen Fakultät der Westfälischen Wilhelms-Universität Münster als Dissertation angenommen. Sie entstand unter anderem in meiner Zeit als wissenschaftlicher Mitarbeiter am Institut für Telekommunikations-, Informations- und Medienrecht (ITM). Das Kolloquium fand am 12.10.2021 statt. Die Arbeit nimmt Rücksicht auf das Inkrafttreten des Gesetzes zur Anpassung des Urheberrechts an die Erfordernisse des digitalen Binnenmarktes, vom 7. Juni 2021. Rechtsprechung und Literatur haben bis einschließlich April 2021 Berücksichtigung gefunden.

Bedanken möchte ich mich bei Herrn Professor Dr. Thomas Hoeren für die Betreuung meiner Dissertation. Frau Professorin Dr. Franziska Boehm danke ich sehr herzlich für die zügige Zweitbegutachtung der Arbeit.

Weiter gilt mein Dank meinen Kollegen und Kolleginnen am Institut für den offenen Gedankenaustausch und die damit verbundenen Denkanstöße. Hervorzuheben sind dabei Nicolas, Steffen, Marten, Owen und Nico, die mit Ihren kritischen Anregungen und ihrem stets offenen Ohr zum Gelingen der Arbeit maßgeblich beigetragen haben.

Ein besonderer Dank geht an meine Freundin Melissa, ohne die es nicht möglich gewesen wäre, die Arbeit zu vollenden. Danke für deine Motivation und dein Verständnis auch in schwierigen Phasen der Arbeit.

Gewidmet ist die Arbeit meinem Vater Ronald Wellmann, der mich in all den Jahren immer bedingungslos unterstützt hat und der mich zu einem die Dinge hinterfragenden Menschen erzogen hat.

Münster, im Dezember 2021 Maximilian Wellmann

Gliederung

Abkürzungsverzeichnis

Dieses Verzeichnis enthält Abkürzungen, die nicht im Duden oder bei *Kirchner*, Abkürzungsverzeichnis der Rechtssprache, 9. Aufl., Berlin 2018 aufgeführt sind.

1st Cir., 2nd Cir. u.s.w.	Court of Appeals for the 1st (2nd Cir., u.s.w.) Circuit
Am. U. L. Rev.	American University Law Review
Arizona L. Rev.	Arizona Law Review
Berkeley Tech. L.J.	Berkeley Technology Law Journal
Cardozo Arts & Ent. L.J.	Cardozo Arts & Entertainment Law Journal
Colum. J.L. & Arts	The Columbia Journal of Law & the Arts
Colum. L. Rev.	Columbia Law Review
Comm. of the ACM	Communications of the ACM
Cont. & Man. Rev.	Controlling and Management Review
F.2d / F.3d	Federal Reporter (2nd ed. / 3rd ed.)
Harv. L. Rev.	Harvard Law Review
Hastings Comm. & Ent L. J.	Hastings Communication & Entertainment Law Journal
HTML	Hypertext Markup Language
Int. J. Im. Mining	International Journal of Image Mining
Iowa L. Rev.	Iowa Law Review
J. Copyright Soc´y U.S.A.	Journal of the Copyright Society of the U.S.A.
J. Inf. Sci.	Journal of Information Science
JPLP	Journal of Intellectual Property Law & Practice
KDD	Knowledge Discovery in Databases
Knowl. Eng. Rev.	The Knowledge Engineering Review
NLP	Natural Language Processing
NoSQL	Not Only Structured Query Language
N.Y.L Sch. L. Rev.	New York Law School Law Review
pdf.	Portable Document Format
RAM	Random-Access Memory

REP	Robots Exclusion Protocol
S. Ct.	Supreme Court
SQL	Structured Query Language
TDM	Text- und Data-Mining
UC Davis L. Rev.	University of California Davis Law Review
U. Chic. L. Rev.	University of Chicago Law Review
U.S.C.	United States Code
Vand. L. Rev.	Vanderbildt Law Review
Wash. L. Rev.	Washington Law Review
XML	Extensible Markup Language

A. Einführung und Hintergrund

„We are drowning in information, but starving for knowledge".
Dieses Zitat des amerikanischen Zukunftsforschers *John Naisbitt* offenbart das Paradoxon der Informationsgesellschaft des 21. Jahrhunderts. Smart Cars, Internet of Things (IoT), Smart Grids oder Wearables – all diese Entwicklungen erzeugen riesige Datenmengen und substituieren in zunehmendem Maße klassische körperliche Güter.[1] Selbst kühne Optimisten hätten mit einer solch rasanten Entwicklung des historischen Phänomens der Datenflut durch die zunehmende Ubiquität des Digitalen nicht gerechnet. Versuche, das Phänomen der Datenflut in statistisch belastbaren Zahlen auszudrücken, sind angesichts der Eigenschaften von Daten als nicht-exklusive und nicht-rivale Güter bislang allerdings wenig erfolgreich gewesen.

Wagt man gleichwohl eine Schätzung, wird zugrunde gelegt, dass sich das weltweite Datenvolumen alle zwei Jahre verdoppelt und im Jahr 2025 auf insgesamt 163 Zettabyte angewachsen sein wird.[2] Einen wesentlichen Anteil an dieser Entwicklung haben dabei nicht zuletzt große datengetriebene Unternehmen. Allein Google verarbeitet täglich 24 Petabyte Daten, was dem 6000-fachen Dateninhalt der US Library of Congress entspricht.[3]

Flankierend zu diesen Entwicklungen treibt auch die vierte industrielle Revolution (Industrie 4.0) die Datenflut immer weiter voran.[4] Körperliche Geräte und in der Fertigung eingesetzte Maschinen werden immer stärker miteinander vernetzt und werden so „on purpose" oder „en passant" zu Datenerzeugern.[5]

---

1 *Schur*, Lizenzierung von Daten, 1; *Becker*, in: Büscher/Glöckner/Nordemann et al. (Hrsg.), FS Fezer, 815 (816 f.); *Geiger/Frosio/Bulayenko*, in: Garcia/Llorca (Hrsg.), Propiedad Intellectual, 22 (24); *Hill*, DÖV 2014, 213 (216); *Zech*, GRUR 2015, 1151 (1152 f.).

2 COM(2015) 192 final, 16, der Big Data Sektor wächst um 40% pro Jahr und damit sieben Mal schneller als der IT-Markt; *Otte/Wippermann/Otte*, Data Mining, 14; *Raue*, IIC 2018, 379 (380).

3 *Mayer-Schönberger/Cukier*, Big Data, 8; siehe auch die Zahlen bei *Manyika/Chui/Brown et al.*, Big Data, 1 ff.

4 Grundlegend *Hornung/Hofmann*, in: Hornung (Hrsg.), Rechtsfragen der Industrie 4.0, 9 ff.; *Wiebe*, GRUR 2017, 338 (342 f.); *Zech*, GRUR 2015, 1151 f.

5 *Geiger/Frosio/Bulayenko*, IIC 2018, 814 (815); *Paal/Hennemann*, NJW 2017, 1697; *Stender-Vorwachs/Steege*, NJOZ 2018, 1361; zu den Substituierungstendenzen *Hornung/Hofmann*, in: Hornung (Hrsg.), Rechtsfragen der Industrie 4.0, 9 (10); *de Wachter*, CRi 2014, 1; *Zech*, GRUR 2015, 1151; vgl. *Sobel*, Colum. J.L. & Arts 2017, 45 (87 f.).

Dabei sind die großen Datenunternehmen die Profiteure der Datenflut. Maßgeblich gefördert wird sie von Menschen, was sich darin zeigt, dass es ohne die immer stärkere Verlagerung des Lebens in das Internet und die Nutzung von „Smart Devices" keine datengetriebenen Internetkonzerne gäbe.

Heutzutage ist es üblich, dass jeder einzelne Mensch schon durch seine Kommunikation und sein tatsächliches Agieren eine Vielzahl von Daten erzeugt, die das Leben von Menschen für Wirtschaftsunternehmen zu einem analyserelevanten Wirtschaftsgut macht.[6]

Es wäre jedoch fehlgehend, die Datenflut mit den Errungenschaften der Informationsgesellschaft als abebbend oder gar beendet anzusehen. Vielmehr wird sie weiter kräftig voranschreiten und durch die Entwicklungen im Bereich des maschinellen Lernens und der selbstlernenden Algorithmen eine neue Dynamik entfalten.

Absehbar ist dabei bereits jetzt, dass sich die Funktion von Daten fundamental auf den Kopf stellen wird und sich Daten künftig aus sich selbst heraus erzeugen werden.[7] Solche sich selbsterzeugenden Daten werden insoweit die nächste Evolutionsstufe des die Menschheitsgeschichte begleitenden Phänomens der Datenflut bilden.

I. Problemaufriss – von der Informationsgesellschaft in die „data-mining society"

Um der Datenflut zu begegnen, bedarf es moderner Analysetechniken, mit deren Hilfe es möglich ist, aus Big Data einen kommerziellen Nutzen zu ziehen und die Datenflut zum gesellschaftlichen Vorteil zu nutzen. Um allerdings riesige Text- und Datenbestände, die Milliarden einzelner Daten und Texte enthalten können, auf relevante Informationen hin auszuwerten, braucht es automatisierte Analysemethoden, mit denen es möglich wird, die im Datenbestand angelegten Informationen für einen menschlichen Betrachter wahrnehmbar zu machen.

An dieser Stelle setzen die Verfahren des Text- und Data-Mining an.

Die Verfahren reihen sich dabei in der Historie der Datenflut in die Erfindung der Akte oder der Volltextsuche ein, mit der in der Vergangenheit Instrumente erfunden wurden, um sich einen Weg aus der datengetriebenen Überforderung zu bahnen.[8]

---

6 Vgl. *Hill*, DÖV 2014, 213 (214).

7 Vgl. *Amstutz*, AcP 2018, 438 (505).

8 *v. Lewinski, K.*, Datenflut, 7.

Möglich wurden die Entwicklung und der großflächige Einsatz von Text- und Data-Mining-Technologien jedoch erst durch die Entwicklungen und Fortschritte im Bereich der Speichertechnologie und der Rechenleistung. Ausgehend vom Mooreschen Gesetz verdoppelt sich seit den 1960er Jahren alle 18 Monate die Rechenkapazität bei gleichzeitiger Miniaturisierung und Verbilligung der Geräte.[9]

Ohne diese Gesetzmäßigkeit wäre ein Text- und Data-Mining-Einsatz in der heutigen Dimension nicht denkbar.[10]

Angesichts dieser Entwicklungen ist es deshalb nicht fernliegend, von einer Transformation der „information society" in eine „data-mining society" auszugehen, deren vorrangiges Ziel nicht mehr alleine darin besteht, Daten nur massenhaft abzuspeichern und abzurufen.[11]

Anknüpfungspunkt dieses auf *Dommering* zurückgehenden Sprachbildes ist dabei der Ansatz, dass eine Gesellschaft, die sich nur der Erhebung und Speicherung von Massendaten widmet, die Innovations- und Wertschöpfungsversprechen, die sich aus dem Wirtschaftsgut Daten ergeben, nicht wird einlösen können.[12]

Anders als in der Informationsgesellschaft ist die Grundidee des Einsatzes von Text- und Data-Mining-Methoden daher, die menschlich-kognitive Verarbeitung von Daten durch einen großflächigen Einsatz von maschinell-automatisierten Datenanalyseverfahren abzulösen, um Big Data im Sinne des gesellschaftlichen Fortschritts nutzen zu können.

---

9 *Mainzer*, in: Schröder/Schwanebeck (Hrsg.), Big Data, 51; vgl. *Hoeren*, MMR 2013, 486 (491) „zunehmenden Ubiquität von Rechenprozessen"; *Mitchell*, Comm. of the ACM 1999, 1, sieht darin einen der entscheidenden Treiber des Data Mining; *Zech*, GRUR 2015, 1151 (1152).

10 *Gabriel/Gluchowski/Pastwa*, Data Mining, 117; *Mitchell*, Comm. of the ACM 1999, 1.

11 *Dommering*, in: Kleist/Roßnagel/Scheuer (Hrsg.), Europäisches Medienrecht, 51 (52) „[…] in this new century […] we should abandon the term „information society" and instead talk about a „data-mining society"; zum Begriff der „information society" *Hoeren*, in: Ullrich/Drahos/Ghidini (Hrsg.), Kritika, 23 (24 f.).

12 *Duisberg*, in: Raabe/Wagner (Hrsg.), Daten als Wirtschaftsgut, 16 (26), der Wert der EU-Datenwirtschaft erreichte 2015 mit 272 Mrd. Euro bereits 1,87 % des EU-Bruttoinlandsprodukts. Schätzungen zufolge wird dieser Wert bis 2020 auf 3,17 % anwachsen; siehe auch die Zahlen bei *Hugenholtz*, in: Lohsse/Schulze/Staudenmayer (Hrsg.), Trading Data, 73 (77 f.); *Méniére/Rudyk*, in: Seuba/Geiger/Penin (Hrsg.), Intellectual Property, 29 (31).

Die zu untersuchenden Verfahren des Text- und Data-Mining stellen insoweit ein Instrument dar, mit dessen Hilfe es möglich wird, einen für den (kommerziellen) Anwender potenziell wertvollen, aber für die menschliche Wahrnehmung zunächst verborgenen Informationsgehalt zu offenbaren.

II. Anstoß und Gang der Arbeit

Der beschriebene Transformationsprozess und die hierauf ergangene Reaktion des Gesetzgebers liefern den zentralen Anstoß für die nachfolgende Untersuchung des Text- und Data-Mining.

Das Kernelement der Arbeit stellt dabei die seit Jahren in der Diskussion stehende und 2019 nunmehr final in Kraft getretene DSM-Richtlinie[13] mit ihrer in Art. 4 DSM-RL verankerten neuen Schranke zum kommerziellen Text- und Data-Mining dar.

Umgesetzt wird die Vorschrift im deutschen Recht durch § 44b UrhG, der im Zusammenspiel mit Art. 4 DSM-RL das Regelungskonzept zum Text- und Data-Mining im europäischen Mehrebenensystem bildet.

Im Fokus der Abhandlung steht dabei in Rekurs auf ihren Titel das kommerzielle Text- und Data-Mining, das bisher ohne legislatives Vorbild war.

Abseits der urheberrechtlichen Regulierung werden andere für das Text- und Data-Mining in Betracht kommende Schutzrechtsregime wie das Datenschutzrecht oder das Wettbewerbsrecht aus der Betrachtung herausgehalten und nur dort thematisiert, wo dies problemorientiert geboten ist.[14]

Der Arbeit liegt ein ganzheitlicher Ansatz zugrunde, nach dem ausgehend von der Untersuchung der verwertungsrechtlichen Relevanz des Text- und Data-Mining-Prozesses eine Analyse und Bewertung der neuen Schrankenregelungen vorgenommen wird.

Zum Auftakt der Untersuchung werden in Kapitel B die relevante Terminologie und die technischen Hintergründe zum Text- und Data-Mining beleuchtet. Neben der Darstellung des „Analyserohstoffs“ Daten und dem beabsichtigten „Analyseprodukt“ der semantischen Informationen werden dabei auch die

---

13 Richtlinie (EU) 2019/790 des Europäischen Parlaments und des Rates v. 17.4.2019 über das Urheberrecht und die verwandten Schutzrechte im digitalen Binnenmarkt und zur Änderung der Richtlinien 96/9/EG und 2001/29/EG (nachfolgend zitiert als DSM-Richtlinie).

14 *Stamatoudi* (Hrsg.), Int. Copyright Law, 251 (281); *Büllesbach*, CR 2000, 11 ff.; *Spindler*, GRUR 2016, 1112 (1116 f.).

Querbezüge des Text- und Data-Mining zu Big Data thematisiert und zentrale Analysemethoden und Einsatzgebiete eingeführt.

In Kapitel C erfolgt der Einstieg in die verwertungsrechtliche Analyse des Text- und Data-Mining-Prozesses. Ausgehend vom Prozessschritt der Datenauswahl wird hier für zentrale Schutzgegenstände des Urheberrechts untersucht, inwiefern es durch die Datenauswahl überhaupt zu einem Eingriff in Verwertungsrechte des jeweiligen Schutzrechtsinhabers kommt.

Im Anschluss an diese Auseinandersetzung erfolgt in Kapitel D die verwertungsrechtliche Analyse der weiteren Prozessschritte des Text- und Data-Mining.

Kapitel E geht im Anschluss der Frage nach, inwieweit ein urheberrechtlicher Schutz von Text- und Data-Mining-Ergebnissen de lege lata in Betracht kommt. Dabei wird die Analyse um die Perspektive des US-amerikanischen Copyright Law ergänzt, um akzentuiert auf bestehende Stärken und Schwächen des europäischen Schutzregimes eingehen zu können.

Anknüpfend an die in den Kapiteln C und D gewonnenen Erkenntnisse widmet sich Kapitel F der Untersuchung der neu eingeführten Schranke des Art. 4 DSM-RL zum kommerziellen Text- und Data-Mining.

Die dogmatische Einordnung der DSM-Richtlinie in den Acquis Unionaire liefert dabei das Fundament für Kapitel G, in dem die materiellrechtliche Würdigung der Schranke zum kommerziellen Text- und Data-Mining vollzogen wird.

Ausgehend von den verbindlichen Vorgaben der DSM-Richtlinie erfolgt in Kapitel H die Auseinandersetzung mit der Umsetzungsvorschrift des § 44b UrhG. Die dort geübte Kritik wirft dabei bereits ein Schlaglicht auf die Diskussion der regulatorischen Alternativen im Kapitel I.

Den Schluss der Abhandlung bildet ein eigener Regelungsvorschlag in Kapitel J, der sich auf Grundlage der gewonnenen Erkenntnisse eine angemessene Einordung des Text- und Data-Mining zum Ziel setzt.

III. Forschungsfragen

Beim Text- und Data-Mining handelt es sich um eine junge Materie der urheberrechtlichen Regulierung. Zuletzt hat sich jedoch eine legislative Dynamik entfaltet, die ihren Ausgangspunkt in der Einführung des § 60d UrhG a. F. durch das UrhWissG[15] findet, über das Inkrafttreten der DSM-Richtlinie 2019 reicht

15 Gesetz zur Angleichung des Urheberrechts an die aktuellen Erfordernisse der Wissensgesellschaft, vom 1. September 2017 (nachfolgend zitiert als UrhWissG).

und ihren vorläufigen Abschluss in der Umsetzung der neuen Vorschriften zum Text- und Data-Mining in das Urheberrechtsgesetz finden wird.

Ohne Vorbild ist dabei die Einführung einer eigenen Schranke zum kommerziellen Text- und Data-Mining in § 44b UrhG, Art. 4 DSM-RL. Der Forschungsstand für diesen Bereich ist dementsprechend noch durch zahlreiche Leerstellen geprägt und bedarf einer grundlegenden wissenschaftlichen Auseinandersetzung.

Die Untersuchung greift in ihrer Konzeption die zahlreichen legislativen Umbrüche der jüngsten Zeit auf und setzt sich eine dogmatische Analyse der neuen Schranke des § 44b UrhG, Art. 4 DSM-RL zum kommerziellen Text- und Data-Mining zum Ziel.

Ausgehend von der Untersuchung der verwertungsrechtlichen Relevanz steht dabei die zentrale Forschungsfrage, ob es überhaupt einer eigenen Schranke für das kommerzielle Text- und Data-Mining bedarf oder ob die eingeführte Regelung des § 44b UrhG, Art. 4 DSM-RL nicht vielmehr überflüssig ist.

Dabei gilt es parallel zu untersuchen, ob die neu eingeführte Schranke zum kommerziellen Text- und Data-Mining technikneutral und zukunftsfest ausgestaltet ist, ihrer klassischen Funktion des Interessenausgleichs zwischen Kreativen, Rechtsinhabern und Nutzern nachkommt und zugleich erfolgreich zu Innovationen in Europa beitragen kann.[16]

Die Abhandlung nimmt dabei nicht nur eine kritische Auseinandersetzung mit den Tatbestandsvoraussetzungen der neu eingeführten § 44b UrhG, Art. 4 DSM-RL vor, sondern geht darüber hinaus auch der Frage nach, ob die eingeführte Schranke in der Lage ist, das Freihaltebedürfnis für Informationen im Urheberrecht angemessen mit Blick auf die Zielsetzung des Text- und Data-Mining zu sichern.

Ziel der Arbeit ist es zudem, regulatorische Alternativen zu entwickeln, die sich an der Fragestellung orientieren, ob ausgehend von den Wertungen des Dreistufentests eine interessengerechtere Regulierung des kommerziellen Text- und Data-Mining auch außerhalb der eingeführten Schranke zum kommerziellen Text- und Data-Mining möglich gewesen wäre.[17]

---

16 ErwG 6 S. 1 DSM-RL; *Dreier*/Schulze (Hrsg.), UrhG, § 44a Rn. 1; zu den Wertschöpfungspotentialen SWD(2015) 100 final, 3; COM(2015) 626 final, 2; *Manyika/Chui/Brown et al.*, Big Data, 54, 129 f.; Méniére/*Rudyk*, in: Seuba/Geiger/Penin (Hrsg.), Intellectual Property, 29 (31); *Hugenholtz*, in: Lohsse/Schulze/Staudenmayer (Hrsg.), Trading Data, 73 (78 f.).

17 Die Funktion des Dreistufentests für einen wirksamen Interessenausgleich betonend *Geiger/Griffiths/Hilty*, GRUR Int. 2008, 822 (823).

In der Entwicklung der Alternativen wird dabei auch ein rechtsvergleichender Ansatz eingebracht, der speziell untersucht, ob über die flexiblere Ausgestaltung der Text- und Data-Mining-Schranke nach dem Vorbild des Fair-Use-Regime des US-amerikanischen Copyright Law eine stärkere Betonung der Nutzerinteressen in der Schranke zum kommerziellen Text- und Data-Mining sinnvoll gewesen wäre.

IV. Technischer Hintergrund und begriffliche Grundlagen des Text- und Data-Mining

Nach einem Bonmot *Luhmanns* verhält sich die Jurisprudenz zum Computer „wie ein Reh zum Auto: manchmal kollidieren sie eben doch“[18]. Was zunächst humoristisch klingt, scheint auch für die bisherige legislative Würdigung des Text- und Data-Mining von treffender Prägnanz. Wenngleich das Urheberrecht nicht mit dem Technikrecht gleichzusetzen ist, besteht eine ständige Wechselbeziehung zwischen dem Urheberrecht, der Technik und der „data-mining society“. Diese Wechselbeziehung zu offenbaren und die bestehenden Unterschiede in der Begriffsbildung sowie dem technischen Verständnis offenzulegen, stellt die zentrale Aufgabe des nachfolgenden Abschnitts dar.

V. Begriffsbestimmungen und technischer Hintergrund der Informatik

Neben dem Data-Mining werden in der Informatik u. a. das Text-Mining, das Opinion oder Sentiment Mining, das Web Mining, das Graph Mining, das Video Mining, das Audio Mining, das Music Data Mining sowie das Image Mining diskutiert.[19] Aufgrund dieser Vielzahl an unterschiedlichen Mining-Verfahren und Begriffen können nur die Verfahren des Text-Mining, des Web Mining und des Data-Mining einer eingehenden Untersuchung unterzogen werden.

Die drei ausgewählten Mining-Verfahren werden dabei in der Informatik über ihre Datengrundlage abgegrenzt.[20] Während für das Data-Mining nur auf

18 Nach einem Vortrag *Luhmanns*, zitiert in *Steinmüller*, Informationstechnologie 1993, 25.

19 Vgl. SWD(2016) 301 final, Part 3/3, 158; *Tillmanns*, Data Mining, 108; *Markl*, in: Hoeren (Hrsg.), Big Data und Recht, 3 (4); *Manyika/Chui/Brown et al.*, Big Data, 30; zum Image Mining, *Dey/Karâa/Chakraborty et al.*, Int. J. Image Mining 2015, 45 ff.

20 *Drees*, Perspektive Bibliothek 2016, 49 (52); differenzierend *Clark*, Text Mining and Scholarly Publishing, 6.

strukturierte Daten zurückgegriffen wird, erfolgt beim Text-Mining die Analyse unstrukturierter Daten, die in einem speziellen Preprocessing in strukturierte Daten umgearbeitet werden müssen.[21] Dieses spezifische Preprocessing resultiert aus der technischen Notwendigkeit, dass Algorithmen ausschließlich in der Lage sind, strukturierte Daten zu lesen, die sich in ihrer Form durch eine Typisierung und Fixierung in einem festen Schema kennzeichnen, wie sie beispielsweise in einer relationalen Datenbank zum Ausdruck kommt.[22]

Textuellen Einheiten oder Bildern mangelt es aber an einer solchen formalen Ordnungsstruktur, da Texte abseits von ihren Überschriften und ihrer Grammatik keinem festen, maschinell lesbaren Schema unterliegen.[23]

Das Web Mining als drittes zu betrachtendes Mining-Verfahren greift hingegen auf semistrukturierte Daten zurück. Bei ihnen handelt es sich um Mischgebilde, bei denen Daten in einer unstrukturierten Form gespeichert werden können, der Speicherort aber eine immanente Struktur aufweist.[24] Exemplarisch hierfür stehen Webseiten, die unstrukturierte Texte enthalten, in ihrem Aufbau zugleich aber einem klaren Schema wie beispielsweise einem HTML-Code (Hypertext Markup Language) folgen, durch den dann ein Abruf von Daten ermöglicht wird.[25]

1. Data-Mining

In der Begriffswelt der Informatik finden sich mannigfaltige Umschreibungen für den Begriff des Data-Mining. Knowledge Extraction, Knowledge Discovery in Databases, Database Exploration, Data Archaeology, Information Harvesting, Data Dredging oder Database Mining sind dabei nur einige der anzutreffenden Begriffe.[26]

---

21 *Cleve/Lämmel*, Data Mining, 43; *Stiemerling*, in: Conrad/Grützmacher (Hrsg.), FS Schneider, § 6, 71.

22 *Knobloch*, Management von Datenanalyseprozessen, 20; *Bensberg*, in: Redeker/Hoppen (Hrsg.), DGRI Jahrbuch 2011, 181 (189), bezeichnet die in Abgrenzung zum Web und Text Mining als „Structured Data Mining".

23 *Gabriel/Gluchowski/Pastwa*, Data Mining, 143; *Heyer/Quasthoff/Wittig*, Text Mining, 3; *Hippner/Rentzmann*, Informatik-Spektrum 2006, 287; *Mehler/Wolff*, LDV-Forum 2005, 1; vgl. auch *Weiss/Indurkhya/Zhang*, Fundamentals of Text Mining, 2 f.; *Drees*, Perspektive Bibliothek 2016, 49 (52); *Meier, M./Beckh*, Wirtschaftsinformatik 2000, 165 (167).

24 *Geisler*, Datenbanken, 497.

25 *Cleve/Lämmel*, Data Mining, 42; vgl. *v. Schönfeld*, Screen Scraping, 54.

26 *Düsing*, in: Chamoni/Gluchowski (Hrsg.), Informationssysteme, 4. Aufl., 281 (282); *Gabriel/Gluchowski/Pastwa*, Data Mining, 121; *Grob/Bensberg*, Data-Mining, 4 f.; *Han/*

a) Alternative 1: Data-Mining als Methode – Knowledge Discovery in Databases als Prozess

Die wohl populärste Definition des Data-Mining geht dabei auf *Fayyad/Piatetsky-Shapiro/Smyth* zurück, die mit ihrer Forschung zum Data-Mining in den 1990er-Jahren dieses Gebiet maßgeblich prägten und Data-Mining als „step in the KDD process consisting of [applying data analysis and discovery] algorithms that, under acceptable computational efficiency limitations, produce a particular enumeration of patterns [over data]“[27] definieren.

Konzeptionell folgt die Definition einem methodenorientierten Ansatz, der unter dem Data-Mining-Begriff lediglich den Vorgang der Methodenanwendung auf einen zu analysierenden Datenbestand erfasst.[28]

Der komplementäre Begriff des Knowledge Discovery in Databases (KDD) definiert hingegen einen Gesamtprozess: „the process of using the database along with required selection, preprocessing, subsampling, and transformations of it; to apply data mining methods (algorithms) to enumerate patterns from it; and to evaluate the products of data mining to identify the subset of the enumerated patterns deemed knowledge“[29]. Nach dieser Definition erfasst der Prozess des Knowledge Discovery in Databases den Prozessschritt der Anwendung der Data-Mining-Methoden, die Datenauswahl, die Datenvorbereitung, die Datentransformation sowie die Evaluation und Interpretation der aufgefundenen Muster.[30]

Kamber/Pei, Data Mining, 6; *Küppers*, Data Mining in der Praxis, 17; *Petersohn*, Data Mining, 10; *Chen/Han/Yu*, IEEE Transactions on Knowledge and Data Engineering 1996, 866; *Fayyad/Stolorz*, Future Generation Computer Systems 1997, 99 (102).

27 *Fayyad/Piatetsky-Shapiro/Smyth*/Uthurusamy (Hrsg.), Data Mining, 1 (9); *Fayyad/Piatetsky-Shapiro/Smyth*, AI Magazine 1996, 37.

28 *Bensberg*, Web Log Mining, 67; vgl. das Prozessverständnis des KDD nach *Fayyad/Piatetsky-Shapiro/Smyth*/Uthurusamy (Hrsg.), Data Mining, 1 (4); diesem folgend *Ester/Sander*, KDD, 2 ff.; *Knobloch*, Data Mining, 4; *Krzywicki/Wobcke/Bain et al.*, Knowl. Eng. Rev. 2016, 97 (98); *Fayyad/Stolorz*, Future Generation Computer Systems 1997, 99 (101 ff.); kritisch *Küppers*, Data Mining Praxis, 20; *Mehler/Wolff*, LDV-Forum 2005, 1 (2); differenzierend *Gabriel/Gluchowski/Pastwa*, Data Mining, 122.

29 *Fayyad/Piatetsky-Shapiro/Smyth*/Uthurusamy (Hrsg.), Data Mining, 1 (9).

30 *Fayyad/Piatetsky-Shapiro/Smyth*, AI Magazine 1996, 37 (39): „KDD focuses on the overall process of knowledge from data (…)“.

b) Alternative 2: Data-Mining als Prozess und Methode

Demgegenüber sind jedoch auch zahlreiche Data-Mining-Definitionen anzutreffen, die inhaltlich einen deutlich weiteren Ansatz verfolgen und die das Data-Mining nicht lediglich als Schritt in einem übergeordneten Prozess des Knowledge Discovery in Databases einordnen, sondern beide Begriffe vielmehr synonym verstehen.

Nach diesem prozessorientierten Begriffsverständnis[31] bildet der Data-Mining-Begriff, wie der Begriff des Knowledge Discovery in Databases, einen Gesamtprozess ab, unter dem ein strukturiertes, aus mehreren Teilschritten bestehendes Vorgehensmodell zur systematischen Datenauswertung verstanden wird.[32] In diesem Bedeutungszusammenhang sind sämtliche notwendigen Schritte von der Datenbeschaffung über die Methodenanwendung bis hin zur Ergebnisinterpretation der Data-Mining-Definition zuzurechnen.[33] Exemplarisch definieren *Mertens et al.* den Begriff Data-Mining in diesem Sinne als Prozess, „der aus einer Datenmenge implizit vorhandene, aber bisher unentdeckte, nützliche Informationen extrahiert“[34]. Zu diesem Gesamtprozess zählt dabei auch die Anwendung der Data-Mining-Methoden. Dieser Schritt wird dabei als Data-Mining im engeren Sinne definiert.

2. Text-Mining

Als komplementäre Technik zum Data-Mining definiert sich das Text-Mining als eine Menge von Techniken zum Entdecken und automatischen Extrahieren von neuen, zuvor unbekannten Mustern aus Texten (unstrukturierten Daten) mit dem nachgelagerten Ziel der Informationsgewinnung.[35]

---

31 Diesem folgend *Adriaans/Zantinge*, Data Mining, 5; *Bensberg*, Web Log Mining, 64; *Gabriel/Gluchowski/Pastwa*, Data Mining, 120; *Grob/Bensberg*, Data Mining, 4; *Knobloch*, Management von Datenanalyseprozessen, 37; *Küppers*, Data Mining Praxis, 24; *Petersohn*, Data Mining, 10.

32 *Gabriel/Gluchowski/Pastwa*, Data Mining, 120.

33 *Bensberg*, Web Log Mining, 64.

34 *Mertens/Bissantz/Hagedorn et al.*, Die Betriebswirtschaft 1994, 739 (740).

35 *Hearst*, in: Dale/Church (Hrsg.), Untangling Text and Data Mining, 3; weitere Definitionen bei *Clark*, Text Mining and Scholarly Publishing, 5 f.; *Feldman/Sanger*, Text Mining Handbook, 1; *Heyer/Quasthoff/Wittig*, Text Mining, 3; *Siegmund*, in: Witte/Mülle (Hrsg.), Text Mining, 41 (42 f.); *Meier, M./Beckh*, Wirtschaftsinformatik 2000, 165; zu den widerstreitenden Aufgabenzuweisungen des Text Mining *Haarmann*, VW 2011, 1169 (1170); *Mehler/Wolff*, LDV-Forum 2005, 1 (2).

Neben diesem skizzierten Kern fallen auch die Sentimentanalyse und das Opinion Mining unter den Oberbegriff. Kennzeichen dieser spezifischen Verfahren ist die automatisierte Auswertung von Texten mit dem Ziel, aus Textkorpora die geäußerte Haltung oder Stimmung zu erkennen.[36]

Eingebettet ist das Text-Mining wie auch das Data-Mining, in ein Prozessmodell, das aus mehreren Prozessschritten besteht und die Informationsgewinnung zum Ziel hat.[37]

Ein wesentlicher Unterschied zum Data-Mining besteht aber darin, dass im Prozessmodell des Text-Mining aufgrund der unstrukturierten Daten eine zusätzliche (computer-)linguistische und statistische Datenaufbereitung erfolgen muss. Erst hierdurch wird eine Struktur konstruiert, die es möglich macht, die unstrukturierten Daten in strukturierte Daten umzuformen und sie mithilfe von aus dem Data-Mining bekannten Methoden auszuwerten.[38]

3. Web-Mining

Das Web Mining bezeichnet die Anwendung von Data-Mining-Methoden auf Datenstrukturen des Internets zur Extraktion interessanter und potenziell nützlicher Muster.[39]

Das World Wide Web bildet hierbei die Datenquelle, die besondere Charakteristika in Bezug auf ihre Datenstruktur aufweist. Anzutreffen sind Datenstrukturen verschiedenster Art, deren Bandbreite sich von strukturierten Tabellen über semistrukturierte HTML-Webseiten bis hin zu unstrukturierten Text- und Multimediadateien erstreckt.[40] Das Web Mining ist dabei – wie bereits das Text-Mining und das Data-Mining – in einen mehrphasigen Prozess eingebettet.[41]

Der Oberbegriff des Web Mining lässt sich weitergehend in die drei Subkategorien des Web Content Mining, des Web Structure Mining und des Web Usage

---

36 *Mertens/Bodendorf/König et al.*, Wirtschaftsinformatik, 54; *Trevisan/Jakobs*, in: Keller/Klein/Tuschl (Hrsg.), Marktforschung, 167 (172 f.).

37 Vgl. *Siegmund*, in: Witte/Mülle (Hrsg.), Text Mining, 41 (44).

38 *Siegmund*, in: Witte/Mülle (Hrsg.), Text Mining, 41 (44); *Hippner/Rentzmann*, Informatik-Spektrum 2006, 287 (289).

39 *Etzioni*, Comm. of the ACM 1996, Nr. 11, 65 f.; *Kosala/Blockeel*, SIGKDD Explorations 2000, Nr. 1, 1 (2); weitere Definitionen des Web Mining bei *Zaiane*, Web Mining, 17; *Madria/Bhomwick/Ng*, in: Mohania (Hrsg.), Conference Proceedings, 303; *Säuberlich*, in: Wiedemann/Buckler (Hrsg.), Neuronale Netze, 103 (105).

40 *Geisler*, Datenbanken, 497; *Stoffel*, HMD 2009, 6 (7).

41 Ausführlich *Hippner/Merzenich/Wilde* (Hrsg.), Hdb. Web Mining, 4 (8 ff.).

Mining unterteilen.[42] Diese Unterteilung beruht auf der Annahme, dass das Web drei Typen von Daten enthält, nämlich die Daten im engeren Sinne (den Content), die Web-Log-Daten über die unterschiedlichen Aktivitäten der Benutzer und schließlich die Webstrukturdaten.[43]

4. Text- und Data-Mining-Prozess

Ausgehend von den drei skizzierten Mining-Begriffen ergibt sich die Aufgabe, den bereits angeklungenen Text- und Data-Mining-Prozess zu formalisieren. Der konkrete Analyseprozess variiert dabei immer vor dem Hintergrund des zugrunde liegenden Sachproblems und der Anwenderperspektive, was die Vorgabe eines allgemeingültigen, idealen Text- oder Data-Mining-Prozessmodells kaum möglich macht.[44] Dennoch ist die Darstellung einer abstrakten technischen Prozessstruktur unerlässlich, bildet diese doch die Grundlage, um das Text- und Data-Mining verwertungsrechtlich angemessen beurteilen zu können.

Hinzu kommt der Umstand, dass die Beschreibung eines Text- und Data-Mining-Prozesses eine conditio sine qua non bildet, da sich Algorithmen zwar uno actu auf beliebige Datenbestände anwenden lassen, eine blinde Anwendung von Algorithmen ohne die Implementierung in einen übergeordneten Prozess jedoch nur zu Ergebnissen führt, die falsche oder triviale Muster hervorbringen.[45]

In Anlehnung an das Prozessmodell von *Fayyad/Piatetsky-Shapiro/Smyth*[46] ist es daher sinnvoll, für den weiteren Fortgang der Arbeit den Text- und Data-Mining-Prozess in insgesamt fünf Prozessschritte zu gliedern.[47]

Zu Beginn steht dabei die (i) Datenauswahl, an die sich im zweiten Schritt die (ii) Datenvorverarbeitung (Preprocessing) anschließt. Als Nächstes wird die (iii)

---

42 *Bensberg*, Web Log Mining, 131; zur Taxonomie der Begriffe *Zaiane*, Web Mining, 17; *Stoffel*, HMD 2009, 6 (9 ff.).

43 *Madria/Bhomwick/Ng*, in: Mohania (Hrsg.), Conference Proceedings, 303.

44 *Knobloch*, Prozessmodelle der Datenanalyse, 3.

45 *Bensberg*, Web Log Mining, 64; *Gabriel/Gluchowski/Pastwa*, Data Mining, 123; *Fayyad/Piatetsky-Shapiro/Smyth*, AI Magazine 1996, 37 (39).

46 *Fayyad/Piatetsky-Shapiro/Smyth*/Uthurusamy (Hrsg.), Data Mining, 1 (10 f.); siehe auch *Cleve/Lämmel*, Data Mining, 8 ff.; *Knobloch*, Data Mining, 26; *Düsing*, in: Chamoni/Gluchowski (Hrsg.), Informationssysteme, 4. Aufl., 281 (287); daneben besteht mit dem CRISP-DM-Modell ein weiteres populäres Text- und Data-Mining Prozessmodell, siehe hierzu *Chapman/Clinton/Kerber et al.*, CRISP-DM 1.0; eine Übersicht verschiedener Prozessmodelle bei *Säuberlich*, KDD, 22 ff.; *Knobloch*, Prozessmodelle der Datenanalyse, 4 ff.

47 Vgl. *Knobloch*, Data Mining, 28.

Datentransformation vorgenommen, in deren Folge die (iv) Anwendung der Data-Mining-Methoden (Data-Mining im engeren Sinne) anknüpft. Zum Abschluss des Prozesses stehen (v) die Modellevaluation und Ergebnisinterpretation.

a) Analyseziel: Informationsgewinnung

Auf der Resultatsebene zielt der Text- und Data-Mining-Prozess auf die Gewinnung neuer semantischer Informationen. Für das beabsichtigte Produkt der (semantischen) Information kann dabei nicht die „eine" Definition gegeben werden, was nicht zuletzt an den divergierenden disziplinenübergreifenden Vorstellungen über den Begriff der Information liegt.[48]

Zur abstrakten Zielbeschreibung bietet sich daher ein Rekurs auf eine populäre Metapher aus dem Bereich des Bergbaus an. Danach besteht die Kunst des klassischen Bergbaus darin, wertvolle Erze und Mineralien in einer großen Menge von taubem Gestein aufzuspüren, zu identifizieren, herauszuarbeiten und zu bergen.[49]

Ähnlich verhält es sich auch in der digitalen Variante des Bergbaus, dem Text- und Data-Mining. Hier wird jedoch nicht nach Gestein, sondern in riesigen Datenbeständen nach bislang unbekannten Mustern gegraben, die dem Anwender subjektabhängig wertvolle semantische Informationen liefern sollen.[50]

b) Analyserohstoff: Daten

Um an die begehrten „neuen" semantischen Informationen zu gelangen, bedarf es einer Vielzahl analyserelevanter Daten. Der Satz „data is the new oil"[51] ist dabei

---

48 *Specht-Riemenschneider*, Konsequenzen der Ökonomisierung, 21 f.; *Zech*, Information als Schutzgegenstand, 14, 33 f.; *Steinmüller*, Informationstechnologie, 190 ff.; *Fuchs/Hofkirchner*, in: Floyd/Fuchs/Hofkirchner (Hrsg.), FS Fuchs-Kittowski, 242 ff.; *Hoeren*, in: Taeger/Wiebe (Hrsg.), FS Kilian, 91 (93); *Hoeren*, in: Ullrich/Drahos/Ghidini (Hrsg.), Kritika, 23; *Beyer*, GRUR 1990, 399 (400); *Hoeren*, MMR-Beilage 1998, 6; *Specht*, CR 2016, 288 (290); für die Wirtschaftsinformatik *Schütte*, Grundbegriffe der Wirtschaftsinformatik, 1 ff.; die Definition in ISO/IEC 2382-1 (1993) lautet: „A reinterpretable representation of information in a formalized manner suitable for communication, interpretation or processing".

49 *Cleve/Lämmel*, Data Mining, 1; *Gabriel/Gluchowski/Pastwa*, Data Mining, 116; *Wilde*, in: Hippner/Küsters/Meyer et al. (Hrsg.), Hdb. Data Mining, 1 (13); kritisch zum Begriff *Berthold*, HMD 2009, 4 f.

50 *Cleve/Lämmel*, Data Mining, 1 f.; *Berthold*, HMD 2009, 4.

51 *Caldarola/Schrey*, Big Data und Recht, Rn. 2; *Joens*, Daten als Handelsware, 18; *Hoffmann-Riem* (Hrsg.), Big Data, 11 (16); *Mainzer*, in: Schröder/Schwanebeck (Hrsg.), Big Data, 51 (55); *Paal/Hennemann*, NJW 2017, 1697; *Wandtke*, MMR 2017, 6.

zum Mantra einer Entwicklung geworden, nach der Daten in der Ökonomie des 21. Jahrhunderts zu einem wirtschaftlich wertvollen Gut und Produktionsfaktor geworden sind.[52] Dies gilt einmal mehr für die Verfahren des Text- und Data-Mining, die für ihre Analysen auf den Rohstoff Daten zurückgreifen.

Für den Text- und Data-Mining-Prozess sind dabei besonders digital vorliegende Daten als Analyserohstoff von Interesse. Letztlich können nur diese digitalen Daten durch einen Algorithmus gelesen und verarbeitet werden. Möglich ist es aber auch, zunächst analog vorliegende Daten zu digitalisieren, um sie anschließend dem Text- und Data-Mining-Prozess zuzuführen.[53]

Folgt man der Definition *Zechs*, handelt es sich bei digitalen Daten um maschinenlesbare codierte Informationen.[54] Diese Daten können dabei sowohl als Einzeldaten oder aber als Datenblöcke auftreten.[55] Um allerdings von digitalen Daten sprechen zu können, bedarf es einer Festlegung der Daten auf einem Datenträger, wie z. B. einer Festplatte. Dies folgt aus der Notwendigkeit, dass (digitale) Daten für einen Menschen zumindest mittelbar sinnlich wahrnehmbar und technisch übertragbar sein müssen.[56]

Auch maschinelle Verarbeitungskontexte haben das Erfordernis der Festlegung bislang nicht obsolet gemacht, müssen doch auch Algorithmen digitale Daten aus einem (verkörperten) Zieldatenbestand „wahrnehmen", um sie anschließend maschinell verarbeiten zu können.

Zu konstatieren ist allerdings im Hinblick auf standortunabhängige Cloud-Lösungen, dass heute nicht mehr die Verfügungsgewalt über den Datenträger präjudiziert, dass derjenige auch die Verfügungsgewalt über die auf ihm enthaltenen Daten hat.[57]

---

52 *Hilty*, in: Seuba/Geiger/Penin (Hrsg.), Intellectual Property, 85 (87); *Mayer-Schönberger/Cukier*, Big Data, 5 „Data became […] a vital economic input […]; *Fries/Scheufen*, MMR 2019, 721 (722); *Hoeren*, MMR 2016, 8; *Schur*, GRUR 2020, 1142; *Stender-Vorwachs/Steege*, NJOZ 2018, 1361; *Zech*, GRUR 2015, 1151.

53 Siehe hierzu in Kap. D.I.1. a); vgl. auch *Ueno*, GRUR Int. 2021, 145 149.

54 *Zech*, Information als Schutzgegenstand, 32; *Schmidt, K./Zech*, CR 2017, 418 (419); *Zech*, GRUR 2015, 1151 (1153); weitere Definitionsansätze bei *Dreier*/Schulze (Hrsg.), UrhG, § 4 Rn. 9; *Drexl*, JIPITEC 2017, 257 (263).

55 *Duisberg*, in: Raabe/Wagner (Hrsg.), Daten als Wirtschaftsgut, 16 (17); a.A. *Ahlberg*, in: Möhring/Nicolini (Hrsg.), UrhG, § 4 Rn. 15.

56 *v. Schönfeld*, Screen Scraping, 27; *Specht*, CR 2016, 288 (290).

57 *Schur*, Lizenzierung von Daten, 2; *Zech*, CR 2015, 137 (138).

aa) Big Data

Mit dem Phänomen der Datenflut geht auch die Entstehung immer größerer und heterogener Datenbestände einher. Diese als Big Data bezeichneten Datenbestände charakterisieren sich dabei über die Merkmale des Datenumfangs (Volume), der Datenvielfalt (Variety) und der Datengeschwindigkeit (Velocity).[58] Insbesondere die Heterogenität des Datenbestandes, in dem oftmals nicht nur strukturierte Tabellen, sondern auch unstrukturierte Daten, Texte oder Videos abgelegt sind, ist ein Kennzeichen von Big Data. Sie resultiert dabei aus einem umfangreichen Datenrückgriff aus zahlreichen Quellen (Volume).[59] Problematisch ist allerdings, dass die mit Big Data assoziierte einfache Bereitstellung von Daten in der „data-mining society" die anwenderseitigen Bedürfnisse nach einer Offenbarung entscheidungserheblicher Informationen nicht mehr befriedigen kann. Dies liegt daran, dass die in einem riesigen Datenbestand „potenziell" angelegten Informationen nicht mehr manuell durch einen Menschen erfasst und offenbart werden können, da sich ihm aufgrund der „3 Vs" Big Data lediglich als nicht lesbares syntaktisches Datengebilde präsentiert.[60]

bb) Big Data und die Notwendigkeit automatisierter Datenanalyseverfahren

Menschliche Kapazitätsgrenzen im Bereich der Wahrnehmung machen es dementsprechend notwendig, auf automatisiert arbeitende Text- und Data-Mining-Verfahren zur Informationsextraktion zurückzugreifen.[61] Unter dem Schlagwort der Big Data Analytics werden dabei u. a. auch die Verfahren des Data-Mining, des Text-Mining und des Web Mining erfasst, und zwar unabhängig von der Struktur und der Herkunft der zu analysierenden Daten.[62] Das Bedürfnis für diese Verfahren resultiert aus dem Umstand, dass nur, wenn die vorliegenden heterogenen Datenbestände in die Form strukturierter Muster gebracht werden,

---

58 *Hoffmann-Riem* (Hrsg.), Big Data, 11 (19); *Leistner/Antoine/Sagstetter*, Big Data, 5; *Markl*, in: Hoeren (Hrsg.), Big Data und Recht, 3 (4); *Hoffmann-Riem*, AöR 2017, 1 (7); *de Wachter*, CRi 2014, 1 f.; *Thieltges*, ZfP 2020, 1 (8).

59 *Mayer-Schönberger/Cukier*, Big Data, 100; *Peitz/Schweitzer*, NJW 2018, 275.

60 Vgl. *Amstutz*, AcP 2018, 438 (510).

61 Siehe zu diesem Prozess allgemein in Kap. B.I.4; sowie *Leistner/Antoine/Sagstetter*, Big Data, 16 ff.

62 *Felden/Koschtial/Buder*, in: Mertens/Rässler (Hrsg.), Prognoserechnung, 519 (521); *Chamoni/Gluchowski*, Cont. & Man. Rev. 2017, 8 (10); *Gluchowski*, HMD 2016, 273 (276); vgl. auch *Holthausen*, RdA 2021, 19 (20).

für einen menschlichen Rezipienten überhaupt die Möglichkeit besteht, einen „neuen“ semantischen Informationsgehalt aus dem Datenbestand zu extrahieren.

Damit sind die Verfahren des Text- und Data-Mining das entscheidende Instrument, um in der „data-mining society“ erfolgreich datengetriebene Wertschöpfung betreiben zu können.[63]

Pointiert kommt dies auch in der Aussage zum Ausdruck „[j]ust collecting data has less business significance. [...] Analytics brings value to the data“[64].

Einschränkend ist jedoch zu bemerken, dass mit der bloßen Anwendung automatisierter Datenanalyseverfahren noch keineswegs der Automatismus einer erfolgreichen Wertschöpfung einhergeht. Zu begründen ist dies damit, dass, sofern der Anwender aufgrund eines fehlenden Vorwissens die automatisiert hervorgebrachten Muster nicht mit einer Bedeutung versehen kann, die Ergebnisse des Text- und Data-Mining sich für ihn nur als wertlose Muster darstellen.

c) Zentrale Analysemethoden

Um aus dem Analyserohstoff Daten die begehrten Informationen zu erhalten, bedarf es des Einsatzes spezifischer Analysemethoden.

Ausgehend von einem konkreten Sachproblem ist in hypothesengetriebenen Text- und Data-Mining-Verfahren ein konkretes Analyseziel zu formen, welches dann in den Bezugsrahmen des Text- und Data-Mining-Prozesses zu implementieren ist.[65] Die Analyseziele werden dabei vorrangig durch die Kategorien der Klassifikation, der Segmentierung, der Abhängigkeitsanalyse und der Abweichungsanalyse beschrieben.[66]

Für das Verständnis der Analysemethoden ist dabei entscheidend, dass es sich bei den vorbezeichneten Text- und Data-Mining-Methoden um nichts anderes als die Beschreibung der Art von Mustern handelt, die der Anwender

---

63 Den Begriff Big Data Analytics verwendet, *Hoffmann-Riem*, AöR 2017, 1 (7); *Holthausen*, RdA 2021, 19 (20 f.); *Paal/Hennemann*, NJW 2017, 1679; *Rubinstein/Gal*, Arizona L. Rev. 2017, 339 (342).

64 *Mayer-Schönberger/Cukier*, Big Data, 12 f.; *Hoffmann-Riem* (Hrsg.), Big Data, 11 (19); *Hilty*, in: Seuba/Geiger/Penin (Hrsg.), Intellectual Property, 85 (87).

65 *Petersohn*, Data Mining, 11; *Beekmann/Chamoni*, in: Chamoni/Gluchowski (Hrsg.), Informationssysteme, 3. Aufl., 263 (264).

66 *Alpar/Niedereichholz*, Data Mining, 9; *Fayyad/Piatetsky-Shapiro/Smyth*/Uthurusamy (Hrsg.), Data Mining, 1 (13 ff.); *Knobloch*, Data Mining, 17; ausführlich *Cleve/Lämmel*, Data Mining, 61 ff.; *Ester/Sander*, KDD, 45 ff.; *Mertens/Bodendorf/König et al.*, Wirtschaftsinformatik, 53 f.

beabsichtigt zu generieren.[67] Die Auswahl einer bestimmten Text- und Data-Mining-Methode ist somit nichts anderes als eine vorweggenommene Spezifikation der aufzufindenden Muster, denen dann bestimmte Algorithmen zur technischen Generierung zugeordnet werden.[68]

aa) Klassifikation

Wendet man sich der Beschreibung der wichtigsten Anwendungsklassen zu, so besteht im Rahmen der Klassifikation das Ziel darin, die Daten eines Datenbestandes auszuwerten, indem die zu analysierenden Daten einer vorher anwenderseitig definierten Klasse auf Basis gegebener Merkmale zugeordnet werden.[69] Dem Analysedatenbestand werden dabei Daten entnommen, um Klassifikationsmodelle zu bilden, anhand derer eine Prädiktion noch nicht klassifizierter Objekte in die vordefinierten Klassen möglich ist.[70] Wählt man das paradigmatische Beispiel der Kreditwürdigkeitsprüfung, ist zunächst eine Menge von historischen Datensätzen gegeben, die die Merkmale Alter und Einkommen beinhalten und aus denen der Anwender das spezifische Klassifikationsmerkmal bildet.[71] Weist ein neu hinzutretender Datensatz hohe Merkmalswerte auf, wird der Datensatz durch den Algorithmus der Klasse der „hohen Kreditwürdigkeit" zugeordnet, während Datensätze mit geringeren Merkmalswerten in die Klasse der „geringen Kreditwürdigkeit" eingeordnet werden.[72]

bb) Segmentierung

Bei der Segmentierung, auch Clustering genannt, geht es um die Bildung von Klassen aufgrund von Ähnlichkeiten der Daten, die in ihrer Ausgangsbetrachtung noch nicht bekannt sind.[73] Ziel ist die Aufteilung eines Datenbestandes in Gruppen von Datensätzen.[74]

---

67 *Bensberg*, Web Log Mining, 96.

68 *Knobloch*, Data Mining, 17 ff., der nicht von Aufgaben, sondern Mustertypen spricht.

69 *Alpar/Niedereichholz*, Data Mining, 9; *Fayyad/Piatetsky-Shapiro/Smyth*/Uthurusamy (Hrsg.), Data Mining, 1 (13); *Gabriel/Gluchowski/Pastwa*, Data Mining, 15.

70 *Chapman/Clinton/Kerber et al.*, CRISP-DM 1.0, 74; *Cleve/Lämmel*, Data Mining, 64 f.; *Ester/Sander*, KDD, 4.

71 *Witten/Frank/Hall et al.*, Data Mining, 21; ausführlich zum Begriff Attribut *Han/Kamber/Pei*, Data Mining, 40 ff.; siehe auch *Stiemerling*, in: Conrad/Grützmacher (Hrsg.), FS Schneider, § 5, 62 (68).

72 *Cleve/Lämmel*, Data Mining, 61 f.

73 *Alpar/Niedereichholz*, Data Mining, 9; *Gabriel/Gluchowski/Pastwa*, Data Mining, 15.

74 *Ester/Sander*, KDD, 4.

Wesentliches Merkmal der Segmentierung ist die Abgrenzung ähnlicher Datensätze gegenüber unähnlichen mittels einer Distanzfunktion, die dazu führt, dass Datensätze mit ähnlichen Attributwerten zu Segmenten zusammengefasst werden und so gegenüber Datensätzen mit weniger ähnlichen Attributwerten visuell abgrenzbar werden.[75] Jeder Datensatz kann dabei nur Teil eines Segments sein. Über diese Methode lassen sich z. B. Kunden aufgrund der zur Verfügung stehenden Kundendaten in „schlechte", „gute" oder „sehr gute" Kunden segmentieren und sich hierüber bestimmte unternehmerische Entscheidungen wie die konkrete Kundenansprache ableiten.

cc) Abhängigkeitsanalyse

Die Abhängigkeitsanalyse sucht nach signifikanten Abhängigkeiten zwischen den Datensätzen.[76] Getreu dem Motto: „Wer Produkt A kauft, kauft häufig auch Produkt B", besteht die Aufgabe dieser Methodenklasse darin, Assoziationsregeln zu finden, durch die strukturelle Zusammenhänge in dem analysierten Datenbestand abgebildet werden.[77] Assoziationsregeln folgen dabei in ihrer Struktur einem „wenn-dann-Schema" und sind daher ein leistungsfähiges Instrument zur Identifikation von Komplementärprodukten.[78] Eingesetzt werden sie deshalb vor allem im Bereich des E-Commerce über Warenkorbanalysen, aber auch im stationären Handel.

Den Methoden der Abhängigkeitsanalyse ist dabei die Erkenntnis zu verdanken, dass Männer zwischen 30 und 40 an Samstagen neben Windeln auch überdurchschnittlich oft zu Bier greifen.[79]

dd) Abweichungsanalyse

Die Abweichungsanalyse sucht nach Ausreißern, die den Regelmäßigkeiten der anderen Datensätze nicht folgen.[80] Sie beschäftigt sich mit Datensätzen, die sich keinem Muster eindeutig zuordnen lassen.[81] Ausreißer dienen einerseits dazu, fehlerhafte Daten zu detektieren und andererseits, um fehlerfreie

---

75 *Cleve/Lämmel*, Data Mining, 61 f.

76 *Alpar/Niedereichholz*, Data Mining, 10; *Bollinger*, Informatik-Spektrum 1996, 257.

77 *Cleve/Lämmel*, Data Mining, 67.

78 *Bensberg*, in: Redeker/Hoppen (Hrsg.), DGRI Jahrbuch 2011, 181 (189 f.).

79 *Alpaydin*, Maschinelles Lernen, 3; dieses Beispiel bei *Cleve/Lämmel*, Data Mining, 2.

80 *Alpar/Niedereichholz*, Data Mining, 10; *Fayyad/Piatetsky-Shapiro/Smyth*/Uthurusamy (Hrsg.), Data Mining, 1 (16).

81 *Grob/Bensberg*, Data-Mining, 12.

interessante Merkmalsausprägungen zu offenbaren.[82] Das übergeordnete Ziel der Abweichungsanalyse liegt in der Aufdeckung der Gründe für die abnormale Merkmalsausprägung.[83] Gesucht werden also Muster innerhalb der Datenmenge, die statistisch auffällige Untergruppen beschreiben.[84] Der Data-Mining-Algorithmus untersucht daraufhin alle assoziierten Datenbestände, um die Einflussfaktoren zu klären, aufgrund derer es zu einem Ausreißer im Bereich der Merkmalsausprägung gekommen ist.[85]

5. Einsatzgebiete des Text- und Data-Mining

Die dargestellten Analysemethoden dienen in der Regel dazu, ein konkretes Sachproblem zu lösen. Die Sachprobleme und dementsprechend auch die Einsatzgebiete des Text- und Data-Mining sind zahllos.[86] Sie haben in der Vergangenheit einige prominente Beispiele hervorgebracht, wie beispielsweise das Projekt des Spiegel Mining[87]. Eindrucksvoll ist auch das Beispiel, nach dem es Google gelang, nur aus den Mustern des Kundenverhaltens den Ausbruch einer Epidemie in den USA Wochen vor den Gesundheitsämtern vorauszusagen.[88]

Auch im Bereich des investigativen Journalismus sind Recherchekooperationen immer wieder mit riesigen geleakten Datensätzen konfrontiert. Beispielhaft hierfür standen die „Panama Papers“, bei denen der Süddeutschen Zeitung insgesamt 11,5 Millionen Dokumente mit einem Datenvolumen von 2,6 Terabyte übermittelt wurden.[89] Eine händische Auswertung der Daten war dabei unmöglich, vielmehr wurden durch die beteiligten Redaktionen Text-Mining-Verfahren eingesetzt, um aus dem riesigen unstrukturierten Datensatz relevante Informationen herauszufiltern.[90]

---

82 *Grob/Bensberg*, Data-Mining, 12.

83 *Alpar/Niedereichholz*, Data Mining, 38; *Grob/Bensberg*, Data-Mining, 12.

84 *Säuberlich*, KDD, 41.

85 *Grob/Bensberg*, Data-Mining, 12.

86 Siehe auch die weiteren Beispiele bei *Sag*, J. Copyright Soc´y U.S.A. 2019, 291 (299 f.).

87 Siehe hierzu unter https://www.dkriesel.com/spiegelmining (zuletzt abgerufen: 23.3.2021).

88 Mit diesem Beispiel *Mainzer*, in: Schröder/Schwanebeck (Hrsg.), Big Data, 51 (54); vgl. auch SWD(2016) 301 final, Part 3/3, 158; *Hargreaves/Guibault/Handke et al.*, TDM report, 58.

89 *Geiger/Frosio/Bulayenko*, IIC 2018, 814 (816); *Raue*, IIC 2018, 379 (382); *Raue*, CR 2017, 656 (657).

90 Zum Hintergrund: https://panamapapers.sueddeutsche.de/ (zuletzt abgerufen: 2.4.2021).

a) *Text- und Data-Mining in der Wissenschaft*

Neben diesen Beispielen genießt das Text- und Data-Mining auch in der Wissenschaft disziplinenübergreifend einen hohen Stellenwert. Ein besonderer Fokus liegt hierbei auf dem Einsatz von Text- und Data-Mining-Methoden im Bereich der wissenschaftlichen Forschung.[91] Gerade im Medizinbereich lässt sich ihre Funktion klar umreißen, geht es doch darum, mithilfe von Datenanalysen den Grundstein für neue Therapien und eine verbesserte Früherkennung von Krankheiten zu legen.[92]

b) *Text- und Data-Mining im kommerziellen Sektor*

Ein weiteres Einsatzgebiet des Text- und Data-Mining liegt in ihrer kommerziellen Anwendung auf datengetriebenen Märkten. Durch Text- und Data-Mining-Verfahren werden Unternehmen in die Lage versetzt, auf ihren Märkten zu bestehen und zu wachsen.[93] Bevorzugt wird das Text- und Data-Mining im Bereich des Customer Relationship Management zum Einsatz gebracht, um z. B. aus Kundendaten das weitere Kundenverhalten vorherzusagen.[94] Das berühmte Beispiel Windeln und Bier zeigt dabei eingängig, wie der Absatz durch Kundendatenauswertung erhöht werden kann, wenn Datenanalysen unmittelbar Einfluss auf unternehmerische Entscheidungen nehmen, die sich dann in realen Handlungen, wie dem Zusammenstellen von Bier und Windeln am Wochenende, niederschlagen.[95]

Daneben wird das Text- und Data-Mining aber auch im Bereich der Industrie 4.0 eingesetzt.[96] Hier obliegt Text- und Data-Mining-Methoden die Aufgabe, sensor- oder maschinengenerierte Daten auszuwerten, um auf Basis der erzeugten Daten in Echtzeit Produktionslinien aufeinander anzupassen sowie Ausfallzeiten von Maschinen gering zu halten.[97]

---

91 Vgl. die Beispiele bei *Wirth*, ZUM 2020, 585; *Raue*, GRUR 2017, 11 (12 f.); *Spindler*, GRUR 1112 (1113).

92 *Mainzer*, in: Schröder/Schwanebeck (Hrsg.), Big Data, 51 (54); *Raue*, GRUR 2017, 11 (12 f.).

93 Ausführlich zu den Einsatzgebieten *Cleve/Lämmel*, Data Mining, 2; *Gabriel/Gluchowski/Pastwa*, 119 f.; *Petersohn*, Data Mining, 14 ff.; *Hippner/Merzenich/Wilde* (Hrsg.), Hdb. Web Mining, 4 ff.; *Wilde*, in: Hippner/Küsters/Meyer/Wilde (Hrsg.), Hdb. Data Mining, 1 ff.

94 *Cleve/Lämmel*, Data Mining, 1.

95 *Cleve/Lämmel*, Data Mining, 2

96 *Fries/Scheufen*, MMR 2019, 721 f.

97 *Hornung/Hofmann*, in: Hornung (Hrsg.), Rechtsfragen der Industrie 4.0, 9 (12 f.).

Gleichzeitig ist auch im Mediensektor ein verstärkter Einsatz solcher Digitaltechniken zu beobachten, greifen doch bekannte Streaming-Plattformen auf Text- und Data-Mining-Software zurück, um das Verhalten und die Interessen ihrer Kunden auszuwerten und so Trends im Bereich der Sehgewohnheiten zu antizipieren.[98]

c) *Text- und Data-Mining im hoheitlichen Einsatz*

Eine dritte Säule des Einsatzes automatisierter Text- und Data-Mining-Verfahren stellt die hoheitliche Nutzung dar.

So werden z. B. Datensätze aus dem Forschungsdatenzentrum der Bundesagentur für Arbeit mit Informationen aus dem Bereich der sozialversicherungspflichtigen Beschäftigten mithilfe von Data-Mining-Methoden geordnet und mit weiteren Daten aus Betriebsbefragungen verknüpft.[99] Daneben greifen aber auch Legal-Tech-Anwendungen, automatisierte Rechtsdienstleistungen oder neue Instrumente im Bereich des „E-Governments" auf das Text- und Data-Mining zurück.[100]

Seit jeher kritisch begleitet wird der hoheitliche Einsatz von Text- und Data-Mining-Software im Bereich des „Predictive Policing".[101] Dieser Form des hoheitlichen Einsatzes von automatisierten Datenanalyseverfahren sind allerdings verfassungsrechtlich enge Grenzen gesteckt, wie erst ein jüngst ergangenes Urteil des BVerfG zeigt, das die Befugnisse der Sicherheitsbehörden zum Einsatz von Data-Mining im Bereich der Terrorismusbekämpfung erheblich begrenzt hat, nachdem § 6a Abs. 2 Satz 1 ATDG für verfassungswidrig erklärt wurde.[102]

---

98 *Hoffmann-Riem* (Hrsg.), Big Data, 22; siehe auch https://bit.ly/2PoDbcw (zuletzt abgerufen: 2.4.2021).

99 *Wirth*, Forschungsdaten, 1 (3).

100 Siehe hierzu die Strategie in BT-Drucks. 18/3074.

101 Ausführlich *Meinicke*, in: Taeger (Hrsg.), DSRI Tagungsband 2014, 183 ff.; *Geiger/Frosio/Bulayenko*, in: Garcia/Llorca (Hrsg.), Propiedad Intellectual, 22 (51); *Golla*, NJW 2021, 667 ff.

102 BVerfG, Beschl. v. 10.11.2020 -1 BvR 3214/15, Rn. 83 ff., NVwZ 2021, 266 (230); hierzu *Golla*, NJW 2021, 667 (668).

VI. Begriffsbestimmung und technisches Verständnis der DSM-Richtlinie

Das Text- und Data-Mining fristete im juristischen Diskurs lange Zeit ein weitgehend unbeachtetes Dasein, als nicht explizit regulierte Technik, die nur ausgewählten Spezialisten etwas sagte. In den letzten Jahren hat sich das Bewusstsein der Rechtsgemeinschaft zum Begriff und den Techniken des Text- und Data-Mining jedoch beträchtlich gewandelt.[103]

Auf europäischer Ebene hat der Unionsgesetzgeber 2019 mit der Verabschiedung und dem Inkrafttreten der DSM-Richtlinie einen Paradigmenwechsel eingeläutet.[104] War das Text- und Data-Mining als Begriff vormals weder in der InfoSoc-Richtlinie[105] noch in der Datenbank-Richtlinie[106] definiert, sieht nunmehr Art. 2 Nr. 2 DSM-RL eine Legaldefinition für die Verfahren des Text- und Data-Mining vor.

Hiernach wird unter Text- und Data-Mining „eine Technik für die automatisierte Analyse von Texten und Daten in digitaler Form, mit deren Hilfe Informationen unter anderem – aber nicht ausschließlich – über Muster, Trends und Korrelationen gewonnen werden können", verstanden.

103 BT-Drucks. 17/11582, 3.

104 Allgemein zum TDM im Richtlinienentwurf *Triaille/de Meeûs d'Argenteuil/de Francquen*, Study on TDM, 28 f.; *Geiger/Frosio/Bulayenko*, in: Seuba/Geiger/Penin (Hrsg.), Intellectual Property, 95 ff.; *Hilty/Richter*, in: Hilty/Moscon (Hrsg.), EU Copyright Rules, 25 ff.; *Dreier*, ZUM 2019, 384 ff.; *Ducato/Strowel*, IIC 2019, 649; *Geiger/Frosio/Bulayenko*, IIC 2018, 814 ff.; *Klett/Schlüter*, WRP 2017, 15 ff.; *Raue*, IIC 2018, 379 ff.; *Raue*, GRUR 2017, 11 ff.; *Rauer/Ettig*, K&R 2017, 7 ff.; *Reinbothe*, ZGE 2015, 145 ff.; *Stieper*, GRUR 2015, 1145; *Stieper*, ZUM 2019, 211, 213; zum TDM in der Richtlinie *Dreier*, GRUR 2019, 771 ff.; *Meys*, GRUR Int. 2020, 457 ff. *Raue*, ZUM 2019, 684 ff.; *Spindler*, CR 2019, 277 ff.; *Spindler*, WRP 2019, 811 ff.; *Steinbrecher*, MMR 2019, 639 ff.; *Stieper*, GRUR 2020, 1 ff.; *Wandtke*, NJW 2019, 1841 ff.; zur Umsetzung der DSM-Richtlinie in das deutsche Recht *Steinhauer*, RuZ 2021, 5 ff.; spezifisch zum TDM *Raue*, ZUM 2020, 172 ff.; *Heesen/Jüngels*, RuZ 2021, 45 ff.

105 Richtlinie 2001/29/EG des Europäischen Parlaments und des Rates v. 22.5.2001 zur Harmonisierung bestimmter Aspekte des Urheberrechts und der verwandten Schutzrechte in der Informationsgesellschaft (nachfolgend zitiert als InfoSoc-Richtlinie).

106 Richtlinie 96/9/EG des Europäischen Parlaments und des Rates v. 11.3.1996 über den rechtlichen Schutz von Datenbanken (nachfolgend zitiert als Datenbank-Richtlinie)

Der Entwicklung der Begriffsbestimmung gingen dabei auf Geheiß der Europäischen Kommission eine Vielzahl von Stellungnahmen und Studien aus Wissenschaft und Praxis voraus.[107]

Auch die wissenschaftliche Fundierung konnte jedoch nicht verhindern, dass bereits die Legaldefinition des ersten Richtlinienentwurfs aus dem Jahr 2016[108] vonseiten der Literatur erheblich kritisiert wurde, da mit ihr im Hinblick auf die Vielzahl konkretisierungsbedürftiger Rechtsbegriffe langwierige Prozesse unter Involvierung des EuGH als Auslegungsinstanz zu befürchten seien.[109]

1. Systematik

Systematisch steht die Legaldefinition des Art. 2 Nr. 2 DSM-RL innerhalb des Rechtsaktes im Titel I „Allgemeine Bestimmungen". Die Schrankenbestimmungen zum Text- und Data-Mining sind hingegen in Art. 3, 4 DSM-RL und damit im Titel II „Maßnahmen zur Anpassung von Ausnahmen und Beschränkungen an das digitale und grenzüberschreitende Umfeld" verortet.

Regelungstechnisch findet insoweit ein allgemeines „Vor-die-Klammer-Ziehen" wichtiger Definitionen statt mit dem Ziel, sowohl eine rechtsaktimmanente als auch europäisch harmonisierte Begriffswelt zu schaffen.[110]

---

107 Von der Europäischen Kommission wurde die Studie von *Triaille/de Meeûs d'Argenteuil/de Francquen*, Study on TDM sowie die Studie von *Triaille/Dusollier/Depreeuw et al.*, Study on Directive 2001/29/EC beauftragt, die Studie von *Geiger/Frosio/Bulayenko*, IIC 2018, 814, wurde durch den Fachbereich für Bürgerrechte und konstitutionelle Angelegenheiten des Europäischen Parlaments beauftragt; die Studie von *Boulanger/Carbonnel/De Coninck et al.*, Assesing the limitations and exceptations to copyright in the EU, wurde von der Generaldirektion Wettbewerb in Auftrag gegeben; vom Rat der Europäischen Union wurde die Studie von *Blázquez/Cappello/Fontaine et al.*, Exceptions and limitations to copyright beauftragt. Zur Diskussion um das Begriffsverständnis des TDM im europäischen Kontext *Clark*, Text Mining and Scholarly Publishing, 6 ff.; *Cocoru/Boehm*, TDM practices in Europe, 5 f.; *Filippov/Hofheinz*, Interactive Policy Brief 20/2016, 1 (2); *Hargreaves/Guibault/Handke et al.*, TDM report, 10; *Raue*, IIC 2018, 379 ff.; *Truyens/van Eecke*, CLSR 2014, 153 ff.

108 COM(2016) 593 final.

109 *Hilty/Richter*, in: Hilty/Moscon (Hrsg.), EU Copyright Rules, 25 (28); Annex Part B - Chapter 1 - TDM, 130; so schon kritisch zum § 60d UrhG a.F. *Hoeren*, IWRZ 2018, 120 (124).

110 Vgl. *Dreier*, GRUR 2019, 771 (772); *Steinhauer*, RuZ 2021, 5 (8); allgemein *Mankowski*, NZI-Beilage 2017, 15 (16 f.); Gsell/*Herresthal* (Hrsg.), Vollharmonisierung, 113 (146 f.); für den einheitlichen europäischen Datenbankbegriff, *Leistner*, Rechtsschutz von Datenbanken, 49.

2. Legaldefinition des Art. 2 Nr. 2 DSM-RL

Ausgehend vom Wortlaut normiert Art. 2 Nr. 2 DSM-RL als Ziel die Gewinnung von Informationen unter anderem über Muster, Trends und Korrelationen, indem Texte und Daten in digitaler Form automatisiert analysiert werden. Der aus der Informatik bekannte Begriff des Musters wird dabei aufgegriffen und mit dem übergeordneten Anwenderziel der Informationsgewinnung verknüpft. Zugrunde liegt Art. 2 Abs. 2 DSM-RL dabei ein Verständnis, nach dem die zu offenbarenden Informationen schon vorliegen, durch die Struktur der Daten jedoch noch verschlüsselt sind und erst mithilfe der Data-Mining-Algorithmen geborgen werden müssen.[111]

Mit anderen Worten zielen die Text- und Data-Mining-Verfahren im Verständnis der DSM-Richtlinie darauf ab, aus den Bits und Bytes eines Datums verborgene Informationen durch den Einsatz eines Data-Mining-Algorithmus zu offenbaren.[112]

Offen bleibt nach dem Wortlaut des Art. 2 Nr. 2 DSM-RL allerdings, ob abseits des Text- und Data-Mining auch weitere Mining-Techniken im Sinne der Informatik unter die Legaldefinition fallen und wie sich das Verhältnis zu den in den Schrankenbestimmungen der Art. 3, 4 DSM-RL verwendeten Begriffen des Werkes und der sonstigen Schutzgegenstände konkret ausgestaltet.

a) Schlagwortartiges Verständnis der DSM-Richtlinie

Art. 2 Nr. 2 DSM-RL differenziert in seiner konkreten Ausgestaltung nicht zwischen dem Text-Mining und dem Data-Mining. Stattdessen dominiert ein weites Verständnis des Text- und Data-Mining.[113] Dies ist damit zu begründen, dass die DSM-Richtlinie das Ziel einer weiten Grenzziehung verfolgt, um Datenbestände unabhängig von ihrer Struktur und Herkunft zum Gegenstand der Text- und Data-Mining-Verfahren zu machen. Zugleich entspricht die Richtlinie damit ihrem abstrakt-generellen Regelungsauftrag, der es auch ermöglicht, der begrifflichen Vielschichtigkeit, die gerade in der Informatik auszumachen ist, zu begegnen und neu aufkommende Begriffe wie Predictive oder Prescriptive

---

111 Vgl. *Wirth*, ZUM 2020, 585 (586); zu den Zielen des TDM siehe auch Kap. B.I.4. a).

112 *Drexl*, JIPITEC 2017, 257 (263); *Geiger/Frosio/Bulayenko*, IIC 2018, 814 (817).

113 *Dreier*/Schulze (Hrsg.), UrhG, § 60d Rn. 1; *Anton*, in: Spindler/Schuster (Hrsg.), UrhG, § 60d Rn. 1; *Spindler*, GRUR 2016, 1112 (1113); *Spindler*, ZGE 2018, 273 (275); *Sag*, J. Copyright Soc´y U.S.A. 2019, 291 (294), nutzt den Begriff „umbrella term“.

Analytics insoweit technikrelativ unter das Schlagwort Text- und Data-Mining zu subsumieren.[114]

b) Prozessorientiertes Verständnis der DSM-Richtlinie

Wendet man sich dem technischen Verständnis der DSM-Richtlinie zu, so lässt sich aus Art. 2 Abs. 2 DSM-RL extrahieren, dass der Text- und Data-Mining-Prozess automatisiert ablaufen muss.[115] Dem liegt die zutreffende Annahme zugrunde, dass die qualitative Auswertung von Big Data manuell nicht vollzogen werden kann.[116]

Für die Erfassung (auch) manueller Analysen unter Art. 2 Nr. 2 DSM-RL liefern weder der Wortlaut noch die Erwägungsgründe hinreichende Anhaltspunkte. Anders als § 60d Abs. 1 Nr. 1 UrhG, der explizit den Zusatz „auch automatisiert" verwendete, fallen manuelle Analysen daher nicht (mehr) unter das technische Verständnis der DSM-Richtlinie zum Text- und Data-Mining.[117]

Abseits von diesen Feststellungen bleibt jedoch nebulös, welche weiteren Prozessschritte dem Text- und Data-Mining-Prozess unterfallen sollen. In Art. 2 Nr. 2 DSM-RL wird nur allgemein von einer Technik für die automatisierte Analyse von Texten und Daten gesprochen. Aus Erwägungsgrund 8 S. 1, 2 DSM-RL lässt sich dabei noch der Schritt der Normalisierung von Daten ableiten.

Eine weitere Konkretisierung der einzelnen Prozessschritte erfolgt aber nicht, was den Normadressaten im Hinblick auf den technischen Ablauf des Text- und Data-Mining im Anwendungsbereich der DSM-Richtlinie ratlos zurücklässt.[118] Gleichwohl ist auch mit Blick auf die urheberrechtliche Relevanz ein prozessorientiertes Verständnis des Text- und Data-Mining in der DSM-Richtlinie

---

114 Vgl. zur Taxonomie der einzelnen Analytics-Begriffe *Brühl*, CFS 2019, 4 f; *Chamoni/Gluchowski*, Cont. & Man. Rev. 2017, 8 (9); *Meier*, HMD 2019, 885 (887); *Gluchowski*, HMD 2016, 273 (276 f.); vgl. aus rechtlicher Perspektive BT-Drucks. 17/11582, 3; *Hoeren/Uphues*, in: Frenz (Hrsg.), Hdb. Industrie 4.0, 113 (115 f.); *Drexl*, JIPITEC 2017, 257 (264).

115 Die Legaldefinition des Art. 2 Nr. 2 DSM-RL aufgreifend *Schack*, Urheber- und Urhebervertragsrecht, Rn. 577; kritisch *Hilty/Richter*, in: Hilty/Moscon (Hrsg.), EU Copyright Rules, 25 (26).

116 *Raue*, ZUM 2019, 684 (685).

117 BT-Drucks. 18/12329, 41 „nicht nur manuell verarbeitet werden dürfen"; Wandtke/*Bullinger* (Hrsg.), UrhG, § 60d Rn. 10; einen anderen Ansatz sieht das Japanische Urheberrecht vor *Ueno*, GRUR Int. 2021, 145 (149).

118 Vgl. nur die Ausführungen im SWD(2016) 301 final, Part 3/3, 156.

zugrunde zu legen, wird doch aus den Gesetzesmaterialien zumindest deutlich, dass es sich um einen mehrphasigen Prozess handelt.[119]

c) Reichweite des Datenbegriffs in Art. 2 Nr. 2 DSM-RL

Diskussionsbedarf besteht zudem im Hinblick auf die inhaltliche Reichweite des Datenbegriffs in Art. 2 Abs. 2 DSM-RL. Im Sinne eines Datenbegriffs „im weitesten Sinne“[120] wird hier auf der einen Seite vertreten, dieser umfasse Texte, Bilder, Daten und weitere Gestaltungen.[121]

Demgegenüber positionieren sich jedoch auch Stimmen, die den Datenbegriff der Legaldefinition des Art. 2 Nr. 2 DSM-RL nur im Sinne von Rohdaten verstehen wollen.[122] Gleichzeitig sprechen diese Stimmen das Desiderat aus, die Begriffsbestimmung für weitere Inhalte wie Bilder, Videos oder Audiodateien zu öffnen.[123] Als grundlegende Alternative wird dabei der Begriff der Information angeregt.[124]

Für die Annahme eines engen Datenbegriffs in Art. 2 Nr. 2 DSM-RL spricht, dass die zusätzliche Aufnahme der Formulierung „Texte […] in digitaler Form“ nicht notwendig gewesen wäre, da unter einem Datenbegriff im weitesten Sinne auch Texte zu subsumieren sind.[125]

---

119 ErwG 8 S. 1, 2 DSM-RL; konkretisierend *Stamatoudi* (Hrsg.), Int. Copyright Law, 251 (260 ff.); *Triaille/de Meeûs d'Argenteuil/de Francquen*, Study on TDM, 28 f.; *de la Durantaye*, Wissenschaftsschranke, 8; *Obergfell*, in: Ahrens/Bornkamm/Fezer et al. (Hrsg.), FS Büscher, 223 f.; *Geiger/Frosio/Bulayenko*, IIC 2018, 814 (817); *Gräbitz*, Bibliotheksdienst 2020, 654 (661 f.); *Specht*, OdW 2018, 285 f.; *Spindler*, GRUR 2016, 1112 f.; *Spindler*, ZGE 2018, 273; *Wandtke/König*, ZUM 2014, 921 (929); mit nur einer rudimentären Beschreibung der Zielsetzung des TDM Prozesses *Sökeland*, K&R 2017, 605 (607); *Würtenberger/Freischem*, GRUR 2017, 594 (597 f.).

120 Explizit *Spindler*, GRUR 2016, 1112 (1113).

121 *Stamatoudi* (Hrsg.), Int. Copyright Law, 251 (254); *Triaille/de Meeûs d'Argenteuil/de Francquen*, Study on TDM, 8, 17; *Spindler*, ZGE 2018, 273 (275); *Spindler*, GRUR 2016, 1112 (1113).

122 *Raue*, GRUR 2017, 11 (14).

123 *Raue*, GRUR 2017, 11 (14).

124 *Raue*, GRUR 2017, 11 (14), schlägt als Alternative folgende Begriffsbestimmung vor: „Eine Technik zur automatisierten Auswertung von Texten und anderen Informationen“; vgl. auch *Raue*, IIC 2018, 379 (380).

125 Vgl. *Triaille/de Meeûs d'Argenteuil/de Francquen*, Study on TDM, 8; *Zech*, CR 2015, 137 (138).

Letztlich würde eine solche Lösung aber in Widerspruch zur Entstehungsgeschichte und dem Sinn und Zweck der DSM-Richtlinie stehen. Hätte der europäische Gesetzgeber eine Verkürzung der Datenbasis lediglich auf Texte und (Roh-)Daten beabsichtigt, wäre es konsequenter gewesen, dies auch durch eine entsprechende Formulierung („Vervielfältigung von Texten und Daten in digitaler Form“) in den Schranken klarzustellen.

Eine Beschränkung nur auf Rohdaten und Texte in Art. 2 Nr. 2 DSM-RL setzt sich daher in Widerspruch zur umfassenden Privilegierungswirkung sämtlicher Text- und Data-Mining-Verfahren. Auch die Erwägungsgründe sehen insofern explizit eine Datenbasis vor, die sich u. a. auf Bilder, Töne und große Informationsmengen erstreckt.[126] Um die Data-Mining-Techniken vollumfänglich auszuschöpfen, müssen deshalb auch Fotos, Videos, Tonaufnahmen und andere Datensammlungen als Wissensspeicher der Gesellschaft auf neue Informationen hin durchsucht werden können.[127] Ein enger Datenbegriff, der nur Rohdaten umfasst, wäre insoweit nicht in der Lage, dieses weite Verständnis abzubilden, was zum Vorrang des Datenbegriffs im weitesten Sinne führt.

d) Systematische Inkohärenz zu Art. 3, 4 DSM-RL

Aus dem Wortlaut des Art. 2 Nr. 2 DSM-RL, der Texte und Daten als Rohstoff des Analyseprozesses benennt, resultiert jedoch das Problem, dass, anders als in der Legaldefinition, Art. 3 Abs. 1, Art. 4 Abs. 1 DSM-RL auf die normativen Begriffe des Werkes und der sonstigen Schutzgegenstände als Auswertungsgrundlage referenziert.

Die Legaldefinition zeigt sich damit zwar über die Wahl des in der Informatik bekannten Begriffs der Daten techniksensibel. Ein Gleichlauf mit den normativen Begriffen des Werkes und der sonstigen Schutzgegenstände in den Schranken wird hierdurch jedoch nicht erzielt.

Vielmehr gilt, dass einzelne Daten über den sachlichen Anwendungsbereich des einheitlichen europäischen Werkbegriffs mit seiner Schutzvoraussetzung der eigenen geistigen Schöpfung hinausreichen.[128]

Problematisch ist dies vor dem Hintergrund, dass Art. 3, 4 DSM-RL in die Legaldefinition des Art. 2 Nr. 2 DSM-RL verweisen und somit eine systematische

126 So ErwG 8 S. 1, 2 DSM-RL; ohne Differenzierung in diese Richtung *Spindler*, WRP 2019, 811 (812); *Raue*, ZUM 2019, 684 (689).

127 *Raue*, ZUM 2019, 684.

128 Ausführlich zu den Schutzvoraussetzungen des Europäischen Werkbegriffs, siehe in Kap. C.II.1.

Beziehung zwischen den Vorschriften besteht. Mit Blick auf die Regelungstechnik des allgemeinen „Vor-die-Klammer-Ziehens" ließe sich danach aus der Systematik der Vorschriften ein Vorrang der Auswertungsgrundlage für Texte und Daten vor den urheberrechtlichen Schutzgegenständen der Werke und sonstigen Schutzgegenstände konstruieren.

3. Kritik

Die Analyse der Begriffsbestimmung zeigt, dass ein Gleichlauf unterschiedlicher Begriffe (Texte und Daten gegenüber Werken und sonstigen Schutzgegenständen) zur Erfassung desselben Sachverhalts (Text- und Data-Mining) nicht geeignet ist, in überzeugender Weise Rechtssicherheit herzustellen. Die Verunsicherung des Unionsgesetzgebers kommt dabei auch in den Erwägungsgründen zum Ausdruck, wenn er dort die insoweit selbstverständliche Klarstellung vornimmt, dass die Analyse von Fakten und Daten keiner Erlaubnis durch die Rechtsinhaber bedürfe.[129] Zu resümieren bleibt damit, dass Art. 2 Nr. 2 DSM-RL „kein Meisterwerk der Gesetzgebungskunst"[130] ist und Widersprüche zu Art. 3, 4 DSM-RL provoziert.

VII. Begriffsbestimmung und technisches Verständnis des Urheberrechtsgesetzes

Die wenig gelungene Legaldefinition in Art. 2 Nr. 2 DSM-RL macht ihre Umsetzung in das deutsche Recht nicht einfacher. Der konkrete Umsetzungsbedarf im Hinblick auf die Begriffsbestimmung ergibt sich daraus, dass mit der Einführung des § 60d UrhG a. F. noch nicht die Implementierung einer Legaldefinition einherging. Nunmehr wird in § 44b Abs. 1 UrhG eine solche Legaldefinition vorgesehen, die in Anlehnung an Art. 2 Nr. 2 DSM-RL das Text- und Data-Mining als „die automatisierte Analyse von einzelnen oder mehreren digitalen oder digitalisierten Werken, um daraus Informationen insbesondere über Muster, Trends und Korrelationen zu gewinnen", definiert.

1. Systematik

Die Legaldefinition des § 44b Abs. 1 UrhG gilt umfassend sowohl für das kommerzielle Data-Mining als auch das Data-Mining zum Zwecke der

129 ErwG 9 S. 1 DSM-RL; *Raue*, ZUM 2019, 684 (685); *Spindler*, CR 2019, 277 (280).
130 *Dreier*, GRUR 2019, 771 (772).

wissenschaftlichen Forschung. Dies stellt § 60d Abs. 1 UrhG mit seinem Verweis auf § 44b Abs. 1 UrhG klar.[131]

Anders noch als Art. 2 Nr. 2 DSM-RL referenziert die Legaldefinition des § 44b Abs. 1 UrhG auf den Schutzgegenstand „Werk".

Dies ist zu begrüßen, da hierdurch ein Problem der DSM-Richtlinie, nämlich die fehlende Kohärenz der Begriffsbestimmung zu den Schrankenregelungen, aufgelöst wird.

Neben dem (analogen) Werkbegriff findet sich in § 44b Abs. 1 UrhG zusätzlich noch der Verweis auf digitale oder digitalisierte Werke.

Zu begrüßen ist hier, dass die Gesetzesbegründung eine Klarstellung dieser Begriffe vornimmt, nach der es sich bei digitalen Werken um solche Werke handelt, die von vornherein in digitaler Form vorliegen, während digitalisierte Werke zunächst in analoger Form vorliegen, die dann im Rahmen des Text- und Data-Mining-Prozesses digitalisiert werden.[132]

2. Legaldefinition des § 44b Abs. 1 UrhG

Sucht man nach einer technischen Kontur in der Legaldefinition des § 44b Abs. 1 UrhG, so ist diese ähnlich schwach ausgeprägt wie in Art. 2 Nr. 2 DSM-RL. Am ehesten vermag hier noch der Verweis auf die Gesetzesbegründung zum bereits 2017 in Kraft getretenen UrhWissG Erkenntnisse liefern.

In dieser wird das Text- und Data-Mining als mehrstufiger Prozess beschrieben, bei dem große Text- und Datenmengen in digitaler Form gesammelt, aufbereitet und automatisiert nach bestimmten Merkmalen durchsucht und ausgewertet werden.[133] Nach dem Verständnis der Gesetzesbegründung werden die Inhalte dabei in einem ersten Schritt aus den betreffenden Datenquellen extrahiert, im Wege der Datenvorbereitung normalisiert, strukturiert oder kategorisiert sowie für den spezifischen Data-Mining-Algorithmus in ein maschinenlesbares technisches Format umgewandelt (z. B. durch die Umwandlung von Portable-Document-Format (PDF)-Dateien in Extensible-Markup-Language (XML)-Dateien).[134]

---

131 *Steinhauer*, RuZ 2021, 5 (20).

132 BT-Drucks. 19/26450, 88 f.

133 BT-Drucks. 18/12329, 40; *Dreier*/Schulze (Hrsg.), UrhG, § 60d Rn. 1; vgl. auch die Beschreibung bei *Triaille/de Meeûs d'Argenteuil/de Francquen*, Study on TDM, 28 f.; *Stamatoudi* (Hrsg.), Int. Copyright Law, 251 (252); *Geiger/Frosio/Bulayenko*, IIC 2018, 814 (817).

134 BT-Drucks. 18/12329, 40; *Specht*, OdW 2018, 285; so auch für Art. 3, 4 DSM-RL, *Raue*, ZUM 2019, 684 (686).

Zur Normalisierung der Daten zählt auch die Anreicherung mit Metadaten sowie das Ausscheiden von fehlerhaften Datensätzen (z. B. Ausreißer) mit dem Ziel, die Datenqualität für eine hochwertige Datenanalyse zu erhöhen.[135] Anknüpfend an diese Vorverarbeitung des Datenbestandes entsteht das sog. Korpus, das anschließend mithilfe der für das jeweiligen Vorhaben konzipierten Text- und Data-Mining-Software ausgewertet wird. Ziel ist es, statistische Häufigkeiten und Korrelationen im aufbereiteten Datenbestand aufzudecken, die dann nachfolgend einer wissenschaftlichen Analyse und Bewertung zugänglich sind.[136]

3. Kritik

Gegen die Aufnahme des Werkbegriffs in die Legaldefinition des § 44b Abs. 1 UrhG ist vereinzelte Kritik zu vernehmen. So wird eingewandt, dass über die Implementierung des urheberrechtlichen Topos Werk die Gefahr drohe, eine lediglich bereichsspezifische Legaldefinition des Text- und Data-Mining ausschließlich für das Urheberrecht zu schaffen.[137] Dass diese Gefahr nicht völlig aus der Luft gegriffen ist, zeigt auch bereits die abweichende Definition des Data-Mining in der 2021 veröffentlichten Datenstrategie der Bundesregierung.[138]

Solange im Urheberrecht jedoch der zentrale Schutzgegenstand des Werkes nicht zugunsten eines vollkommen technikrelativen Ansatzes aufgegeben wird, verfängt die Kritik nicht. Dafür spricht auch, dass das Urheberrecht als Regelungsmaterie nicht der Steuerung einer bestimmten datengetriebenen Technik wie dem Text- und Data-Mining verpflichtet ist, sondern seinen Schutzgegenständen und den dahinterliegenden rivalisierenden Interessen.[139] Insofern ist das Abstellen der Legaldefinition auf den zentralen Schutzgegenstand des Urheberrechts, das Werk, nicht zu kritisieren.

Mit Verwunderung ist jedoch festzustellen, dass in § 44b Abs. 1 UrhG kein expliziter Verweis auf die sonstigen Schutzgegenstände aufgenommen wurde.

---

135 *Triaille/de Meeûs d'Argenteuil/de Francquen*, Study on TDM, 47 f.; *Raue*, ZUM 2019, 684 (687); *Raue*, IIC 2018, 379 (381); *Raue*, GRUR 2017, 11 (15).

136 BT-Drucks. 18/12329, 40; *Dreier*/Schulze (Hrsg.), UrhG, § 60d Rn. 1; kritisch *Hoeren*, IWRZ 2018, 120 (124).

137 Wikimedia, Stellungnahme DiskE, 3, abrufbar unter: https://bit.ly/3ugXrwR (zuletzt abgerufen: 2.4.2021).

138 BT-Drucks. 19/26450, 106.

139 *Specht*, GRUR 2019, 253 (255); vgl. auch die Diskussion im US-amerikanischen Recht, siehe hierzu *Burk*, U. Chic. L. Rev. 2019, 283 (289).

Betrachtet man die vormalige Rechtslage, sah § 60d Abs. 2 UrhG a. F. noch einen expliziten Verweis auf die Schranke des Datenbankherstellerrecht in § 87b Abs. 1 S. 2 UrhG vor. Hieraus wurde dann eine normative Anknüpfung an die weiteren sonstigen Schutzgegenstände des Urheberrechts abgeleitet.[140] Entscheidend ist die Frage der Ausklammerung der sonstigen Schutzgegenstände jedoch nicht im Bereich der Legaldefinition, sondern im Anwendungsbereich der Schranken, wo durch ihre Ausklammerung eine Verkürzung ihres sachlichen Anwendungsbereichs droht. Entsprechend ist der Aspekt erneut in der Diskussion, um die Reichweite der Schranken, aufzugreifen.[141]

VIII. Terminologische Prämissen für den weiteren Fortgang der Arbeit

Für den weiteren Fortgang der Untersuchung zum Text- und Data-Mining wird der Begriff Text- und Data-Mining im Sinne eines Prozesses verstanden. Darüber hinaus fungiert der Begriff des Text- und Data-Mining als Oberbegriff für verschiedenste Mining-Techniken.

Entsprechend ist die Legaldefinition des § 44b Abs. 1 UrhG, Art. 2 Abs. 2 DSM-RL so auszulegen, dass auch andere in der Informatik bekannte Mining-Techniken der Legaldefinition unterfallen können und der Begriff des Text- und Data-Mining den gesamten Prozess von der Datenauswahl bis hin zur Evaluation und Interpretation der Ergebnisse umfasst.

Im Fortgang der Untersuchung werden dabei Ausnahmen von diesem schlagwortartigen Begriffsverständnis an den Stellen der Arbeit vorgenommen, wo die Untersuchung einer Differenzierung zwischen den drei eingeführten Mining-Verfahren bedarf. Dies ist dann der Fall, wenn aufgrund der identifizierten unterschiedlichen Datenstruktur des Text-Mining (unstrukturierte Daten), des Data-Mining (strukturierte Daten) und des Web Mining (semistrukturierte Daten) sich Unterschiede im Hinblick auf ihre urheberrechtliche Bewertung ergeben.

---

140 *Raue*, CR 2017, 656 (658); vgl. auch *Dreier*/Schulze (Hrsg.), UrhG, § 60d Rn. 6, der jedoch das Ursprungsmaterial als normativen Anknüpfungspunkt wählt.

141 Siehe hierzu in Kap. H.III.2. a) aa).

B. Die verwertungsrechtliche Analyse des zentralen Prozessschritts der Datenauswahl im Text- und Data-Mining

Die zentrale Vorfrage zur Einordnung und Bewertung der neuen Schrankenbestimmungen zum kommerziellen Text- und Data-Mining stellt die Analyse der verwertungsrechtlichen Relevanz des Text- und Data-Mining-Prozesses dar.

Der Prozessschritt der Datenauswahl nimmt dabei einen besonderen Stellenwert in der Untersuchung ein, entscheidet sich doch mit der Auswahl der richtigen Daten, ob der Text- und Data-Mining-Prozess gelingt oder nicht.[142] Treffend beschreiben dies auch *Adriaans/Zantinge* mit dem Satz: „without the right data there is little gold to be mined“[143].

Eine gelungene Datenauswahl kennzeichnet sich dabei durch eine im Ergebnis konsistente, qualitativ hochwertige sowie homogene Datenbasis, ohne die der Text- und Data-Mining-Prozess bereits im Prozessschritt der Datenauswahl an dem sog. „GIGO-Prinzip“ (Garbage in Garbage out) zu scheitern droht.[144]

Neben der Identifikation geeigneter Datenquellen zählt dabei auch die technisch anspruchsvolle Überführung relevanter Daten in eigene Speicher nach Maßgabe des Analyseziels zum Aufgabenportfolio der Datenauswahl.[145] Dieser Akt der Überführung eines fremden Datenbestandes auf eigene Analysedatenträger bildet dabei oftmals das Einfallstor für das Urheberrecht.

---

142 Ausführlich zu den nachfolgend beschriebenen Prozessschritten, *Fayyad/Piatetsky-Shapiro/Smyth*/Uthurusamy (Hrsg.), Data Mining, 1 (10 f.); *Bensberg*, Web Log Mining, 73 ff.; *Cleve/Lämmel*, Data Mining, 8 ff.; *Knobloch*, Data Mining, 29 ff.; *Petersohn*, Data Mining, 39 ff.; *Düsing*, in: Chamoni/Gluchowski (Hrsg.), Informationssysteme, 4. Aufl., 281 (288 ff.).

143 *Adriaans/Zantinge*, Data Mining, 9.

144 *Alpar/Niedereichholz*, Data Mining, 14; *Knobloch*, Data Mining, 29; vgl. auch *de Wachter*, CRi 2014, 1 (2 f.); *Meys*, GRUR Int. 2020, 457 (461).

145 *Knobloch*, Data Mining, 13.

I. Die Untersuchung leitende Grundsätze der urheberrechtlichen Dogmatik

Dass für den Text- und Data-Mining-Prozess im Allgemeinen und die „Datenauswahl" im Speziellen überhaupt das Eingreifen des Urheberrechts diskutiert wird, verwundert auf den ersten Blick, gilt doch im Urheberrecht der unumstößliche Grundsatz, dass weder einzelne Daten noch Informationen monopolisiert werden können.

Mit Blick auf das Ziel des Text- und Data-Mining, die „Informationsgewinnung", könnte man daher bereits geneigt sein, die urheberrechtliche Relevanz des Prozesses von vornherein auszuschließen. Zu begründen wäre diese Auffassung mit dem im Urheberrecht verankerten spezifischen Freihaltebedürfnis für Informationen.[146] Dieses folgt der Logik, dass die Zuweisung von Sachinformationen an einen bestimmten Rechtsinhaber den gesellschaftlichen Austausch und Fortschritt zu stark behindern würde und Informationen daher der „public domain" zuzuordnen sind.[147]

Auch wenn man nicht an die Information als Ziel des Text- und Data-Mining-Prozesses anknüpft, sondern an die Daten als Rohstoff, ist im Urheberrecht einzelnen Daten ein Schutz verwehrt, da sie nur bestimmte Zeichen eines Zeichenbestandes aufweisen, in denen keine Originalität im Sinne einer freien kreativen Entscheidung zum Ausdruck kommt, wie es gerade der Werkschutz fordert.[148] Daten fungieren im Urheberrecht insofern als Oberbegriff für nicht schutzfähige Gestaltungen.[149]

Dass für die Auswahl von Werken aber dennoch ein Eingriff in die Ausschließlichkeitsrechte der Rechtsinhaber diskutiert wird, liegt darin begründet, dass der im Text- und Data-Mining beabsichtigte informationelle Gehalt von der urheberrechtlich geschützten Form oftmals nicht losgelöst genutzt, verwertet und weiterverarbeitet werden kann.[150] Hier kommen dann die Verfahren des

---

146 *Loewenheim/Leistner*, in: Schricker/Loewenheim (Hrsg.), UrhG, § 2 Rn. 80; *Berking*, Inhalt und Form im Urheberrecht, 35 f.; *Jotzo*, RuZ 2020, 128 (134); vgl. *Haberstumpf*, ZUM 2012, 529 (530 ff.).

147 *Drexl/Hilty/Desaunettes et al.*, GRUR Int. 2016, 914 (915); *Ensthaler*, NJW 2016, 3473 (3474); *Raue*, GRUR 2017, 11 (13); *Raue*, JZ 2013, 280 (283).

148 *Zech*, CR 2015, 137 (141).

149 Siehe das Verständnis in BT-Drucks. 17/12029, 48; *Leistner*, in: Schricker/Loewenheim (Hrsg.), UrhG, § 4 Rn. 12; vgl. auch *A. Nordemann*, in: Fromm/Nordemann (Hrsg.), UrhG, § 4 Rn. 17; *Wiebe*, GRUR 2017, 338; *Wirth*, ZUM 2020, 586 (587); *Zech*, GRUR 2015, 1151 (1156 f.); differenzierend *Hacker*, GRUR 2020, 1025 (1027 ff.).

150 *Dreier/Leistner*, GRUR 2013, 881.

Text- und Data-Mining zum Tragen, die es sich zum Ziel gesetzt haben, automatisiert die in Daten potenziell angelegten Informationen zu offenbaren, hierfür aber oftmals das gesamte Werk samt den inkorporierten Informationen in den Analysedatenbestand übertragen müssen.[151]

Entscheidend für die Untersuchung des Prozessschritts der Datenauswahl und das Eingreifen des Urheberrechts ist damit erstens das Vorliegen eines urheberrechtlichen Schutzgegenstandes und zweitens seine Übertragung in den Analysedatenbestand des Text- und Data-Mining-Anwenders.

Die nachfolgende Darstellung beschränkt sich dabei auf die zentralen Schutzgegenstände, Werke und Datenbanken, die das wirtschaftliche Interesse an der exklusiven Verwendung von Daten spezifisch abbilden.[152]

II. Datenauswahl aus Werken

Der Schutz von Werken bildet das zentrale Eingangstor zum Urheberrecht.[153] Ohne das Vorliegen eines Werkes besteht mangels Zuweisung absoluter Rechte kein Spielraum für einen Eingriff in die Verwertungsrechte des Urhebers.

Zusammen mit den sonstigen Schutzgegenständen bildet er das Schutzregime des Urheberrechts. Der Werkbegriff aus § 2 Abs. 2 UrhG ist dabei maßgeblich durch die Rechtsprechung des EuGH determiniert, der in seiner Judikatur einen autonomen europäischen Werkbegriff mit dem Erfordernis einer eigenen geistigen Schöpfung herausgebildet hat.[154]

1. Der einheitliche europäische Werkbegriff

Die Formel der eigenen geistigen Schöpfung findet ihren normativen Ursprung in Art. 3 Abs. 1 Datenbank-RL, Art. 1 Abs. 3 Computerprogramm-RL[155] und

151 *Maier/Lehner*, in: Lehner/Hildebrand/Maier (Hrsg.), Wirtschaftsinformatik, 165 (202); *Müller, M.*, in: Hill/Martini/Wagner (Hrsg.), Transparenz, 67 (69).

152 *Zieger/Smirra*, MMR 2013, 418 (419).

153 *Erdmann*, in: Erdmann/Leistner/Rüffer et al. (Hrsg.), FS Loschelder, 61.

154 Siehe hierzu *Leistner*, in: Büscher/Erdmann/Haedicke et al. (Hrsg.), FS Bornkamm, 859 (860 f.).

155 RL 2009/24/EG Richtlinie 2009/24/EG des Europäischen Parlaments und des Rates v. 23.04.2009 über den Schutz von Computerprogrammen (nachfolgend zitiert als Computerprogramm-Richtlinie).

Art. 6 Schutzdauer-RL[156]. Diese Verankerung führt aber zu dem Streit, ob der europäische Werkbegriff nur für Computerprogramme, Datenbanken und Fotografien gilt oder ob nicht im Sinne einer rechtsfortbildenden Gesamtanalogie vielmehr von einem umfassenden, für alle Werkarten einheitlichen europäischen Werkbegriff auszugehen ist.[157]

Der EuGH hat sich zu dieser Frage in der Rechtssache „Infopaq“ positioniert. Über eine Anknüpfung an das vollharmonisierte Vervielfältigungsrecht aus Art. 2 InfoSoc-RL begründet der EuGH hier einen einheitlichen europäischen Werkbegriff, der auch über die oben benannten Richtlinien hinausreicht.[158] Diesen vertritt der EuGH seit jeher und baut diesen in seiner ständigen Rechtsprechung kontinuierlich aus.[159]

Jüngst hat der EuGH für den Werkbegriff dahingehend eine weitere Klarstellung vorgenommen, dass auch für Werke der angewandten Kunst der europäische Werkbegriff mit seinen Schutzvoraussetzungen ausnahmslos gilt.[160]

Für den grenzüberschreitend aktiven Text- und Data-Mining-Anwender ist die Annahme eines europäischen Werkbegriffs vorteilhaft, da es ihm dadurch erspart bleibt, sich mit einem Flickenteppich aus nationalen Schutzvoraussetzungen für nicht harmonisierte Werkarten auseinandersetzen zu müssen. In grenzüberschreitenden Sachverhalten kann der Anwender damit auf die

156 Richtlinie 2006/116/EG des Europäischen Parlaments und des Rates vom 12. Dezember 2006 über die Schutzdauer des Urheberrechts und bestimmter verwandter Schutzrechte (nachfolgend zitiert als Schutzdauer-RL).

157 I.S.d. erstgenannten Ansicht *Ahlberg*, in: Möhring/Nicolini (Hrsg.), UrhG, § 2 Rn. 161 f.; *Roder*, Die Methodik des EuGH, 11; *Schmidt, J.*, Maximalschutz, 151; *Bisges*, ZUM 2015, 357 (358 f.); *Metzger*, GRUR 2012, 118 (121); *Leistner*, ZGE 2013, 4 (8); differenzierend BGH, Urt. v. 13.11.2013, I ZR 143/12, Rn. 31 - Geburtstagszug, GRUR 2014, 175 (178); *Riesenhuber* (Hrsg.), Systembildung, 113 (126); a.A. *Schulze*, GRUR 2009, 1019 (1021).

158 Vgl. EuGH, Urt. v. 16.7.2009, C-5/08, Rn. 33 - Infopaq, GRUR 2009, 1041 (1044)

159 Nachweise bei *Dreier*/Schulze (Hrsg.), UrhG, § 2 Rn. 22; *Bisges*, ZUM 2015, 357 (358); *Leistner*, EuZW 2016, 166 f.; *Wandtke*, MMR 2017, 367 (369); kritisch aber letztlich aus systematischen Erwägungen bejahend *Benz*, Teileschutz, 75 f.

160 EuGH, Urt. v. 11.6.2020 - C-833/18, Rn. 26 f. - Brompton/Get2Get, GRUR 2020, 736 (737); EuGH, Urt. v. 12.9.2019, C-683/17, Rn. 48 - Cofemel, GRUR 2019, 1185 (1187); *Leistner*, GRUR 2019, 1114 ff.; *v. Ungern-Sternberg*, GRUR 2021, 1; *Zech*, ZUM 2020, 801 (802).

werkartübergreifende Voraussetzung der eigenen geistigen Schöpfung und die konkretisierende Rechtsprechung des EuGH zurückgreifen.[161]

a) Voraussetzungen

Der einheitliche europäische Werkbegriff enthält zwei Tatbestandsvoraussetzungen, die kumulativ anzuwenden sind.[162] Die erste Voraussetzung sieht vor, dass es sich bei dem betreffenden Gegenstand um ein Original im Sinne einer eigenen geistigen Schöpfung handelt. Die zweite ordnet an, dass die Einstufung als Werk solchen Elementen vorbehalten ist, die eine solche Schöpfung zum Ausdruck bringen.[163]

Für die Bestimmung der Schutzschwelle ist dabei die Frage zu entscheiden, ab wann ein Werk eine hinreichende Originalität aufweist.[164]

Der Begriff der Originalität symbolisiert dabei exemplarisch das Spannungsfeld zwischen der kontinentaleuropäischen „droit d'auteur"-Tradition, die stärker auf das Kriterium der Individualität und Kreativität und damit tendenziell

---

161 Vgl. *Handig*, GRUR Int. 2012, 973 (975); auf kritische Aspekte hinweisend *Ohly*, Gutachten 70. DJT, F 31.

162 Siehe die ständige Rspr. des EuGH, Urt. v. 11.6.2020 - C-833/18, Rn. 22- Brompton/Get2Get, GRUR 2020, 736 (737); EuGH, Urt. v. 12.9.2019, C-683/17, Rn. 29- Cofemel, GRUR 2019, 1185 (1186); EuGH, Urt. v. 13.11.2018, C-310/07, Rn. 36 - Levola/Smilde, GRUR 2019, 73 (74); EuGH, Urt. v. 23.1.2014, C-355/12, Rn. 21 - Nintendo, GRUR 2014, 255 (256); EuGH Urt. v. 1.12.2011, C-145/10, Rn. 87 - Painer, GRUR 2012, 166 (168); EuGH Urt. v. 2.5.2012, C-406/10, Rn. 45 - SAS Institute, GRUR 2012, 814 (815); EuGH, Urt. v. 1.3.2012, C-604/10, Rn. 37 - Football Dataco; GRUR 2012, 386 (388); EuGH, Urt. v. 4.10.2011, C-403, 429/08, Rn. 97, 156 - Murphy, GRUR 2012, 156 ff.; EuGH, Urt. v. 16.7.2009, C-5/08, Rn. 37 - Infopaq, GRUR 2009, 1041 (1044).

163 EuGH, Urt. v. 11.6.2020 - C-833/18, Rn. 22 - Brompton, GRUR 2020, 736 (737); EuGH, Urt. v. 12.9.2019, C-683/17, Rn. 29 - Cofemel, GRUR 2019, 1185 (1186); EuGH, Urt. v. 29.7.2019 - C-469/17, Rn. 19 - Afghanistan Papiere, GRUR 2019, 934 (935); EuGH, Urt. v. 13.11.2018, C-310/07, Rn. 35 ff. - Levola/Smilde, GRUR 2019, 73 (74).

164 EuGH, Urt. v. 1.3.2012, C-604/10, Rn. 37 f. - Football Dataco, GRUR 2012, 386 (388); EuGH, Urt. v. 1.12.2011, C-145/10, Rn. 87 - Painer, GRUR 2012, 166 (168); EuGH, Urt. v. 4.10.2011, C-403, 429/08, Rn. 97 - Murphy, GRUR 2012, 156 (160); EuGH, Urt. v. 22.12.2010, C-393/09, Rn. 45 - BSA, GRUR 2011, 220 (222); EuGH, Urt. v. 16.7.2009, C-5/08, Rn. 35, 37, 38 - Infopaq, GRUR 2009, 1041 (1044); siehe auch *Schricker*, in: Becker/Lerche/Mestmäcker (Hrsg.), FS Kreile, 715, (717 f.); *Bisges*, ZUM 2015, 357 (358).

auf ein höheres Schutzniveau abhebt, gegenüber einem stärker an wirtschaftlichen Interessen ausgerichteten Ansatz des Common Law.[165]

Zwar werden im Hinblick auf die materiellen Anforderungen der Originalität die Schutzvoraussetzungen durch den EuGH nicht allzu hoch angesetzt.[166] Gleichwohl fordert der EuGH, dass das Originalitätskriterium an einen Spielraum anknüpft, der dem Schaffenden für seine Gestaltungen in Form freier kreativer Entscheidungen offensteht, um seine Persönlichkeit auszudrücken.[167] Entscheidend ist es danach, dass es dem Urheber durch die Ausnutzung eines persönlichen Spielraums möglich wird, dem Werk seine „persönliche Note" zu verleihen.[168]

Im Sinne dieser Rechtsprechung ist damit zu konstatieren, dass der Originalitätsbegriff des europäischen Werkbegriffs nicht den niedrigen Anforderungen des Common Law folgt, sondern stärker an die kontinentale Tradition des Urheberrechts anknüpft. Dies wird auch deutlich durch einen Blick in Erwägungsgrund 16 Schutzdauer-RL, der die anthropozentrische Verankerung des urheberrechtlichen Schutzkonzepts hervorhebt.[169]

Der in der deutschen Literatur geäußerten Gefahr eines im Vergleich zu § 2 Abs. 2 UrhG zu starken Absinkens der Schutzanforderungen[170] wird zudem dadurch begegnet, dass durch den EuGH solche Gestaltungen vom Werkschutz ausgeschlossen werden, die technisch bedingt oder durch Regeln und Zwänge vorgegeben sind.[171] Ausgeschlossen ist damit jedoch nicht, dass die Schaffung

165 Schlussantrag von GA Mengozzi v. 15.12.2011 - C-604/10 Rn. 37 - Football Dataco; eingehend *Kriesel*, Europäischer Werkbegriff, 169; *Handig*, GRUR Int. 2012, 973 (976).

166 *Handig*, GRUR Int. 2012, 973 (976).

167 ErwG 17 Schutzdauer-RL; EuGH, Urt. v. 12.9.2019, C-683/17, Rn. 30 - Cofemel, GRUR 2019, 1185 (1186); EuGH, Urt. v. 29.7.2019 - C-469/17, Rn. 19, 24 - Afghanistan Papiere, GRUR 2019, 934 (935 f.); EuGH, Urt. v. 1.3.2012, C-604/10, Rn. 38 - Football Dataco, GRUR 2012, 386 (388); EuGH, Urt. v. 1.12.2011, C-145/10, Rn. 88 f. - Painer, GRUR 2012, 166 (168); EuGH, Urt. v. 4.10.2011, C-403, 429/08, Rn. 97 ff. - Murphy, GRUR 2012, 156 (160); *Roder*, Die Methodik des EuGH, 10; *Leistner*, in: Büscher/Erdmann/Haedicke et al. (Hrsg.), FS Bornkamm, 859 (861); *Obergfell*, GRUR 2014, 621 (625).

168 EuGH, Urt. v. 11.6.2020 - C-833/18, Rn. 26 - Brompton/Get2Get, GRUR 2020, 736 (737); *Roder*, Die Methodik des EuGH, 10 f.; *Leistner*, ZGE 2013, 4 (23 f.); *Obergfell*, GRUR 2014, 621 (625).

169 Schlussantrag von GA Mengozzi v. 15.12.2011 - C-604/10 Rn. 37 - Football Dataco; kritisch *Bisges*, ZUM 2015, 357 (358).

170 So *Berger*, ZUM 2012, 353 f.

171 EuGH, Urt. v. 11.6.2020 - C-833/18, Rn. 27 - Brompton/Get2Get, GRUR 2020, 736 (737); EuGH, Urt. v. 12.9.2019, C-683/17, Rn. 31 - Cofemel, GRUR 2019,

eines Werkes durch technische Erwägungen zumindest mitbestimmt sein kann.[172]

Eine zwingende Untergrenze ist aber dort zu ziehen, wo die ästhetische Wirkung allein dem Gebrauchszweck geschuldet ist.[173] Insofern wird auf europäischer Ebene ein von einigen Stimmen angenommenes niedrigeres Schutzniveau und damit eine drohende Hypertrophie des Werkschutzes durch einen robusten Ausschluss technisch und funktional praktisch geprägter Gestaltungen ausbalanciert.[174]

b) Der Schutz von Werkteilen

An den Schutz von Werken schließt sich die Frage nach einem Schutz für Werkteile an. Der EuGH hat hierzu Stellung genommen und für die Annahme eines Teileschutzes es als ausreichend erachtet, wenn sich in der Auswahl, Anordnung und Kombination von elf aufeinanderfolgenden Wörtern der schöpferische Geist des Urhebers in origineller Weise manifestiere.[175] Daraus folgt aber nicht, dass es auf das quantitative oder qualitative Verhältnis des entlehnten Werkteils ankomme.[176] Vielmehr folgt aus der Vollharmonisierung des Werkbegriffs auch eine Vollharmonisierung des Teileschutzes, sodass der einheitliche Maßstab für den Schutz von Werkteilen im Unionsrecht das Kriterium der Originalität ist.[177]

Dieses Verständnis bringt der EuGH in der Rechtssache „Infopaq“ dadurch zum Ausdruck, dass Werkteile ebenfalls nur dann geschützt sein können, wenn

---

1185 (1186 f.); EuGH, Urt. v. 29.7.2019 - C-469/17, Rn. 24 - Afghanistan Papiere, GRUR 2019, 934 (935 f.); EuGH, Urt. v. 1.3.2012, C-604/10, Rn. 39 - Football Dataco, GRUR 2012, 386 (388); EuGH, Urt. v. 22.12.2010, C-393/09, Rn. 49 - BSA, GRUR 2011, 220 (222); *Roder*, Die Methodik des EuGH, 10 f.; *Dreier/Leistner*, GRUR-Beilage 2014, 13 (14); *Leistner*, ZGE 2013, 4 (18); *Ohly*, Gutachten 70. DJT, F 27.

172 EuGH, Urt. v. 11.6.2020 - C-833/18, Rn. 26 - Brompton/Get2Get, GRUR 2020 736 (737).

173 Wandtke/*Bullinger* (Hrsg.), UrhG, § 2 UrhG Rn. 14.

174 *Leistner*, GRUR 2019, 1114 (1119); *Leistner*, EuZW 2016, 166; *Leistner*, GRUR 2014, 1145 (1146), *Leistner*, ZGE 2013, 4 (18 ff.); vgl. *Kriesel*, Europäischer Werkbegriff, 159.

175 EuGH, Urt. v. 16.7.2009, C-5/08, Rn. 48 - Infopaq, GRUR 2009, 1041 (1044); *Wandtke*, NJW 2018, 1129 (1130).

176 *Ahlberg*, in: Möhring/Nicolini (Hrsg.), UrhG, § 2 Rn. 164; *Loewenheim/Leistner*, in: Schricker/Loewenheim (Hrsg.), UrhG, § 2 Rn. 87; *Benz*, Teileschutz, 79; a.A. BGH, Urteil vom 23.05.1975 - I ZR 22/74 - Reichswehrprozess, GRUR 1975, 667 (668).

177 *Benz*, Teileschutz, 62 f.,72.

sie ihrerseits Elemente enthalten, die die eigene geistige Schöpfung des Urhebers zum Ausdruck bringen.[178]

Formelhaft gilt deshalb, dass, sofern in Teilen eines Werkes keine eigene geistige Schöpfung zum Ausdruck kommt, ihre Benutzung erlaubnisfrei ist.[179]

2. Eingriff in das Vervielfältigungsrecht durch die Auswahl von Werken

Betrachtet man die skizzierten Voraussetzungen des Werkbegriffs im Lichte der drei zu untersuchenden Mining-Verfahren, ergibt sich bereits an dieser Stelle das Resultat, dass die Auswahl von Werken für die Verfahren des Data-Mining schon technisch nicht in Betracht kommt. Dies ist damit zu begründen, dass das Data-Mining in Abgrenzung zum Text-Mining nur strukturierte Daten zur Analyse abruft. Aus technischer Sicht erfordern strukturierte Daten jedoch eine strenge Schematisierung in einer technisch vorgegebenen Ordnungsstruktur wie z. B. einer Datenbank, mit der ein Abruf einzelner Daten oder der ganzen Datenbank über eine Abfragesprache ermöglicht wird. Der Schutz einer technischen Ordnungsstruktur wird im Urheberrecht aber nicht über den Werkbegriff vollzogen, sondern vielmehr über das Datenbankurheberrecht oder das Schutzrecht sui generis des Datenbankherstellers.

Dementsprechend stellt sich die Frage, ob es zu einem Eingriff in das Vervielfältigungsrecht bei der Auswahl von (Sprach-)Werken kommt, und zwar nur für die Verfahren des Text-Mining, die die Auswertung unstrukturierter Daten zum Gegenstand haben.

§ 16 UrhG gibt hier als Mindestanforderung vor, dass das Werk auf einem physischen Datenträger oder einem sonstigen Werkträger gespeichert werden muss, was gleichzeitig aber nicht bedeutet, dass damit für den Rezipienten eine unmittelbare Wahrnehmbarkeit verbunden sein muss.[180] Zu beachten ist auch, dass Texte und Dokumente nicht mit dem normativen Begriff des Sprachwerks gleichzusetzen sind.

---

178 EuGH, Urt. v. 2.5.2012, C-406/10, Rn. 65 - SAS Institute, GRUR 2012, 814 (816); EuGH, Urt. v. 16.7.2009, C-5/08, Rn. 39 - Infopaq, GRUR 2009, 1041 (1044); Wandtke/*Bullinger* (Hrsg.), UrhG, § 2 Rn. 44a; kritisch mit Blick auf die in diesem Punkt divergierenden europäischen Rechtsordnungen *Ohly*, Gutachten 70. DJT, F 27 f., F 32.

179 *Loewenheim/Leistner*, in: Schricker/Loewenheim (Hrsg.), UrhG, § 2 Rn. 87.

180 Dreier/*Schulze* (Hrsg.), UrhG, § 16 Rn. 7; *Berger*, in: Schierholz/Melichar (Hrsg.), FS Pfennig, 4.

Im Verständnis des Urheberrechts fungiert nur der Begriff des Sprachwerks als Oberbegriff für schutzfähige Gestaltungen, der u. a. Schriftwerke und Reden unter sich vereint und der sich dadurch kennzeichnet, dass der Werkinhalt durch das Mittel der Sprache ausgedrückt wird.[181]

a) Gründe für das Eingreifen des § 16 UrhG

Die zentrale Problematik, die sich für die Analyse von Sprachwerken im Stadium der Datenauswahl des Text-Mining stellt, liegt in dem Umstand begründet, dass unstrukturierte Daten zunächst untrennbar mit der schöpferischen Form verknüpft sind und die Werke daher zunächst in aller Regel vollständig in den Analysedatenbestand geladen werden müssen.[182]

Zwar gilt entgegen der althergebrachten Dichotomie von der geschützten Form und dem nicht geschützten Inhalt[183], dass ein (Sprach-)Werk die Qualität einer eigenen geistigen Schöpfung nicht nur über seine konkrete Form erlangen kann, sondern auch über den Inhalt und die Verbindung von Inhalt und Form.[184] Ein Schutz des Inhalts ist aber nicht möglich, wo das Freihaltebedürfnis für Informationen einem solchen Schutz entgegensteht.[185]

In Rekurs auf die Zielsetzung des Text- und Data-Mining geht es dem Prozess im Kontext des Urheberrechts um die Offenbarung eines Informationsgehalts aus Schutzgegenständen.

Wenn der Inhalt eines Werkes im Sinne der vermittelten freien Information jedoch nicht bereits vor der Auswahl von der geschützten schöpferischen Form

---

181 *Loewenheim/Leistner*, in: Schricker/Loewenheim (Hrsg.), UrhG, § 2 Rn. 98; zu einem möglichen urheberrechtlichen Schutz von AGB, *Ducato/Strowel*, IIC 2019, 649 (656 ff.).

182 Siehe zu diesem Vorgang in Kap. C.I.

183 Hierzu *Berking*, Inhalt und Form im Urheberrecht, 29 ff.; *Lutz*, Zugang, 43 f.; vgl. *Samuelson*, in: Ginsburg/Dreyfuss (Hrsg.), Intellectual Property Stories, 151 (188 f.).

184 BT-Drucks. IV/270, 38; *A. Nordemann*, in: Fromm/Nordemann (Hrsg.), UrhG, § 2 Rn. 47; Wandtke/*Bullinger* (Hrsg.), UrhG, § 2 Rn. 37; *Dreier/Leistner*, GRUR-Beilage 2014, 13 (14); *Jotzo*, RuZ 2020, 128 (133); einzelne Stimmen differenzieren weiter zwischen einer inneren und äußeren Form des Werkes, kritisch hierzu *Hoeren*, MMR 2000, 3; *Hoeren*, GRUR 1997, 866 (870).

185 BGH, Urt. v. 1.6.2011, I ZR 140/09, Rn. 50 - Lernspiele, GRUR 2011, 803 (807); Dreier/*Schulze* (Hrsg.), UrhG, § 2 Rn. 93; *Loewenheim/Leistner*, in: Schricker/Loewenheim (Hrsg.), UrhG, § 2 Rn. 82 ff.; *Leistner*, GRUR 2011, 761 (766); *Raue/Schöch*, RuZ 2020, 118 (123); für das US-amerikanische Recht betonend *Sag*, J. Copyright Soc´y U.S.A. 2019, 291 (307).

des Werkes getrennt werden kann, kommt es mit der Übertragung des Werkes mitsamt seiner schöpferischen Form in den Analysedatenbestand des Text-Mining-Anwenders zu einer Vervielfältigung i. S. v. § 16 UrhG.

Unschädlich für die Annahme einer Vervielfältigung ist dabei auch, wenn die Auswahl – wie im Anwendungsbereich des Text- und Data-Mining – automatisiert durch Software und nicht manuell durch einen Menschen erfolgt.[186]

Die Automatisierung und die Zielsetzung des Text-Mining führt aber dazu, dass anders als bei manuellen Analysen nicht hundert oder tausend Texte abgerufen werden, sondern auch ein Abruf von z. B. 10 Milliarden Texten möglich ist. Sofern von diesen Texten lediglich 1 % als Sprachwerk urheberrechtlich geschützt sind, entsteht bereits durch dieses eine Prozent ein unkalkulierbares Haftungsrisiko, was daraus resultiert, dass der automatisierte Abruf von Millionen von Werken jeweils zu „einem" Eingriff in das Vervielfältigungsrecht des jeweiligen Schutzrechtsinhabers führt.[187]

Zu konstatieren ist damit für die Auswahl von Werken im Rahmen des Text-Mining, dass das Vervielfältigungsrecht aus zwei Gründen eingreift, weil es erstens in der Regel vor dem Übertragungsakt technisch nicht möglich ist, den freien Informationsgehalt von der geschützten Form zu trennen, und zweitens de lege lata eine Begrenzung des § 16 UrhG über eine technisch-normative Auslegung aufgrund der weiten Konzeption des Vervielfältigungsrechts nicht möglich ist.

b) Grenzfälle

Hat der Anwender allerdings eine sehr klare Vorstellung über sein Analyseziel und über die hierfür benötigten Textfragmente, kann es auch ausreichend sein, nur kleinste Teile oder einzelne Wörter eines gesamten Textes auszuwählen und automatisiert abzurufen. Hier wäre dann ein Eingriff in das Vervielfältigungsrecht nicht ohne weiteres zu bejahen, wenn es technisch möglich ist, nur einzelne analyserelevante Wörter oder Textpassagen abzurufen.

Erschwert wird die rechtssichere Beantwortung der Frage aber durch den unbestimmten und im Einzelfall ausfüllungsbedürftigen Rechtsbegriff der Originalität. Das Vorliegen einer hinreichenden Originalität ist konstitutiv, da es denklogisch nur zu einem Eingriff in das Vervielfältigungsrecht kommen kann, wenn sämtliche Voraussetzungen des Werkbegriffs vorliegen und in der Folge

---

186 *Raue*, GRUR 2017, 11 (13).

187 *Bunk*, in: Raabe/Wagner (Hrsg.), Daten als Wirtschaftsgut, 30 (32); vgl. auch unter dem Fair Use Regime, *Sobel*, Colum. J.L. & Arts 2017, 45 (80).

ein geschütztes Sprachwerk oder ein Werkteil in den Analysedatenbestand des „Text Miners“ übertragen wird. Liegen aber umgekehrt die Voraussetzungen des Werkbegriffs schon nicht vor, so wird dem Schaffenden an der Gestaltung kein Ausschließlichkeitsrecht zugewiesen und seine Übertragung ist frei möglich.

aa) Keine verbindliche Schutzuntergrenze durch die Rechtsprechung

Wie schwierig die Festlegung einer Schutzuntergrenze für Sprachwerke allerdings ist, zeigen exemplarisch die Entwicklungen im Bereich des User-Generated Content. Heutzutage lassen sich massenweise Tweets, Blog-Beiträge oder Social Media Posts auf verschiedensten Aufmerksamkeitsplattformen generieren.[188] Auch diese Beiträge können für das Text-Mining, beispielsweise für die Durchführung eines Opinion Mining, interessant sein.

Formelhaft gilt zwar, dass fiktionale literarische Werke deutlich mehr Raum für die Entfaltung schutzbegründender Originalität bieten als beispielsweise wissenschaftliche Abhandlungen, die durch eine Fachsprache geprägt sind, allerdings ergibt sich hieraus keine starre Gesetzmäßigkeit.[189] Gleiches gilt dabei auch für längere Texte, die mehr Raum für die Entfaltung einer schutzbegründenden Originalität bieten als kürzere.[190]

Wie brüchig diese pauschalen Einordnungsversuche für die Auswahl von Werkteilen im Kontext des Text-Mining gleichwohl sind, zeigt dabei ein ums andere Mal die Rechtsprechung. Für den durchaus pointiert formulierten Tweet „Wann genau ist aus ‚Sex, Drugs & Rock'n Roll‘ eigentlich ‚Laktoseintoleranz, Veganismus & Helene Fischer geworden‘ “ wurde danach kein Urheberrechtsschutz gewährt.[191] Die Auswahl dieser Textpassage zu Zwecken des Text-Mining wäre danach frei möglich.

Umgekehrt hat die Rechtsprechung aber bereits Anagrammen, die nur aus drei Wörtern bestehen[192], oder einzelnen Charakteren eines fiktionalen Textes wie der Figur der Pippi Langstrumpf einen Urheberrechtsschutz als Sprachwerk

188 Wandtke/*Bullinger* (Hrsg.), UrhG, § 2 Rn. 156 ff.; *Reinemann/Remmertz*, ZUM 2012, 216 (218); *Zieger/Smirra*, MMR 2013, 418 (419).

189 *Jotzo*, RuZ 2020, 128 (132).

190 *Jotzo*, RuZ 2020, 128 (132).

191 LG Bielefeld, Beschl. v. 3.1.2017 - 4 O 144/16, Rn. 7, MMR 2017, 641 (642); ablehnend auch OLG Köln, Urt. v. 8.4.2016 - 6 U 120/15, ZUM-RD 2016, 470 (471) für den Tweet „Wenn das Haus nasse Füße hat“; *Jotzo*, RuZ 2020, 128 (136).

192 KG Berlin, Urteil v. 22.01.1971 - 5 U 2412/70 - Buchstabenschütteln, GRUR 1971, 368 (370); *Zieger/Smirra*, MMR 2013, 418 (419).

zugebilligt.[193] Gleiches galt auch für militärische Lageberichte, in deren Auswahl und prägnanten Zusammenfassung der Fakten sowohl das LG Köln als auch das OLG Köln eine hinreichende individuelle Leistung des Referenten erkannten.[194] Für die vorstehenden Beispiele wäre danach eine freie Auswahl zu Zwecken des Text-Mining nicht möglich, da die Übertragung in den Analysedatenbestand hier in das Vervielfältigungsrecht der jeweiligen Schutzrechtsinhaber eingreifen würde.

Allgemein ist somit für die Auswahl von Texten zu Zwecken des Text-Mining zu konstatieren, dass nur der Schutz einzelner Wörter rechtssicher über das Freihaltebedürfnis für Informationen im Urheberrecht ausgeschlossen werden kann und ansonsten im Einzelfall zu entscheiden bleibt, ob ein Sprachwerk die notwendige Originalität aufweist.[195]

bb) Konsequenz für das Text-Mining

Für die Anwender von Text-Mining-Verfahren bringt diese durch den unbestimmten Rechtsbegriff der Originalität ausgelöste Rechtsunsicherheit dementsprechend das Problem mit sich, dass es für sie in Grenzfällen nicht möglich ist, eine abschließende Gewissheit über die Frage zu erlangen, ob durch die Überführung eines Werkes oder eines Werkteils in den Analysedatenbestand in das Vervielfältigungsrecht des Schutzrechtsinhabers eingegriffen wird oder ob es hierfür bereits an einer schutzgegenständlichen Anknüpfung mangelt. Erschwert wird die Beurteilung zusätzlich dadurch, dass der EuGH die Schwelle der teilweisen Vervielfältigung bewusst niedrig ansetzt, wenn bereits die Vervielfältigung eines aus elf Wörtern bestehenden Exzerptes in das Vervielfältigungsrecht eingreifen

---

193 BGH, Urt. v. 17.7.2013 - I ZR 52/12, Rn. 24 - Pippi Langstrumpf, GRUR 2014, 258 (260); *Jotzo*, RuZ 2020, 128 (135); eingehend zum urheberrechtlichen Figurenschutz *Haberstumpf*, ZGE 2012, 284 ff.

194 LG Köln, Urt. v. 2.10.2014 - 14 O 333/13, GRUR-RR 2015, 55 (56); OLG Köln, Urt. v. 12.6.2015 - 6 U 5/15, Rn. 25 ff., GRUR-RR 2016, 59 (60); BGH, Beschl. v. 1.6.2017 - I ZR 139/15, Rn. 13 - Afghanistan Papiere, GRUR 2017, 901 (902); letztlich offengelassen BGH, Urt. v. 30.4.2020 - I ZR 139/15, Rn. 12 - Afghanistan Papiere II, GRUR 2020, 853 (854); *kritisch* Hoeren, MMR 2017, 684; *Jotzo*, RuZ 2020, 128 (137).

195 BGH, Urt. v. 21.11.1980, I ZR 106/78 - Staatsexamensarbeit, GRUR 1981, 352 (353); eingehend *Loewenheim/Leistner*, in: Schricker/Loewenheim (Hrsg.), UrhG, § 2 Rn. 85; *Lutz*, Zugang, 45 ff.; *Heesen/Jüngels*, RuZ 2021, 45 (53); kritisch *Haberstumpf*, ZUM 2012, 529 (533 ff.).

kann.[196] Allerdings hat der EuGH mit dieser Entscheidung in der Rechtssache „Infopaq“ keine starre quantitative Untergrenze geschaffen.

Insofern müssen sich Text-Mining-Anwender mit der Lösung zufrieden geben, dass in den beschriebenen Grenzfällen die Rechtsprechung ex post und im Einzelfall über den unbestimmten Rechtsbegriff der „Originalität“ zu befinden hat. Text-Mining-Anwendern ist daher im Sinne eines risikoaversen Ansatzes in Zweifelsfällen anzuraten, von einer urheberrechtlichen Relevanz ihrer Auswahlentscheidung auszugehen.

c) Rechtliche Lösung: Die Datenauswahl als vorübergehende Vervielfältigung im Arbeitsspeicher

Aus dieser für Text-Mining-Anwender unbefriedigenden Situation sind jedoch Überlegungen anzustellen, wie sich die beschriebenen Grenzfälle bereits rechtssicher auf Schutzbereichsebene lösen lassen.

Zu diskutieren ist in diesem Zusammenhang eine rechtliche Lösung, die darauf abstellt, dass es bei der Auswahl analyserelevanter Werke oder geschützter Werkteile innerhalb des Text-Mining-Prozesses nur zu einer vorübergehenden Vervielfältigung im Arbeitsspeicher kommt. Geht man entgegen der mehrheitlich vertretenen Meinung[197] davon aus, dass es durch die vorübergehende Vervielfältigung eines Werkes oder Werkteils in den Arbeits-/RAM-Speicher (Random Access Memory) nicht zu einem Eingriff in die Ausschließlichkeitsrechte des Urhebers kommt[198], bestünde über eine entsprechende Einordnung der Datenauswahl im Rahmen des Text-Mining bereits die Möglichkeit, einen Eingriff in das Vervielfältigungsrecht auf Schutzbereichsebene auszuschließen.

Gegen eine lediglich vorübergehende Vervielfältigung der Werke in den Arbeitsspeicher spricht aber schon die technische Natur der Datenauswahl im Rahmen des Text-Mining. Die extrahierten Schutzgegenstände werden danach in die Festplatte geladen, wo sie gespeichert werden, um anschließend zum Gegenstand der weiteren Prozessschritte zu werden.

---

196 EuGH, Urt. v. 16.7.2009, C-5/08, Rn. 41, 51 - Infopaq, GRUR 2009, 1041 (1044 f.).

197 BGH Urt. v. 6.10.2016 - I ZR 25/15, Rn. 38 - World of Warcraft I, GRUR 2017, 266 (269); *Leenen*, in: Wandtke/Bullinger (Hrsg.), InfoSoc-RL, Art. 2 Rn. 5; *Ernst*, in: Hoeren/Sieber/Holznagel (Hrsg.), MMR-Hdb., 7.1 Rn. 49; *Sucker*, Digitaler Werkgenuss, 75; *Berger*, in: Schierholz/Melichar (Hrsg.), FS Pfennig, 8 f.

198 *Hoeren*, in: Kilian/Heusen (Hrsg.) Hdb. Computerrecht, 14.141 Rn. 12; *Hoeren/Schuhmacher*, CR 2000, 137 (141 ff.).

Selbst wenn man davon ausgeht, dass eine Übertragung nur in den Arbeitsspeicher erfolgt, ist diese im Text-Mining-Prozess aber nicht vorübergehender Natur. Die Rechtsprechung des EuGH fordert hier für eine Handlung vorübergehender Natur, dass die Kopie „automatisch nach einer gewissen Zeit" gelöscht oder überschrieben werden muss.[199] Dies ist für den Vorgang der Datenauswahl innerhalb des Text-Mining jedoch zurückzuweisen, da anders als beim Browsing oder Caching, bei dem die Informationen aus dem Arbeitsspeicher nach dem Verlassen der Seite automatisch gelöscht werden, hier die Vervielfältigungsstücke auf dem Datenträger verbleiben und es eines aktiven Löschungsaktes seitens des Text-Mining-Anwenders bedarf.[200] Entsprechend handelt es sich bei der Auswahl von Werken im Prozessschritt der Datenauswahl nicht um flüchtige Kopien, deren „Lebensdauer auf das für das ordnungsgemäße Funktionieren des betreffenden technischen Verfahrens Erforderliche beschränkt ist".[201]

d) Technische Lösung: Die Methode der abgeleiteten Textformate

Neben die abgelehnte rechtliche Lösung tritt die Diskussion um eine technische Lösung, nach der die Anwendung der Methoden der abgeleiteten Textformate vorgeschlagen wird. Diese Methoden setzen sich zum Ziel, sämtliche schöpferischen Anteile aus einem Werk zu eliminieren und so eine rechtssichere und freie Datenauswahl im Kontext des Text-Mining zu gewährleisten.

aa) Technischer Vorgang

Der Gedanke hinter der Methode der abgeleiteten Textformate besteht darin, urheberrechtlich geschützte Volltexte, zu denen ein legaler Zugang besteht, mithilfe von Software in urheberrechtlich nicht mehr relevante Einzelteile zu zerkleinern und somit den Vorgang der Übertragung in den Analysedatenbestand „urheberrechtsfrei" zu machen.

Technisch arbeitet der Vorgang mit Verarbeitungsroutinen, die neben einer Informationsreduktion auch Informationsannotationen am betreffenden Werk vornehmen.[202] Ziel ist es, mithilfe sog. N-Gramme, bei denen es sich um einzelne

---

199 EuGH, Urt. v. 5.6.2014 - C-360/13, Rn. 26 f. - PRCA/NLA, GRUR 2014, 654 (655 f.); EuGH, Urt. v. 4.10.2011, C-403, 429/08, Rn. 160 ff. - Murphy, GRUR 2012, 156 (164); EuGH, Urt. v. 16.7.2009, C-5/08, Rn. 53 ff. - Infopaq, GRUR 2009, 1041 (1045); *Leenen*, in: Wandtke/Bullinger (Hrsg.), InfoSoc-RL, Art. 5 Rn. 10.

200 *Specht*, OdW 2018, 285 f.; *Spindler*, GRUR 2016, 1112 (1115).

201 EuGH, Urt. v. 16.7.2009, C-5/08, Rn. 64 - Infopaq, GRUR 2009, 1041 (1045).

202 *Schöch/Döhl/Rettinger et al.*, RuZ 2020, 160 (161); *Raue/Schöch*, RuZ 2020, 118 (122).

Fragmente aus einem ursprünglichen schöpferischen Text handelt, abgeleitete Textformate zu erstellen. Um bei dem Vorgang der Zerlegung des Ursprungswerkes jedoch keinen übermäßigen Informationsverlust zu erleiden, werden die Fragmente mit Metadaten ausgezeichnet.[203]

Das einfachste Beispiel eines abgeleiteten Textformats ist dabei eine Tabelle, die für einen Text oder Textbestand die Häufigkeit jedes Wortes im betreffenden Text festhält.[204] In der Praxis fungiert vor allem das Google Ngramm Dataset[205] als abgeleitetes Textformat. Dessen Datensatz basiert auf einem Korpus von ca. acht Millionen Büchern, der für jedes Wort in jedem Jahr die Angabe enthält, wie häufig das Wort in wie vielen verschiedenen Dokumenten vorkommt.[206]

bb) Kritik

Die Idee der abgeleiteten Textformate, den schöpferischen Anteil aus einem Werk zu eliminieren und so eine rechtssichere und freie Nutzung zu gewährleisten, wird jedoch auch von erheblichen Nachteilen begleitet.

Die mit der Technik der abgeleiteten Textformate verbundene „Atomisierung des Nutzungsvorgangs"[207] ist dann kritisch zu bewerten, wenn es sich um eine Umgehungsstrategie handelt, die darauf abzielt, ein Werk in kleinste urheberrechtsfreie Ausschnitte aufzuspalten. Wenn das Werk anschließend wiederum als einheitliches Ganzes für den Rezipienten wahrnehmbar gemacht werden soll, dann führt die Aufteilung in kleinste Teile nur zu einer vorübergehenden Schutzlosigkeit mit dem Zweck der Umgehung der Verwertungsrechte des Urhebers.[208]

---

203 *Raue/Schöch*, RuZ 2020 118 (125).

204 *Schöch/Döhl/Rettinger et al.*, RuZ 2020, 160 (161); *Schöch/Döhl/Rettinger et al.*, ZfdG 2020, Rn. 15.

205 https://books.google.com/ngrams/info# (zuletzt abgerufen: 14.4.2021).

206 *Schöch/Döhl/Rettinger et al.*, ZfdG 2020, Rn. 17; die Eingabe der Wörter KDD, Data Mining und Text Mining zeigt dabei, dass der Begriff Data Mining mit großen Abstand führt, noch vor dem Begriff des KDD und des Text Mining. Der zunächst führende Begriff KDD wurde dabei in den englischsprachigen Veröffentlichungen 1997 durch den Begriff des Data Mining überholt, https://bit.ly/2PaIgoS (zuletzt abgerufen: 2.4.2021).

207 *Schulze*, NJW 2014, 721 (722).

208 Vgl. EuGH, Urt. v. 4.10.2011, C-403, 429/08, Rn. 159 - Murphy, GRUR 2012, 156 (163 f.); Dreier/*Schulze* (Hrsg.), UrhG, § 16 Rn. 9; Schricker/*Loewenheim* (Hrsg.), UrhG, § 16 Rn. 14; *Schulze*, NJW 2014, 721 (722), schlägt einen weiten oder einen erweiterten Vervielfältigungsbegriff vor; *Wandtke/von Gerlach*, GRUR 2013, 676 (683), mit dem Vorschlag eines „sequentiellen" Vervielfältigungsbegriffs.

Diesem Einwand begegnet die Technik der abgeleiteten Textformate mit dem Ziel, dass die urheberrechtlich geschützte Textstruktur irreversibel verloren geht und ein klassischer Werkgenuss nicht mehr möglich ist.[209] Abgeleitete Textformate zielen dementsprechend nur auf die urheberrechtsfreie Übertragung analyserelevanter Teile eines Sprachwerkes ab, der durch die Entfernung der schutzbegründenden schöpferischen Elemente aus dem Werk erreicht wird.[210]

Fest steht jedoch, dass dieses Ziel nicht mit absoluter Sicherheit erfüllt werden kann, da für Einzelfälle die Gefahr verbleibt, dass in den abgeleiteten Textformaten schöpferische Züge erkennbar bleiben.[211]

Hinzu kommen für Text- und Data-Mining-Anwender zwei weitere praktische Probleme.

Erstens droht bei einem Zugriff auf ein extern erstelltes abgeleitetes Textformat ein Anpassungsproblem, da die abgeleiteten Textformate nicht spezifisch für die konkrete Text-Mining-Aufgabenstellung erstellt wurden.

Zweitens besteht durch den Transformationsprozess die Gefahr einer Informationsreduktion, in deren Folge nicht alle Analyseverfahren durchgeführt werden können und auch die Qualität der Analyseergebnisse sinkt. Diese Konsequenz droht insbesondere dann, wenn Texte in Vektoren umgewandelt werden und dabei wertvolle im Werk angelegte Informationen verloren gehen.[212]

Im Ergebnis muss damit das Fazit gezogen werden, dass, abgesehen von einzelnen Wörtern, auch abgeleitete Textformate kein Instrument darstellen, um bereits auf Schutzgegenstandsebene eine absolute Rechtssicherheit für den Prozessschritt der Datenauswahl herzustellen.[213]

III. Datenauswahl aus Datenbankwerken, § 4 Abs. 2 S. 1 UrhG

An die Darstellung der Datenauswahl aus Werken schließt sich die Untersuchung des Abrufs analyserelevanter Daten aus technischen Ordnungsstrukturen ab. Zentral ist hier der Abruf einzelner Daten und Datensätze aus Datenbanken, aber auch der Abruf ganzer Datenbanken.

---

209 *Raue/Schöch*, RuZ 2020, 118 (119).

210 *Raue/Schöch*, RuZ 2020, 118 (123).

211 *Jotzo*, RuZ 2020, 128 (134).

212 *Raue/Schöch*, RuZ 2020, 118 (122); *Schöch/Döhl/Rettinger et al.*, ZfdG 2020, Rn. 69.

213 Vgl. *Jotzo*, RuZ 2020, 128 (137).

Damit der Vorgang des Abrufs von Daten aus einer Datenbank urheberrechtliche Relevanz entwickelt, muss in einem ersten Schritt die Datenbank als Datenbankwerk oder als Datenbank sui generis geschützt sein. Für beide Schutzrechte gilt danach, dass eine Schutzgewährung und damit ein möglicher Eingriff in die Verwertungsrechte nur möglich ist, sofern die betreffende Datenbank dem einheitlichen europäischen Datenbankbegriff aus Art. 1 Abs. 2 Datenbank-RL unterliegt.[214]

1. Besonderer Stellenwert der Datenauswahl aus Datenbanken für den Data-Mining-Prozess

Technisch hat der Abruf strukturierter Daten aus Datenbanken für den Data-Mining-Anwender erhebliche Vorteile.[215] Diese zeigen sich darin, dass die in einer Datenbank enthaltenen strukturierten Daten über Programmierschnittstellen direkt in den Analysedatenbestand des Anwendungsprogramms geladen werden können.[216] Hinzu kommt, dass durch den Abruf bereits strukturiert vorliegender Daten der Ressourceneinsatz im Rahmen des Preprocessing signifikant abgesenkt werden kann, wenn es hiernach nicht mehr notwendig ist, unstrukturierte Daten in strukturierte Daten umzuarbeiten.

Die Synergien zwischen Datenbanken als Datenspeichern und dem Data-Mining als Anwendungsprogramm fasst *Immon* treffend in dem Satz zusammen: „There is a symbiotic relationship between the activity of data mining and the data warehouse. The data warehouse sets the stage for effective data mining“[217]. Insofern gilt es zu untersuchen, ob die für das Data-Mining oftmals herangezogenen relationalen Datenbanken und Data Warehouses geeignet sind, unter dem einheitlichen europäischen Datenbankbegriff erfasst zu werden.

---

214 *Dreier*/Schulze (Hrsg.), UrhG, § 87a Rn. 3; *Leistner*, in: Schricker/Loewenheim (Hrsg.), UrhG; § 4 Rn. 6; Walter/*v. Lewinski* (Hrsg.), EU Copyright Law, Rn. 9.1.14; *Leistner*, Rechtsschutz von Datenbanken, 49, der auf den systematischen Aufbau der Richtlinie verweist, mit der Voranstellung eines einheitlichen Kapitels über den Geltungsbereich, in dem auch der Datenbankbegriff festgelegt wird; *Leistner*, GRUR Int. 1999, 819 (822).

215 Bezogen auf relationale Datenbanken *Knobloch*, Data Mining, 50; *Vossen*, Datenmodelle, 526; allgemein *Immon*, Data Warehouse, 53.

216 Allgemein zur Beschaffenheit eines Datenmodells *Hoppen*, in: Metzger/Wimmers (Hrsg.), DGRI Jahrbuch 2014, Rn. 176; *Schöch/Döhl/Rettinger et al.*, ZfdG 2020, Rn. 5.

217 *Immon*, Comm. of the ACM 1996, 49.

In den Fokus zu nehmen sind daneben aber auch neue Datenbanklösungen wie HDFS (Hadoop Distributed File System) und NoSQL (Not only SQL = Structured Query Language), die das anwenderseitige Interesse nach einer Speicherung und Verarbeitung von Big Data in Echtzeit spezifisch abbilden und mit der Eigenschaft aufwarten, dass sie horizontal skaliert werden können.[218]

2. Allgemeine Voraussetzungen des Datenbankbegriffs

Gemäß Art. 1 Abs. 1 Datenbank-RL wird der Schutz des Datenbankherstellers „in jeglicher Form" gewährt und gilt sowohl für analoge als auch elektronische Datenbanken.[219] Ziel des Art. 1 Abs. 2 Datenbank-RL ist es, einen weiten Datenbankbegriff zu implementieren, der der Zielsetzung des Unionsgesetzgebers folgt, dem Begriff Datenbank „eine weite von Erwägungen formaler, technischer oder materieller Art freie Bedeutung zu verleihen".[220] Spezifikum der Umsetzung der Datenbank-Richtlinie über Art. 7 IuKDG[221] war, dass der Datenbankbegriff trotz des einheitlichen europäischen Datenbankbegriffs für Datenbankwerke (§ 4 Abs. 2 S. 1 UrhG) und sui generis Datenbanken (§ 87a Abs. 1 S. 1 UrhG) unterschiedlich beschrieben wurde.[222] Dies ist jedoch nicht Ausdruck eines materiell divergierenden Begriffsverständnisses, sondern resultiert vielmehr aus der Systematik des UrhG und der Zuordnung der Datenbankwerke zu den traditionellen Schutzobjekten des § 2 Abs. 1 Nr. 1–5 UrhG im deutschen Urheberrecht.[223]

---

218 Eingehend *Freiknecht/Papp*, Big Data in der Praxis, 1 ff.; *Müller, A.*, HMD 2014, 447; aus rechtlicher Sicht, *Wiebe*, in: Frenz (Hrsg.), Hdb. Industrie 4.0, 279 (286); *Gervais*, JIPITEC 2019, 3 (8); *Zieger/Smirra*, MMR 2013, 418 (419).

219 Zurückgehend auf Art. 10 Abs. 2 TRIPS-Abkommen „whether in machine readable or other form"; ErwG 14 Datenbank-RL; vgl. BT-Drucks. 13/7385, 39; sowie in ständiger Rspr. EuGH, Urt. v. 29.10.2015 - C-490/14, Rn. 13 - Esterbauer, GRUR 2015, 1187 (1188); EuGH, Urt. v. 9.11.2004 - C-444/02 Rn. 21 - Fixtures-Fußballspielpläne II, GRUR 2005, 254 (255); *Gaster*, in: Hoeren/Sieber/Holznagel (Hrsg.) MMR-Hdb, 7.6 Rn. 17 ff.; *Bensinger*, Datenbanken, 135 f.; *Flechsig*, ZUM 1997, 577 (579).

220 EuGH, Urt. v. 29.10.2015 - C-490/14, Rn. 12, 26 - Esterbauer, GRUR 2015, 1187 f.; EuGH, Urt. v. 15.1.2015 - C-30/14, Rn. 33 - Ryanair, GRUR 2015, 253 (254); EuGH, Urt. v. 9.11.2004 - C-444/02, Rn. 27 - Fixtures-Fußballspielpläne II, GRUR 2005, 254 (255); *Ohst*, Computerprogramme, 100; *Ehlen/Brandt*, CR 2016, 570 (572).

221 Gesetz zur Regelung der Rahmenbedingungen für Informations- und Kommunikationsdienste (nachfolgend zitiert als IuKDG).

222 *Dreier*/Schulze (Hrsg.), UrhG, § 87a Rn. 3; *Sendrowski*, GRUR 2005, 369.

223 *Gaster*, Datenbanken, Rn. 95; *v. Schönfeld*, Screen Scraping, 188.

Der Datenbankbegriff sieht vier Voraussetzungen vor. Hierzu zählt, dass eine Sammlung von Werken, Daten oder anderen unabhängigen Elementen vorliegt, die systematisch oder methodisch angeordnet sind und die mit elektronischen Mitteln oder auf andere Weise zugänglich sind.[224]

Für die Entstehung einer Datenbank müssen als erste Voraussetzung danach zunächst einmal Werke, Daten oder andere Elemente zusammengetragen werden. Sammlungen unabhängiger Elemente können dabei nach Erwägungsgrund 17 Datenbank-RL aus für Menschen wahrnehmbaren, informationstragenden Materialien bestehen, wie z. B. Texten, Tönen, Bildern, Zahlen und Fakten.[225]

Sinnvoll und der gesetzgeberischen Intention eines weiten Datenbankbegriffs entsprechend ist es, den Begriff Sammlung an nicht zu hohe Voraussetzungen zu koppeln und ihn weder an eine Mindestanzahl von Elementen zu knüpfen, noch die Herkunft der Elemente zu einem entscheidenden Kriterium zu erheben.[226] Ebenso wenig kommt es auch darauf an, ob es sich bei der Sammlung um eine Mischung aus erzeugten und vorgefundenen Elementen handelt.[227] Umgekehrt wird dagegen vorausgesetzt, dass die Sammlung sich auf einem festen Speichermedium beliebiger Art befindet und mehr ist als die Summe ihres bloßen Inhalts.[228]

Die an die Sammlung anknüpfende zweite Voraussetzung der Unabhängigkeit richtet sich gegen die Aufsplitterung „einheitlich zu betrachtender Ausdrucksformen menschlicher Kreativität“[229]. Das Erfordernis erstreckt sich umfassend

---

224 Eingehend zu den Voraussetzungen *Leistner/Zurth*, in: Loewenheim (Hrsg.), Hdb. Urheberrecht, § 49 Rn. 21 ff.

225 ErwG 17 Datenbank-RL; vgl. auch die Aufzählung bei *Vohwinkel*, in: Möhring/Nicolini (Hrsg.), UrhG, § 87a Rn. 19; Walter/*v. Lewinski* (Hrsg.), EU Copyright Law, 9.1.18.

226 *Wiebe*, in: Spindler/Schuster (Hrsg.), UrhG, § 4 Rn. 5; *Hermes*, in: Wandtke/Bullinger (Hrsg.), UrhG, § 87a Rn. 10; kritisch *Vogel*, in: Schricker/Loewenheim (Hrsg.), UrhG, § 87a Rn. 7; *Grützmacher*, Schutz von Datenbanken, 168 f.; *Leistner*, Rechtsschutz von Datenbanken, 45; *Rieger*, Wissenschaftliche Datenbanken, 19, lässt zwei Elemente genügen.

227 EuGH, Urt. v. 9.11.2004 - C-444/02, Rn. 25 - Fixtures-Fußballspielpläne II, GRUR 2005, 254 (255).

228 EuGH, Urt. v. 9.11.2004 - C-444/02, Rn. 30 - Fixtures-Fußballspielpläne II, GRUR 2005, 254 (255); *Dreier*/Schulze (Hrsg.), UrhG, § 87a Rn. 4; *Bensinger*, Datenbanken, 126 ff.; *Wiebe*, GRUR 2017, 338 (340).

229 *Vogel*, in: Schricker/Loewenheim (Hrsg.), UrhG, § 87a Rn. 8; *Leistner*, GRUR Int. 1999, 819 (820).

sowohl auf eine Sammlung von Werken als auch auf andere unabhängige Elemente.[230] Dem Tatbestandsmerkmal kommen dabei drei Funktionen zu.

In seiner ersten Funktion geht es darum, die Fülle an potenziellen Einzelelementen (Texte, Bilder etc.), die Bestandteile einer Datenbank sein können, einzuschränken.[231]

In seiner zweiten Funktion gilt es, Überschneidungen der verschiedenen Leistungsschutzrechte zu verhindern, und in seiner dritten Funktion soll eine Abgrenzung zu den anderen Werkarten gewährleistet werden.[232]

Nach der Rechtsprechung des EuGH ist das Kriterium der Unabhängigkeit allerdings nur zu bejahen, „wenn sich die einzelnen Elemente voneinander trennen lassen, ohne dass der Wert ihres informativen, literarischen, künstlerischen, musikalischen oder sonstigen Inhalts dadurch beeinträchtigt wird“[233]. Notwendig ist insoweit ein „selbständiger Informationswert“[234], der dann vorliegt, wenn einzelne Elemente nicht inhaltlich aufeinander bezogen sind, nicht in einem Schaffensvorgang miteinander verschmolzen sind und sich getrennt voneinander verwerten lassen.[235]

Die dritte Voraussetzung der systematischen oder methodischen Anordnung schränkt, wie auch schon die Voraussetzung der Unabhängigkeit, den Datenbankbegriff weiter ein. Ziel ist es, willkürliche und unstrukturierte Datenhaufen und Rohdaten nicht unter dem Datenbankbegriff zu erfassen.[236] Ausnahmsweise ist ein Schutz von Datenhaufen jedoch denkbar, wenn sie selbst als unabhängiges

---

230 *Grützmacher*, Schutz von Datenbanken, 170; *Leistner*, GRUR Int. 1999, 819 (820).

231 *Hertin*, GRUR 2004, 646 (648).

232 *Rieger*, Wissenschaftliche Datenbanken, 29; *Ehmann*, K&R 2014, 394 (396); *Haberstumpf*, GRUR 2003, 14 (18).

233 EuGH, Urt. v. 9.11.2004 - C-444/02, Rn. 29 - Fixtures-Fußballspielpläne II, GRUR 2005, 254 (255).

234 EuGH, Urt. v. 1.3.2012, C-604/10, Rn. 26 - Football Dataco, GRUR 2012, 386 (387); EuGH, Urt. v. 9.11.2004 - C-444/02, Rn. 33 - Fixtures-Fußballspielpläne II, GRUR 2005, 254 (255).

235 *Ohst*, Computerprogramme, 108; *Rieger*, Wissenschaftliche Datenbanken, 27; *Witte*, in: Conrad/Grützmacher (Hrsg.), FS Schneider, 229 (231); *Hertin*, GRUR 2004, 646 (648); *Schmidt, K./Zech*, CR 2017, 417 (419); *Wiebe*, CR 2014, 1 (2).

236 Vgl. OLG Köln, Urt. v. 15.12.2006 - 6 U 229/05, MMR 2007, 443; *Vohwinkel*, in: Möhring/Nicolini (Hrsg.), UrhG, § 87a Rn. 31; Walter/*v. Lewinski* (Hrsg.), EU Copyright Law, 9.1.24 ff.; *Gaster*, Datenbanken, Rn. 66; so auch *Wiebe*, in: Hornung (Hrsg.), Rechtsfragen der Industrie 4.0, 97 (102); *Wiebe*, CR 2014, 1; *Wiebe*, GRUR 2017, 338 (340); kritisch *Dreier*/Schulze (Hrsg.), UrhG, § 4 Rn. 17; *Götz*, ZD 2014, 563 (565); *Grützmacher*, CR 2016, 485 (487); *Schmidt, K./Zech*, CR 2017, 417 (420).

Element einer schutzfähigen (Meta-)Datenbank fungieren.[237] Das Erfordernis der systematischen oder methodischen Anordnung bedingt mit Blick auf Erwägungsgrund 21 Datenbank-RL für elektronische Datenbanken jedoch keine bereits geordnete Eingabe von Elementen in den physischen Speicher.

Es ist vielmehr ausreichend, wenn erst durch das Datenbankmanagementsystem eine schutzbegründende systematische Anordnung unter Berücksichtigung des entsprechenden Datenmodells erfolgt.[238] Insgesamt sind die Anforderungen an eine systematische Anordnung der Elemente daher nicht zu hoch zu fassen, gilt es doch über eine systematisierte Darstellung eine Wiederauffindbarkeit der ansonsten nicht auffindbaren Elemente zu erreichen.[239] Damit dient die Systematik einer Datenbank vorrangig dazu, diese von bloßen Sammlungen abzugrenzen, die zwar auch Daten speichern, denen es aber an Mitteln fehlt, die unabhängigen Elemente einzeln abzurufen.[240]

Als vierte und somit letzte Tatbestandsvoraussetzung fordert Art. 1 Abs. 2 Datenbank-RL, dass die Elemente einzeln zugänglich sind. Das Tatbestandsmerkmal ist mit dem der systematischen oder methodischen Anordnung verschränkt, da ohne die Implementierung bestimmter Ordnungsprinzipien ein einzelner Abruf von Elementen nicht möglich ist.[241] Einzeln zugänglich ist ein unabhängiges Element dann, wenn es isoliert aus einer Datenbank mit einem beliebigen technischen Mittel abgerufen werden kann.[242] Danach könnte man annehmen, dass es auf eine einzelne Zugänglichkeit im technischen Sinne ankomme, nach der es auch möglich ist, einzelne Bits und Pixel aus Werken zu

---

237 *Vogel*, in: Schricker/Loewenheim (Hrsg.), UrhG, § 87a Rn. 24; *Hermes*, in: Wandtke/Bullinger (Hrsg.), UrhG, § 87a Rn. 32

238 OLG Köln, Urt. v. 15.12.2006 - 6 U 229/05, MMR 2007, 443 (444); *Bensinger*, Datenbanken, 132; *Gaster*, Datenbanken, Rn. 66; *Leistner*, Rechtsschutz von Datenbanken, 54; *Götz*, ZD 2014, 563 (565); *Wiebe*, GRUR 2017, 338 (340); *Wiebe*, CR 2014, 1.

239 *Czychowski*, in: Fromm/Nordemann (Hrsg.), UrhG, § 87a Rn. 11.

240 EuGH, Urt. v. 9.11.2004 - C-444/02, Rn. 32 - Fixtures-Fußballspielpläne II, GRUR 2005, 254 (255); *Hermes*, in: Wandtke/Bullinger (Hrsg.), UrhG, § 87a UrhG Rn. 19; *Leistner*, Rechtsschutz von Datenbanken, 54; *Flechsig*, ZUM 1997, 577 (580); *Wiebe*, GRUR 2017, 338 (340).

241 *Vogel*, in: Schricker/Loewenheim (Hrsg.), UrhG, § 87a Rn. 28; *Raue, P./Bensinger*, MMR 1998, 507 (508); *Schmidt, K./Zech*, CR 2017, 417 (419).

242 Vgl. ErwG 13 Datenbank-RL; EuGH, Urt. v. 9.11.2004 - C-444/02, Rn. 30, 32 - Fixtures-Fußballspielpläne II, GRUR 2005, 254 (255); *Hermes*, in: Wandtke/Bullinger (Hrsg.), UrhG, § 87a Rn. 14; *Haberstumpf*, GRUR 2003, 14 (19); *Schmidt K./Zech*, CR 2017, 417 (420).

extrahieren.[243] Dies ist aber nicht der Fall, da unter Beachtung des Kriteriums der Unabhängigkeit die Voraussetzung der Einzelzugänglichkeit nur für solche Elemente Anwendung findet, die den geforderten selbstständigen Informationswert aufweisen.

a) Einordnung relationaler Datenbanken unter den Datenbankbegriff

Von besonderer Bedeutung für das Data-Mining ist der Abruf analyserelevanter Daten aus relationalen Datenbanken.[244]

Ist der Rückgriff auf eine solche Datenbank möglich, kann im Unterschied zu operativen Datenbeständen eine Anwendung des Data-Mining-Algorithmus ohne größeres Preprocessing erfolgen, es sei denn, es wird eine Vielzahl relationaler Datenbanken mit unterschiedlichen Datenformaten abgerufen, die dann in der Phase der Transformation noch vereinheitlicht werden müssen. Allgemein gilt jedoch, dass mit dem Abruf relationaler Datenbanken über eine Datenbankschnittstelle erhebliche Zeit- und Kosteneinsparungen verbunden sind.[245]

Nachfolgend gilt es daher für relationale Datenbanken zu untersuchen, ob sie die Voraussetzungen des oben skizzierten einheitlichen europäischen Datenbankbegriffs erfüllen.

aa) Technischer Aufbau

In ihrem Aufbau zeichnen sich relationale Datenbanken durch eine Anordnung der Datensätze in eine strukturierte, zweidimensionale Tabellenform aus.[246] Diese Datenmodellierung hat den Vorteil, dass Redundanzen weitgehend ausgeschlossen werden können. Ihr schematischer Aufbau sieht vor, dass alle Daten in Tabellen abgespeichert werden, die in ihrem Spaltenaufbau einer uniformen Struktur unterliegen.[247] Die Tabellen folgen dabei einer festen Struktur

---

243 A.A. *Haberstumpf*, GRUR 2003, 14 (19).

244 Zurückgehend auf *Codd*, Comm. of the ACM 1970, 377 ff.; vgl. *Auer-Reinsdorff/Grützmacher*, in: Conrad/Grützmacher (Hrsg.), FS Schneider, 206 (208).

245 *Knobloch*, Data Mining, 50; *Vossen*, Datenmodelle, 526; allgemein *Immon*, Data Warehouse, 53.

246 *Czychowski*, in: Fromm/Nordemann (Hrsg.), UrhG, §87a Rn. 4; *Grützmacher*, Schutz von Datenbanken, 37 f.; *Schur*, Lizenzierung von Daten, 33 f.; *Haberstumpf*, GRUR 2003, 14 (16); eingehend aus der Perspektive der Informatik *Schicker*, Datenbanken und SQL, 11 ff.

247 *Hoppen*, in: Conrad/Grützmacher (Hrsg.), FS Schneider, 7 (8); *Schmidt*, in: Auer-Reinsdorff/Conrad (Hrsg.), Hdb. IT-Recht, § 2 Rn. 197; *Gervais*, JIPITEC 2019, 3 (8).

aus vertikal verlaufenden Spaltennamen (Attributen) und horizontalen Zeilen (Tupeln).[248] Eine Zeile enthält verschiedene Attribut-Wert-Paare, die die Eigenschaften der Daten (Entitäten) beschreiben und die in ihrer Kombination einen Datensatz (Entitätsmenge) bilden.[249] Die einzelnen Daten folgen dabei jeweils einem zuvor definierten Datenformat, dessen Syntax und Semantik es dem Anwender ermöglicht, die in einer Datei gespeicherte Information lesen zu können.[250] Um jeden Datensatz zweifelsfrei identifizieren zu können, wird ihm ein spezifischer Identifikationsschlüssel in Form eines weiteren Attributwertes zugewiesen. Beziehungen zwischen mehreren Tabellen werden durch den jeweiligen Identifikationsschlüssel der anderen Tabelle dargestellt.[251]

Durch die hierdurch gewährleistete klare Zuordnung ist es danach möglich, mithilfe von SQL die für die Analyse relevanten Daten aus der Datenbank herauszudestillieren.[252]

Im Kontext des Data-Mining ist jedoch kritisch zu bemerken, dass ein Rückgriff auf relationale Datenbanken, die nicht spezifisch für die formulierte Aufgabenstellung erhoben worden sind, ein Anpassungsproblem mit sich bringen kann, das in der Folge verzerrende und ungültige Muster hervorbringt und ggf. dazu führt, dass eine komplett neue Datenerhebung in Relation zur Aufgabenstellung vorzunehmen ist.[253]

---

248 Eingehend zu den einzelnen Begriffen, *Geisler*, Datenbanken, 94 f.; *Steiner*, Relationale Datenbanken, 14 f.; *Stiemerling*, in: Conrad/Grützmacher (Hrsg.), FS Schneider, § 5, 62 (63).

249 *Steiner*, Relationale Datenbanken, 14; *Geisler*, Datenbanken, 94 f.; vgl. *Haberstumpf*, GRUR 2003, 14 (16); *Stiemerling*, in: Conrad/Grützmacher (Hrsg.), FS Schneider, § 5, 62 (63).

250 *Metzger*, in: Conrad/Grützmacher (Hrsg.), FS Schneider, 245 (249 f.); vgl. *Hoppen*, in: Conrad/Grützmacher (Hrsg.), FS Schneider, 7 (15).

251 *Rellensmann*, Data Mining-Werkzeuge, 5, abrufbar unter: https://bit.ly/2PmwxDZ (zuletzt abgerufen: 2.4.2021).

252 *Knobloch*, Prozessmodelle der Datenanalyse, 17; vgl. *Czychowski*, in: Fromm/Nordemann (Hrsg.), UrhG, § 87a Rn. 4; *Stiemerling*, in: Conrad/Grützmacher (Hrsg.), FS Schneider, § 5, 62 (65); *Hoppen*, in: Conrad/Grützmacher (Hrsg.), FS Schneider, 7 (15).

253 *Knobloch*, Data Mining, 14; das dies aber wohl der Regelfall ist, stellen *Hand/Mannila/Smyth*, Principles of Data Mining, 1, fest: „Data Mining typically deals with data that have already been collected for some purpose other than the data mining analysis."

bb) Voraussetzungen des Datenbankbegriffs

Die Prüfung der engen Voraussetzungen des Art. 1 Abs. 2 Datenbank-RL ergibt im Bezugsrahmen relationaler Datenbanken das Bild, dass die logische zweidimensionale Tabellenstruktur relationaler Datenbanken es gewährleistet, dass einzelne Datensätze durch SQL angesteuert werden können. Die Voraussetzung der Einzelzugänglichkeit sowie die der systematischen und methodischen Anordnung sind damit erfüllt.[254]

(1) Problematische Voraussetzung der Unabhängigkeit

Zu problematisieren ist hingegen die Voraussetzung der Unabhängigkeit. Die Tabelle einer relationalen Datenbank enthält in ihren Zeilen verschiedene Attribut-Wert-Paare, die die Eigenschaften der Daten (Entitäten) beschreiben und die in ihrer Kombination einen Datensatz (Entitätsmenge) bilden.[255] Umstritten ist dabei in der rechtlichen Beurteilung, ob die einzelnen Entitäten unabhängige Elemente darstellen, die für sich gesehen einen selbstständigen Informationswert aufweisen, der auch nach dem Herauslösen aus einer Entitätsmenge verbleibt.[256] Für die Zusammenstellung einzelner Sachdaten (Wetterdaten, Verkehrsdaten) wird dies fraglos zu bejahen sein, da sie auch nach dem Herauslösen einen selbstständigen Informationswert aufweisen.[257]

Probleme bestehen aber beispielsweise bei einer relationalen Datenbank, die mit KI-Trainingsdaten bestückt ist und die als einzelne Entitäten nur Pixelwerte enthält. Außerhalb des Kontexts der sie umgebenden Pixel (Entitätsmenge) weisen die einzelnen Daten jedoch regelmäßig keinen semantischen Informationswert auf.[258] Entsprechend wird gefordert, das Unabhängigkeitskriterium extensiv auszulegen, so dass mit ihm auch einzelne Elemente erfasst werden können, bei denen ein selbstständiger Informationswert und damit eine eigenständige wirtschaftliche Verwertung fernliegt.[259]

---

254 *Gervais*, JIPITEC 2019, 3 (8).

255 *Steiner*, Relationale Datenbanken, 14; *Geisler*, Datenbanken, 94 f.; vgl. *Stiemerling*, in: Conrad/Grützmacher (Hrsg.), FS Schneider, § 5, 62 (63); *Haberstumpf*, GRUR 2003, 14 (16).

256 Vgl. auch EuGH, Urt. v. 29.10.2015 - C-490/14, Rn. 20 - Esterbauer, GRUR 2015, 1187 (1188); *A. Nordemann*, in: Fromm/Nordemann (Hrsg.), UrhG, § 4 Rn. 28.

257 *Hacker*, GRUR 2020, 1025 (1029).

258 *Hacker*, GRUR 2020, 1025 (1029).

259 *Hacker*, GRUR 2020, 1025 (1029 f.); kritisch *Ehinger/Stiemerling*, CR 2018, 761 (768).

Obgleich diese Auffassung zu würdigen ist, ist sie mit der skizzierten Rechtsprechung des EuGH, die einen selbstständigen Informationswert eines unabhängigen Elements fordert, nicht in Einklang zu bringen. Die Einschränkung des Unabhängigkeitskriteriums ist vielmehr zwingend, da der ansonsten auf Kompilation ausgelegte Datenbankschutz dazu führen würde, dass über die Annahme des Unabhängigkeitskriteriums für eine Kombination kleinster Elemente wie Pixel, Bits u. a. Elementen neben dem Werkschutz ebenso ein Datenbankschutz in Betracht käme.[260] Ein solcher Doppelschutz ist aber aus systematischer Sicht nicht zu rechtfertigen und wird auch durch Erwägungsgrund 17 Datenbank-RL ausgeschlossen.[261] Konkret schließt der Erwägungsgrund in Analogie zur Entnahme von Elementen audiovisueller Art solche Teile vom Datenbankschutz aus, die ihren Aussagegehalt erst in einer Zusammenschau als Ganzes erhalten.[262]

Dennoch drängt sich in Ansehung der jüngeren Rechtsprechung die Frage auf, ob nicht auch der sich aus einer Datenkombination ergebende selbstständige Informationswert als tauglicher Anknüpfungspunkt der Unabhängigkeit fungieren kann.

(2) Datenkombinationen als unabhängige Elemente nach EuGH „Esterbauer“

In diesem Zusammenhang ist die Entscheidung des EuGH in der Rechtssache „Esterbauer“ zu betrachten, über die sich eine Extension des Unabhängigkeitskriteriums auf Datenkombinationen möglicherweise konstruieren lässt.

Für den konkreten Sachverhalt hatten hier die nationalen Vorinstanzen noch argumentiert, dass die typische Nutzungsform einer Landkarte nicht in der Extraktion einzelner Zusatzinformationen (wie Größe von Städten, Klassifizierung von Verkehrswegen, Höhe von Bergen, Lage besonderer Gebäude etc.) bestehe, sondern vielmehr in der Nutzung des geografischen Gesamtzusammenhangs, um beispielsweise Wege zu suchen oder bestimmte Zusammenhänge herzustellen.[263] Die extrahierten topografischen Daten seien dabei gerade keine

---

260 *Vogel*, in: Schricker/Loewenheim (Hrsg.), UrhG, § 87a Rn. 12; *Hermes*, in: Wandtke/Bullinger (Hrsg.), UrhG, § 87a Rn. 12; *Vogel*, in: Bodewig/Dreier/Götting et al. (Hrsg.), FS Schricker, 581 (584); *Flechsig*, ZUM 1997, 577 (580); *Leistner*, GRUR Int. 1999, 819 (821); vgl. *Raue, P./Bensinger*, MMR 1998, 507 (508); dafür aber *Hacker*, GRUR 2020, 1025 (1030).

261 *Gaster*, Datenbanken, Rn. 79.

262 *Dreier*/Schulze (Hrsg.), UrhG, § 87a Rn. 9; *Vogel*, in: Bodewig/Dreier/Götting et al. (Hrsg.), FS Schricker, 581 (585); *Haberstumpf*, GRUR 2003, 14 (18); *Leistner*, GRUR 2016, 42; *Wiebe*, GRUR 2017, 338 (339); a.A. *Hacker*, GRUR 2020, 1025 (1030).

263 *Leistner*, GRUR 2016, 42; *Wiebe*, GRUR 2017, 338 (339); *Wiebe*, CR 2014, 1 (2).

unabhängigen Elemente, da sie erst in ihrer Verbindung mit weiteren Angaben „werthaltig" würden.[264] Als Einzelinformationen verlören sie bei einer Herauslösung aus der topografischen Karte jedoch ihren entscheidenden informationellen Mehrwert.[265]

Der EuGH ist dieser am Datenbankzweck orientierten Auffassung nicht beigetreten. Vielmehr erachtet der Gerichtshof jeglichen Informationswert als ausreichend, der eine wirtschaftliche Verwertung möglich macht.[266] Dazu wird ausgeführt, dass auch Datenkombinationen als Anknüpfungspunkt der Unabhängigkeit fungieren können.[267]

Zwar wird diese Erweiterung des Unabhängigkeitskriteriums bisweilen kritisiert, wenn man jedoch für die Beurteilung darauf abstellt, ob die Entnahme derartiger Datenkombinationen gerade der Konzeption der Datenbank entspricht, so ließe sich die Extension des Unabhängigkeitskriteriums wieder auf einen angemessenen Kern zurückschneiden.[268]

Gerade für relationale Datenbanken würde dieses einschränkende Kriterium zudem keine negativen Auswirkungen nach sich ziehen, da der Abruf von Datenkombination (Entitätsmenge) über SQL ein Wesensmerkmal relationaler Datenbanken darstellt. Entsprechend wäre es möglich, auch für relationale Datenbanken einen Datenbankschutz zu gewähren, bei dem sich ein selbstständiger Informationswert erst aus einer Datenkombination mehrerer Attribut-Wert-Paare ergibt.

b) Einordnung eines Data Warehouse unter den Datenbankbegriff

Von besonderer Bedeutung für das Data-Mining ist insbesondere im betrieblichen Anwendungskontext der Abruf analyserelevanter Daten aus einem „Data Warehouse".[269]

Ein Data Warehouse ermöglicht dabei eine zielorientierte und organisationsweite Datenbereitstellung zur Entscheidungsunterstützung für unterschiedliche

---

264 OLG München, Urt. v. 13.6.2014 - 29 U 4267/12, GRUR 2014, 75 (77); *Wiebe*, CR 2014, 1 (2 f.).

265 *Leistner*, GRUR 2016, 42; *Wiebe*, GRUR 2017, 338 (339).

266 Kritisch *Hertin*, in: Dreier/Peifer/Specht (Hrsg.), FS Schulze, 13 (20).

267 EuGH, Urt. v. 29.10.2015 - C-490/14, Rn. 21 - Esterbauer, GRUR 2015, 1187 (1188).

268 Vgl. *Leistner*, GRUR 2016, 42.

269 Zurückgehend auf *Codd*, Comm. of the ACM 1970, 377 ff.; vgl. *Auer-Reinsdorff/Grützmacher*, in: Conrad/Grützmacher (Hrsg.), FS Schneider, 206 (208).

Nutzergruppen innerhalb des Unternehmens.[270] Solche (Management-)Informationssysteme basieren dabei in der Regel auf relationalen Datenbankmodellen und fungieren als zentrale, von operativen Datenbeständen losgelöste Datenquelle.[271]

aa) Technischer Aufbau

Ein Data Warehouse kennzeichnet sich in seinen Eigenschaften durch eine Themen- und Auswertungsorientierung, eine integrierte sowie nicht flüchtige Datenbasis und einen historischen Datenbestand.[272] Dabei bieten sich im Kontext des Data-Mining erhebliche Synergiepotenziale, da der Prozessschritt der Datenvorverarbeitung (Preprocessing) durch die bereits strukturiert aufbereiteten Daten nahezu komplett entfällt.[273]

Zu erwähnen ist darüber hinaus, dass je nach Architektur eines Data Warehouse noch eine Untergliederung in kleinere, separate Speichersysteme, sog. Data Marts, möglich ist, um themenorientiert die Abfragegeschwindigkeit zu erhöhen.[274]

bb) Voraussetzungen des Datenbankbegriffs

Für ein Data Warehouse, das auf einem relationalen Datenbankmodell aufbaut, lassen sich die oben getroffenen Feststellungen übertragen.

Darüber hinaus droht jedoch ein Abgrenzungsproblem, das virulent wird, wenn sich das Data Warehouse in seiner konkreten Architektur in weitere themenbezogene Data Marts aufgliedert. Hier ist dann zu diskutieren, ob die in das Data Warehouse inkorporierten Data Marts eine eigene Datenbank i. S. v. Art. 1 Abs. 2 Datenbank-RL darstellen. Geht man dabei davon aus, dass eine Ablage nach systematischen und methodischen Prinzipien erfolgt und eine Einzelzugänglichkeit über eine Datenbankabfragesprache möglich ist, so muss

---

270 *Knobloch*, Data Mining, 49 ff.; *Vossen*, Datenmodelle, 526; *Haberstumpf*, GRUR 2003, 14 (17); allgemein zum Konzept des Data Warehouse *Han/Kamber/Pei*, Data Mining, 125 ff.; *Immon*, Data Warehouse, 81 ff.

271 *Manyika/Chui/Brown et al.*, Big Data, 32; *Büllesbach*, CR 2000, 11 (12).

272 *Gabriel/Gluchowski/Pastwa*, Data Mining, 127; zurückgehend auf *Immon*, Data Warehouse, 31 ff.; *Lusti*, Data Mining, 129 ff.; zur Legitimität der Entnahme auch aus externen Datenbeständen *Bensberg*, Web Log Mining, 73; *Cleve/Lämmel*, Data Mining, 13 f; *Meier/Kaufmann*, SQL- & NoSQL-Datenbanken, 200 f.; *Geisler*, Datenbanken, 410 ff.

273 *Gabriel/Gluchowski/Pastwa*, Data Mining, 7; *Vossen*, Datenmodelle, 526.

274 *Gabriel/Gluchowski/Pastwa*, Data Mining, 48, 128; *Geisler*, Datenbanken, 414 f.; *Manyika/Chui/Brown et al.*, Big Data, 32; *Müller, A.*, HMD 2014, 447 (448).

das Votum auf diese Frage positiv ausfallen. Interessant ist, dass die Data Marts dann funktional betrachtet die unabhängigen Elemente eines übergeordneten Data Warehouse bilden.[275] Dies bedeutet in der Konsequenz, dass sowohl für die Data Marts als auch für das Data Warehouse ein selbstständiger Datenbankschutz über das Urheberrecht gewährt wird.[276]

c) Einordnung horizontal skalierter Datenbanksysteme unter den Datenbankbegriff

Im Gegensatz zu klassischen relationalen Datenbanken und Data Warehouses, die vertikal auf einem Server skaliert werden, besteht für neuere Datenbanksysteme wie HDFS und NoSQL, das Bedürfnis, sie horizontal zu skalieren. Dies bedeutet, dass eine Verteilung des Datenvolumens auf eine Vielzahl von Servern stattfindet, um so eine hochperformante Verarbeitung von Big Data zu gewährleisten.[277]

Aus rechtlicher Perspektive ergibt sich jedoch die Frage, ob es sich aufgrund der Verteilung auf eine Vielzahl unterschiedlicher Datenträger noch um „eine" Datenbank handelt.

Das technikneutrale Verständnis des Datenbankbegriffs bietet hier jedoch eine hinreichende Flexibilität, die es ermöglicht, trotz der horizontalen Skalierung der Datenbestände auf mehrere Datenträger HDFS oder NOSQL-Datenbanken unter ihm zu subsumieren.[278] Grenzenlos reicht diese Flexibilität jedoch nicht, sodass in Rekurs auf die Voraussetzungen des Datenbankbegriffs gefordert wird, nur von „einer" Datenbank auszugehen, wenn die auf den unterschiedlichen Servern verteilten Datenbestände der gleichen lesbaren Syntax folgen und die Daten durch ein einziges Abfragesystem entnommen werden können.[279]

---

275 EuGH, Urt. v. 5.3.2009 - C-545/07, Rn. 62 ff. - Apis-Hristovich, GRUR 2009, 572 (577); *Hermes*, in: Wandtke/Bullinger (Hrsg.), UrhG, § 87a Rn. 9; *Vogel*, in: Schricker/Loewenheim (Hrsg.), UrhG, § 87a Rn. 7.

276 So *Hermes*, in: Wandtke/Bullinger (Hrsg.), UrhG, § 87a Rn. 9, 32; *Leistner*, in: Schricker/Loewenheim (Hrsg.), UrhG, § 4 Rn. 12; *Vohwinkel*, in: Möhring/Nicolini (Hrsg.), UrhG, § 87a Rn. 25; *Koch*, in: Loewenheim (Hrsg.), Hdb. Urheberrecht, 2. Aufl., § 77 Rn. 5.

277 *Schicker*, Datenbanken und SQL, 312; *Klein*, in: Taeger (Hrsg.), DSRI Tagungsband 2014, 5 (9 f.); *Müller, A.*, HMD 2014, 447 (451).

278 So auch *Fisher/Chicot/Domini et al.*, Study in support of Directive 96/9/EC, 77.

279 Vgl. LG Berlin, Urt. v. 22.12.2005 - 16 O 743/05, ZUM 2006, 343 (344), *Hermes*, in: Wandtke/Bullinger (Hrsg.), UrhG, § 87a Rn. 31; *Wiebe*, GRUR 2017, 338 (340); vgl. auch *Koch*, in: Loewenheim (Hrsg.) Hdb. Urheberrecht, 2. Aufl., § 77 Rn. 5; *Sagstetter*, in: Husemann/Korves/Rosenkranz et al. (Hrsg.), Strukturwandel, 249 (269).

3. Besondere Voraussetzung: Persönlich geistige Schöpfung

Liegen danach im ersten Schritt der Schutzgewährung die Voraussetzungen des juristischen Datenbankbegriffs vor, gilt es zu untersuchen, inwiefern in den dargestellten technischen Datenbankstrukturen eine persönlich geistige Schöpfung i. S. v. § 4 Abs. 1 S. 1 i. V. m. Abs. 2 S. 1 UrhG, Art. 3 Abs. 1 Datenbank-RL zum Ausdruck kommt. Geschützt wird dabei durch das Datenbankurheberrecht in § 4 Abs. 1 UrhG allein eine persönlich geistige Schöpfung, die in der Auswahl und Anordnung der Elemente zum Ausdruck kommen muss.[280] Sofern einzelne Werke dabei als Elemente des Datenbankwerks angeordnet werden, genießen diese ihr eigenes rechtliches Schicksal, was der Logik folgt, dass sie einem anderen Schutzgegenstand als dem des Datenbankwerkes folgen, die lediglich den kreativen Akt der Auswahl und Anordnung schützen.[281]

Für das Data-Mining spielt der Datenbankwerkschutz dabei insgesamt nur eine untergeordnete Rolle, da sich im Kontext von Big-Data-Sachverhalten eine Anordnung und/oder Auswahl der Daten oftmals nicht aufgrund einer persönlich schöpferischen Leistung, sondern vielmehr aufgrund technischer Zwänge ergibt. Dieses Votum steht dabei im Einklang mit der technischen Struktur der zuvor betrachteten relationalen Datenbanken und Data Warehouses, deren zweidimensionale Tabellenstruktur zusammen mit ihren weiteren Ordnungsprinzipien dem Urheber keinen hinreichenden kreativen Gestaltungsspielraum belässt, um die geforderte persönliche Note in der Auswahlentscheidung zum Ausdruck bringen zu können.[282]

Für relationale Datenbanksysteme ist aufgrund dieses formalisierten Aufbaus der Ordnungsprinzipien daher auch nicht davon auszugehen, dass sich ein solches System über eine besondere Eleganz oder Benutzerfreundlichkeit

---

280 *Ehlen/Brandt*, CR 2016, 570 (572); *Ehmann*, GRUR 2008, 474; *Zieger/Smirra*, MMR 2013, 418 (420).

281 ErwG 27 Datenbank-RL; EuGH, Urt. v. 9.11.2004 - C-203/02, Rn. 72 - BHB/William Hill, GRUR 2005, 244 (250); *Dreier*/Schulze (Hrsg.), UrhG, § 87a Rn. 3; *Vogel*, in: Schricker/Loewenheim (Hrsg.), UrhG, Vor §§ 87a ff. Rn. 43; *Witte*, in: Conrad/Grützmacher (Hrsg.), FS Schneider, 229 (230 ff.); siehe auch *Fuchs*, UFITA 2008, 27 (30 f.); a.A. *Benecke*, CR 2004, 608 (611).

282 EuGH, Urt. v. 1.3.2012, C-604/10, Rn. 39 - Football Dataco, GRUR 2012, 386 (388); *Leistner*, in: Schricker/Loewenheim (Hrsg.), UrhG, § 4 Rn. 20; *Rieger*, Wissenschaftliche Datenbanken, 98; *Obergfell*, in: Ahrens/Bornkamm/Fezer et al. (Hrsg.), FS Büscher, 223 (225); *Hugenholtz*, in: Ullrich/Drahos/Ghidini (Hrsg.), Kritika, 48 (56); *Götz*, ZD 2014, 653 (654); *Meys*, GRUR Int. 2020, 457 (459).

des Zugangs- oder Abfragesystems auszeichnet, was es ermöglichen würde, die Datenbank doch noch unter das Datenbankurheberrecht zu subsumieren.[283]

4. Eingriff in das Vervielfältigungsrecht durch den Vorgang der Datenauswahl

Auch wenn sich gezeigt hat, dass die untersuchten technischen Datenbankstrukturen schon in der Regel die Voraussetzungen eines Datenbankwerkes nicht erfüllen, ist gleichwohl für einzelne Data-Mining-Analysen nicht ausgeschlossen, dass ein Bedürfnis besteht, Daten aus ebenjenen Datenbankwerken abzurufen. Zu untersuchen ist deshalb, inwieweit Abfragen von einzelnen Daten mittels einer Datenbankabfragesprache oder die Überführung der schöpferischen Struktur der Datenbank in den Analysedatenbestand in das ausschließliche Vervielfältigungsrecht des Urhebers eingreifen.

a) Technischer Vorgang des Abrufs

Technisch vollzieht sich der Abruf von Daten aus Datenbanken über eine Datenbankschnittstelle wie beispielsweise API (Application Programming Interface). Mithilfe einer Datenbankabfragesprache (z. B. SQL) können hierüber dann einzelne Datensätze, aber auch die ganze Datenbank aggregiert in den Analysedatenbestand des Anwendungsprogramms geladen werden.[284] Steht keine kompatible Datenbankschnittstelle zur Verfügung, ermöglicht es sog. „Middleware", eine datenbankunabhängige Programmierschnittstelle, die beiden autonom agierenden Systeme Datenbank und Anwendungsprogramm zu verbinden und so standardisiert den Zugriff auf eine Vielzahl unterschiedlicher Datenbankmodelle zu gewährleisten.[285]

---

283 BGH, Urt. v. 19.5.2010 - I ZR 158/08, Rn. 38 - Markenheftchen, GRUR 2011, 79 (81); *A. Nordemann*, in: Fromm/Nordemann (Hrsg.), UrhG, § 4 Rn. 12; *Leistner*, in: Schricker/Loewenheim (Hrsg.), UrhG, § 4 Rn. 25; *v. Schönfeld*, Screen Scraping, 212; *Ducato/Strowel*, IIC 2019, 649 (654); *Ehlen/Brandt*, CR 2016, 570 (572); *Kühn/Koch*, CR 2018, 648 (651); *Zieger/Smirra*, MMR 2013, 418 (420).

284 *Stiemerling*, in: Conrad/Grützmacher (Hrsg.), FS Schneider, § 5, 62 (65).

285 *Geisler*, Datenbanken, 77 f., ein Beispiel hierfür ist ODBC; mit einer abweichenden Bedeutung des Begriffs *Koch*, in: Loewenheim (Hrsg.) Hdb. Urheberrecht 2. Aufl., § 77 Rn. 5.

b) *Abruf einzelner Daten*

Kommt es im Prozessschritt der Datenauswahl innerhalb des Data-Mining-Prozesses lediglich zu einem Abruf einzelner Daten und Datensätze über eine Datenbankschnittstelle, greift dieser Auswahlakt nicht in das Vervielfältigungsrecht des Datenbankurhebers ein. Dies ist damit zu begründen, dass das Urheberrecht Daten im Zusammenhang mit Datenbanken nicht als Anknüpfungspunkt zur Begründung der Schutzfähigkeit nutzt.[286]

Geschützt wird durch das Datenbankwerk nur die schöpferische Struktur und Anordnung der einzelnen Elemente einer Datenbank. Der Schutz des Datenbankwerkes vermittelt aber keinen zusätzlichen Schutz der in einer Datenbank gespeicherten Daten, was auch klarstellend in der Formulierung „unbeschadet" in Art. 4 Abs. 1 Datenbank-RL zum Ausdruck kommt.[287]

Entsprechend ist der Abruf einzelner Daten zu Zwecken des Data-Mining aus einem öffentlich zugänglichen Datenbankwerk restriktionslos möglich.[288]

Kommt es dagegen zu einem Abruf von Texten aus einer nach § 4 Abs. 2 S. 1 UrhG geschützten Volltextdatenbank, ist zu differenzieren. Auch hier berührt der einzelne Abruf einzelner Texte die schöpferische Struktur des Datenbankwerkes nicht. Allerdings liegt in der Übertragung des Sprachwerkes in den Analysedatenbestand ein Eingriff in das Vervielfältigungsrecht des Urhebers vor, der die abgerufenen Sprachwerke geschaffen hat.[289]

c) *Notwendige Differenzierung beim Abruf der gesamten Datenbank*

Kommt es im Prozessschritt der Datenauswahl zu einem Abruf sämtlicher Daten und Datensätze über eine Datenbankschnittstelle, ist zu hinterfragen, ob es durch diesen Vorgang zu einem Eingriff in das Vervielfältigungsrecht des Datenbankurhebers kommt. In Rekurs auf den Schutzumfang des Datenbankurheberrechts ist jedoch auch eine Extraktion sämtlicher Daten eines Datenbankwerkes

---

286 Siehe hierzu auch die grundlegenden Ausführungen in Kap. C.I.

287 ErwG 27 Datenbank-RL; EuGH, Urt. v. 9.11.2004 - C-203/02, Rn. 72 - BHB/William Hill, GRUR 2005, 244 (250); *Dreier*/Schulze (Hrsg.), UrhG, § 87a Rn. 3; *Vogel*, in: Schricker/Loewenheim (Hrsg.), UrhG, Vor §§ 87a ff. Rn. 43; *Witte*, in: Conrad/Grützmacher (Hrsg.), FS Schneider, 229 (230 ff.); siehe auch *Fuchs*, UFITA 2008, 27 (30 f.); a.A. *Benecke*, CR 2004, 608 (611).

288 *Spindler*, GRUR 2016, 1112 (1114); *Spindler*, ZGE 2018, 273 (277); a.A. *Geiger/Frosio/Bulayenko*, IIC 2018, 814 (819).

289 *Dreier*/Schulze (Hrsg.), UrhG, § 4 Rn. 4; *Leistner*, in: Schricker/Loewenheim (Hrsg.), UrhG, § 4 Rn. 30.

urheberrechtlich irrelevant, solange die geschützte Auswahl- und Anordnungsstruktur nicht übertragen wird.

Nur in den Fällen, wo es tatsächlich zu einer Übertragung der gesamten Anordnungsstruktur oder eines geschützten Teils in den Analysedatenbestand des Data-Mining-Nutzers kommt, bleibt überhaupt Raum für die Annahme eines Eingriffs in das Vervielfältigungsrecht.[290]

Die technische Gestaltung des Datenbankabrufs wird diese Fälle jedoch auf ein Minimum reduzieren, da es über eine Datenbankabfragesprache doch möglich wird, die einzelnen Datensätze zielgenau anzusteuern, ohne die schöpferische Struktur und Suchhilfen ebenfalls zu extrahieren.

Der Auffassung, dass es bei der Datenauswahl im Rahmen des Data-Mining über eine Datenbankschnittstelle nie zu einer Berührung der schöpferischen Struktur des Datenbankwerks kommt, ist in ihrer Pauschalität gleichwohl nicht beizutreten.[291] Mag diese Auffassung zwar in der Anwendungsrealität des Data-Mining-Prozesses für den Großteil der Fälle zutreffen, bleibt auch die vollständige Übernahme der Thesauri und internen Abfragesysteme im Rahmen der Datenauswahl technisch möglich.[292]

IV. Datenauswahl aus Datenbanken sui generis, §§ 87a ff. UrhG

Im nächsten Schritt ist der Fokus für die Verfahren des Data-Mining auf den Abruf analyserelevanter Daten aus Datenbanken sui generis zu lenken.

Anders als das zuvor dargestellte Datenbankurheberrecht schützt das Schutzrecht sui generis die Investitionsleistung des Datenbankherstellers, womit ein echter Investitionsschutz geschaffen wird, der nicht an die geistige Schöpfung eines Immaterialguts anknüpft und durch den es ermöglicht wird, auch „unkreative“ Datenbanken zu schützen.[293]

---

290 Vgl. BGH, Urt. v. 27.3.2013 - I ZR 9/12, Rn 57 - SUMO, GRUR 2013, 1213 (1219); BGH, Urt. v. 24.5.2007 - I ZR 130/04 Rn. 16 - Gedichttitelliste I, GRUR 2007, 685 (686); *Dreier*/Schulze (Hrsg.), UrhG, § 4 Rn. 17; *Leistner*, in: Schricker/Loewenheim (Hrsg.), UrhG, § 4 Rn. 59; *Leistner/Antoine/Sagstetter*, Big Data, 53; *Geiger/Frosio/Bulayenko*, IIC 2018, 814 (819); *Haberstumpf*, GRUR 2003, 14 (23), geschützt ist nicht nur die Vervielfältigung, sondern alle in § 15 ff. UrhG aufgezählten Verwertungsrechte.

291 Vgl. *Obergfell*, in: Ahrens/Bornkamm/Fezer et al. (Hrsg.), FS Büscher, 223 (227); *Spindler*, GRUR 2016, 1112 (1114).

292 *Grützmacher*, Schutz von Datenbanken, 31.

293 *Ohly*, Gutachten 70. DJT, F 36; *Riesenhuber* (Hrsg.), Systembildung, § 5, 139 f.; *Zech*, CR 2015, 137 (142); *Zech*; GRUR 2015, 1151 (1156 f.).

Für den Vorgang der Datenauswahl innerhalb des Data-Mining-Prozesses bedeutet dies, dass, sofern in die betreffende Datenbank eine quantitativ oder qualitativ wesentliche Investition geflossen ist und es bei der Datenauswahl anschließend zu einer wesentlichen Entnahme kommt, ein Eingriff in das Vervielfältigungsrecht des Datenbankherstellers vorliegt.

1. Besondere Voraussetzung: Quantitativ oder qualitativ wesentliche Investition

Mit der Subsumtion relationaler Datenbanken und Data Warehouses unter den einheitlichen europäischen Datenbankbegriff ist dabei die erste Voraussetzung der Schutzfähigkeit einer Datenbank sui generis bereits genommen.[294] Entscheidend für die Schutzbegründung und damit eine mögliche Verletzung des Datenbankherstellerrechts durch den Vorgang der Datenauswahl ist aber, dass zusätzlich eine wesentliche Investition in die Beschaffung, Darstellung oder Überprüfung der einzelnen Elemente der Datenbank geflossen ist.

a) Wesentliche Investition

Ausgehend vom Wortlaut des § 87a Abs. 1 S. 1 UrhG, Art. 7 Abs. 1 Datenbank-RL bedarf es hierfür einer in quantitativer oder qualitativer Hinsicht wesentlichen Investition, die in die Beschaffung, Überprüfung oder Darstellung des Inhalts und damit in ein konkretes „Leistungsergebnis" fließt.[295]

In der Voraussetzung der wesentlichen Investition manifestiert sich dabei der primäre Normzweck des Datenbankherstellerrechts, Investitionsanreize zu schaffen.[296] Honoriert wird dabei eine investive Leistung, die das Datenbankherstellerrecht – wie im Übrigen die anderen Leistungsschutzrechte auch – in die Nähe des Wettbewerbsrechts rückt.[297]

---

294 Siehe hierzu die vorstehenden Ausführungen in Kap. C.III.2.

295 Vgl. ErwG 40 Datenbank-RL; Betont in EuGH, Urt. v. 9.11.2004 - C-444/02, Rn. 44 - Fixtures-Fußballspielpläne II, GRUR 2005, 254 (256); BGH, Urt. v. 1.12.2010 - I ZR 196/08, Rn. 18 - Zweite Zahnarztmeinung II, GRUR 2011, 724 (725); explizit bejaht für das Kriterium Zeit OLG Köln, Urt. v. 28.2.2020 - 6 U 128/19, Rn. 41, GRUR-RR 2020, 241 (242); *Hermes*, in: Wandtke/Bullinger (Hrsg.), UrhG, § 87a Rn. 35; *Schur*, Lizenzierung von Daten, 56; *Leistner/Antoine/Sagstetter*, Big Data, 62; *Meys*, GRUR Int. 2020, 457 (460); *Leistner*, GRUR Int. 1999, 819 (827); *Schmidt, K./Zech*, CR 2017, 417 (421); *Wiebe*, GRUR 2017, 338 (340 f.); *Wiebe*, CR 2005, 169 (170).

296 *Schmidt, K./Zech*, CR 2017, 417 (426).

297 *Schur*, Lizenzierung von Daten, 55; *Haberstumpf*, GRUR 2003, 14 (25); kritisch *Gaster*, Datenbanken, Rn. 424 f.

Die Konturenlosigkeit der Voraussetzung trat dabei schon im Umsetzungsverfahren der Datenbank-Richtlinie zutage, in der sich der deutsche Gesetzgeber außerstande sah, das unbestimmte Kriterium der Wesentlichkeit auf normativer Ebene zu präzisieren.[298] Mithin wird seit Jahren in Literatur und Rechtsprechung über die genaue Festlegung der konkreten „Investitionshöhe“[299] gerungen, und auch in den Mitgliedstaaten bestehen mitunter erhebliche Unterschiede, ab wann die hinreichende Investitionshöhe in eine Datenbank erreicht ist.[300]

b) „Allerweltsinvestition“ oder signifikante Investition

Zurück zur Frage der Festlegung einer quantitativ oder qualitativ wesentlichen Investition reichen die Meinungen hier von einem Lager, das eine niedrige Schutzschwelle proklamiert[301], um sog. „Allerweltsinvestitionen“ auszuschließen, bis hin zu einem in der Minderheit befindlichen Lager, das demgegenüber eine Investition von „substantiellem Gewicht“ fordert.[302]

Mit der Auffassung, lediglich Allerweltsinvestitionen aus dem Wesentlichkeitsbegriff auszuklammern, profitieren auch sehr kleine Datenbanken vom Schutzrecht sui generis.[303]

Kritiker wenden hiergegen jedoch ein, dies begründe die Gefahr einer Informationsmonopolisierung, weshalb eine höhere Schutzschwelle geboten sei.[304]

---

298 BT-Drucks. 13/7385, 45 „Eine aussagekräftige abstrakte Definition erscheint nicht möglich.“; *Gaster*, Datenbanken, Rn. 496 f.; vgl. *Fisher/Chicot/Domini et al.*, Study in support of Directive 96/9/EC, 4.

299 *Leistner*, Rechtsschutz von Datenbanken, 162; *Schur*, Lizenzierung von Daten, 57, sieht eher hohe Anforderungen des EuGH; vgl. *Ehmann*, K&R 2014, 394 (399).

300 *Elteste*, CR 2015, 447 (449), verweist darauf, dass in Frankreich Investitionen in Millionenhöhe schon als nicht wesentlich eingeordnet wurden.

301 Gegen eine hohe Schutzschwelle, BGH, Urt. v. 1.12.2010 - I ZR 196/08, Rn. 23- Zweite Zahnarztmeinung II, GRUR 2011, 724 (725), „Nicht notwendig sind Investitionen von substanziellem Gewicht.“; *Hermes*, in: Wandtke/Bullinger (Hrsg.), UrhG, § 87a Rn. 54; *Leistner*, Rechtsschutz von Datenbanken, 162 f., 168; *Rieger*, Wissenschaftliche Datenbanken, 156; *Auer-Reinsdorff/Grützmacher*, in: Conrad/Grützmacher (Hrsg.), FS Schneider, 206 (215 f.); Leistner, in: Lohsse/Schulze/Staudenmayer (Hrsg.), Trading Data, 27 f.; noch niedriger wohl *Bensinger*, Datenbanken, 164.

302 *Schack*, MMR 2001, 9 (12); in diese Richtung tendierend *Dreier*/Schulze (Hrsg.), UrhG, § 87a Rn. 14.

303 *Leistner*, Rechtsschutz von Datenbanken, 162.

304 LG Düsseldorf, Urt. v. 7.2.2001 - 12 O 492/00, ZUM 2002, 65 (66); dagegen *Rieger*, Wissenschaftliche Datenbanken, 158 f.

Eine hoch anzusetzende Schutzschwelle könnte aber zu einem Free-Riding-Problem führen, weil sich Dritte kleinere Datenbanken, in die keine wesentliche Investition geflossen ist, einfach einverleiben könnten. Mittelfristig würde dieser Ansatz deswegen geradewegs zu einem Ausbleiben von Investitionen in kleinere Datenbanken führen, wenn diese aufgrund ihrer Schutzlosigkeit restriktionslos zu geringen Kosten kopiert werden könnten.[305]

Auch das vorgebrachte Argument, mit einer substantiellen Investition ließe sich einer Informationsmonopolisierung effektiv begegnen, ist letztlich nicht durchgreifend, da über die verankerte Schutzbereichsbegrenzung („unwesentlich", § 87b Abs. 1 S. 2 UrhG) ein Zugang zu einzelnen Daten und Informationen frei möglich bleibt und ein Inhaltsschutz nach Erwägungsgrund 46 Datenbank-RL gesetzgeberisch gerade nicht intendiert ist.

Der BGH vertritt entsprechend die Position, eine Investition als wesentlich zu kennzeichnen, die bei objektiver Betrachtung nicht ganz unbedeutend ist und das nachgelagerte Ziel verfolgt, auch kleinen Datenbanken einen Schutz zu vermitteln.[306] In der Praxis ergibt sich die Wesentlichkeit einer Investition in der Hauptzahl der Fälle anhand einer quantifizierbaren Investition. Der BGH hat danach in der Rechtssache „Automobil-Onlinebörse" festgestellt, dass eine jährliche Investition von 3,8 Mio. EUR für die Bereitstellung der technischen Infrastruktur einer Datenbank und ihrer Erhaltung, Pflege und Wartung als wesentlich einzuordnen sei.[307]

Ob jedoch durch die Datenauswahl im Rahmen des Text- und Data-Mining-Prozesses konkret in das dann zugewiesene Datenbankherstellerrecht eingegriffen wird, ist eine Frage des Schutzumfangs. Entsprechend geht mit der Feststellung der Schutzvoraussetzungen noch keine Präjudiz einher, ob es bei dem Abruf auch tatsächlich zu einer wesentlichen Entnahme i. S. v. § 87b Abs. 1 S. 1 UrhG kommt. Eine Präjudiz entwickelt die Feststellung nur umgekehrt in die Richtung, dass, sofern schon eine wesentliche Investition zu verneinen ist, denklogisch ein Eingriff in das Datenbankherstellerrecht mangels schutzgegenständlicher Anknüpfung nicht stattfinden kann.

---

305 So *Ehmann*, K&R 2014, 394 (396).

306 In ständiger Rspr. BGH, Urt. v. 22. 6. 2011 - I ZR 159/10, Rn. 30 - Automobil-Onlinebörse, GRUR 2011, 1018 (1020); BGH, Urt. v. 1.12.2010 - I ZR 196/08, Rn. 23 - Zweite Zahnarztmeinung II, GRUR 2011, 724 (725).

307 BGH, Urt. v. 22. 6. 2011 - I ZR 159/10, Rn. 31 - Automobil-Onlinebörse, GRUR 2011, 1018 (1020).

2. Eingriff in das Vervielfältigungsrecht durch die Datenauswahl

Sofern die Voraussetzung einer quantitativen oder qualitativen Investition in die Datenbank vorliegt, besteht ein Schutzrecht sui generis mit Wirkung erga omnes. Für den Prozessschritt der Datenauswahl innerhalb des Data-Mining kommt es dann entscheidend darauf an, ab wann der Abruf von Daten aus einer Datenbank sui generis unwesentlich und damit frei möglich ist und wann der Abruf von Daten wesentlich ist und damit in das Vervielfältigungsrecht des Datenbankherstellers eingreift.[308]

Art. 7 Abs. 2 lit. a Datenbank-RL definiert den Begriff der Entnahme. Umgesetzt wird das Recht zur Entnahme aus Art. 7 Abs. 1 Datenbank-RL dabei durch § 87b Abs. 1 S. 1 UrhG, der dem Leistungsschutzrechtsinhaber ein absolutes Recht zuweist, das ihn vor einer zustimmungsfreien Vervielfältigung, Verbreitung oder öffentlichen Zugänglichmachung wesentlicher Teile der Datenbank schützt.[309] Zwar übernimmt § 87b Abs. 1 S. 1 UrhG damit die Terminologie des § 16 UrhG, materiell deckungsgleich sind die Vervielfältigungsrechte im Hinblick auf ihre abweichende unionsrechtliche Grundlage gleichwohl nicht.[310]

Der Anwendungsvorrang des Unionsrechts gibt hier vielmehr eine richtlinienkonforme Auslegung des Vervielfältigungsrechts des § 87b Abs. 1 S. 1 UrhG i. S. v. Art. 7 Abs. 2 lit. a Datenbank-RL vor.[311] Diesem Gebot folgt auch der BGH in seiner Rechtsprechung zu § 87b UrhG, indem er auf die Auslegung der Entnahmehandlung durch die Rechtsprechung des EuGH referenziert.[312]

In dieser Rechtsprechung hat der EuGH dabei klargestellt, dass der maßgebliche Unterschied zwischen der Entnahme in Art. 7 Abs. 2 lit. a Datenbank-RL und der Vervielfältigung in Art. 2 InfoSoc-RL darin besteht, dass es nicht auf die Art und Form des angewandten Verfahrens ankommt und damit im Anwendungsbereich des Datenbankherstellerrechts schon jede unerlaubte Aneignung der Gesamtheit oder eines Teils des Inhalts der Datenbank die Verwertungsrechte des Datenbankherstellers verletzen kann.[313]

---

308 *Gaster*, Datenbanken, Rn. 492.

309 *Schur*, Lizenzierung von Daten, 52; *v. Schönfeld*, Screen Scraping, 237.

310 *Ehmann*, Datenbanken und Investitionsschutz, 127;

311 Ausführlich *Fisher/Chicot/Domini et al.*, Study in support of Directive 96/9/EC, 100 f., dies gilt entsprechend auch für Art. 2 InfoSoc-RL und Art. 5 Datenbank-RL.

312 BGH, Urt. v. 22. 6. 2011 - I ZR 159/10, Rn. 37 - Automobil-Onlinebörse, GRUR 2011, 1018 (1021); BGH, Urt. v. 1.12.2010 - I ZR 196/08, Rn. 39 - Zweite Zahnarztmeinung II, GRUR 2011, 724 (727); BGH, TeilUrt. v. 30.4.2009 - I ZR 191/05, Rn. 35 - Elektronischer Zolltarif, GRUR 2009, 852 (854).

313 *Gaster*, Datenbanken, Rn. 511 f.; Vgl. *Dietrich*, GRUR Int. 2014, 284 (285).

Der Umfang einer Entnahmehandlung ist dementsprechend weit zu ziehen, folgt der Begriff doch nicht einem klassischen Verständnis des physischen Kopierens/Einfügens, sondern umfasst ebenso bloße Bildschirmabfragen, die zwecks Übernahme der Elemente in eine parasitäre Datenbank stattfinden, obgleich es gar nicht zu einer physischen Übertragung des Inhalts der Datenbank auf einen anderen Datenträger kommt.[314]

Ein Korrektiv zu diesem sehr weiten Recht der Entnahme bildet jedoch die Wesentlichkeitsschwelle. Über sie wird gewährleistet, dass unwesentliche Teile im Sinne des freien Zugangs zu Informationen nicht dem Verbotsrecht des Datenbankherstellers unterliegen.[315] Es handelt sich dabei dogmatisch um eine immanente Begrenzung des Schutzbereichs.[316]

Zur Bestimmung einer wesentlichen Entnahme im Einzelfall nimmt die Rechtsprechung eine Negativabgrenzung vor, nach der unter einen unwesentlichen Teil des Inhalts einer Datenbank jeder Teil fällt, der dem Begriff des wesentlichen Teils sowohl in quantitativer als auch in qualitativer Hinsicht nicht entspricht.[317] Eine Lösung im Sinne einer starren Schutzuntergrenze ist dabei aufgrund der Natur des Wesentlichkeitsbegriffs als ausfüllungsbedürftiger, unbestimmter Rechtsbegriff nicht ersichtlich.[318]

Über die Anwendung eines Proportionalitätskriteriums wird jedoch das entnommene Datenvolumen mit dem Gesamtvolumen ins Verhältnis gesetzt wird.[319] Ein fester Prozentsatz als Untergrenze der Wesentlichkeit, wie er in Teilen der Literatur mit 50 % angesetzt wird, geht damit jedoch nicht einher.[320]

Insofern ist zur Bestimmung der Wesentlichkeit im Einzelfall zu prüfen, ob der entnommene Datenbankteil eine wesentliche Investition in die Datenbank verkörpert und deshalb seine Vervielfältigung über das begründete

---

314 ErwG 38 Datenbank-RL.

315 *Vogel*, in: Schricker/Loewenheim (Hrsg.), UrhG, § 87b UrhG Rn. 2.

316 *Vogel*, in: Schricker/Loewenheim (Hrsg.), UrhG, § 87b UrhG Rn. 1.

317 EuGH, Urt. v. 9.11.2004 - C-203/02, Rn. 81 - BHB/William Hill, GRUR 2005, 244 (251).

318 *Schur*, Lizenzierung von Daten, 53; *Ehmann*, Datenbanken und Investitionsschutz, 135; kritisch *Ohly*, Gutachten 70. DJT, F 39 „jede Untergrenze schafft Rechtsunsicherheit".

319 EuGH, Urt. v. 9.11.2004 - C-203/02, Rn. 70 - BHB/William Hill, GRUR 2005, 244 (250); siehe auch die Nachweise bei *Schur*, Lizenzierung von Daten, 52.

320 *Vogel*, in: Schricker/Loewenheim (Hrsg.), UrhG, § 87b Rn. 26; *Hermes*, in: Wandtke/Bullinger (Hrsg.), UrhG, § 87b Rn. 15; für eine schutzzweckorientierte Auslegung *v. Ungern-Sternberg*, GRUR 2010, 386 (390).

Informationsinteresse des Benutzers der Datenbank hinausgeht und dem Amortisationsinteresse ihres Herstellers somit ein Schaden zugefügt wird.[321]

a) *Problemaufriss und Unterschiede in der Bewertung zum Abruf aus Werken und Datenbankwerken*

Dadurch, dass es über den Investitionsschutz möglich ist, wesentliche Inhalte einer Datenbank einem absoluten Schutzrecht zu unterwerfen, werden Konflikte mit dem Ziel der Informationsgewinnung des Text- und Data-Mining provoziert. In Rekurs auf dieses Ziel geht es dem Text- und Data-Mining-Prozess darum, aus Daten neue Informationen zu gewinnen.

Wenn jedoch im Urheberrecht Daten als Oberbegriff für schutzunfähige Gestaltungen fungieren, kann auch der Schutz des Datenbankherstellerrechts konsequenterweise keine zusätzlichen Rechte an den einzelnen Daten vermitteln. Deutlich wird dieses Paradigma über die klare Formulierung des Erwägungsgrundes 45 Datenbank-RL, nach dem in den vorbehaltenen Nutzungshandlungen „in keinerlei Hinsicht eine Ausdehnung des urheberrechtlichen Schutzes auf reine Daten und Fakten zu sehen" ist.[322] Erst recht gilt dieser Befund dabei auch für die in den Daten angelegten potenziellen Informationen, die der Text- und Data-Mining-Prozess offenbaren möchte und die über das Freihaltebedürfnis für Informationen vor einer Zuweisung absoluter Rechte geschützt werden.

Anders als bei der Auswahl von Werken stellt sich für Datenbanken dabei auch nicht das Problem, dass der in den Daten angelegte freie Informationsgehalt mit einer schöpferischen Form zunächst so miteinander verbunden ist, dass zunächst das ganze Werk in den Analysedatenbestand des Data-Mining-Anwenders übertragen werden muss.[323]

Datenbanken, die dem Schutzrecht sui generis unterliegen, weisen keine geschützte schöpferische Form auf, sondern schützen lediglich eine Investition in die Beschaffung, Darstellung und Überprüfung ihrer Elemente.

Sie verfügen über eine systematische Ordnungsstruktur, in der die einzelnen Daten abgelegt werden und auf die chirurgisch mittels einer Datenbankabfragesprache zugegriffen werden kann.

---

321 BGH, Urt. v. 1.12.2010 - I ZR 196/08, Rn. 32 - Zweite Zahnarztmeinung II, GRUR 2011, 724 (726); BGH, Urt. v. 22. 6. 2011 - I ZR 159/10, Rn. 53 f. - Automobil-Onlinebörse, GRUR 2011, 1018 (1022); BGH, TeilUrt. v. 30.4.2009 - I ZR 191/05, Rn. 47 - Elektronischer Zolltarif, GRUR 2009, 852 (855).

322 *Vogel*, in: Schricker/Loewenheim (Hrsg.), UrhG, § 87b Rn. 20.

323 Siehe zu diesem Problem ausführlich in Kap. C.II.2.

Im Gegensatz zu Werken besteht somit für Datenbanken die technische Möglichkeit, die schutzlosen Daten in den Datenbestand des Data-Mining-Anwenders zu überführen, ohne dass der Schutzgegenstand der Investition zunächst zwingend „mitvervielfältigt" werden muss.

Dogmatisch ist dieser Unterschied damit zu begründen, dass § 16 UrhG weit auszulegen ist und – anders als das Vervielfältigungsrecht in § 87b Abs. 1 S. 1 UrhG – nicht durch den Investitionsschutzzweck begrenzt werden kann. Im Ergebnis bedeutet dies, dass im Anwendungsbereich des Werkschutzes jede (technische) Kopie auf die Festplatte zunächst eine Vervielfältigung im Rechtssinn darstellt.[324]

Somit kann beim Abruf von Daten aus geschützten Datenbanken erstens auf die Schutzlosigkeit der kopierten Daten verwiesen werden und zweitens eine Korrektur über den Investitionsschutzzweck erreicht werden. Für das Vervielfältigungsrecht aus § 16 UrhG bestehen diese Korrekturmöglichkeit auf Schutzbereichsebene hingegen nicht. Der Gesetzgeber hat sich vielmehr entschieden, inzidentelle Vervielfältigungen über § 44a UrhG zu privilegieren, was für die Verfahren des Text- und Data-Mining aber nicht weiterhilft, da die Schranke nicht greift.[325]

b) Abruf einzelner Daten

Kommt es im Prozessschritt der Datenauswahl zu einem Abruf einzelner Daten und Datensätze über eine Datenbankschnittstelle, greift dieser Auswahlakt nicht in das Vervielfältigungsrecht des Datenbankherstellers ein.[326] Mit der Einführung des Wesentlichkeitskriteriums hat sich der Unionsgesetzgeber bewusst dazu entschieden, den Schutzgegenstand des sui-generis-Schutzrechts nicht bei den Daten als solchen anzuknüpfen, sondern auf den Schutz der Investitionsleistung als Schutzgegenstand abzustellen.[327]

---

324 Umstritten ist allein die Einschlägigkeit des Vervielfältigungsrechts bei vorübergehenden Kopien in den Arbeitsspeicher, siehe hierzu *Hoeren*, in: Kilian/Heusen (Hrsg.) Hdb. Computerrecht, 14.141 Rn. 12; *Hoeren/Schuhmacher*, CR 2000, 137 (141 ff.); sowie die Nachweise der h.M. in (Fn. 197).

325 Siehe hierzu eingehend in Kap. F.III.1. sowie Kap. C.I.2. b).

326 So im Ergebnis auch EuGH, Urt. v. 9.11.2004 - C-203/02, Rn. 86 ff. - BHB/William Hill, GRUR 2005, 244 (251); BGH, Urt. v. 22. 6. 2011 - I ZR 159/10, Rn. 58 - Automobil-Onlinebörse, GRUR 2011, 1018 (1023); BGH, Urt. v. 1.12.2010 - I ZR 196/08, Rn. 35 - Zweite Zahnarztmeinung II, GRUR 2011, 724 (726 f.).

327 *Schur*, Lizenzierung von Daten, 54; *Zech*, GRUR 2015, 1151 (1157); vgl. auch *Raue*, GRUR 2017, 11 (13).

Werden danach aus einer Vielzahl von Datenbanken nur kleine Datenportionen für das konkrete Data-Mining-Verfahren entnommen, kommt es zu keinem Eingriff in die Ausschließlichkeitsrechte des Datenbankherstellers, da durch ihren Abruf kein Schaden für die geschützte wesentliche Investition des Ursprungsdatenbankherstellers eintritt.

c) Wiederholter und systematischer Abruf einzelner Daten

Eine andere Bewertung ergibt sich jedoch, wenn es im Prozessschritt der Datenauswahl zu einem sich wiederholenden Abruf einzelner Daten und Datensätze kommt. In der Rechtsfolge stellt § 87b Abs. 1 S. 2 UrhG eine solche systematische Vervielfältigung unwesentlicher Teile einer wesentlichen Vervielfältigung nach Satz 1 gleich.

Für den Vorgang der Datenauswahl bedeutet dies, dass, sofern einzelne Daten systematisch und wiederholt aus geschützten Datenbanken abgerufen werden, ein Eingriff in das Vervielfältigungsrecht des Datenbankherstellers in Betracht kommt, wenn diese Nutzungshandlungen über das berechtigte Interesse des Data-Mining-Anwenders hinausgehen und der Investition in die Ursprungsdatenbank dadurch ein Schaden zugefügt wird.[328]

aa) Die Datenauswahl als normale Nutzung, § 87b Abs. 1 S. 2 Alt. 1 UrhG

Etwas anderes ergibt sich jedoch, wenn man die Datenauswahl im Rahmen des Data-Mining als Nutzung einordnet, die der normalen Auswertung der Datenbank nicht zuwiderläuft.

Eine normale Auswertung wäre aber dann nicht mehr möglich, wenn die sich wiederholende und systematische Abfrage im Rahmen der Datenauswahl die Amortisation der getätigten Investition gefährdet.[329] Dabei reicht es aus, wenn die sukzessiven Entnahmen erkennbar das Ziel haben, die Wesentlichkeitsgrenze zu überschreiten.[330]

Für die Bewertung, ob es sich bei der Datenauswahl um eine normale Nutzung handelt, ist es dabei nicht ausreichend, den Prozessschritt der Datenauswahl isoliert zu betrachten. Vielmehr ist zu überlegen, ob eine Veröffentlichung der Ergebnisse des Data-Mining-Prozesses oder der für die algorithmische

---

328 Vgl. ErwG 42 Datenbank-RL.

329 *Vogel*, in: Schricker/Loewenheim (Hrsg.), UrhG, § 87b Rn. 24; *Haberstumpf*, GRUR 2003, 14 (27).

330 *Vogel*, in: Schricker/Loewenheim (Hrsg.), UrhG, § 87b Rn. 60.

Analyse zu erstellenden Datenmatrix geeignet wäre, die Amortisation der in die Ursprungsdatenbank getätigten Investition zu schädigen. Dies wäre allerdings nur dann der Fall, wenn die Ergebnisse des Data-Mining oder die Datenmatrix ganz oder teilweise in der Lage sind, die Ursprungsdatenbank zu substituieren, und durch ihre Veröffentlichung ein parasitäres Konkurrenzprodukt geschaffen würde, das einen Schaden für die Investition in die Ursprungsdatenbank verursacht.[331] Der EuGH hat dabei bereits in der Rechtssache „BHB/William Hill" klargestellt, dass ein den Daten innewohnender Mehrwert kein wertendes Kriterium bei der Beurteilung der Wesentlichkeit einer Entnahme darstellt.[332]

Betrachtet man in diesem Kontext die Datenmatrix und die Data-Mining-Ergebnisse, enthalten diese in ihren hervorgebrachten Mustern „neue" Daten, die mit dem Inhalt der Ursprungsdatenbank nicht deckungsgleich sind.[333] Funktional fungieren die aus der Ursprungsdatenbanken übertragenen Daten somit allein als Ressource, die auf dem Analysedatenträger mit anderen Daten verwoben wird.[334]

Würden zudem in den Ergebnissen des Data-Mining-Prozesses die Daten aus der Ursprungsdatenbank sichtbar, so hätte der Prozess versagt, da das Ziel der Informationsgewinnung aus einem Datenbestand verfehlt worden wäre, wenn lediglich dieselben Daten in derselben Anordnung hervorgebracht worden wären.

Dieses Ergebnis wird auch dadurch gestützt, dass mit Blick auf die unterschiedliche Zweckrichtung von Datenbanken und Anwendungsprogrammen sowohl ein Markt für (Analyse-)Datenbanken als auch ein separater Markt für Analyseergebnisse besteht.[335]

Die auf diesem Markt für derivative Datenprodukte gehandelten Data-Mining-Ergebnisse unterscheiden sich insofern von den Gütern des Marktes für Datenbanken dergestalt, dass die hervorgebrachten Muster in ihrer Rohfassung nicht bereits nach bestimmten Ordnungsprinzipien aufbereitet sind.[336] Im

---

331 BGH, Urt. v. 1.12.2010 - I ZR 196/08, Rn. 42 - Zweite Zahnarztmeinung II, GRUR 2011, 724 (727).

332 EuGH, Urt. v. 9.11.2004 - C-203/02, Rn. 78 - BHB/William Hill, GRUR 2005, 244 (250).

333 Siehe ausführlich zu einem möglichen Schutz von Ergebnisse in Kap. E.

334 *v. Ungern-Sternberg*, GRUR 2010, 386 (390).

335 Vgl. *Ehmann*, Datenbanken und Investitionsschutz, 32.

336 *Peitz/Schweitzer*, NJW 2018, 275 (276); *Schweitzer*, GRUR 2019, 569 (571); in diese Richtung auch *Hornung/Hofmann*, in: Hornung (Hrsg.), Rechtsfragen der Industrie 4.0, 9 (15).

Ergebnis stehen die Ursprungsdatenbank und die Ergebnisse des Data-Mining daher nicht in einem wettbewerblichen Konkurrenzverhältnis zueinander.[337]

Nach dieser Lösung ist damit ein systematischer und wiederholter Abruf von Daten aus einer Datenbank im Zuge der Datenauswahl des Data-Mining möglich, da ein Konflikt mit dem Investitionsschutzzweck des Datenbankherstellerrechts nicht besteht und der Rechtsinhaber den automatisierten Datenabruf vielmehr hinnehmen muss, wenn er Dritten den Zugang zu seiner Datenbank eröffnet hat.[338]

bb) Keine unzumutbare Beeinträchtigung berechtigter Interessen, § 87b Abs. 1 S. 2 Alt. 2 UrhG

Eine Korrektur dieses nutzerfreundlichen Ergebnisses wäre allein über § 87b Abs. 1 S. 2 Alt. 2 UrhG möglich.

Danach könnte die systematische Vervielfältigung unwesentlicher Teile einer Datenbank im Rahmen des Data-Mining gleichwohl eine dem Datenbankhersteller vorbehaltene Handlung darstellen, sofern hierdurch die Interessen des Datenbankherstellers unzumutbar beeinträchtigt werden. Was der Datenbankhersteller dabei hinzunehmen hat, ist im Lichte des Investitionsschutzes zu entscheiden.[339] Die Unzumutbarkeit ist dabei durch eine Abwägung zwischen dem Schutz des Amortisationsinteresses des Datenbankherstellers und dem Interesse der Allgemeinheit am Zugang zu freien Informationen zu bestimmen.[340]

Der Umstand, dass der Abruf von Daten im Zuge des Data-Mining-Prozesses als normale Nutzung anzusehen ist, spricht dabei indiziell dafür, dass keine unzumutbare Beeinträchtigung der Interessen des Datenbankherstellers vorliegt. Vielmehr hat sich in der Untersuchung der Alternative 1 gezeigt, dass es dem Datenbankhersteller weiterhin möglich ist, seine getätigten Investitionen vollumfänglich zu amortisieren, was gleichsam gegen eine Unzumutbarkeit spricht.

Auch wenn der Data-Mining-Anwender eine nachträgliche Zweckänderung vornimmt, ist eine solche Unzumutbarkeit nicht anzunehmen, da in solchen Fällen das Verbotsrecht des Datenbankherstellers mit seinen flankierenden

---

337 Insoweit würde es sich nicht um ein „parasitäres Konkurrenzprodukt" handeln, wie es ErwG 42 Datenbank-RL ausschließt; vgl. *Meys*, GRUR Int. 2020, 457 (461); kritischer *Geiger/Frosio/Bulayenko*, IIC 2018, 814 (818); *Spindler*, GRUR 2016, 1112 (1113).

338 So im Ergebnis auch *Vogel*, in: Schricker/Loewenheim (Hrsg.), UrhG, § 87b Rn. 20.

339 *Vogel*, in: Schricker/Loewenheim (Hrsg.), UrhG, § 87b Rn. 64.

340 *Vogel*, in: Schricker/Loewenheim (Hrsg.), UrhG, § 87b Rn. 64.

Rechtsmitteln Unterlassen und Schadensersatz wieder auflebt und der Datenbankhersteller gegen den Rechtsverletzer vorgehen kann.[341]

Daneben beeinträchtigt auch nicht die Möglichkeit, Parallel-Archive ganzer Datenbanken aufzubauen, die Interessen der Datenbankhersteller in unzumutbarer Weise. Zwar wäre es möglich, durch den systematischen und sich wiederholenden Abruf von Daten aus geschützten Datenbanken eine parallele Sammlung ganzer Datenbanken aufzubauen. Allerdings ist es für den Text- und Data-Mining-Anwender, der sich im Besitz eines solchen Archivs befindet, nicht möglich, die Datenbanken rechtmäßig zu veröffentlichen, da im Zeitpunkt der Veröffentlichung – begrenzt durch die maximale Schutzdauer für Datenbanken – die Investition des Ursprungsdatenbankherstellers Schaden nimmt und das Verbotsrecht des Datenbankherstellers (erneut) zum Tragen kommt.

Im Ergebnis ist somit das Resümee zu ziehen, dass in der systematischen und sich wiederholenden Auswahl unwesentlicher Teile einer Datenbank im Anwendungsbereich des Data-Mining keine unzumutbare Beeinträchtigung der Interessen des Datenbankherstellers begründet liegt.

d) Abruf des gesamten Datenbestandes aus einer Datenbank

Ausgehend von der oben gefundenen Lösung bedeutet dies für den Prozessschritt der Datenauswahl, dass hiernach auch ein Abruf des gesamten Datenbestandes einer Datenbank im Rahmen des Data-Mining möglich ist, da, wie gesehen, ein Schaden für die getätigte Investition in die Ursprungsdatenbank nicht begründet werden kann.

3. Sonderfall des in-database data mining

Alternativ zum „klassischen" Data-Mining bilden sich vermehrt technische Lösungen heraus, die es ermöglichen, Data-Mining-Funktionalitäten direkt auf die konsolidierten Datensätze einer Datenbank anzuwenden (sog. in-database data mining).[342] Diese Technik verfolgt dabei das Ziel, sich den technisch

341 Vgl. *Stieper*, Rechtfertigung der Schranken, 202, für § 44 Abs. 2 Hs. 2 UrhG bei dem das Verbotsrecht entgegen Hs. 1 bestehen bleibt.

342 Zu den Vorteilen *Fandino*, Five reasons for in-database data mining, abrufbar unter: https://bit.ly/311ncUI (zuletzt abgerufen: 2.4.2021); Microsoft SQL enthält z.B. schon entsprechende Funktionalitäten, siehe hierzu unter https://bit.ly/3c20jqp (zuletzt abgerufen: 2.4.2021).

aufwendigen sowie rechtlich problematischen Schritt der Datenextraktion zu sparen.[343]

In den Fällen „whereby the code comes to the data“[344] liegt kein Eingriff in das Vervielfältigungsrecht aus § 87b Abs. 1 S. 1 UrhG vor. Auch eine Datenmatrix wird in diesen Fällen nicht erstellt.[345] Der Vorteil dieses Ansatzes liegt technisch bedingt darin, dass die Data-Mining-Software bereits auf das Datenformat der Datenbank abgestimmt ist und eine umfangreiche Datenvorbereitung oder Transformation entfällt. Problematisch ist allerdings, dass nur diese eine, wenn auch unter Umständen sehr große Datenbank zur Auswertung zur Verfügung steht. Je nach Anwendungskontext ist es jedoch notwendig, weitere Daten hinzuzufügen, um valide Ergebnisse hervorzubringen.

V. Datenauswahl aus vertraglich geschützten Datenbanken

Eine weitere Alternative besteht darin, auf Analysedaten zurückzugreifen, die zwar in der Ordnungsstruktur einer Datenbank vorliegen, die in der Datenbank abgelegten Elemente aber nicht die Voraussetzungen einer persönlich geistigen Schöpfung oder einer wesentlichen Investition erfüllt.

Um den wirtschaftlichen Wert von Daten zu erhöhen, ist es sinnvoll, sie entgegen ihrer Natur als nicht-rivales und nicht-exklusives Gut möglichst exklusiv zu halten und nicht öffentlich zugänglich zu machen. Ein Mosaik in dieser Strategie bildet die robuste Abschottung von Daten in Datenbanken durch vertragliche Bestimmungen. Nur wenn die in Rede stehenden Daten nicht anderweitig (frei) beschafft werden können, ist es danach möglich, über entgeltliche Datenlizenzen oder Datennutzungsverträge eine Austauschbeziehung über die analyserelevanten Daten zu begründen.[346]

---

343 Vgl. *Stiemerling*, in: Conrad/Grützmacher (Hrsg.), FS Schneider, § 6, 71 (74 f.).

344 *Drexl*, JIPITEC 2017, 257 (268).

345 Vgl. BT-Drucks. 18/12329, 40.

346 *Schur*, Lizenzierung von Daten, 159, zu den essentialia einer Datenlizenz, 225 ff.; allgemein zu Zugangsfragen im Urheberrecht, *Dreier*, in: Büscher/Erdmann/Haedicke et al. (Hrsg.), FS Bornkamm, 749 (750 ff.); *Hornung/Hofmann*, in: Hornung (Hrsg.), Rechtsfragen, 9 (19 ff.); *de la Durantaye/Raue*, RuZ 2020, 83 (91); zu Datennutzungsvereinbarungen *Hoeren/Uphues*, in: Frenz (Hrsg.), Hdb. Industrie 4.0, 113 (122); *Drexl/Hilty/Desaunettes et al.*, GRUR Int. 2016, 914 (915); *Drexl*, JIPITEC 2017, 257 (278); *Hoeren/Pinelli*, JZ 2020, 879 (880 ff.).

Der EuGH hat in diesem Kontext in der Rechtssache „Ryanair" dabei für Datenbanken, die weder einem urheber- noch einem leistungsschutzrechtlichen Schutz unterliegen, die Möglichkeit eines vertraglichen Schutzes eröffnet.

1. EuGH „Ryanair"

Der EuGH entschied dabei, dass zwingende Vorschriften der Datenbank-Richtlinie nicht auf Datenbanken anzuwenden sind. Dies gilt für Datenbanken, die zwar die Voraussetzungen des Datenbankbegriffs aus Art. 1 Abs. 2 Datenbank-RL erfüllen, aber weder das Merkmal einer eigenen geistigen Schöpfung aus Art. 3 Abs. 1 Datenbank-RL noch das einer wesentlichen Investition gem. Art. 7 Abs. 1 Datenbank-RL aufweisen.[347]

Im Anwendungsbereich des absoluten Datenbankherstellerschutzes normiert Art. 6 Abs. 1 Datenbank-RL als zwingendes Recht, dass der Hersteller der Datenbank, die in Art. 5 Datenbank-RL aufgezählten Verwertungshandlungen, nicht verhindern kann. Hinzu kommt Art. 8 Datenbank-RL, der ebenfalls Schutzumfangsbegrenzungen vornimmt. Nach Art. 15 Datenbank-RL handelt es sich dabei um absolute Rechte, die beim Vorliegen der Voraussetzungen aus Art. 3 Abs. 1 oder Art. 7 Abs. 1 Datenbank-RL nicht durch gegenteiliges Vertragsrecht abbedungen werden können.[348]

In der Konsequenz bedeutet das Urteil insoweit, dass für Datenbanken, denen keine eigene geistige Schöpfung oder eine wesentliche Investition immanent ist, für den Datenbankhersteller die benannten Schutzumfangsbegrenzungen nicht gelten und er diese vertraglich vielmehr abbedingen kann.[349]

2. Rechtliche Implikationen der Datenauswahl

Für den Prozessschritt der Datenauswahl hat die Entscheidung weitreichende Konsequenzen, da hierdurch auch für urheberrechtlich nicht geschützte Datenbanken die Nutzung analyserelevanter Daten vertraglich reglementiert werden

---

347 EuGH, Urt. v. 15.1.2015 - C-30/14, Rn. 35 - Ryanair, GRUR 2015, 253 (254); *Stamatoudi* (Hrsg.), Int. Copyright Law, 251 (267).

348 *Leistner*, in: Lohsse/Schulze/Staudenmayer (Hrsg.), Trading Data, 27 (39).

349 EuGH, Urt. v. 15.1.2015 - C-30/14, Rn. 39 - Ryanair, GRUR 2015, 253 (254); *Zieger/Smirra*, MMR 2013, 418 (421).

kann und § 87e UrhG aufgrund der fehlenden Voraussetzung der wesentlichen Investition nicht greift.[350]

Für den Data-Mining-Anwender bedeutet dies, dass er sich neben den Voraussetzungen des urheberrechtlichen Schutzes von Werken und Datenbanken zusätzlich mit einer Vielzahl unterschiedlicher vertraglicher Nutzungsbedingungen auseinandersetzen muss, die den Prozessschritt der Datenauswahl erheblich erschweren.[351] Im Einzelfall ist dabei an eine Unwirksamkeit der Nutzungsbedingungen nach zwingendem nationalem Recht zu denken, so z. B. wenn die Verweigerung des Abrufs von Daten aus einer Datenbank eine unangemessene Benachteiligung des Vertragspartners des Verwenders i. S. v. § 307 Abs. 1 S. 1 BGB darstellt.

Mit der Rechtsprechung geht darüber hinaus das Problem einher, dass der Hersteller einer über das Urheberrecht nicht geschützten Datenbank inter partes bessergestellt sein kann als ein Datenbankhersteller, dem durch die Schutzrechte der Datenbank-Richtlinie eine Rechtsposition erga omnes zugewiesen wird.[352] Dass diese Annahme nicht aus der Luft gegriffen ist, zeigt auch der Evaluationsbericht zur Datenbank-Richtlinie, in dem 25 % der befragten Teilnehmer angaben, ein vertraglicher Schutz sei in der Lage, einen stärkeren Schutz zu gewähren als der durch die Datenbank-Richtlinie gewährte Schutz.[353]

Für Data-Mining-Anwender abträglich ist darüber hinaus der Umstand, dass die vertraglichen Beschränkungen den absoluten Rechten zwar nicht zuwiderlaufen dürfen, zusätzliche vertragliche Bestimmungen aber komplementär zum Schutz erga omnes eingesetzt werden können.[354]

Mit der Öffnung des Datenbankschutzes auch für vertragliche Gestaltungen ist damit eine Stärkung der Datenbankhersteller zu konstatieren, die durch das Urteil in die Lage versetzt werden, Daten über restriktive Vertragsbestimmungen vor einem Abruf durch Data-Mining-Anwender zu schützen.

---

350 *Hermes*, in: Wandtke/Bullinger (Hrsg.), UrhG, § 87a UrhG Rn. 48; siehe hierzu die Übersicht vertraglicher Beschränkungen bei *Ducato/Strowel*, IIC 2019, 649 (669 ff.); *Meys*, GRUR Int. 2020, 457 (463 f.).

351 ErwG 34 Datenbank-RL; *Czychowski*, GRUR 2015, 255 f.; *Golla/v. Schönfeld*, K&R 2019, 15 (17 f.); *Riehm*, VersR 2019, 714 (716).

352 *Dreier*/Schulze (Hrsg.), UrhG, § 87e Rn. 2a; *Czychowski*, GRUR 2015, 255 f.

353 *Fisher/Chicot/Domini et al.*, Study in support of Directive 96/9/EC, 85.

354 *Meys*, GRUR Int. 2020, 457 (463).

VI. Der urheberrechtliche Schutz von Webseiten und seine Konsequenzen für die Datenauswahl

Ein wichtiges Mosaik in der Beschaffung analyserelevanter Daten stellt das Internet dar. Gerade für Data-Mining-Anwender, die nicht in der Lage sind, in großem Umfang selbst Daten zu erzeugen, zu sammeln oder zu erheben, stellt das Internet die zentrale Datenquelle für ihre Text- und Data-Mining-Aktivitäten dar.

Insbesondere neue Marktakteure müssen hier zu Beginn oftmals auf öffentlich zugängliche Daten zugreifen, um eine Anwendungsidee auf datengetriebenen Märkten realisieren zu können.[355] Für sie ist es mithin konstitutiv, auf das Internet zuzugreifen, um ihren Analysedatenbestand anzureichern. Das Internet bietet dabei eine hinreichende Datenbasis, um spezifische Web-Mining-Analysen erfolgreich zu betreiben.[356]

Allerdings lauern auch bei der Datenauswahl aus den Strukturen des Internets rechtliche Fallstricke. Insofern gilt es zu untersuchen, ob und wie ein Abruf analyserelevanter Daten aus Webseiten oder Plattformen in Einzelfällen eine urheberrechtliche Relevanz entfaltet.

1. Technische Struktur einer HTML-Webseite

Der rechtlichen Beurteilung ist die holzschnittartige Darstellung des technischen Aufbaus einer Webseite voranzustellen.

Häufig wird zum Aufbau von Webseiten auf die Auszeichnungssprache HTML (Hypertext Markup Language) zurückgegriffen, die als technische Sprache zur Formatierung und Verknüpfung von Inhalten fungiert.[357]

Das Grundgerüst einer Webseite bildet dabei der Quellcode oder Quelltext, der in HTML geschrieben wird und der der grundlegenden Darstellung und Ordnung der Webseiteninhalte dient. Über die durch HTML vermittelte Ordnung der Inhalte ist es danach für einen Browser[358] möglich zu erkennen, ob der Inhalt einer Webseite als Link, als Überschrift oder als Bild usw. ausgezeichnet ist. Zu betonen ist dabei, dass HTML keine Inhalte schafft, sondern diese nur anordnet.[359]

---

355 *Peitz/Schweitzer*, NJW 2018, 275.

356 *Steinbrecher*, MMR 2019, 639 (640).

357 *Pruß/Sarrer*, in: Auer-Reinsdorff/Conrad (Hrsg.) Hdb. IT-Recht, Technisches Glossar; *Kühn/Koch*, CR 2018, 648 f.; *Völtz*, MMR 2013, 619.

358 Zum Begriff des Browsers *Pruß/Sarrer*, in: Auer-Reinsdorff/Conrad (Hrsg.) Hdb. IT-Recht, Technisches Glossar.

359 *Kühn/Koch*, CR 2018, 648 (649).

Problematisch ist allerdings, dass ein modernes Layout mit der Auszeichnungssprache HTML aufgrund seiner begrenzten Formatierungsmöglichkeiten allein nicht zu erreichen ist. Entsprechend wird auf neuere Auszeichnungssprachen wie HTML5 oder CSS (Cascading Style Sheets) zurückgegriffen, die eine Reihe weiterer Funktionalitäten vorhalten und mit denen die Struktur einer Webseite detaillierter beschrieben werden kann (z. B. Farbe, Abstand zum Rand).[360]

2. Urheberrechtlicher Schutz von Webseiten

Ausgehend von dieser technischen Beschreibung einer Webseite ist ihr urheberrechtlicher Schutz zu diskutieren. In Betracht kommt dabei der Schutz einer Webseite als Werk, Datenbankwerk, Computerprogramm oder als Datenbank sui generis.

a) Webseiten als (Multimedia-)Werk

Beim Schutz von Webseiten als Werk gilt es zwischen einem etwaigen Schutz der Benutzeroberfläche als Werk und den auf der Webseite eingestellten Inhalten zu differenzieren. Bei den eingestellten Inhalten kann es sich dabei um Lichtbildwerke (§ 2 Abs. 1 Nr. 5 UrhG), Sprachwerke (§ 2 Abs. 1 Nr. 1 UrhG) und weitere urheberrechtlich schutzfähige Gestaltungen handeln. Ihr urheberrechtliches Schicksal ist dabei unabhängig vom Schutz der Benutzeroberfläche einer Webseite zu betrachten.[361]

Ein Schutz der Benutzeroberfläche wird vor allem als technische oder wissenschaftliche Darstellung gem. § 2 Abs. 1 Nr. 7 UrhG[362], als Werk der angewandten Kunst i. S. d. § 2 Abs. 1 Nr. 4 UrhG[363] bei einer besonderen ästhetischen Wirkung oder aber als Sprachwerk (§ 2 Abs. 1 Nr. 1 UrhG)[364] diskutiert. Darüber hinaus kommt eine Einordnung von Webseiten in die nicht explizit benannte Werkart

---

360 Eingehend zu HTML5 *Völtz*, MMR 2013, 619; *Kühn/Koch*, CR 2018, 648 (649).

361 Zum Schutz von Werken siehe bereits die Ausführungen in Kap. C.II.1.

362 *Loewenheim/Leistner*, in: Schricker/Loewenheim (Hrsg.), UrhG, § 2 Rn. 246; A.A. *Hoeren*, in: Loewenheim (Hrsg.), Hdb. Urheberrecht, § 9 Rn. 341.

363 *Loewenheim/Leistner*, in: Schricker/Loewenheim (Hrsg.), UrhG, § 2 Rn. 203; Wandtke/*Bullinger* (Hrsg.), UrhG, § 2 Rn. 156; *Cichon*, ZUM 1998, 897 (900 f.).

364 OLG Rostock, Beschl. v. 27. 6. 2007 - 2 W 12/07, GRUR-RR 2008, 1 (2); Dreier/*Schulze* (Hrsg.), UrhG, § 2 Rn. 101; *Loewenheim/Leistner*, in: Schricker/Loewenheim (Hrsg.), UrhG, § 2 Rn. 138; *Hoeren*, in: Loewenheim (Hrsg.), Hdb. Urheberrecht, § 9 Rn. 341; *Schack*, MMR 2001, 9 (10); ablehnend *Kühn/Koch*, CR 2018, 648 (652).

des Multimediawerks durch die Verschmelzung digitaler Elemente zu einem einheitlichen „Gesamtkunstwerk" in Betracht.[365]

Was die hinreichende Originalität einer Benutzeroberfläche im konkreten Einzelfall anbetrifft, hat sich eine beachtliche Kasuistik herausgebildet, die das Fazit mit sich bringt, dass eine Beurteilung immer nur vor den Umständen des Einzelfalls erfolgen kann. Hierbei ist allerdings die Tendenz auszumachen, dass Gerichte der Benutzeroberfläche einer HTML-Webseite nicht vorschnell einen urheberrechtlichen Schutz zubilligen. Verneint wurde ein Schutz z. B. für eine funktional gestaltete Buchungsmaske.[366] Demgegenüber wurde aber auch bereits eine hinreichende Originalität für eine Webseite angenommen, die durch geschickt angeordnete Schlüsselwörter an einer der ersten Positionen auf dem Suchindex bei Google erschien und so sich gegenüber anderen Webseiten durch ihre Spitzenposition auf dem Suchindex hervorhob.[367]

b) Webseiten als Datenbankwerk

Neben einem Schutz der Benutzeroberfläche als Werk kommt für Webseiten auch ein Schutz als Datenbankwerk i. S. v. § 4 Abs. 2 S. 1 UrhG in Betracht. Abermals hat die finale Beurteilung auf die Umstände des Einzelfalls Rücksicht zu nehmen. Mit der Voraussetzung des Datenbankurheberrechts, dass in der Auswahl und Anordnung des Inhalts eine hinreichende Originalität zum Ausdruck kommen muss, wird dies für Webseiten jedoch in aller Regel zu verneinen sein, wenn für ihre Erstellung lediglich auf standardisierte Software zurückgegriffen wird.[368] Auch im Bereich des Datenbankschutzes von Webseiten großer Plattformen dürfte es hier an einer hinreichenden Originalität fehlen.[369]

c) Webseiten als Datenbank sui generis

Eine abweichende Bewertung könnte sich allerdings für einen Schutz von Webseiten als Datenbanken sui generis ergeben. Hier liegt die maßgebliche

365 *Kühn/Koch*, CR 2018, 648 (651 f.); *Schack*, MMR 2001, 9 (12); eingehend zu Multimedia-Anwendungen als urheberrechtliche Schutzgegenstände *Wiebe/Funkat*, MMR 1998, 69 ff.

366 OLG Karlsruhe, Urt. v. 14.4.2010 - 6 U 46/09, CR 2010, 427.

367 OLG Rostock, Beschl. v. 27. 6. 2007 - 2 W 12/07, GRUR-RR 2008, 1 (2).

368 *Leistner*, in: Schricker/Loewenheim (Hrsg.), UrhG, § 4 Rn. 30; vgl. auch *Kühn/Koch*, CR 2018, 648 (651).

369 *Ducato/Strowel*, IIC 2019, 649 (654); *Golla/v. Schönfeld*, K&R 2019, 15 (20); *Reinemann/Remmertz*, ZUM 2012, 216 (220); *Zieger/Smirra*, MMR 2013, 418 (420).

Voraussetzung in der Notwendigkeit einer wesentlichen Investition begründet.[370] Allerdings ist schon umstritten, ob eine einzelne HTML-Webseite überhaupt als Datenbank fungieren kann.

aa) Einordnung für einzelne Benutzeroberflächen

Auf der einen Seite wird argumentiert, Webseiten seien aufgrund der im HTML-Code angelegten Strukturinformationen systematisch und methodisch angeordnet und enthielten eine Sammlung unabhängiger Elemente, was sie als Datenbankbank qualifiziere.[371]

Dagegen wenden sich jedoch Stimmen, die bereits die notwendige systematische oder methodische Anordnung einer Webseite negieren und argumentieren, der HTML-Code weise keine Ordnungs- oder Katalogisierungsfunktion auf.[372] Für die multimedial gestaltete Benutzeroberfläche einer einzelnen Webseite wird dabei zu Recht kritisch eingewandt, dass hier keine Unabhängigkeit der einzelnen Elemente vorliege. Begründet wird dies mit dem Umstand, dass die Benutzeroberfläche einer einzelnen HTML-Webseite eine einheitliche Oberfläche darstelle, aus der sich keine einzelnen Elemente mit dem geforderten selbstständigen Informationswert herauslösen lassen, sodass im Ergebnis die Verwendung von HTML-Code für eine einzelne Benutzeroberfläche nicht zu einem Schutz als Datenbank führen könne.[373]

bb) Einordnung für mehrere HTML-Webseiten und Plattformstrukturen

Im Hinblick auf das Kriterium der Unabhängigkeit gilt es jedoch zu differenzieren. Pauschalurteile, die sämtlichen (HTML-)Webseiten die Schutzfähigkeit als Datenbank absprechen, verbieten sich schon aus der unterschiedlichen Struktur und dem Aufbau von Webseiten. Es ist dabei denkbar, dass die Startseite einer Webseite auf Unterseiten verlinkt. Sofern in der Webseite als Ganzes die Datenbank erkannt wird und die einzelnen, ebenfalls mittels HTML geschriebenen „Unterkategorien“ der Webseite sich als unabhängige Elemente klassifizieren lassen, besteht die Möglichkeit, einen Datenbankschutz für die gesamte Webseite

---

370 Siehe hierzu bereits in Kap. C.IV.1.

371 OLG Frankfurt a.M., Urt. v. 22.3.2005 - 11 U 64/04 - Online-Stellenmarkt, GRUR-RR 2005, 299 (301); *Köhler*, ZUM 1999, 548 (552); a.A. *Cichon*, ZUM 1998, 897 (898).

372 *Schack*, MMR 2001, 9 (11 f.).

373 *Vogel*, in: Schricker/Loewenheim (Hrsg.), UrhG, § 87a Rn. 32; *Ducato/Strowel*, IIC 2019, 649 (654); *Kühn/Koch*, CR 2018, 648 (650); *Herrmann/Dehißelles*, K&R 2009, 23 f.

zu begründen. Beispielhaft steht hierfür die Online-Enzyklopädie Wikipedia, von deren Startseite es möglich ist, auf Millionen von Beiträgen zuzugreifen und denen einzeln herausgelöst aus der Gesamtstruktur jeweils ein selbstständiger Informationswert zuzubilligen ist.[374]

Das gleiche Votum liegt auch für komplexe Plattformstrukturen und Suchmaschinen[375] des Web 2.0 nahe, aus denen Daten innerhalb des Text- und Data-Mining-Prozesses abgerufen werden sollen. Die Rechtsprechung hat hier in den Rechtssachen „Zweite Zahnarztmeinung"[376] und „Automobil-Onlinebörse"[377] die Voraussetzungen des Datenbankbegriffs für Plattformen bejaht. Gerade für Plattformen, auf denen User-Generated Content bereitgestellt wird, wird dabei argumentiert, dass über ein Content-Management-System eine systematische und methodische Anordnung gewährleistet wird.[378]

cc) Besondere Voraussetzung: Quantitativ oder qualitativ wesentliche Investition

Obgleich die Feststellung einer wesentlichen Investition dem Einzelfall vorbehalten ist, lassen sich gleichwohl gewisse Demarkationslinien für Webseiten und Plattformen des Web 2.0 ziehen.

Wird im Bereich großer Plattformen ein Content-Management-System eingesetzt, in dessen Aufbau eine erhebliche (finanzielle) Investition geflossen ist und mit dem es möglich ist, den User-Generated Content bedarfsgerecht darzustellen, so liegt es nahe, eine wesentliche Investition und damit im Ergebnis ein Datenbankherstellerrecht zu bejahen. Wichtig ist hierbei, die Abgrenzung zur Datenerzeugung zu vollziehen, die für die Feststellung einer wesentlichen Investition nicht in Ansatz gebracht werden kann.

Beachtlich ist dabei, dass der BGH in der Rechtssache „Zweite Zahnarztmeinung" eine wesentliche Investition in die Datenbank bejaht und dabei klargestellt, dass auch Personalkosten, die der Überprüfung der Bewertungen

374 *Vogel*, in: Schricker/Loewenheim (Hrsg.), UrhG, § 87a Rn. 32.

375 *Hermes*, in: Wandtke/Bullinger (Hrsg.), UrhG, § 87a Rn. 96; *Haberstumpf*, GRUR 2003, 14 (19); *Hoeren*, MMR-Beilage 2001, 2 (3 ff.); *Leistner*, GRUR Int. 1999, 819 (824).

376 BGH, Urt. v. 1.12.2010 - I ZR 196/08, Rn. 15 - Zweite Zahnarztmeinung II, GRUR 2011, 724 (725).

377 BGH, Urt. v. 22. 6. 2011 - I ZR 159/10, Rn. 27 f. - Automobil-Onlinebörse, GRUR 2011, 1018 (1020).

378 *Hermes*, in: Wandtke/Bullinger (Hrsg.), UrhG, § 87a Rn. 95.

der Zahnärzte dienen, zu den wesentlichen Investition zu zählen sind.[379] Mit den oben entwickelten Maßstäben einer wesentlichen Investition gilt dabei, dass diese im Einzelfall nicht zu hoch anzusetzen sind und daher ein Schutz sowohl größerer als auch kleinerer Plattformwebseiten als Datenbank oftmals in Betracht kommen wird.[380]

d) Webseiten als Computerprogramm

In bestimmten Fällen ist auch ein Schutz von Webseiten als Computerprogramm gem. § 69a Abs. 2 UrhG anzudenken. Für eine Schutzfähigkeit wird allerdings gefordert, dass neben der hinreichenden Originalität (Abs. 3) ein Computerprogramm auch logische Befehle zur Steuerung eines Computers oder einer Maschine erteilt.[381] Gerade die zweite Voraussetzung ist für Webseiten, die auf HTML-Code aufbauen, problematisch, da der HTML-Code selbst keine Befehle an den Browser erteilt.[382]

Umgekehrt ist es jedoch möglich, einen Schutz von Webseiten als Computerprogramm zu begründen, wenn die verwendete Auszeichnungssprache, wie z. B. HTML5, ausführbare Befehle enthält. Im Einzelfall ist dann jedoch weiter zu prüfen, ob in der Programmierung eine hinreichende Originalität zum Ausdruck kommt.[383]

3. Eingriff in das Vervielfältigungsrecht durch die Datenauswahl

Im Anschluss an die Betrachtung eines möglichen urheberrechtlichen Schutzes von Webseiten gilt es zu erörtern, ob und wie der Abruf von analyserelevanten Daten durch den Web-Mining-Prozess in die Vervielfältigungsrechte des Schutzrechtsinhabers eingreift. Hier ist zu betonen, dass, auch wenn die Webseite als Datenbank geschützt ist, sich der technische Vorgang des Datenabrufs von einer Webseite von der Datenauswahl aus einer Datenbank unterscheidet.

---

379 BGH, Urt. v. 1.12.2010 - I ZR 196/08, Rn. 21 - Zweite Zahnarztmeinung II, GRUR 2011, 724 (725).

380 *Hermes*, in: Wandtke/Bullinger (Hrsg.), UrhG, § 87a Rn. 95; *Tinnefeld*, Einwilligung, 37 f.; *Bitter/Buchmüller/Uecker*, in: Hoeren (Hrsg.), Big Data und Recht, 41 (46); *Ducato/Strowel*, IIC 2019, 649 (654); *Reinemann/Remmertz* ZUM 2012, 216 (220); *Wiebe*, CR 2014, 1 (4 f.).

381 BAG, Urt. v. 24.3.2011 - 2 AZR 282/10, Rn. 24, NZA 2011, 1029 (1031); *Spindler*, in: Schricker/Loewenheim (Hrsg.), UrhG, § 69a Rn. 2.

382 *Kühn/Koch*, CR 2018, 648 (649).

383 *Kühn/Koch*, CR 2018, 648 (652).

a) *Technischer Vorgang der Datenauswahl durch Screen-Scraping-Software*

Der Vorgang des Abrufs analyserelevanter Daten aus den Strukturen des Internets vollzieht sich – anders als bei klassischen Datenbanken – durch den Einsatz von Screen-Scraping-Software.[384] Für die Verfahren des Web Mining wird danach Screen-Scraping-Software als spezielle Technik zur Datenextraktion eingesetzt.[385] Unter Screen Scraping versteht man dabei den Vorgang, automatisiert auf Daten zuzugreifen, die frei zugänglich auf einer Webseite angeboten werden.[386]

Die inhaltliche Trennlinie zum Gesamtprozess des Web Mining ergibt sich dadurch, dass der simple Abruf von Daten im Wege des Screen Scraping nicht zu einem Erkenntnisgewinn führt, da der bloße Abruf zunächst nur zu einem unstrukturierten Datenbestand führt, der dann durch die weiteren Prozessschritte des Web-Mining-Prozesses aufbereitet werden muss.[387]

Technisch gliedert sich der Prozess des Screen Scraping in einen zweistufigen Aufbau, in dessen erstem Schritt ein Webcrawler zunächst analyserelevante Inhalte im Web identifiziert, um sie dann in einem zweiten Schritt auf einen lokalen Datenträger herunterzuladen.[388] Vorbehaltlich technischer und vertraglicher Schutzmaßnahmen sind der webbasierten Datenextraktion keine Grenzen gesetzt, sodass die Reichweite vom Auslesen einer E-Mail-Adresse über das Anfertigen ganzer Screenshots reicht.[389]

---

384 Ausführlich auch zur technischen Funktion *v. Schönfeld*, Screen Scraping, 1 ff.; *Caspers/Guibault/McNeie et al.*, TDM in Europe, 9; *Golla/v. Schönfeld*, K&R 2019, 15 ff.; *Hirschey*, Berkeley Tech. L. J. 2014, 897 ff.; *Jennings/Yates*, JIPLP 2009, 120 ff.; *Truyens/van Eecke*, CLSR 2014, 153 (165 f.); zur Technik des Web Mining siehe in Kap. B.I.3.

385 Ausführlich *v. Schönfeld*, Screen Scraping, 1 ff.; *Caspers/Guibault/McNeie et al.*, TDM in Europe, 9; *Golla/v. Schönfeld*, K&R 2019, 15 ff.; *Hirschey*, Berkeley Tech. L. J. 2014, 897 ff.; *Jennings/Yates*, JIPLP 2009, 120 ff.; *Truyens/van Eecke*, CLSR 2014, 153 (165 f.); zur Technik des Web Mining siehe in Kap. B.I.3.

386 Ausführlich zur technischen Einordnung des Web Scraping *Menczer*, in: Bing (Hrsg.), Web Data Mining, 273 ff.; *Lewandowski*, Suchmaschinen, 37 ff.; *Stoffel*, HMD 2009, Nr. 4 (6, 15); zur rechtlichen Einordnung *Hermes*, in: Wandtke/Bullinger (Hrsg.), UrhG, § 87b Rn. 81; *de la Durantaye*, Wissenschaftsschranke, 22 f.; *v. Schönfeld*, Screen Scraping, 25 ff.; *Golla/v. Schönfeld*, K&R 2019, 15 ff.; *Truyens/van Eecke*, CLSR 2014, 153 (165 f.).

387 *v. Schönfeld*, Screen Scraping, 55; *Hirschey*, Berkeley Tech. L. J. 2014, 897 f.

388 *v. Schönfeld*, Screen Scraping, 54 f.

389 *v. Schönfeld*, Screen Scraping, 56.

Problematisch ist allerdings, dass im Unterschied zu relationalen Datenbanken ein aggregierter Datenabruf aus Webseiten nicht möglich ist, da es an einer standardisierten Schnittstelle fehlt, über die die Daten mithilfe einer Datenbankabfragesprache aggregiert abgerufen werden können.[390]

b) Abruf von Daten aus Webseiten

Für die urheberrechtliche Bewertung der Datenauswahl aus Webseiten über Screen-Scraping-Software ist letztlich entscheidend, welche Inhalte aus der Webseite abgerufen werden. Wird im Rahmen des Screen Scraping die gesamte Struktur einer Webseite, die als (Multimedia-)Werk geschützt ist, mitsamt den urheberrechtlich geschützten Inhalten abgerufen, so liegt sowohl ein Eingriff in das Vervielfältigungsrecht des Webseitenherstellers als auch ein Eingriff in das Vervielfältigungsrecht derjenigen Urheber vor, die Inhalte auf die Webseite eingestellt haben.

Ein Eingriff in das Vervielfältigungsrecht ist jedoch nur möglich, sofern das Werk in seiner Gesamtheit oder geschützte Teile in den Analysedatenbestand übertragen werden.

Insofern wird die technische Lösung erwogen, nur kleinste schutzunfähige Teile der Webseite im Rahmen der Datenauswahl in den Analysedatenbestand zu übertragen.

Hierbei wird die Screen-Scraping-Software so programmiert, dass sie immer nur einzelne (schutzunfähige) Daten aus der Webseite ausliest bzw. auf die Webseite eingestellte Sprachwerke bereits vor ihrer Übertragung Wort für Wort zerlegt und dann nur die einzelnen Schlagwörter in den Analysedatenbestand überführt, ohne dabei den schöpferischen Teil der Webseite zu berühren.[391] Im Ergebnis führt ein solches Vorgehen damit zu einer Datenauswahl, die es schafft, „ohne tatsächliche Vervielfältigungsstücke anzufertigen" auszukommen.[392]

---

390 *Golla/v. Schönfeld*, K&R 2019, 15 (16).

391 In der juristischen Literatur wird diese Technik teilweise missverständlich als Crawling bezeichnet, so *Spindler*, in: Frenz (Hrsg.), Hdb. Industrie 4.0, 297 (305); *Spindler*, GRUR 2016, 1112 (1113); *Spindler*, ZGE 2018, 273 (276); vgl. *Hargreaves/Guibault/Handke et al.*, TDM report, 21; *Stamatoudi* (Hrsg.), Int. Copyright Law, 251 (261); *Geiger/Frosio/Bulayenko*, IIC 2018, 814, 818; *Specht*, OdW 2018, 285 (286)

392 *Spindler*, GRUR 2016, 1112 (1113); *Spindler*, ZGE 2018, 273 (276); vgl. auch ErwG 9 DSM-RL; EuGH, Urt. v. 19.12.2013 - C-202/12, Rn. 48 - Innoweb, GRUR 2014, 166 (169) „ohne jedoch, die Inhalte, die sich in der betreffenden Datenbank befinden, zu kopieren".

Dieses Vorgehen erinnert dabei stark an die bereits diskutierte Methode der abgeleiteten Textformate.[393] Entsprechend sind auch die Bedenken der „Atomisierung des Nutzungsvorgang“ an dieser Stelle vorzutragen und darauf hinzuweisen, dass es unzulässig ist, im Wege des Screen Scraping Webseiten, die als Werk geschützt sind, in kleinste urheberrechtsfreie Ausschnitte aufzuspalten, um sie anschließend als einheitliches Ganzes für den Rezipienten wieder wahrnehmbar zu machen.[394]

Dass dies jedoch nicht das Ziel des Screen Scraping als technisches Instrument der Datenauswahl und des Web Mining als Erkenntnisprozess ist, zeigt sich jedoch im übergeordneten Ziel der Informationsgewinnung, bei dem es nicht darum geht, den schöpferischen Teil der Webseite zu verwerten.

Insoweit spricht aus urheberrechtlicher Sicht nichts gegen eine technische Lösung, die bereits vor dem Vorgang der Datenübertragung die geschützte Webseite und ihre Inhalte in kleinste schutzunfähige Teile zerlegt.

c) Abruf von Daten aus Webseiten als Datenbank sui generis

Bereits die oben vorgenommene Analyse des Datenabrufs aus Datenbanken sui generis hat die Erkenntnis hervorgebracht, dass ein Abruf analyserelevanter Daten zu Zwecken des Text- und Data-Mining frei möglich ist. Für die Datenauswahl aus dem Internet gilt insofern, dass mit der Veröffentlichung einer Webseite von der Erteilung einer konkludenten Lizenz zum Browsen auszugehen ist, die ein Verbotsrecht des Rechtsinhabers an der Nutzung zu Zwecken der Informationsentnahme ausschließt.[395]

Handelt es sich bei einer Webseite oder einer Plattform dementsprechend um eine Datenbank, so gelten auch hier die oben getroffenen Ausführungen und ein Abruf analyserelevanter Daten im Wege des Screen Scraping ist restriktionslos möglich.[396]

---

393 Siehe hierzu ausführlich in Kap. C.II.2. c).

394 Vgl. EuGH, Urt. v. 4.10.2011, C-403, 429/08, Rn. 159 - Murphy, GRUR 2012, 156 (163 f.); Dreier/*Schulze* (Hrsg.), UrhG, § 16 Rn. 9; Schricker/*Loewenheim* (Hrsg.), UrhG, § 16 Rn. 14; *Schulze*, NJW 2014, 721 (722), schlägt einen weiten oder einen erweiterten Vervielfältigungsbegriff vor; *Wandtke/von Gerlach*, GRUR 2013, 676 (683), mit dem Vorschlag eines „sequentiellen“ Vervielfältigungsbegriffs.

395 *Ernst*, in: Hoeren/Sieber/Holznagel (Hrsg.), MMR-Hdb., 7.1 Rn. 57; *Specht*, GRUR 2019, 253 (256).

396 Siehe hierzu in Kap. C.IV.2.

aa) Keine andere Wertung durch EuGH „Innoweb"

Etwas anderes ergibt sich auch nicht durch die Entscheidung des EuGH in der Rechtssache „Innoweb"[397]. Der EuGH bejahte zwar hier einen Eingriff in das Recht auf Weiterverwendung i. S. v. Art 7 Abs. 1, 2 lit. b Datenbank-RL durch den Einsatz einer Screen-Scraping-Software[398], allerdings ist der Charakter des Urteils als Einzelfallentscheidung zu betonen.[399]

Bettet man die Entscheidung zudem in den Rahmen der Datenauswahl des Web Mining ein, sind die Unterschiede zum streitgegenständlichen Verfahren zu betonen, in dem es um ein „Verfügbarmachen" der Ergebnisse und der damit verbundenen Investition ging.[400]

Für das Web Mining werden die einer Datenbank entnommenen Elemente jedoch abweichend von der Entscheidung nur in den oben definierten Grenzen des geschlossenen Web-Mining-Prozesses verwendet, um neue Informationen zu extrahieren.[401]

Entsprechend ist im Hinblick auf die divergierende Funktion des Web-Mining-Prozesses gegenüber einer Metasuchmaschine konsequent dafür einzutreten, dass, solange die Extraktion von Daten aus einer geschützten Datenbank geschieht und diese unterhalb der Schwelle der Wesentlichkeit verbleibt, ein Eingriff in das Datenbankherstellerrecht zu verneinen ist.[402]

bb) Unwirksamkeit entgegenstehender vertraglicher Beschränkungen gem. § 87e UrhG

Besonders gebräuchlich ist das Vorgehen der vertraglichen Abschottung von Datenbanken vor allem gegen Screen-Scraping-Aktivitäten im Internet.

Hier kann der Inhaber der Datenbank zur Wahrung seiner Interessen zu maschinenlesbaren Erklärungen, aber auch zu Nutzungsbedingungen greifen

397 EuGH, Urt. v. 19.12.2013 - C-202/12 - Innoweb, GRUR 2014, 166.

398 EuGH, Urt. v. 19.12.2013 - C-202/12, Rn. 37, 54 - Innoweb, GRUR 2014, 166 (168 f.); siehe hierzu auch *Gaster*, Datenbanken, Rn. 515 f.

399 *Berberich*, MMR 2014, 188 (190); für eine allgemeine Stärkung des Investitionsschutzes *Dietrich*, GRUR Int. 2014, 284; *Götz*, ZD 2014, 563 (567).

400 EuGH, Urt. v. 19.12.2013 - C-202/12, Rn. 33 - Innoweb, GRUR 2014, 166 (168 f.); nuanciert OLG Köln, Urt. v. 28.2.2020 - 6 U 128/19, Rn. 53, GRUR-RR 2020, 241 (243).

401 *Hermes*, in: Wandtke/Bullinger (Hrsg.), UrhG, § 87b Rn. 100; *Schur*, Lizenzierung von Daten, 54; *Ducato/Strowel*, IIC 2019, 649, 668; *Zieger/Smirra*, MMR 2013, 418, 420; vgl. *Caspers/Guibault/McNeie et al.*, TDM in Europe, 26 f.

402 So im Ergebnis auch *Gräfe/Kahl*, MMR 2021, 121 (124.

und so beispielsweise die Nutzung von Screen-Scraping-Software auf seiner Webseite von einer wirksamen vertraglichen Zustimmung abhängig machen.[403] Allerdings kann er im Anwendungsbereich des Datenbankherstellerrechts vertraglich nicht den Abruf unwesentlicher Teile gem. § 87e UrhG untersagen. Nutzungsbedingungen, die den Abruf unwesentlicher Teile aus geschützten Webseiten durch die Technik des Screen Scraping untersagen, sind entsprechend unwirksam.

Dies gilt allerdings nicht für Datenbanken, in die keine wesentliche Investition geflossen ist. Diese Datenbanken sind nicht absolut gegenüber jedermann geschützt, können aber individualvertraglich gegen entsprechende Screen-Scraping-Aktivitäten zur Datenauswahl abgeschottet werden, wie der EuGH es in der Rechtssache „Ryanair" ausdrücklich klargestellt hat.[404]

Für Webseitenbetreiber, deren Webseite nicht als Datenbank geschützt ist, besteht in diesen Fällen danach ein größerer vertraglicher Handlungsspielraum, die Datenauswahl im Rahmen des Web Mining zu unterbinden, da sich die Unwirksamkeit eines vertraglichen Ausschlusses nur an den sonstigen Bestimmungen des nationalen Rechts (insbesondere dem AGB-Recht[405]) misst.[406]

VII. Zwischenergebnis

Aus der verwertungsrechtlichen Analyse des Prozessschritts der Datenauswahl lassen sich zwei zentrale Erkenntnisse ableiten.

Erstens ist ein Eingriff in das weite Vervielfältigungsrecht nur für die Auswahl ganzer Werke und geschützter Werkteile zu bejahen. Dies ist damit zu begründen, dass nur hier aufgrund der (technisch) nicht auflösbaren Verflechtung von Schutzgegenstand und Information das (Sprach-)Werk zunächst vollumfänglich für die weitere Datenvorbereitung in den Analysedatenbestand des Text- und Data-Mining-Anwenders geladen werden muss.

Für Datenbanken besteht dieses Problem hingegen nicht, da aus ihnen aufgrund des Erfordernisses der systematischen und methodischen Anordnung sowie der Einzelzugänglichkeit chirurgisch präzise einzelne schutzunfähige Daten abgerufen werden können. Wenn jedoch nur einzelne Daten über eine Datenbankabfragesprache hintereinander in den Analysedatenbestand geladen

403 *Zieger/Smirra*, MMR 2013, 418 (421).

404 *Hermes*, in: Wandtke/Bullinger (Hrsg.), UrhG, § 87e Rn. 1.

405 Siehe hierzu bereits in Kap. C.V.2.

406 *Dreier*/Schulze (Hrsg.), UrhG, § 87e Rn. 2a.

werden, dann greift dieser Vorgang auch dann nicht in das Urheberrecht ein, wenn sämtliche Daten einer Datenbank für den Text- und Data-Mining-Prozess extrahiert werden, da auch der Abruf sämtlicher Daten zu Zwecken des Text- und Data-Mining der normalen Verwertung der Datenbank nicht zuwiderläuft.

Zweitens hat die Untersuchung des Prozessschritts der Datenauswahl ergeben, dass die unbestimmten Rechtsbegriffe der Originalität im Werkbegriff und der wesentlichen Investition im Datenbankherstellerrecht die Einordnung einer Gestaltung als Werk oder geschützte Datenbank in Grenzfällen ex ante unmöglich machen.[407] Für die Verfahren des Text- und Data-Mining, die jedoch regelmäßig auf Millionen von Dokumenten und Datenbanken zur Auswertung zurückgreifen, bedeutet dies, dass hierdurch eine erhebliche Rechtsunsicherheit erzeugt wird, da der Anwender nicht ex ante rechtssicher bestimmen kann, ob er einen Schutzgegenstand extrahiert oder nicht. Da jedoch das Vorliegen der Schutzvoraussetzung erst die Zuweisung von Verwertungsrechten begründet, bleibt Text- und Data-Mining-Anwendern in Grenzfällen nur die Möglichkeit, zunächst das Vorliegen der Schutzvoraussetzungen anzunehmen oder technische Möglichkeiten heranzuziehen, die lediglich so kleine Teile eines Werkes (z. B. einzelne Wörter oder Pixel) entnehmen, sodass mit Sicherheit ein Eingriff in das Vervielfältigungsrecht schon a priori ausgeschlossen werden kann. Bislang ist diese Zerkleinerung in urheberrechtsfreie Fragmente die einzige (technische) Möglichkeit, Rechtssicherheit zu erlangen, da es nach aktuellem Stand der Technik für Software nicht möglich ist, ohne Referenzdatenbanken festzustellen, ob sie jetzt ein urheberrechtlich geschütztes Sprachwerk extrahieren oder nur eine schutzunfähige Ansammlung von Wörtern.[408]

---

407 BT-Drucks. 13/7385, 45; *Nastelski*, GRUR 1968, 545 (546 f.), „Im Grunde stellen sie nur Richtlinien oder Maximen für die Urteilsfindung dar."

408 Vgl. *Burk*, U. Chic. L. Rev. 2019, 283 (291 f.).

C. Die verwertungsrechtliche Analyse der weiteren Prozessschritte des Text- und Data-Mining

Die vorangegangene verwertungsrechtliche Untersuchung des Prozessschritts der Datenauswahl verdeutlicht seine überragende Bedeutung für das Text- und Data-Mining.

In einem nächsten Schritt gilt es hierauf aufbauend zu untersuchen, ob die weiteren Prozessschritte des Text- und Data-Mining-Prozesses in (weitere) Verwertungsrechte der jeweiligen Schutzrechtsinhaber eingreifen.

Technisch gesehen liegt nach dem Abschluss der Datenauswahl ein Analysedatenbestand auf einem Datenträger des Text- und Data-Mining-Anwenders vor, der sich in seiner Gesamtheit als „unstrukturiertes Datenset" aus einer Vielzahl von Quellen darstellt.[409]

I. Datenvorbereitung (Preprocessing)

Im sich unmittelbar an die Datenauswahl anschließenden Prozessschritt der Datenvorbereitung (Preprocessing) geht es darum, eine Anreicherung oder eine Bereinigung des unstrukturierten Analysedatenbestands vorzunehmen mit dem Ziel, seine Datenqualität zu erhöhen.

Problematisch ist dabei, dass der abgerufene Datenbestand zunächst ein sehr großes Volumen aufweisen kann, die Daten in ihrer Ursprungsform für die Methoden des Text- und Data-Mining aber noch unbrauchbar sind, weil wichtige Datensätze auf dem Datenträger des Data-Mining-Anwenders nicht oder nur fehlerhaft repräsentiert sind.[410]

Solche Datenqualitätsprobleme sind im Rahmen der Datenvorbereitung zwingend zu beheben, da der Datenbestand ansonsten zur Aufdeckung invalider und damit unbrauchbarer Muster führt.[411] Die Frage nach der Güte des

---

409 So *Sagstetter*, in: Husemann/Korves/Rosenkranz et al. (Hrsg.), Strukturwandel, 249 (256 f.).

410 *Han/Kamber/Pei*, Data Mining, 84 f.; *Knobloch*, Data Mining, 31 f.

411 *Brachman/Anand*, in: Fayyad/Piatetsky-Shapiro/Smyth et al. (Hrsg.), Data Mining, 37 (49).

Datenbestandes ist daher ein entscheidender Faktor, wenn es um das Gelingen des Text- und Data-Mining-Prozesses geht.[412]

Zu den typischen Datenqualitätsproblemen zählen besonders fehlende Werte, unvollständige Daten, Redundanzen, semantische Inkonsistenzen und ein zu großes Datenvolumen.[413]

Vortreffliche Aufgabe des Anwenders ist es somit, im Prozessschritt des Preprocessing den Datenbestand im Hinblick auf diese Datenqualitätsprobleme zu bereinigen.

Zur Bewältigung stehen dem Anwender dabei spezielle Maßnahmen der Datenvorbereitung zur Verfügung, die die Bereinigung fehlerhafter Merkmale („Data Cleansing"; „Data Scrubbing"[414]), die Veränderung der Daten im Hinblick auf Volumen und Datenschema (Anreicherung und Reduktion des Datenbestandes) sowie das Kennenlernen des Datenbestandes beinhalten.[415]

1. Preprocessing von Werken

Aus urheberrechtlicher Perspektive stellt sich die entscheidende Frage, ob durch die Datenvorbereitung möglicherweise kumulativ zur Datenauswahl von Werken oder geschützten Werkteilen in weitere Verwertungsrechte eingegriffen wird.

a) (Weiterer) Eingriff in das Vervielfältigungsrecht

Sobald die Werke oder geschützten Werkteile in ihrer technischen Gestalt als unstrukturierte Daten auf einen Analysedatenträger des Analysten geladen werden, kommt es zu keinem weiteren Vervielfältigungsakt, sofern sämtliche Schritte auf dem Analysedatenträger vollzogen werden.

Umgekehrt bedeutet dies jedoch auch, dass, sobald die abgerufenen Werke auf einen weiteren Datenträger zur Datenübertragung kopiert werden, ein „weiterer" Vervielfältigungsakt vorliegt.

Grundlegend ist aber davon auszugehen, dass die Auswahl schon auf dem Zieldatenträger erfolgt und es im weiteren Fortgang des Text- und

---

412 Allgemein zum Thema Datenqualität *Hoeren*/Kolany-Raiser (Hrsg.), Big Data in Context, 1 ff.; *Hoeren*, MMR 2016, 8 ff.; Kriterien zur Beurteilung der Datenqualität bei *Gabriel/Gluchowski/Pastwa*, Data Mining, 130.

413 *Bensberg*, Web Log Mining, 75 f.; *Säuberlich*, KDD, 13 f.

414 *Bensberg*, Web Log Mining, 74.

415 *Gabriel/Gluchowski/Pastwa*, Data Mining, 128 f.; *Han/Kamber/Pei*, Data Mining, 85 ff.; *Knobloch*, Prozessmodelle der Datenanalyse, 11; *Knobloch*, Data Mining, 31 ergänzt noch das Problem der „Repräsentation"; *Petersohn*, Data Mining, 57 ff.

Data-Mining-Prozesses nicht zu immer neuen Vervielfältigungshandlungen auf weitere Datenträger kommt, sondern der Algorithmus vielmehr auf den Zieldatenträger aufsetzt.

Gleichwohl könnte ein weiterer Eingriff in das Vervielfältigungsrecht dergestalt vorliegen, dass die abgerufenen (Sprach-)Werke in ihrer Form als unstrukturierte Daten zunächst in strukturierte und damit maschinenlesbare Daten umgearbeitet werden müssen.

Kommt es hier zu einer Digitalisierung zunächst analog vorliegender (Sprach-)Werke, so ist in diesem Vorgang des „format shifting“[416] eine Vervielfältigungshandlung zu erkennen, da sich der Text- und Data-Mining-Anwender danach im Ergebnis sowohl im Besitz eines analogen als auch eines digitalen Vervielfältigungsstücks befindet.[417]

Wenn die Sprachwerke jedoch bereits digital abgerufen werden, so müssen diese – anders als strukturierte Daten – zunächst linguistisch und statistisch aufbereitet werden.

Notwendig ist es hier, aus zunächst unstrukturierten Textdokumenten strukturierte Merkmale zu extrahieren mit der Absicht, einen Zieldatenbestand (sog. Textkorpus) für die Anwendung des Analysealgorithmus zu generieren.[418] Die Erstellung des Textkorpus wird aber immer von dem Problem begleitet, dass natürlichsprachliche Texte aufgrund ihrer heterogenen Struktur nicht für die automatisierte Bearbeitung durch Computer entworfen sind.[419] Eine

---

416 *Hilty/Richter*, in: Hilty/Moscon (Hrsg.), EU Copyright Rules, 25 (29), Annex Part B - Chapter 1 - TDM, 131.

417 EuGH, Urt. v. 16.11.2017, C-301/15, Rn. 25 - Solier/Doke, GRUR 2017, 62; EuGH, Urt. v. 11.9.2014, C-117/13, Rn. 37 - Eugen Ulmer, GRUR 2014, 1078 (1080); BGH, Urt. v. 16.4.2015, I ZR 69/11, Rn. 25 - Leseplätze II, GRUR 2015, 1101 (1102); BGH, Urt. v. 5.7.2001 - I ZR 335/98 - Scanner, GRUR 2002, 246 (247); BGH, Urt. v. 10.12.1998, I ZR 100/96 - Elektronische Pressearchive, GRUR 1999, 325 (327); *Dustmann*, in: Fromm/Nordemann (Hrsg.), UrhG, § 16 Rn. 12; Schricker/*Loewenheim* (Hrsg.), UrhG, § 16 UrhG Rn. 20; *Wiebe*, in: Spindler/Schuster (Hrsg.), UrhG, § 16 Rn. 5; *Heerma*, in: Wandtke/Bullinger (Hrsg.), UrhG, § 16 UrhG Rn. 16; *Ernst*, in: Hoeren/Sieber/Holznagel (Hrsg.), MMR-Hdb., 7.1, Rn. 50; *Schack*, Urheber- und Urhebervertragsrecht, Rn. 417; *Triaille/de Meeûs d'Argenteuil/de Francquen*, Study on TDM, 31; *Schack*, ZUM 2002, 497 (498).

418 *Clark*, Text Mining and Scholarly Publishing, 5; *Drees*, Perspektive Bibliothek 2016, 49 (53); *Raue*, ZUM 2019, 684 (687); vgl. *Haarmann*, VW 2011, 1169 f.

419 *Clark*, Text Mining and Scholarly Publishing, 10; *Feldman/Sanger*, Text Mining Handbook, 1; *Hearst*, in: Dale/Church (Hrsg.), Untangling Text and Data Mining,

computerlinguistische und statistische Aufbereitung der Dokumente im Wege des Natural Language Processing (NLP) ist daher Grundvoraussetzung, um diese überhaupt durch Text-Mining-Algorithmen analysieren lassen zu können.[420]

Im Rahmen der Datenvorbereitung werden dabei z. B. in Textdokumenten noch enthaltene Tabellen gelöscht und die Dokumente insgesamt nach einem festen Schema in Sätze und diese Sätze in einzelne Wörter, zu strukturierten und maschinenlesbaren Daten, umgearbeitet.[421]

Durch diesen Vorgang der Zerlegung entledigt sich das Werk seines schöpferischen Kerns, da im Ergebnis nur einzelne Wörter verbleiben, die noch mit Metadaten versehen werden können, wie z. B. der Information, ob es sich bei dem Wort um ein Prädikat, Objekt oder Subjekt handelt.

Für weitere Vervielfältigungshandlungen bleibt insofern kein Raum, da es durch die Zerlegung des Textes in einzelne Teile schon an einem schutzfähigen Werk mangelt, an das die Vervielfältigungshandlung anknüpfen könnte.[422] Nur wenn auch längere Passagen oder ganze Sätze in eine auf einem separaten Datenträger befindliche Datenmatrix übertragen werden oder eine separate Satzdatenbank[423] angelegt wird, tritt im Einzelfall neben den Vervielfältigungsakt im Rahmen der Datenauswahl ein weiterer kumulativer Vervielfältigungsakt i. S. v. § 16 UrhG.

b) Kein Eingriff in das Bearbeitungsrecht durch Annotation und Reduktion des Datenbestandes

Aus dem skizzierten technischen Vorgehen der Datenvorbereitung ergibt sich die Frage, ob es durch die Vorgänge des Preprocessing zu einem Eingriff in das Bearbeitungsrecht des § 23 UrhG kommt.

Im Gegensatz zum Vervielfältigungsrecht wird für das Bearbeitungsrecht eine Harmonisierung auf europäischer Ebene dabei bislang abgelehnt.[424] Vor dem

---

3; *Siegmund*, in: Witte/Mülle (Hrsg.), Text Mining, 42; *Meier, M./Beckh*, Wirtschaftsinformatik 2000, 165; vgl. *Hotho/Nürnberger/Pass*, LDV-Forum 2005, 19 (24 f.).

420 *Clark*, Text Mining and Scholarly Publishing, 8; *Hotho/Nürnberger/Pass*, LDV-Forum 2005, 19 (23).

421 *Clark*, Text Mining and Scholarly Publishing, 11 f.; *de la Durantaye*, Wissenschaftsschranke, 8; *Rolfes/Wendel*, ZUM 2018, 590 (591); *Schöch/Döhl/Rettinger et al.*, RuZ 2020, 160 (162).

422 *Rolfes/Wendel*, ZUM 2018, 590 (591).

423 *de la Durantaye*, Wissenschaftsschranke, 8.

424 So zumindest die (bisherige) h.M. Dreier/*Schulze* (Hrsg.), UrhG, § 24 Rn. 1a; *Walter/* v. Lewinski (Hrsg.), EU Copyright Law, Rn. 11.2.4; *Spindler*, GRUR 2016, 1112 (1113).

Hintergrund der jüngsten Rechtsprechung des EuGH und der damit ausgelösten Novellierung des Bearbeitungsrechts wird jedoch vermehrt diskutiert, ob nicht auch die Verwertung von Werken oder Werkteilen in bearbeiteter Form über Art. 2–4 InfoSoc-RL zu erfassen sei.[425] Da sich diese Ansicht bislang jedoch nicht hat durchsetzen können, bildet bisher § 23 UrhG a. F. mit seiner Vorgabe, dass eine Bearbeitung vorliegt, wenn es zu einer Veränderung am Originalwerk kommt, den einschlägigen Beurteilungsmaßstab.[426]

Eine hiernach zu fordernde Veränderung könnte dabei insbesondere für das Text-Mining gegeben sein, da im Rahmen der skizzierten linguistischen und statistischen Aufbereitung schutzfähige Merkmale eines (Sprach-)Werkes verändert werden und zudem oftmals eine Annotation mit Metadaten stattfindet.[427]

Die Diskussion, ob es durch diese Handlungen tatsächlich zu einem Eingriff in das Bearbeitungsrecht kommt, lässt sich jedoch an dieser Stelle mit einem Verweis auf § 23 S. 3 UrhG a. F. abkürzen. Nach dieser Vorschrift unterfallen danach ausschließlich technisch bedingte Änderungen, also auch solche Änderungen, die das (Datenbank-)Werk erst für die automatisierte Auswertung durch einen Text-Mining-Algorithmus zugänglich machen, nicht dem Einwilligungserfordernis aus § 23 S. 1, 2 UrhG a. F.[428] Dass sich die Vorschrift dabei auch explizit an die Technik des Text- und Data-Mining wendet, macht der Verweis auf § 60d UrhG deutlich, der insoweit unverändert im neuen § 23 Abs. 3 UrhG verblieben ist und nunmehr um einen Verweis auf § 44b UrhG ergänzt wird.[429]

§ 23 Abs. 3 UrhG gewährleistet insofern weiterhin, dass keine Zustimmung der Rechtsinhaber für Bearbeitungen und Umgestaltungen eines Werkes notwendig ist, die ausschließlich technisch bedingt sind und dazu dienen, das Werk dem Text- und Data-Mining-Algorithmus zuzuführen.[430]

Die Entstehung eines Bearbeiter-Urheberrechts kommt darüber hinaus auch schon deshalb nicht in Betracht, da hier zu fordern ist, dass die Weiterentwicklung des Originalwerks selbst Werkcharakter hat. Dies ist für die Ergebnisse

---

425 Dafür *Lauber-Rönsberg*, ZUM 2020, 733 (736).

426 Schricker/*Loewenheim* (Hrsg.), UrhG, § 23 Rn. 6; *Rolfes/Wendel*, ZUM 2018, 590 (592); *Spindler*, ZGE 2018, 273 (276).

427 *Geiger/Frosio/Bulayenko*, IIC 2018, 814 (819); *Rolfes/Wendel*, ZUM 2018, 590 (591); *Spindler*, GRUR 2016, 1112 (1114).

428 BT-Drucks. 18/12329, 41; *Raue*, CR 2017, 656 (659 f.); *Specht*, OdW 2018, 285; *Spindler*, ZGE 2018, 273 (282).

429 Siehe dazu BT-Drucks. 19/27426, 79; *Steinhauer*, RuZ 2021, 5 (20 f.).

430 BT-Drucks. 19/27426, 79.

des Text- und Data-Mining jedoch gerade nicht der Fall, wie der Fortgang der Untersuchung noch darlegen wird.[431]

2. Preprocessing von Datenbanken

Für das Preprocessing strukturierter Daten, die z. B. aus relationalen Datenbanken abgerufen werden, ist bereits für die Datenauswahl ein Eingriff in das Vervielfältigungsrecht verneint worden.

Wenn jedoch bereits die Auswahl frei ist, dann kann es auch denklogisch im Prozessschritt der Datenvorbereitung nicht zu einem Eingriff in das Vervielfältigungsrecht kommen.

Dies gilt auch für die Ausnahmefälle, in denen ein Datenbankwerk mitsamt seiner schöpferischen Struktur übernommen wird. Hier erfolgt dann im Rahmen des Preprocessing die spezifische Selektion bestimmter analyserelevanter Daten oder Datensätze, die jedoch urheberrechtlich schutzlos sind und daher beliebig verändert werden können.[432]

Auch ein Eingriff in das Bearbeitungsrecht kommt nicht in Betracht. Für § 87a Abs. 1 S. 1 UrhG ist dabei darauf hinzuweisen, dass hier schon gar kein explizites Bearbeitungsrecht normiert ist.

Allerdings wird in richtlinienkonformer Auslegung über den weiten Entnahmebegriff des Art. 7 Abs. 2 lit. a Datenbank-RL auch ein veränderter Datenbestand dem Schutzrecht des Datenbankherstellers zugewiesen, sofern die Herkunft der annotierten Daten sich prima facie auf die Ursprungsdatenbank zurückführen lässt.[433] Da dies jedoch im Kontext des Text- und Data-Mining nicht der Fall ist, droht hier kein Konflikt mit dem Datenbankherstellerrecht.[434]

II. Transformation in eine Datenmatrix oder ein Textkorpus

Im letzten Prozessschritt vor der Auswertung durch den Data-Mining-Algorithmus geht es um die Überführung der Daten in eine für den spezifischen

---

431 *Rolfes/Wendel*, ZUM 2018, 590 (592).

432 A.A. BT-Drucks. 18/12329, 41 „weitere Vervielfältigungen in umgewandelter Form"; ErwG 8 DSM-RL

433 *Vogel*, in: Schricker/Loewenheim (Hrsg.), UrhG, § 87b Rn. 23; *Wiebe*, in: Hornung (Hrsg.), Rechtsfragen der Industrie 4.0, 97 (109); *Wiebe*, in: Frenz (Hrsg.), Hdb. Industrie 4.0, 288; *Hetmank/Lauber-Rönsberg*, GRUR 2018, 574 (579).

434 Siehe ausführlich zu diesem Aspekt in Kap. D.III. und IV.

Algorithmus geeignete Darstellungsform.[435] Das übergeordnete Ziel des Transformationsprozesses besteht darin, den immer noch heterogenen Datenbestand so aufzubereiten, dass dieser allein auf ein Datenformat referenziert und aus einer einzigen Tabelle besteht, die für das Web Mining und das Data-Mining als Datenmatrix bezeichnet wird, während sie für das Text-Mining als Textkorpus betitelt wird.

1. Technische Vorgaben

Aus technischer Sicht gilt es zu beachten, dass es dem im Anschluss einzusetzenden Algorithmus nur möglich ist, auf strukturierte Daten zuzugreifen. Für den Prozessschritt der Transformation bedeutet dies zweierlei.

Einerseits müssen verbliebene unterschiedliche Datenformate, wie PDF, doc-Files, HTML, XML, in ein von dem Algorithmus lesbares, einheitliches Datenschema konvertiert werden.[436]

Andererseits müssen die dann einheitlich formatierten Daten in die Struktur einer Datenmatrix oder eines Textkorpus gebracht werden, die es dem Algorithmus erlaubt, die aufbereiteten Daten zu lesen und auf potenzielle Muster hin auszuwerten.[437]

Ein Textkorpus beinhaltet dabei eine Sammlung schriftlicher oder gesprochener Äußerungen in einer oder mehreren Sprachen, die digitalisiert auf Rechnern gespeichert und einheitlich formatiert sowie maschinenlesbar sind.[438]

Die Datenmatrix stellt das entsprechende Äquivalent für strukturierte Daten dar. Allerdings besteht für sie in der Informatik kein Konsens darüber, ob es sich bei ihr um eine Datenbank oder eine Tabelle handelt.[439]

Beachtlich ist zudem, dass, sofern die zu analysierenden Daten bereits aus einer relationalen Datenbank abgerufen werden, diese bereits in einem

---

435 *Gabriel/Gluchowski/Pastwa*, Data Mining, 131; *Knobloch*, Data Mining, 35; *Knobloch*, Prozessmodelle der Datenanalyse, 17.

436 SWD(2016) 301 final, Part 3/3, 158; *Clark*, Text Mining and Scholarly Publishing, 11; *de la Durantaye*, Wissenschaftsschranke, 8; *Triaille/de Meeûs d'Argenteuil/de Francquen*, Study on TDM, 30; *Drees*, Perspektive Bibliothek 2016, 49 (62); *Gräbitz*, Bibliotheksdienst 2020, 654 (661); *Spindler*, GRUR 2016, 1112 (1113).

437 *Knobloch*, Prozessmodelle der Datenanalyse, 17.

438 *Trevisan/Jakobs*, in: Keller/Klein/Tuschl (Hrsg.), Marktforschung, 167 (169); *Mertens/Bodendorf/König et al.*, Wirtschaftsinformatik, 54; vgl. auch *Rolfes/Wendel*, ZUM 2018, 590 f.

439 Vgl. *Sagstetter*, in: Husemann/Korves/Rosenkranz et al. (Hrsg.), Strukturwandel, 249 (257 f.).

zweidimensionalen Tabellenschema vorliegen, was der Forderung nach Strukturiertheit entspricht. Schwieriger verhält es sich hingegen mit Rohdaten, die aus operativen Datenbeständen stammen. Solche Datenbestände weisen oft komplexe, über mehrere Relationen verteilte Datenschemata auf, die dann der oben beschriebenen zwei Transformationsschritte bedürfen.[440]

2. Eingriff in das Vervielfältigungsrecht durch Konvertierung in ein maschinenlesbares Datenformat

Wendet man sich zunächst dem Transformationsschritt der Konvertierung der unterschiedlichen Datenformate in ein einheitliches Datenformat zu, ist der Beurteilung voranzustellen, dass Datenformaten selbst in der Regel ein urheberrechtlicher Schutz zu versagen ist, da es sich bei ihnen zuvorderst um eine durch technische Zwänge geprägte Darstellung handelt, bei denen der Urheber keinen hinreichend kreativen Spielraum ausüben kann.[441]

Auch einem Schutz von Datenformaten über die Computerprogramm-Richtlinie hat der EuGH bereits in mehreren Entscheidungen eine Absage erteilt.[442] Diese Sichtweise ist geradezu zwingend, da es sich bei Datenformaten technisch gesehen um Anweisungen zur Erstellung kompatibler Daten handelt, die in jeder zu bearbeitenden (freien) Datei enthalten sein müssen.[443] Einer Schutzgewährung über die Computerprogramm-Richtlinie wäre daher die Gefahr immanent, die hintergründige Idee jedes Datenformats zu monopolisieren und somit den technischen Fortschritt zu behindern.[444]

Die festgestellte Urheberrechtsfreiheit von Datenformaten berührt allerdings nicht das urheberrechtliche Schicksal von Werken, die in ein anderes Format

440 *Knobloch*, Prozessmodelle der Datenanalyse, 17.

441 *Metzger*, in: Conrad/Grützmacher (Hrsg.), FS Schneider, 245 (251); *Marly*, GRUR 2012, 773 (779); so auch das LG Frankfurt a.M., Urt. v. 8.11.2012 - 2-03 O 269/12, CR 2013, 286 (287), das für eine XML-Datei, bestehend aus 910 Regelsätzen keinen urheberrechtlichen Schutz nach § 2 Abs. 1 Nr. 1 UrhG gewährte.

442 EuGH, Urt. v. 2.5.2012, C-406/10, Rn. 40 - SAS Institute, GRUR 2012, 814 (815); EuGH, Urt. v. 22.12.2010, C-393/09, Rn. 40, 42 - BSA, GRUR 2011, 220 (222); *Marly*, GRUR 2012, 773 (778 f.).

443 *Metzger*, in: Conrad/Grützmacher (Hrsg.), FS Schneider, 245 (250).

444 EuGH, Urt. v. 11.6.2020 - C-833/18, Rn. 27 - Brompton/Get2Get, GRUR 2020, 736 (737); EuGH, Urt. v. 2.5.2012, C-406/10, Rn. 40 - SAS Institute, GRUR 2012, 814 (815); *Spindler*, in: Schricker/Loewenheim (Hrsg.), UrhG, § 69a Rn. 12; *Caldarola/Schrey*, Big Data und Recht, Rn. 83; *Metzger*, in: Conrad/Grützmacher (Hrsg.), FS Schneider, 245 (250); *Spindler*, CR 2012, 417 (418).

überführt werden sollen. Häufig werden im Kontext des Text-Mining Sprachwerke, die als PDF-Datei vorliegen, in ein maschinenlesbares XML-Format gebracht.[445]

In diesem Vorgang liegt dann eine weitere Vervielfältigung i. S. v. § 16 UrhG, Art. 2 InfoSoc-RL begründet, wenn das gesamte Werk oder schutzfähige Teile in das neue Datenformat konvertiert werden.[446] Dies wird jedoch regelmäßig nur dann der Fall sein, wenn die Transformation vor dem Akt der Datenvorbereitung erfolgt, da die Konvertierung einzelner, schutzloser Wörter in ein anderes Format keinen Eingriff in das Vervielfältigungsrecht darstellt. Darüber hinaus kommt ein Eingriff in das Bearbeitungsrecht durch die Formatänderung schon aufgrund von § 23 S. 3 UrhG nicht in Betracht.[447]

a) Die urheberrechtliche Schutzfähigkeit einer Datenmatrix

Liegt danach ein einheitliches Datenformat vor, ist in einem zweiten Transformationsschritt die Reduktion des Datenbestandes auf eine auszuwertende Relation, die sog. Datenmatrix, vorzunehmen.

Dieser Schritt erfolgt mithilfe des Einsatzes von Algorithmen, die jedoch nicht mit dem Data-Mining-Algorithmus zu verwechseln sind. Verwertungsrechtlich begründet dieser Prozessschritt aufgrund der Schutzlosigkeit der transformierten Elemente keinen weiteren Eingriff in die Verwertungsrechte des Urhebers.

Zu untersuchen ist jedoch, ob die erstellte Datenmatrix selbst schutzfähig ist. Da in der Informatik jedoch nicht geklärt ist, ob es sich bei der Datenmatrix um eine Datenbank oder eine Tabelle handelt, sind nachfolgend beide Alternativen zu erläutern.[448]

---

445 BT-Drucks. 18/12329, 40; *Clark*, Text Mining and Scholarly Publishing, 11; *Triaille/de Meeûs d'Argenteuil/de Francquen*, Study on TDM, 30; *Hoppen*, in: Conrad/Grützmacher (Hrsg.), FS Schneider, 7 (15); *Raue*, CR 2017, 656 (659); *Spindler*, GRUR 2016, 1112 (1113); vgl. auch *Zech*, Information als Schutzgegenstand, 56.

446 BT-Drucks. 18/12329, 41; *Heerma*, in: Wandtke/Bullinger (Hrsg.), UrhG, § 16 Rn. 5; *Triaille/de Meeûs d'Argenteuil/de Francquen*, Study on TDM, 30 f.; *Geiger/Frosio/Bulayenko*, IIC 2018, 814 (818); *Spindler*, GRUR 2016, 1112 (1113).

447 BT-Drucks. 18/12329, 41

448 Insbesondere im juristischen Diskurs wird zudem auf den Begriff des Korpus zurückgegriffen, der aus technischer Sicht jedoch nur für die Erstellung von (Text) Korpora angemessen ist, siehe hierzu *Sagstetter*, in: Husemann/Korves/Rosenkranz et al. (Hrsg.), Strukturwandel, 249 (258); *Spindler*, GRUR 2016, 1112 (1113); *Truyens/van Eecke*, CLSR 2014, 153 (154 ff.); nunmehr hat der Gesetzgeber diesen Begriff aus § 60d UrhG a.F. gestrichen; siehe gleichwohl BT-Drucks. 19/27426, 89; so auch

aa) Schutzfähigkeit gem. §§ 2 Nr. 7, 4 Abs. 2 S. 1 UrhG

Legt man die Ansicht der Informatik zugrunde und versteht die Datenmatrix als Tabelle[449], stellt sich die Frage einer eigenen Schutzfähigkeit gem. § 2 Nr. 7 UrhG.

Dieser urheberrechtliche Schutz zielt allerdings auf die Honorierung einer besonderen Art und Form der Auswahl, Einteilung und Anordnung einer Tabelle, aus der sich dann schon bestimmte Zusammenhänge erkennen lassen.[450] Für eine Datenmatrix, die einem schematisch-tabellarischen Aufbau mit Zeilen und Spalten folgt und deren Existenz allein darauf abzielt, einen Datenbestand strukturiert zur algorithmischen Auswertung bereitzustellen, kommen in der konkreten Darstellung jedoch allein technische Zwänge zum Ausdruck, die durch den EuGH robust vom Werkschutz ausgeschlossen werden.[451] Damit ist auch die Möglichkeit eines Schutzes der Datenmatrix als Datenbank i. S. v. § 4 Abs. 2 S. 1 UrhG zu verneinen, da sich hier ebenfalls eine schöpferische Auswahl und Anordnung der Datenstruktur nicht begründen lässt.[452]

bb) Schutzfähigkeit als neue Datenbank gem. § 87a Abs. 1 S. 2 UrhG

Ausgehend von dem anderen Fall, dass Daten aus geschützten Datenbanken in die Datenmatrix transformiert werden[453], fordert § 87a Abs. 1 S. 2 UrhG zur Schutzgewährung eine wesentlich geänderte Datenbank, die mit einer wesentlichen Neuinvestition verbunden ist. Problematisch ist dabei das Kriterium der wesentlichen Inhaltsänderung vor dem Hintergrund, dass neben einer Veränderung, Löschung, Normalisierung oder Annotation, wie sie im Rahmen der Datenvorbereitung stattfindet, generell auch Änderungen in Betracht zu ziehen sind, bei denen es nicht zu einer unmittelbar wahrnehmbaren Veränderung des

---

Raue, ZUM 2019, 684 (685 ff.), der jedoch zwischen Datenkorpus und Textkorpus unterscheidet.

449 *Knobloch*, Prozessmodelle der Datenanalyse, 17 f.

450 Vgl. BGH, Urt. v. 7.12.1979 - I ZR 157/77 - Monumenta Germamae Historica, GRUR 1980, 227 (231); Dreier/*Schulze* (Hrsg.), UrhG, § 2 Rn. 235.

451 *Leistner*, GRUR 2019, 1114 (1119); *Leistner*, EuZW 2016, 166; *Leistner*, GRUR 2014, 1145 (1146), *Leistner*, ZGE 2013, 4 (18 ff.); abschwächend EuGH, Urt. v. 11.6.2020 - C-833/18, Rn. 26, 33 - Brompton/Get2Get, GRUR 2020, 736 (737 f.)

452 So im Ergebnis auch *Klein*, in: Taeger (Hrsg.), DSRI Tagungsband 2014, 5 (12); offener *Kleinkopf/Jacke/Gärtner*, MMR 2021, 196 (197).

453 I.S.d. zweiten Lösung *Grob/Bensberg*, Data-Mining, 9; zur technischen Struktur einer relationalen Datenbank, siehe Kap. C.III.2. b) aa).

Datenbankinhalts kommt.[454] Als Beispiel sei hier auf die investitionsintensive Evaluation eines Datenbestandes nach qualitativen Kriterien verwiesen.[455]

In Bezugnahme auf den investitionsschützenden Charakter des Datenbankherstellerrechts ist es daher für die Entstehung des Schutzrechts sinnvoll, auf die durch den Datenbankhersteller zu beweisende Wesentlichkeit der Neuinvestition abzustellen.[456] Kurzum bedeutet dies, dass wesentliche Änderungen ohne wesentliche Neuinvestition nicht schutzfähig sein können, was jedoch wieder zu dem Problem der Konturenlosigkeit des Kriteriums der „wesentlichen Investition" zurückführt.

Auch wenn in der vorstehenden Untersuchung bereits festgestellt worden ist, dass die Grenze der wesentlichen Investition nicht zu hoch anzusetzen ist, wird man sie im Rahmen der Neuinvestition tendenziell noch niedriger ziehen müssen, da es in der Natur einer Änderung begründet liegt, dass diese gegenüber der Erstellung weniger Aufwand erfordert.[457] Ausreichend sind damit Investitionen, die bei der Beschaffung neuer Daten und deren Einpflegen in die Datenbank anfallen oder bei der Bereitstellung und Aufrechterhaltung des Betriebs einer Datenbank entstehen.[458]

Überträgt man diese Grundsätze auf die Erstellung der Datenmatrix im Prozessschritt der Transformation, ist zu differenzieren, ob durch die Überführung bestimmter Attribute in eine auszuwertende Datenmatrix eine wesentliche Neuinvestition begründet werden kann.

Zählt man dabei noch die Vorgänge der Datenvorbereitung hinzu, also z. B. die Löschung fehlerhafter Datensätze sowie die Aufnahme zusätzlicher Attribute, wird eine wesentliche Neuinvestition im Einzelfall schneller zu bejahen sein.

Ist danach eine wesentliche Neuinvestition zu bejahen, führt dies geradewegs in die Diskussion um die Ausgestaltung des Schutzumfangs. Hier werden verschiedene Standpunkte vertreten, die von einem Schutz nur der aktualisierten

---

454 Vgl. ErwG 55 Datenbank-RL; *Vogel*, in: Schricker/Loewenheim (Hrsg.), UrhG, § 87a Rn. 65; *Leistner/Zurth*, in: Loewenheim (Hrsg.) Hdb. Urheberrecht, § 49 Rn. 61; *Auer-Reinsdorff/Grützmacher*, in: Conrad/Grützmacher (Hrsg.), FS Schneider, 206 (216 f.); *Leistner*, GRUR Int. 1999, 819 (834)

455 *Leistner/Zurth*, in: Loewenheim (Hrsg.) Hdb. Urheberrecht, § 49 Rn. 61; *Leistner*, GRUR Int. 1999, 819 (834).

456 So *Vogel*, in: Schricker/Loewenheim (Hrsg.), UrhG, § 87a Rn. 62; vgl. *Leistner*, Rechtsschutz von Datenbanken, 303; *Leistner/Zurth*, in: Loewenheim (Hrsg.) Hdb. Urheberrecht, § 49 Rn. 61; *Leistner*, GRUR Int. 1999, 819, 834.

457 *Vogel*, in: Schricker/Loewenheim (Hrsg.), UrhG, § 87a Rn. 64.

458 *Krekel*, WRP 2011, 436 (441).

Datensätze bis hin zu einem holistischen Schutz aller geänderten und unveränderten Elemente in der Datenbank reichen, die dann aber im Ergebnis zu mehreren parallel existierenden Schutzrechten führen.[459] Vorzugswürdig erscheint daher eine vermittelnde Lösung, die die neue Datenbank zwar in ihrer Gesamtheit schützt, eine Schutzrechtsverletzung für diese aber nur bei der Verwertung von Elementen annimmt, deren Ersterstellung nicht länger als 15 Jahre zurückliegt.[460]

(1) Ausschluss von Spin-off-Datenbanken durch die Rechtsprechung

Im Bezugsrahmen des Text- und Data-Mining-Prozesses ist jedoch an eine normative Korrektur dieses Ergebnisses zu denken. Die Zuweisung eines eigenen Leistungsschutzrechts des Data-Mining-Anwenders an der auszuwertenden Datenmatrix könnte danach aufgrund eines Schutzausschlusses für Spin-off-Datenbanken ausscheiden.

Hinter dem Begriff der Spin-off-Datenbank verbirgt sich dabei das Phänomen, dass im Zusammenhang mit einer unbeachtlichen Datenerzeugung oftmals weitere Datenbanken als unselbstständiges „Nebenprodukt" entstehen.[461] Investitionen mit einem wirtschaftlichen Schwerpunkt auf der Erzeugung einer unabhängigen Leistung, die dann noch als Nebenprodukt für die Erstellung einer Datenbank verwendet werden, sind nach der Rechtsprechung des EuGH aber gerade nicht vom Investitionsschutz des Datenbankherstellerrechts erfasst.[462]

Abgrenzungsschwierigkeiten treten dabei vor allem in Fällen einer doppelfunktionalen Investition zutage, die sowohl in die Erzeugung von Datenbankelementen als auch in die Beschaffung geflossen sind. In der Literatur ist zur Auflösung dieses Konflikts die Anknüpfung an die subjektive Zielrichtung der in eine Datenbank geflossenen Investitionen vorgeschlagen worden. Nach diesem „pro rata"-Ansatz ist eine wertende Einzelfallbetrachtung des Investitionszwecks vorzunehmen, in deren Folge in freier Würdigung eine Aufteilung der

---

459 *Vogel*, in: Schricker/Loewenheim (Hrsg.), UrhG, § 87a Rn. 68; *Hermes*, in: Wandtke/Bullinger (Hrsg.), UrhG, § 87a Rn. 127; *Haberstumpf*, GRUR 2003, 14 (30); *Leistner*, GRUR Int. 1999, 819 (836); *Wiebe*, GRUR 2017, 338 (344).

460 *Hermes*, in: Wandtke/Bullinger (Hrsg.), UrhG, § 87a Rn. 128; *Leistner/Zurth*, in: Loewenheim (Hrsg.) Hdb. Urheberrecht, § 49 Rn. 65; *Haberstumpf*, GRUR 2003, 14 (31); *Krekel*, WRP 2011, 436 (441 f.).

461 *Rieger*, Wissenschaftliche Datenbanken, 131 f.

462 *Dreier*/Schulze (Hrsg.), UrhG, § 87a Rn. 12; *Hermes*, in: Wandtke/Bullinger (Hrsg.), UrhG, § 87a Rn. 41; *Grützmacher*, CR 2016, 485 (488); *Schmidt, K./Zech*, CR 2017, 417 (423); kritisch *Ehmann*, K&R 2014, 394 (398).

Investitionen anteilig auf die berücksichtigungsfähige Beschaffung und die nicht berücksichtigungsfähige Erzeugung erfolgt.[463] Anhaltspunkte für eine solche Differenzierung finden sich im Normtext der Datenbank-Richtlinie jedoch nicht.[464]

Ein abweichender Ansatz vertritt hingegen eine volle Berücksichtigung der Investitionen auch dann, wenn die Beschaffung, Darstellung oder Überprüfung der Daten mit der Tätigkeit der Datenerzeugung zusammenfällt.[465] Gegen diese Lösung spricht allerdings der Alles-oder-nichts-Ansatz, den der EuGH seit seiner Entscheidung „BHB/William Hill" (in ständiger Rechtsprechung) vertritt und der eine klare Trennung zwischen beiden Investitionsleistungen vorsieht.[466]

(2) Übertragung auf die vorliegende Konstellation

Überträgt man diese Grundsätze auf die Erstellung der Datenmatrix, scheitert die direkte Anwendung der Spin-off-Theorie daran, dass die Datenmatrix nicht das unselbstständige Ergebnis einer Data-Mining-Anwendung darstellt, sondern sie ein unselbstständiges Zwischenprodukt bildet, das noch vor der Datenerzeugung entsteht, das aber gesondert veröffentlicht und genutzt werden kann.[467]

Für die Einordnung der Datenmatrix als schutzlose Spin-off-Datenbank spricht dennoch, dass dem Anwender in Bezug auf die Investition in die Aufbereitung der Datenmatrix keine Wahlmöglichkeit („ob") verbleibt, da die mit dem Preprocessing und der Transformation des Datenbestandes verbundenen Investitionen zwingend sind, damit ein Algorithmus überhaupt auf den Datenbestand aufsetzen und valide Muster liefern kann.[468] Insoweit ist fraglich, ob ein

---

463 *Hermes*, in: Wandtke/Bullinger (Hrsg.), UrhG, § 87a Rn. 43; *Vogel*, in: Bodewig/Dreier/Götting et al. (Hrsg.), FS Schricker, 581 (588, 591); *Wiebe*, in: Hornung (Hrsg.), Rechtsfragen der Industrie 4.0, 97 (104 f.).

464 *Leistner*, K&R 2007, 457 (459); kritisch auch *Rieger*, Wissenschaftliche Datenbanken, 133.

465 So Schlussantrag von GA Stix-Hackl, v. 8.6.2004 C-203/02, Rn. 46, 49 - BHB/William Hill; *Gaster*, CRi 2005, 129 (133); *Sendrowski*, GRUR 2005, 369 (371);

466 So im Ergebnis auch *Leistner/Antoine/Sagstetter*, Big Data, 80; *Wiebe*, GRUR 2017, 338 (341); vgl. auch zur schwierigen Abgrenzung bei der Produktion von Printanzeigen und ihrer anschließenden Verwendung sowohl analog als auch digital, *Wiebe*, in: Spindler/Schuster (Hrsg.), UrhG, § 87a Rn. 9.

467 Kritisch *Rieger*, Wissenschaftliche Datenbanken, 131 f.; *Leistner/Antoine/Sagstetter*, Big Data, 78 f.; *Sagstetter*, in: Husemann/Korves/Rosenkranz et al. (Hrsg.), Strukturwandel, 249 (275), der die spin-off Theorie ablehnt.

468 Vgl. auch *Hermes*, in: Wandtke/Bullinger (Hrsg.), UrhG, § 87a Rn. 41; *Ehlen/Brandt*, CR 2016, 570 (574), differenzierend *Grützmacher*, CR 2016, 485 (488).

Investitionsschutz, der sich nach seiner gesetzgeberischen Intention dazu verpflichtet, die Schaffung neuer Datenbanken zu fördern (ErwG 11 Datenbank-RL), unter diesen Umständen überhaupt gewährt werden kann, wenn dadurch lediglich ein zwingender technischer Vorgang auf dem Weg zu neuen Daten mit einem selbstständigen Datenbankherstellerrecht belohnt wird.[469]

Gegen einen Schutz spricht zudem, dass es inkohärent wäre, den Ergebnissen des Text- und Data-Mining-Prozesses einen Datenbankschutz mit Verweis auf die Spin-off-Theorie zu versagen, gleichzeitig ihrem zwingenden Zwischenprodukt aber einen Schutz zu gewähren.[470]

b) Die urheberrechtliche Schutzfähigkeit eines Textkorpus

Mit Blick auf die Schutzfähigkeit eines Textkorpus als Datenbank lassen sich dic getroffcnen Feststellungen übertragen. Danach ist in Rekurs auf die technischen Eigenarten des Text-Mining sowohl ein urheberrechtlicher Schutz als auch ein Leistungsschutz für ein erstelltes Textkorpus unter Verweis auf die Spin-off-Theorie abzulehnen.

Hinzuweisen ist dabei noch auf den Umstand, dass im Gegensatz zum § 60d UrhG a. F. der Begriff des Korpus weder in der DSM-Richtlinie noch im Umsetzungsvorschlag explizit aufgegriffen wird. Die Gesetzesbegründung stellt allerdings klar, dass es den Anwendern auch künftig freigestellt bleibt, ein Korpus anzufertigen.[471]

3. Eingriff in das Recht zur öffentlichen Wiedergabe bei Veröffentlichung der Datenmatrix

Die vorstehende Untersuchung hat ergeben, dass ein selbstständiger Schutz der Datenmatrix als geschützte Datenbank nicht in Betracht kommt.

Wird die erstellte Datenmatrix durch den Data-Mining-Anwender veröffentlicht, ist zu diskutieren, ob hierdurch ein Eingriff in das ausschließliche Recht zur öffentlichen Wiedergabe aus § 87b Abs. 1 S. 1 UrhG derjenigen Schutzrechtsinhaber vorliegt, mit deren Datenbanken die Datenmatrix erstellt wurde.

---

469 *Hilty/Richter*, in: Hilty/Moscon (Hrsg.), EU Copyright Rules, 25 (29).

470 *Hermes*, in: Wandtke/Bullinger (Hrsg.), UrhG, § 87a Rn. 41.

471 BT-Drucks. 19/27426, 89; siehe auch zum Begriff des Korpus *Sagstetter*, in: Husemann/Korves/Rosenkranz et al. (Hrsg.), Strukturwandel, 249 (263); *Dreier*, ZUM 2019, 384 (387); *Spindler*, CR 2019, 277 (279 f.); kritisch zum Begriff bereits *Hoeren*, IWRZ 2018, 120 (124).

Die richtlinienkonforme Auslegung des § 87b Abs. 1 S. 1 UrhG gebietet hier eine Orientierung an der Definition des Art. 7 Abs. 2 lit. b Datenbank-RL. Ähnlich wie der Entnahmebegriff wird dabei auch der Begriff der Weiterverwendung in der Datenbank-Richtlinie weit verstanden, der somit über das herkömmliche Recht der Verbreitung und der Wiedergabe in § 87b Abs. 1 S. 1 UrhG hinausreicht.[472]

Danach ist das Weiterverwendungsrecht bei jeder Form der öffentlichen Verfügbarmachung der Gesamtheit oder eines wesentlichen Teils der Datenbank durch die Verbreitung von Vervielfältigungsstücken, durch Vermietung, durch Online-Übermittlung oder durch andere Formen der Übermittlung betroffen.[473]

Ein spezifisches Bedürfnis zur Veröffentlichung besteht z. B. in wissenschaftlichen Peer-Review-Verfahren. Die Frage nach einem Eingriff in das Weiterverbreitungsrecht ist dabei vor dem Hintergrund zu beurteilen, dass zwischen dem legitimen Bedürfnis nach einer Veröffentlichung der Datenmatrix zu Validierungszwecken und der investitionsschützenden Wirkung der Ausschließlichkeitsrechte ein Spannungsverhältnis besteht.[474]

Dieser Konflikt lässt sich aber möglicherweise bereits auf Schutzbereichsebene auflösen. Anknüpfungspunkt ist dabei erneut die Prüfung, ob der Investitionsschutzzweck des Datenbankherstellerrechts durch die Weiterverbreitung beeinträchtigt wird. Dabei wird auf zwei grundlegende Fallkonstellationen eingegangen, wie sie sich bei der Erstellung der Datenmatrix im Kontext des Text- und Data-Mining immer wieder ergeben.

a) Konstellation 1

Legt man in der ersten Konstellation eine Datenmatrix zugrunde, die sich allein aus schutzlosen Einzeldaten und anderen Elementen bildet, kommt es durch eine Veröffentlichung der betreffenden Datenmatrix nicht zu einem Eingriff in das Weiterverwendungsrecht, da an einzelnen Daten keine Verbotsrechte bestehen, auf die sich ein Urheber berufen könnte.

---

472 *Dreier*/Schulze (Hrsg.), UrhG, § 87b Rn. 3 UrhG; *Gaster*, Datenbanken, Rn. 519; *Gaster*, in: Hoeren/Sieber/Holznagel (Hrsg.), MMR-Hdb., 7.6 Rn. 136.

473 So auch EuGH, Urt. v. 9.11.2004 - C-203/02, Rn. 49 - BHB/William Hill, GRUR 2005, 244 (248); EuGH, Urt. v. 19.12.2013 - C-202/12, Rn. 37 - Innoweb, GRUR 2014, 166 (168); *Gaster*, in: Hoeren/Sieber/Holznagel (Hrsg.), MMR-Hdb., 7.6, Rn. 135.

474 Gerade im Wissenschaftsbereich besteht eine Notwendigkeit der Veröffentlichung der Datenmatrix zu Zwecken des peer-review, vgl. BT-Drucks. 18/12329, 41; *Raue*, CR 2017, 656 (660); *Spindler*, GRUR 2016, 1112 (1113).

b) Konstellation 2

Entsprechend interessanter ist die Darstellung der zweiten Konstellation, in der die Datenmatrix sowohl aus schutzlosen Einzeldaten als auch aus Daten aus geschützten Datenbanken gebildet wird. Geht man davon aus, dass die Inhalte nach den Vorgaben der analyserelevanten Attribute vermischt und in der Datenmatrix neu angeordnet werden, lässt sich vertreten, dass bei einer Veröffentlichung der Datenmatrix ein Eingriff in das Weiterverbreitungsrecht abzulehnen ist.[475] Entscheidendes Kriterium zur Beurteilung ist dabei die Frage, ob sich die Herkunft der annotierten Daten in der Datenmatrix noch prima facie auf die Ursprungsdatenbank zurückführen lässt.[476]

Eine schematische Lösung kann dabei nicht gegeben werden. Vielmehr bietet sich eine am Schutzzweck des Datenbankherstellerrechts ausgerichtete Case-by-Case-Prüfung an, ob durch die Veröffentlichung der Datenmatrix ein wettbewerbliches Konkurrenzverhältnis zur Ursprungsdatenbank geschaffen wird und sich ihre Nutzung damit zum „Trojanischen Pferd" für andere urheberrechtlich relevante Nutzungen auszuweiten droht.[477]

Stellt man jedoch maßgeblich darauf ab, dass im Rahmen der Selektionsentscheidung nur bestimmte Attribute festgelegt werden und nur diese bestimmten Daten aus der Datenbank in der Datenmatrix überführt werden, liegt es nahe, dass sich die Herkunft der Datensätze nicht prima facie auf die Ursprungsdatenbank zurückführen lässt.

Hinzu kommt, dass die abgerufenen Daten mit Datensätzen aus anderen Datenbanken und weiteren Einzeldaten verbunden werden und man sich die finale Datenmatrix letztlich als strukturiertes Datenbankschema vorstellen muss, in der „zigfach" ein bestimmtes einzelnes Attribut repräsentiert wird, welches verschiedenen Datenbanken entnommen wurde. Dabei ist einleuchtend, dass, je mehr Daten aus unterschiedlichen Datenbanken abgerufen werden, desto

---

475 Vgl. auch *Grützmacher*, Schutz von Datenbanken, 335 f.

476 So auch *Raue/Schöch*, RuZ 2020, 123; einer Erkennbarkeit zuneigend *Spindler*, GRUR 2016, 1112 (1113); *Spindler*, ZGE 2018, 273 (276); eine klare Grenze zieht auch die Gesetzesbegründung BT-Drucks. 18/12329, 41, die klarstellt, dass das Ursprungsmaterial im Gegensatz zum Korpus nicht öffentlich zugänglich gemacht werden darf; allgemein hierzu *Vogel*, in Schricker/Loewenheim (Hrsg.), UrhG, § 87b Rn. 23; *Wiebe*, in: Hornung (Hrsg.), Rechtsfragen der Industrie 4.0, 97 (109 f.); *Wiebe*, in: Frenz (Hrsg.), Hdb. Industrie 4.0, 279 (288); vgl. *Hetmank/Lauber-Rönsberg*, GRUR 2018, 574 (579).

477 *Schack*, ZUM 2016, 266 (269).

geringer die Wahrscheinlichkeit der Rückführbarkeit auf eine spezifische Datenbank ist.[478]

4. Eingriff in das Recht zur öffentlichen Wiedergabe bei Veröffentlichung des Textkorpus

Die getroffene Beurteilung für die Datenmatrix lässt sich dabei auch auf die Veröffentlichung eines Textkorpus übertragen. Auch hier kommt es danach nicht zu einem Eingriff in das Recht zur öffentlichen Wiedergabe, da durch die Zerteilung der Werke in schutzlose Terme und ihre neue Zusammenstellung in strukturierter Form nicht die analysierten Ursprungswerke öffentlich wiedergegeben werden, sondern lediglich schutzlose Fragmente aus ihnen. Aus diesen Fragmenten lassen sich jedoch keine Rückschlüsse mehr auf die Ursprungswerke und die in ihr verkörperte persönlich geistige Schöpfung ziehen.[479] Zu konstatieren ist damit, dass die Veröffentlichung von im Rahmen des Text-Mining erstellten Textkorpora frei vorgenommen werden darf.[480]

III. Data-Mining im engeren Sinne: Die Anwendung des Data-Mining-Algorithmus

Liegt die Datenmatrix in einer akzeptablen Qualität vor, kann die eigentliche Analyse durchgeführt werden. Die Prophezeiung einiger Autoren, „Algorithms have come to shape our daily lives and realities“[481], kommt in dieser Mustererkennungsphase zur Erfüllung, da ohne die Anwendung der Algorithmen die in den Daten angelegten potenziellen Informationen nicht dechiffriert werden können.[482]

Hierbei folgen die Algorithmen den bereits vorgestellten Analysemethoden.[483] Konkret bedeutet dies, dass je nach gewählter Methode und dem damit

---

478 *Raue/Schöch*, RuZ 2020, 123; vgl. *Ducato/Strowel*, IIC 2019, 649 (657); *Jakl*, MMR 2019, 711 (714).

479 Siehe hierzu E.III.2.a).

480 A.A. *Kleinkopf/Jacke/Gärtner*, MMR 2021, 196 ff., die für eine potentielle Schutzfähigkeit eintreten.

481 *Hoffmann-Riem*, AöR 2017, 1 (4) referenzierend auf *Just/Latzer*, Media Culture & Society 2017, 238.

482 *Steinrötter*, in: Specht-Riemenschneider/Buchner/Heinze et al. (Hrsg.), FS Taeger, 491 (492 f.).

483 Siehe hierzu in Kap. B.I.4. c).

hervorzubringenden Muster ein Algorithmus zum Einsatz gebracht wird, der in der Lage ist, die beabsichtigten Muster (z. B. Klassifikation) hervorzubringen.

Für jede Methode ist dabei nicht jeder Algorithmus geeignet, sodass hier technische Grenzen ihren Einsatzzweck bestimmen.

Wendet man sich damit der inhaltlichen Konturierung eines Algorithmus zu, gilt es zwei Fragen im Rahmen ihres Einsatzes innerhalb des Text- und Data-Mining-Prozesses zu beantworten.

Erstens ist zu untersuchen, ob der Einsatz des Algorithmus innerhalb des Text- und Data-Mining-Prozesses eine verwertungsrechtliche Relevanz aufweist.

Zweitens ist das urheberrechtliche Schicksal des Algorithmus zu evaluieren.

1. Technische Betrachtung

Unter einem Algorithmus versteht man in der Informatik eine Rechenregel, die auf eine ganze Klasse von Problemen anwendbar ist und so präzise gefasst ist, dass sie von einem mechanisch oder elektronisch arbeitenden Gerät (Computer) durchgeführt werden kann.[484] Sinnvoll ist es, im Anwendungsbereich des Text- und Data-Mining zwischen dem Einsatz menschlich konfigurierter Algorithmen und dem Einsatz selbstlernender Algorithmen zu unterscheiden.

Konfigurierten Algorithmen liegt dabei das Problem zugrunde, dass sie nur die Muster hervorbringen können, die der Mensch in seiner abstrakten Vorstellung in einem Datenbestand erwartet. Entsprechend rücken für das Ziel der unvoreingenommenen und umfassenden Informationsgewinnung selbstlernende Algorithmen stärker in den Fokus, da sie dem Bedürfnis nachkommen, auch durch den Menschen nicht erwartete Muster in Big Data aufzudecken.[485]

a) Konfigurierte Algorithmen

Die abstrakte Beschreibung eines konfigurierten Data-Mining-Algorithmus ist nur schwerlich möglich. Dies liegt daran, dass ihre Konfiguration im Einzelfall

484 BGH, Urt. v. 9.5.1985, I ZR 52/83 - Inkasso-Programm, NJW 1985, 192 (196); *Dreier*/Schulze (Hrsg.), UrhG, § 69a Rn. 22; *Spindler*, in: Schricker/Loewenheim (Hrsg.), UrhG, § 69a Rn. 12a; *Hoffmann-Riem* (Hrsg.), Big Data, 14 f.; *Busch*, Algorithmic Accountability, 9; *Hoffmann-Riem*, AöR 2017, 1 (2 f.); *Ory/Sorge*, NJW 2019, 710.

485 *Amstutz*, AcP 2018, 438 (507); *Meys*, GRUR Int. 2020, 457 (465); *Thieltges*, ZfP 2020, 1 (3, 17, 19); eingehend aus Sicht der Informatik *Mitchell*, Comm. of the ACM 1999, 1 ff.

immer auf die jeweilige Aufgabenstellung Rücksicht nimmt.[486] Gleichwohl ist es sinnvoll, einen abstrakten Ansatz zu beschreiben, wie er in der Erkenntnis zum Ausdruck kommt: „any algorithm that enumerates patterns from, or fits models to, data is a data mining algorithm."[487]

Die Entwicklung eines Data-Mining-Algorithmus folgt der Vorgabe, ein empirisches Sachproblem zu lösen und mithilfe der beschriebenen Methodenklassen sämtliche Muster zu visualisieren, die den vorgegebenen Anforderungs- und Gütekriterien entsprechen.[488] Damit dies jedoch gelingt, ist der Algorithmus zu parametrisieren.[489]

Die Konfiguration vollzieht sich dabei durch die Vorgabe bestimmter methodenspezifischer Werte, die Auswahl der bei der Musterbildung zu berücksichtigenden Attribute oder die Einstellung von Gewichtungsvariablen für bestimmte Eingabevariablen.[490]

b) Selbstlernende Algorithmen

Neben menschlich konfigurierten Algorithmen stehen für das Text- und Data-Mining daneben die immer zentraler werdenden selbstlernenden Algorithmen zur Verfügung. Diese werden u. a. durch das Forschungsgebiet des Machine Learning beschrieben und entwickelt.[491]

Für das Text- und Data-Mining stellt sich dabei das Problem, dass der menschliche Horizont die Informationsgewinnung implizit limitiert und so die die Entdeckung unerwarteter, aber dennoch interessanter Muster in der Datenmatrix verhindert. An diesem Problem setzen selbstlernende Algorithmen an, die in ihren kybernetischen Grundzügen schon seit den 1960er-Jahren bekannt sind.[492] *Amstutz* bezeichnet sie als eine „Art Minenarbeiter, die in die Schächte von Big Data hinabsteigen"[493].

486 Vgl. die Darstellung zum Aufbau eines neuronalen Netzes bei *Ehinger/Stiemerling*, CR 2018, 761 (762 ff.); *Söbbing*, CR 2020, 223 (224).

487 *Mandl*, in: Kuhlen/Semar/Strauch (Hrsg.), Information und Dokumentation, 183.

488 *Bensberg*, Web Log Mining, 81.

489 Vgl. BT-Drucks. 18/12329, 40.

490 *Cleve/Lämmel*, Data Mining, 10.

491 *Brühl*, CFS 2019, 4 (6), erkennt die Verfahren des „Machine Learning" als Teilgebiet des Data Mining.

492 *Loewenheim/Leistner*, in: Schricker/Loewenheim (Hrsg.), UrhG, § 2 Rn. 41.

493 *Amstutz*, AcP 2018, 438 (505).

Damit ein Algorithmus sich jedoch autonom weiterentwickeln und selbstständig auf eine neue Datenmatrix reagieren kann, muss technisch der Ansatz des „supervised learning“ oder des „unsupervised learning“ beschritten werden.[494]

Bei der erstgenannten Variante des supervised learning wird der Algorithmus mithilfe eines vorgegebenen Trainingsdatenbestandes angelernt, bis er in der Lage ist, die Funktion des Selbstlernens autonom in einem sich wandelnden Datenbestand auszuführen.[495] Zu warnen ist hier jedoch vor einem sog. „Algorithmic Bias“, also einer algorithmischen Voreingenommenheit, die die Gefahr mit sich bringt, dass die Ergebnisse verzerrt und für den Anwender des Data-Mining letztlich invalide werden.[496]

Im Anwendungsbereich des Text- und Data-Mining verdichtet sich die Aufgabe des supervised learning oftmals in die Richtung, den Algorithmus so gut zu trainieren, dass auch neu hinzutretende Datensätze einer zuvor definierten Klasse (Klassifikation) zugeordnet werden können, wie es beispielsweise beim Kredit-Scoring der Fall ist.

Bei der komplementär zu betrachtenden Technik des unsupervised learning geht es hingegen darum, dass der Algorithmus eine Abbildung von Eingabe- und Ausgabewerten erlernt, wobei im Unterschied zum „supervised learning“ die korrekten Ausgabewerte nicht bekannt sind.[497]

Für beide Techniken ist zudem darauf hinzuweisen, dass sie unauflöslich mit Datenqualitätsfragen verbunden sind. Einleuchtend ist dies deshalb, da, je mehr qualitativ hochwertige Daten vorhanden sind, desto besser das Trainingsergebnis am Ende ausfällt.[498]

---

494 *Alpaydin*, Maschinelles Lernen, 3, 23; *Gabriel/Gluchowski/Pastwa*, Data Mining, 149 f.; *Manyika/Chui/Brown et al.*, Big Data, 31; *Apel/Kaulartz*, Rdi 2020, 24; *Stiemerling*, CR 2015, 762 (763); vgl. auch *Ehinger/Stiemerling*, CR 2018, 761, 764 mit einem Fokus auf neuronalen Netzen.

495 *Amstutz*, AcP 2018, 438 (505); zum Bedürfnis einer Kontrolle dieser sich selbst verändernden Algorithmen *Busch*, Algorithmic Accountability, 65.

496 Vgl. BT-Drucks. 19/5667, 8; vgl. auch *Boyd*, Privacy and Publicity in the Context of Big Data, abrufbar unter: https://bit.ly/3s2R92w (zuletzt abgerufen: 2.4.2021).

497 *Alpaydin*, Maschinelles Lernen, 12.

498 Vgl. *Bunk*, in: Raabe/Wagner (Hrsg.), Daten als Wirtschaftsgut, 30 (31).

2. Urheberrechtliche Bewertung des Analysevorgangs

In der Einsatzphase eines konfigurierten oder selbstlernenden Algorithmus kommt es nicht zu einem Eingriff in die Verwertungsrechte der jeweiligen Schutzrechtsinhaber.

Dies ist damit zu begründen, dass die zu analysierende Datenmatrix oder das Textkorpus, in dem die analyserelevanten Daten strukturiert zusammengefasst vorliegen, schon selbst keine urheberrechtliche Relevanz aufweist.[499]

Diesem Votum schließt sich auch der Gesetzgeber an, der feststellt, dass der Kern des Text- und Data-Mining, nämlich das Ablaufenlassen der Rechenregel in Form des Algorithmus, keine urheberrechtlich relevante Handlung ist, da es im Vorgang der Analyse weder zu einer Vervielfältigung noch zu einer Bearbeitung der zuvor ausgewählten Schutzgegenstände kommt.[500]

3. Urheberrechtliches Schicksal des Data-Mining-Algorithmus

Von den verwertungsrechtlichen Implikationen der Einsatzphase ist die Frage nach einem urheberrechtlichen Schutz der konkret eingesetzten Algorithmen zu unterscheiden.

a) Konfigurierte Algorithmen

Der Schutz eines konfigurierten Text- und Data-Mining-Algorithmus kommt zunächst über § 69a Abs. 2 UrhG, Art. 1 Abs. 3 Computerprogramm-RL in Betracht.

Diese Vorschrift schützt Computerprogramme, unter denen ein Paket von Befehlen, die ein Computer versteht und ausführt, verstanden wird.[501] Voraussetzung des Schutzes ist es, dass das Computerprogramm eine hinreichende Originalität im Sinne einer persönlichen geistigen Schöpfung aufweist und Steuerungsbefehle an eine Maschine erteilt werden.[502]

Ob ein konfigurierter Data-Mining-Algorithmus jedoch letztlich einen urheberrechtlichen Schutz erlangen kann, hängt nicht zuletzt vom terminologischen

---

499 Siehe hierzu in Kap. D.II.2.

500 BT-Drucks. 18/12329, 40; *Dreier*/Schulze (Hrsg.), UrhG, § 60d Rn. 4; Dreyer/Kotthoff/Meckel/*Hentsch* (Hrsg.), UrhG, § 60d Rn. 3; *Stieper*, in: Schricker/Loewenheim (Hrsg.), UrhG, § 60d Rn. 3; *Kleinkopf/Jacke/Gärtner*, MMR 2021, 196; *Raue*, ZUM 2019, 684 (685); vgl. auch *Carroll*, UC Davis L. Rev. 2019, 893 (949).

501 *Apel/Kaulartz*, RDi 2020, 24 (27); *Ory/Sorge*, NJW 2019, 711 (712).

502 Siehe hierzu bereits in Kap. C.VI.2. d).

Verständnis des Algorithmusbegriffs ab.[503] Versteht man unter einem Algorithmus danach eine einzige mathematische Rechenregel, so begegnet ein Schutz dieser Rechenregel als Computerprogramm Bedenken.[504]

Dies folgt daraus, dass Algorithmen, die auf allgemein bekannten mathematischen Prinzipen basieren, ein Schutz über § 69a Abs. 2 UrhG zu versagen ist, da die hinter den Rechenregeln liegenden allgemeinen Ideen und technischen Grundsätze durch die Zuweisung eines Ausschließlichkeitsrechts nicht monopolisiert werden können. Eine andere Sichtweise würde sich in Widerspruch zum urheberrechtlichen Paradigma der Ideenfreiheit setzen, das normativ in § 69a Abs. 2 UrhG verankert ist.[505]

Ein eng begrenzter Raum für einen Algorithmusschutz auf urheberrechtlicher Grundlage besteht daher nur, wenn man den Algorithmusbegriff so versteht, dass in einem Computerprogramm selbst mehrere Algorithmen enthalten sein können und im Einzelfall in ihrer Anordnung eine kreative Leistung zum Ausdruck kommt.[506] Anknüpfungspunkt eines solchen Schutzes ist dabei der nach § 69a Abs. 2 UrhG schutzfähige Quellcode, der kompiliert zum Objektcode die Maschine nach den Vorgaben der mathematischen Rechenregel steuert.[507]

b) Selbstlernende Algorithmen

Für selbstlernende Algorithmen ist schon die Voraussetzung der „persönlich“ geistigen Schöpfung problematisch. Gerade im Bereich des unsupervised learning, in dem der menschliche Einfluss auf die Gestaltung und die Ergebnisse

---

503 Darauf hinweisend *Wiebe*, in: Spindler/Schuster (Hrsg.), UrhG, § 69a Rn. 24.

504 So die hM *Wiebe*, in: Spindler/Schuster (Hrsg.), UrhG, § 69a Rn. 25; differenzierend *Dreier*/Schulze (Hrsg.), UrhG, § 69a Rn. 22; *Grützmacher*, in: Wandtke/Bullinger (Hrsg.), UrhG, § 69a Rn. 2; *Spindler*, in: Schricker/Loewenheim (Hrsg.), UrhG, § 69a Rn. 12b; so auch *Scheja*, CR 2018, 485 (486); *Söbbing*, CR 2020, 223 (228).

505 ErwG 11 Computerprogramm-RL; EuGH, Urt. v. 2.5.2012, C-406/10, Rn. 32 - SAS Institute, GRUR 2012, 814 (815); BGH, Urt. v. 9.5.1985, I ZR 52/83 - Inkasso-Programm, NJW 1986, 192 (196); Nachweise bei *Grützmacher*, in: Wandtke/Bullinger (Hrsg.), UrhG, § 69a Rn. 29; *Apel/Kaulartz*, RDi 2020, 24 (27); *Dorner*, CR 2014, 617 (622); *Drexl/Hilty/Desaunettes et al.*, GRUR Int. 2016, 914 (916); vgl. für das US Copyright Law, *Samuelson*, in: Ginsburg/Dreyfuss (Hrsg.), Intellectual Property Stories, 159 (192 f.).

506 BGH, Urt. v. 4.10.1990, I ZR 139/89 - Betriebssystem, GRUR 1991, 449 (453); BGH, Urt. v. 9.5.1985, I ZR 52/83 - Inkasso-Programm, NJW 1986, 192 (196); *Gräfe/Kahl*, MMR 2021, 121 (123); *Scheja*, CR 2018, 485 (487).

507 *Söbbing*, CR 2020, 223 (224).

des Algorithmus nur in dem Verfügbarmachen von Trainingsdaten zum Ausdruck kommt, ist diese Voraussetzung problematisch. Hier wird man ein Verständnis zugrunde legen müssen, nach dem sich ein selbstlernender Algorithmus aus sich selbst heraus anlernt und abgesehen von dem Zur-Verfügung-Stellen von Trainingsdaten nicht auf weitere menschliche kreative Entscheidungen angewiesen ist. Weder im Algorithmus selbst noch in den Ergebnissen[508] kommt damit eine persönlich geistige Schöpfung zum Ausdruck, die jedoch für die Schutzfähigkeit nach § 69a Abs. 2 UrhG konstitutiv ist.

IV. Evaluation und Interpretation der offenbarten Muster

Das Ziel der abschließenden Evaluations- und Interpretationsphase ist die Verknüpfung der durch den Algorithmus hervorgebrachten Muster mit einer subjektspezifischen Bedeutung.[509] Eine verwertungsrechtliche Relevanz weist dieser Prozessschritt nicht auf.

Zu konstatieren ist aber, dass die Evaluation und Interpretation technisch gesehen eine der schwierigsten Phasen im Prozessmodell des Text- und Data-Mining ist. *Boyd* formuliert dies treffend in dem Satz „[i]nterpretation is the hardest part of doing data analysis“[510]. Die hervorgebrachten Muster werden dabei für den Anwender über die unterschiedlichen Text- und Data-Mining-Methoden visualisiert, die sich für den Anwender als Klassifikation, Segmentierung, Abhängigkeiten oder Abweichungen offenbaren.[511]

Chronologisch ist der Phase der Interpretation der Muster die Phase der Evaluation als Filter vorzuschalten. Dabei fungieren die Kriterien gültig („valid“), neu („novel“), verständlich („ultimately understandable“) und potenziell nützlich („potentially useful“) als Gütekriterien eines potenziell interessanten Musters.[512]

---

508 Siehe hierzu auch in Kap. E.II.2.

509 *Düsing*, in: Chamoni/Gluchowski (Hrsg.), Informationssysteme, 4. Aufl., 281 (298).

510 *Boyd*, Privacy and Publicity in the Context of Big Data, abrufbar unter: https://bit.ly/3s2R92w (zuletzt abgerufen: 2.4.2021).

511 *Alpar/Niedereichholz*, Data Mining, 9; *Fayyad/Piatetsky-Shapiro/Smyth*/Uthurusamy (Hrsg.), Data Mining, 1 (13 ff.); *Knobloch*, Data Mining, 17; ausführlich *Cleve/Lämmel*, Data Mining, 61 ff.; *Ester/Sander*, KDD, 45 ff.; *Mertens/Bodendorf/König et al.*, Wirtschaftsinformatik, 53 f.

512 *Fayyad/Piatetsky-Shapiro/Smyth*/Uthurusamy (Hrsg.), Data Mining, 1 (7 f.); vgl. *Bensberg*, Web Log Mining, 88; eine eingehende Diskussion der Kriterien findet sich bei *Knobloch*, Data Mining, 39 ff.

Ist der Schritt der Evaluation vollzogen, geht es im Anschluss darum, im Wege der Interpretation die Muster mit dem subjektspezifischen Vorwissen des Text- und Data-Mining-Anwenders zu verknüpfen, um aus ihnen die begehrten semantischen Informationen zu gewinnen. In diesem Schritt entscheidet sich also, ob der Text- und Data-Mining-Prozess lediglich „neue“ Daten hervorgebracht hat oder ob aus den hervorgebrachten Mustern durch den Anwender tatsächlich semantische Informationen abgeleitet werden können.[513] Der Algorithmus selbst vollzieht dabei keine Wertung, sondern ist nur das Werkzeug zur menschlichen Urteilsbildung.[514]

Fällt das Ergebnis der Interpretation negativ aus oder stellt sich im Rahmen der Evaluation heraus, dass die Muster uninteressant sind, so ist zum Prozessschritt der Datenauswahl zurückzukehren und unter dem Eindruck der invaliden Muster die Datenauswahl anzupassen.

V. Gesamtergebnis der verwertungsrechtlichen Analyse des Text- und Data-Mining-Prozesses

Bereits aus der verwertungsrechtlichen Analyse der Prozessschritte des Text- und Data-Mining lässt sich das Fazit ziehen, dass eine Schranke, die die Vervielfältigung von Datenbanken zu Zwecken des kommerziellen Text- und Data-Mining privilegiert, wenig sachgerecht ist.

Dieses Votum ergibt sich aus dem Umstand, dass der Text- und Data-Mining-Prozess der normalen Auswertung einer Datenbank nicht zuwiderläuft und ein Abruf auch sämtlicher strukturierter Daten aus einer geschützten Datenbank möglich ist, ohne dass der Investitionsschutzzweck gefährdet wird. An diesem Ergebnis ändert auch die Untersuchung der weiteren Prozessschritte des Text- und Data-Mining nichts, die in Anknüpfung an den zentralen Akt der Datenauswahl das gefundene Ergebnis mittragen.

Allein für den in der Praxis wenig relevanten Fall, in dem ein Datenbankwerk mitsamt seinen internen Suchhilfen und Thesauri abgerufen wird, liegt ein Eingriff in das Vervielfältigungsrecht durch die Auswahl des Datenbankwerkes vor. Die weiteren Prozessschritte der Datenvorbereitung, der Transformation und des Einsatzes des Algorithmus vermögen hingegen keinen eigenständigen Eingriff in die Verwertungsrechte der jeweiligen Schutzrechtsinhaber zu begründen.

---

513 *Wiebe*, in: Hornung (Hrsg.), Rechtsfragen der Industrie 4.0,97 (108); *Burk*, U. Chic. L. Rev. 2019, 283 (296 f.).

514 Eingehend *Burk*, U. Chic. L. Rev. 2019, 283 (297).

Ein abweichendes Votum ergibt sich allerdings für die Auswahl von Werken. Dies ist der unterschiedlichen Datenstruktur (unstrukturierte Daten) von Werken geschuldet, die es in der Regel erforderlich macht, das gesamte Werk oder zumindest geschützte Teile in den Analysedatenbestand zu übertragen, um diese dann in strukturierte und maschinenlesbare Daten umzuarbeiten.[515] Dabei hat sich gezeigt, dass die Methode der abgeleiteten Textformate und das Screen Scraping technische Lösungen bereitstellen, die das Problem der verwertungsrechtlichen Relevanz der Datenauswahl zwar abschwächen können, aber letztlich auch ein Eingreifen des Vervielfältigungsrechts bei der Auswahl von Werken nicht rechtssicher auszuschließen vermögen.

Für Werke ist zudem zu beachten, dass die Formatänderung z. B. einer PDF-Datei in eine XML-Datei eine (weitere) Vervielfältigung darstellen kann. Hier ist allerdings maßgeblich darauf abzustellen, ob dieser Transformationsvorgang bereits vor dem Prozessschritt der Datenvorbereitung erfolgt oder danach, wenn die Sprachwerke bereits in schutzlose Fragmente zerteilt worden sind. Gleiches gilt auch für den Vorgang der Digitalisierung, nach dem ein zunächst lediglich analoges vorliegendes (Sprach-)Werk in ein digitales Format überführt wird, um so die Grundbedingungen der Maschinenlesbarkeit zu erfüllen.

Für die zu erstellende Datenmatrix und die Textkorpora hat die Untersuchung ergeben, dass diese aufgrund des anzuwendenden Ausschlusses für Spin-off-Datenbanken keinen selbstständigen leistungsschutzrechtlichen Schutz erlangen können. Darüber hinaus ist ihre Veröffentlichung frei möglich, da die in ihnen enthaltenen Fragmente weder geschützte Werkbestandteile darstellen noch sich ihre Herkunft prima facie auf die verwendeten Ursprungsdatenbanken zurückführen lässt. Auch hier läuft die Veröffentlichung der Datenmatrix der normalen Auswertung der Ursprungsdatenbank insofern nicht zuwider.

Zu resümieren ist für die verwertungsrechtliche Untersuchung der einzelnen Prozessschritte des Text- und Data-Mining somit, dass die Privilegierungswirkung der neu eingeführten Text- und Data-Mining-Schranken allein für die Auswahl geschützter Werke greift, nicht hingegen für den Abruf analyserelevanter Datenbanken.

Der fehlende Gleichlauf in der verwertungsrechtlichen Bewertung für Werke und Datenbanken ergibt sich dabei maßgeblich aus dem weiten Vervielfältigungsrecht des § 16 UrhG, das – anders als das Vervielfältigungsrecht des § 87b Abs. 1 S. 1 UrhG – einer normativen, am Investitionsschutz auszurichtenden Betrachtung nicht zugänglich ist.

515 Siehe hierzu ausführlich in Kap. C.VII.

D. Die urheberrechtliche Schutzfähigkeit der Text- und Data-Mining-Ergebnisse

An die verwertungsrechtliche Analyse des Text- und Data-Mining-Prozesses schließt sich die urheberrechtliche Einordnung der hervorgebrachten Muster an. Die Aufgabe des nachfolgenden Kapitels definiert sich entsprechend darin, zu klären, ob die Zuweisung eines absoluten Rechts über die Einordnung der Nutzungsergebnisse des Text- und Data-Mining als Datenbank, Werk oder Computerprogramm begründet werden kann.

I. Abgrenzung zwischen Text- und Data-Mining-Ergebnissen und KI-Erzeugnissen

Bevor jedoch in die Diskussion eingetreten wird, ist eine Abgrenzung zwischen den hervorgebrachten Mustern des Text- und Data-Mining und Erzeugnissen Künstlicher Intelligenz (KI)[516] vorzunehmen.

Betrachtet man die Diskussion um ein autonomes Recht an KI-Erzeugnissen, sticht hervor, dass vorrangig der Schutz von durch Computer geschaffenen, schöngeistigen Leistungen diskutiert wird, wie beispielsweise das im Jahr 2018 geschaffene Porträt „Edmond de Belamy", welches durch das Auktionshaus Christie's für 432.500 US-Dollar versteigert wurde.[517] Wäre ein solches Gemälde durch einen Menschen geschaffen worden, so wäre ihm wohl unzweifelhaft aufgrund der im Gemälde zum Ausdruck kommenden Originalität ein Werkschutz zugestanden worden.[518]

Für die hervorgebrachten Muster des Text- und Data-Mining-Prozesses gilt dieses Votum hingegen nicht, da sie im Vergleich zu einem computergenerierten Gemälde einzig und allein Muster in der Visualisierungsform der durch den Anwender gewählten Text- und Data-Mining-Methode hervorbringen. Zu betonen ist der Unterschied zu kreativen KI-Erzeugnissen auch dahingehend, dass dem Text- und Data-Mining im Verhältnis zu KI in der Regel eine dienende

---

516 *Döbel/Leis/Vogelsang et al.*, KI bezeichnet ein Teilgebiet der Informatik, mit dem Ziel, Maschinen zu befähigen, Aufgaben intelligent, d.h. „geistig" reflektiert und zweckgerichtet, zu erfüllen.

517 *Lauber-Rönsberg*, GRUR 2019, 244; *Ory/Sorge*, NJW 2019, 710 (711); zur Schutzfähigkeit KI-erzeugter Texte, *Gräfe/Kahl*, MMR 2021, 121 ff.

518 Vgl. *Leistner*, in: Schricker/Loewenheim (Hrsg.), UrhG, § 2 Rn. 41.

Funktion zukommt.[519] Diese Einordnung basiert auf der Annahme, dass das erfolgreiche Training eines KI-Algorithmus eines möglichst umfassenden und validen Datenbestandes bedarf, um einen „Algorithmic Bias" zu vermeiden.[520]

Hierzu kann das Text- und Data-Mining aktiv beitragen, indem es einen validen Trainingsdatenbestand erzeugt, welcher der beabsichtigten KI-Anwendung nur segmentierte Daten zuführt, die für die anwenderseitig beabsichtigte Funktion dienlich sind.

Im Ergebnis ist der Begriff des KI-Erzeugnisses daher inhaltlich deutlich weiter zu verstehen. Ob man dabei begriffsdogmatisch die Text- und Data-Mining-Ergebnisse unter dem bisweilen konturlos weiten Begriff der KI-Erzeugnisse erfassen will, soll hier nicht näher beleuchtet werden, da es an dieser Stelle ausreichend ist, darauf hinzuweisen, dass ein divergierendes Begriffsverständnis zwischen KI-Erzeugnissen und Text- und Data-Mining-Ergebnissen besteht.[521]

II. Schutzfähigkeit unter dem einheitlichen europäischen Werkbegriff

Als erste Möglichkeit eines urheberrechtlichen Schutzes der hervorgebrachten Muster ist auf den europäischen Werkbegriff mit seiner Voraussetzung einer eigenen geistigen Schöpfung einzugehen. Hierbei ist deutlich geworden, dass dieser, anders als § 2 Abs. 2 UrhG, keine explizite Voraussetzung der „persönlichen" Schöpfung kennt. Gleichwohl hat seine Untersuchung die Erkenntnis zutage gefördert, dass auch der europäische Werkbegriff in seiner Entwicklung durch den EuGH der „droit d'auteur"-Tradition des kontinentaleuropäischen Urheberrechts folgt.[522] Gestützt wird diese Auffassung durch die bisherige Kasuistik des EuGH, der über die Betonung der „persönlichen Note" als konstitutives Merkmal des europäischen Werkbegriffs immer wieder seine anthropozentrische Orientierung deutlich gemacht hat.[523]

---

519 *Hacker*, GRUR 2020, 1025; *Ory/Sorge*, NJW 2019, 710 (711); vgl. *Meys*, GRUR Int. 2020, 457 (465); *Sag*, J. Copyright Soc´y U.S.A. 2019, 291 (299).

520 So auch *Ory/Sorge*, NJW 2019, 710 f.; *Spindler*, CR 2019, 277 (278); *Steinbrecher*, MMR 2019, 639 (640); *Würtenberger/Freischem*, GRUR 2019, 1140; für eine Privilegierung unter der amerikanischen Fair Use Schranke, *Sobel*, Colum. J.L. & Arts 2017, 45 (95 f.); *Lewandowski*, Wash. L. Rev. 2018, 579 (629 f.).

521 Für einen deutlich weiteren Ansatz *Hetmank/Lauber-Rönsberg*, GRUR 2018, 574 (578).

522 Siehe hierzu in Kap. C.II.1.

523 Vgl. zuletzt EuGH, Urt. v. 11.6.2020 - C-833/18, Rn. 26 - Brompton/Get2Get, GRUR 2020, 736 (737).

Diese Einschätzung dürfte dabei auch unbenommen der Tatsache gelten, dass der EuGH noch nicht in einer Rechtssache zu „computer-generated works" entscheiden musste.

1. Der Anthropozentrismus des Werkbegriffs als Ausschlusskriterium

Letztlich ist es jedoch der vom menschlichen Schaffen ausgehende Werkbegriff, der das maßgebliche Hindernis darstellt, wenn es darum geht, algorithmenerzeugten Ergebnissen des Text- und Data-Mining-Prozesses einen Werkschutz zu vermitteln.

Die Prozessstruktur des Text- und Data-Mining veranschaulicht dabei, dass menschliche Interventionen allein im Rahmen des Preprocessing und nachgelagert im Rahmen der Evaluation stattfinden, im Rahmen der automatischen Erstellung der konkreten Muster durch den Algorithmus hingegen nicht.[524]

Dabei gilt, dass es zwar unschädlich ist, wenn zur Herstellung eines Werkes technische Hilfsmittel als Werkzeug eingesetzt werden, umstritten ist jedoch, wie der konkrete menschliche Beitrag ausgestaltet sein muss, damit insgesamt noch von einem menschengemachten Erzeugnis gesprochen werden kann.[525]

Eine zwingende Grenze wird man dort ziehen müssen, wo der Schaffensprozess autonom durch den Algorithmus vollzogen wird, sodass es an der notwendigen Zurechnung zwischen menschlicher Handlung und Handlungserfolg fehlt.[526] Dieser fehlende Zurechnungszusammenhang dürfte dabei insbesondere für den Einsatz selbstlernender Algorithmen zu betonen sein.[527]

Für menschlich konfigurierte Algorithmen ist dieser Aspekt hingegen diskutabel. Allerdings ist dann in die Diskussion um einen derivativen Schutz von Computerprogrammen einzutreten und zu diskutieren, ob eine Zurechnung

---

524 *Specht-Riemenschneider*, in: Specht-Riemenschneider/Buchner/Heinze et al. (Hrsg.), FS Taeger, 711 (718); *Zech*, GRUR 2015, 1151 (1152).

525 *Gomille*, JZ 2019, 969 (970); *Hetmank/Lauber-Rönsberg*, GRUR 2018, 574 (577); *Ory/Sorge*, NJW 2019, 710 (711), betonen hierbei den Grad der Autonomie des Algorithmus.

526 Vgl. EuGH, Urt. v. 1.12.2011, C-145/10, Rn. 89 - Painer, GRUR 2012, 166 (168); *Specht-Riemenschneider*, in: Specht-Riemenschneider/Buchner/Heinze et al. (Hrsg.), FS Taeger, 711 (716); *Gomille*, JZ 2019, 969 (970); *Gräfe/Kahl*, MMR 2021, 121 (124).

527 So auch *Specht-Riemenschneider*, in: Specht-Riemenschneider/Buchner/Heinze et al. (Hrsg.), FS Taeger, 711 (717), die jedoch zwischen schwacher und starker KI differenziert.

der menschlichen Konfigurationsleistung auch auf Resultatsebene in Ansatz gebracht werden kann.[528]

Bevor dies jedoch erfolgt, ist es sinnvoll, einen Schritt zurückzugehen und zu evaluieren, ob ein etwaiger Schutz der Text- und Data-Mining-Ergebnisse nicht schon gegen den Ausschluss von rein technisch und funktional praktisch geprägten Gestaltungen des europäischen Werkbegriffs verstieße.[529] Diese Frage ist dabei losgelöst von der Frage des Anthropozentrismus zu betrachten, da insoweit feststeht, dass auch einem auf Grundlage einer menschlich-gestalterischen Tätigkeit geschaffenen Produkt kein Urheberrechtsschutz zuteilwerden kann, wenn dieses nicht hinreichend originell ist. Betrachtet man vor diesem Hintergrund die algorithmenerzeugten Muster des Text- und Data-Mining wie beispielsweise die Ergebnisse einer Segmentierung, so erfolgt deren Visualisierung zumeist in einem Diagramm, in dem die einzelnen Datensätze als Punkte eines bestimmten Clusters dargestellt werden.[530]

Diese Visualisierungsform ist dabei Ausdruck eines durch den Anwender gewählten, zwingenden technischen Ablaufs, in dem erstens kein persönlicher Gestaltungsspielraum vorhanden ist und zweitens eine persönliche Note auch nicht auf Resultatsebene zum Ausdruck kommt. Ein notwendiger Gestaltungsspielraum für den Text- und Data-Mining-Anwender ist allein im Bereich des vorgelagerten Preprocessing und der nachgelagerten Evaluation auszumachen. Auf Resultatsebene kommt er hingegen nicht zum Ausdruck, da der menschliche Einfluss nichts an der (originellen) Darstellung der Muster ändert, sondern nur etwas an ihrer Validität.

Mit Beginn der Schaffensphase, also dem Start des Text- und Data-Mining-Algorithmus, ist damit eine zwingende Zurechnungsgrenze zu ziehen, sodass im Ergebnis ein Schutz nach dem europäischen Werkbegriff für die hervorgebrachten Muster des Text- und Data-Mining ausscheiden muss.[531]

---

528 Vgl. *Specht-Riemenschneider*, in: Specht-Riemenschneider/Buchner/Heinze et al. (Hrsg.), FS Taeger, 711 (716 f.); a.A. *Kummer*, Das Werk, 75 f. mit seiner sog. Präsentationslehre.

529 Ausführlich mit Nachweisen der Literatur in Kap. C.II.1.

530 Vgl. die graphische Darstellung bei *Cleve/Lämmel*, Data Mining, 63.

531 *Specht-Riemenschneider*, in: Specht-Riemenschneider/Buchner/Heinze et al. (Hrsg.), FS Taeger, 711 (718); so im Ergebnis auch *Geiger/Frosio/Bulayenko*, IIC 2018, 814, 819; *Gomille*, JZ 2019, 969, 973; *Zech*, ZUM 2020, 801 (805).

2. Möglichkeit eines derivativen Schutzes?

In der Betrachtung eines Schutzes der hervorgebrachten Muster als Werk ist bereits die Möglichkeit eines derivativen Schutzes über § 69a Abs. 2 UrhG angeklungen. Konstruiert wird ein solcher Schutz über den menschlichen Input bei der Konfiguration eines Algorithmus, der dann auf die Resultate ausgedehnt wird.[532]

Für selbstlernende Algorithmen ist ein solcher Schutz jedoch schon als contra legem zurückzuweisen, da ihnen keine menschlichen Gestaltungsentscheidungen zugrunde liegen.[533]

De lege lata ließe sich daher nur für menschlich konfigurierte Algorithmen ein derivativer Schutz andenken. Allerdings begegnet dieser Ansatz im Urheberrecht grundlegenden Bedenken. Gemeinhin gilt, anders als im Patentrecht, dass ein Schutz für aus dem Algorithmus abgeleitete Daten und Datenbankstrukturen nicht über die nach § 69a Abs. 2 UrhG schutzfähigen Computerprogramme begründet werden kann.[534]

Dies liegt nicht zuletzt daran, dass ein derivativer Schutz die Zurechnungsgrenze der urheberrechtlichen Schutzfähigkeit missachtet, die nicht nur zwischen Vorbereitungs- und Gestaltungsphase zu ziehen ist, sondern konsequenterweise auch zwischen Gestaltungs- und Ergebnisphase.[535]

III. Schutzfähigkeit unter dem Schutzrecht sui generis des Datenbankherstellers

Nachdem ein Schutz der hervorgebrachten Muster als Werk abzulehnen ist, verbleibt noch die Möglichkeit eines Schutzes der hervorgebrachten Text- und Data-Mining-Ergebnisse als Datenbank i. S. v. §§ 87a ff. UrhG. Das Datenbankherstellerrecht kennzeichnet sich dabei durch den Vorteil seines divergierenden Schutzguts, das auf einen reinen Investitionsschutz abstellt und nicht auf

---

532 Vgl. *Gräfe/Kahl*, MMR 2021, 121 (122 f.); für das US Copyright Law, *Carroll*, UC Davis L. Rev. 2019, 893, 939; *Kaminski*, UC Davis L. Rev. 2017, 589, 597.

533 *Leistner*, in: Schricker/Loewenheim (Hrsg.), UrhG, § 2 Rn. 41.

534 *Dreier*/Schulze (Hrsg.), UrhG, § 69 Rn. 12; *Spindler*, in: Schricker/Loewenheim (Hrsg.), UrhG, § 69a UrhG Rn. 12 f.; *Ehinger/Stiemerling*, CR 2018, 761 ff.; *Hetmank/Lauber-Rönsberg*, GRUR 2018, 574, 577; *Lauber-Rönsberg*, GRUR 2019, 244 (248); vgl. *Butler*, Hastings Comm. & Ent L. J., 1982, 707 (744 f.); zum Verhältnis von Urheber- und Patenrecht, *Zech*, ZUM 2020, 801.

535 Vgl. *Specht-Riemenschneider*, in: Specht-Riemenschneider/Buchner/Heinze et al. (Hrsg.), FS Taeger, 711 (718).

das bei Algorithmenerzeugnissen problematische Kriterium der menschlich-gestalterischen Tätigkeit. Ein Schutzrecht sui generis kann gleichwohl nur innerhalb seiner spezifischen Schutzvoraussetzungen gewährt werden, was zuvor jedoch der Klärung technischer Fragestellungen bezüglich der Outputgenerierung bedarf.

1. Voraussetzungen des § 87a Abs. 1 S. 1 UrhG

Die hervorgebrachten Muster des Text- und Data-Mining-Prozesses sind in der Regel das Produkt eines spezifisch auf die Aufgabenstellung konfigurierten Algorithmus. Bei diesen Mustern handelt es sich dabei keinesfalls um Rohdaten, sondern um strukturierte Datensets oder Smart Data.[536]

Smart Data verlässt den Algorithmus aber nicht bereits in Erfüllung der engen Voraussetzungen des § 87a Abs. 1 S. 1 UrhG. Vielmehr müssen die Daten für einen separaten Schutz nach dem Datenbankherstellerrecht noch entsprechend aufbereitet werden.[537]

Damit ist ein zwingender Zwischenschritt zwischen der Datenerzeugung und der Überführung der hervorgebrachten Muster in eine Datenbank auszumachen, sofern die Muster nach § 87a Abs. 1 S. 1 UrhG geschützt werden sollen.

Einen unmittelbaren zeitlichen Zusammenhang zwischen Erzeugung und Überführung in eine Datenbank, wie ihn Teile der Literatur fordern, ist zwar normativ in § 87a Abs. 1 S. 1 UrhG nicht angelegt, aufgrund der selbstständigen Nachweispflicht für die Investition in die Darstellung, Überprüfung oder Beschaffung jedoch geboten.

Eine Zustimmung zur Weiterverwendung durch die Hersteller der Datenbank, der die analyserelevanten Daten entnommen wurden, ist dabei nicht erforderlich, da die Herkunft der geschützten Ursprungsdatenbanken in den hervorgebrachten Mustern nicht zum Vorschein kommt. Auch einer bereits geordneten Speicherung der Daten im physischen Datenspeicher bedarf es nicht.[538]

Damit jedoch die algorithmengenerierten Ergebnisse einem Schutz als Datenbank nach § 87a Abs. 1 S. 1 UrhG zugänglich sind, müssen sie systematisch oder methodisch angeordnet sowie unabhängig und einzelzugänglich sein.

---

536 *Sagstetter*, in: Husemann/Korves/Rosenkranz et al. (Hrsg.), Strukturwandel, 249 (258); so auch *Peschel/Rockstroh*, MMR 2014, 571; *Roßnagel*, NJW 2017, 10.

537 Für diesen Zwischenschritt plädierend allerdings im Kontext von Rohdaten, *Wiebe*, in: Frenz (Hrsg.), Hdb. Industrie 4.0, 279 (286, 289); *Wiebe*, GRUR 2017, 338 (342); *Wiebe*, GRUR Int. 2016, 877 (879).

538 ErwG 21 Datenbank-RL.

Insbesondere das Erfordernis der Unabhängigkeit ist dabei im Kontext algorithmenerzeugter Muster kritisch zu würdigen, müssen sich die Einzelelemente einer Datenbank doch voneinander trennen lassen, ohne dass ihr selbstständiger Informationswert dadurch beeinträchtigt wird. In Rekurs auf die Ausführungen zur Entscheidung des EuGH in der Rechtssache „Esterbauer" kann hier aber eine Brücke geschlagen werden, wonach zur Bestimmung des selbstständigen Informationswerts auch auf Datenkombinationen abgestellt werden kann.[539] In der Theorie ist ein Unterfallen der durch den Text- und Data-Mining-Prozess hervorgebrachten Muster unter den juristischen Datenbankbegriff danach denkbar.

2. Berücksichtigungsfähigkeit der Investition

Problematischer als die Überführung der hervorgebrachten strukturierten Datensets unter die Vorgaben des juristischen Datenbankbegriffs ist jedoch die Frage der Berücksichtigungsfähigkeit der in den Text- und Data-Mining-Prozess geflossenen Investition.

Der EuGH vollzieht hier eine Abgrenzung zwischen unbeachtlichen Investitionen in die Datenerzeugung und beachtlichen Investitionen in die Datenbankerstellung.[540] Dieses Abgrenzungspostulat findet seine Wurzeln im Schutzzweck der Datenbank-Richtlinie, der vorgibt, nur einen Anreiz für die Errichtung von Systemen zur Speicherung und Verarbeitung „vorhandener Informationen" zu geben.[541] Geschützt wird damit nach allgemeiner Auffassung allein der Vorgang des Veredelns und Aggregierens vorhandener Daten und nicht die Investitionen, die bei der Erzeugung von Elementen stattfinden, die später einmal in einer Datenbank zusammengestellt werden können.[542]

---

539 Siehe die Nachweise in Kap. C.III.2. b) bb) (2).

540 EuGH, Urt. v. 9.11.2004 - C-203/02, Rn. 31 - BHB/William Hill, GRUR 2005, 244 (247); EuGH, Urt. v. 9.11.2004 - C-338/02, Rn. 24 - Fixtures-Fußballspielpläne I, GRUR 2005, 252 (253); EuGH, Urt. v. 9.11.2004 - C-444/02, Rn. 40 - Fixtures-Fußballspielpläne II, GRUR 2005, 254 (256); *Hoeren*, MMR 2005, 34 (35); *Metzger*, GRUR 2012, 118 (124); *Schmidt, K./Zech*, CR 2017, 417 (421); *Sendrowski*, GRUR 2005, 369 (371); *Wiebe*, CR 2005, 169 (170 f.); kritisch *Lehmann*, in: Conrad/Grützmacher (Hrsg.), FS Schneider, 133 (139).

541 ErwG 39 Datenbank-RL.

542 *Wiebe*, in: Frenz (Hrsg.), Hdb. Industrie 4.0, 287 (288 f.); *Wiebe*, GRUR 2017, 338 (345); kritisch aber *Hacker*, GRUR 2020, 1025 (1030).

Spin-off-Datenbanken mit einem wirtschaftlichen Schwerpunkt auf der Erzeugung einer unabhängigen Leistung sind damit nicht vom Investitionsschutz des Datenbankherstellerrechts umfasst.[543]

Kritisiert wird an dieser Auffassung, dass die Phase der Datenerzeugung und die Phase der Datenbeschaffung oftmals nicht klar abzugrenzen seien und daher die durch den EuGH postulierte Trennung in beachtliche und unbeachtliche Investitionen versage.[544]

Von den in der Literatur diskutierten Lösungsvorschlägen hat sich allerdings weder der „pro rata"-Ansatz[545] noch ein hiervon abweichender Ansatz durchsetzen können, wonach Investitionen auch dann voll zu berücksichtigen sind, wenn die Beschaffung, Darstellung oder Überprüfung der Daten mit der Tätigkeit der Datenerzeugung zusammenfällt.[546]

a) Abgrenzungspostulat nach EuGH „BHB/William Hill"

Dem Einwand einer mangelhaften Abgrenzung zwischen der Phase der Datenerzeugung und der Phase der Beschaffung kann im Kontext des Text- und Data-Mining mit seiner klaren Prozessstruktur entgegengetreten werden.

Die Struktur ermöglicht es, alle Prozessschritte des Text- und Data-Mining entweder der Phase der unbeachtlichen Datenerzeugung oder der Phase der beachtlichen Datenbeschaffung zuzuordnen.

Einschließlich der Einsatzphase des Algorithmus sind dabei alle Prozessschritte des Text- und Data-Mining der Datenerzeugung zuzuordnen, während

---

543 *Dreier*/Schulze (Hrsg.), UrhG, § 87a Rn. 12; *Hermes*, in: Wandtke/Bullinger (Hrsg.), UrhG, § 87a Rn. 41; *Grützmacher*, CR 2016, 485 (488); *Schmidt, K./Zech*, CR 2017, 417 (423); kritisch *Ehmann*, K&R 2014, 394 (398); *Lehmann*, in: Conrad/Grützmacher (Hrsg.), FS Schneider, 133 (139), der sogar davon ausgeht, dass ein Schutz der Ergebnisse des Data Mining und somit letztlich auch von Daten von den Vätern der Datenbank-RL beabsichtigt war.

544 *Rieger*, Wissenschaftliche Datenbanken, 141 f.; *Elteste*, CR 2015, 447 (448 f.); *Hoeren*, MMR 2005, 34 (35); *Hacker*, GRUR 2020, 1025 (1030); *Ehmann*, K&R 2014, 394 (397), stellt die Abgrenzung grundsätzlich in Frage „Nach dem natürlichen Wortsinn ist die Neugewinnung von Daten ebenso eine Form des Beschaffens wie der Erwerb von Daten".

545 *Hermes*, in: Wandtke/Bullinger (Hrsg.), UrhG, § 87a Rn. 43; *Vogel*, in: Bodewig/Dreier/Götting et al. (Hrsg.), FS Schricker, 588 (591); *Wiebe*, in: Hornung (Hrsg.), Rechtsfragen der Industrie 4.0, 97 (104 f.).

546 Schlussantrag von GA Stix-Hackl, v. 8.6.2004 C-203/02, Rn. 46, 49 - BHB/William Hill; *Gaster*, CRi 2005, 129 (133); *Sendrowski*, GRUR 2005, 369 (371).

die Phase der Evaluation und Interpretation als nachgelagerte Prüfphase zu verstehen ist. Fraglich ist allerdings, ob in dieser nachgelagerten Überprüfung der Muster auf ihre Validität hin bereits eine in Ansatz zu bringende Investition erkannt werden kann.[547] Wichtig ist dabei zu betonen, dass Mittel für Überprüfungsmaßnahmen, die „im Laufe des Stadiums der Erzeugung von Daten oder sonstigen Elementen gewidmet werden“[548], die Erzeugung betreffende Mittel darstellen und daher nicht berücksichtigungsfähig sind.

Problematisch ist dabei, dass die im Rahmen des Text- und Data-Mining-Prozesses hervorgebrachten Muster erst in eine Datenbank i. S. v. § 87a Abs. 1 S. 1 UrhG übertragen werden müssen. Wenn die Überprüfung jedoch bereits vor dem Übertragungsakt erfolgt, so fehlt es schon an einer tatbestandlichen Anknüpfung der Investition, da nicht der „Datenbankinhalt“ überprüft wird. Solche Investitionen für die Überprüfungen der Erzeugungsergebnisse können daher nicht in Ansatz gebracht werden.[549]

Der EuGH fasst dies so zusammen, dass bei Daten, die der Datenbankhersteller zuvor selbst erzeugt hat, weder ihre Ermittlung und Beschaffung noch ihre Überprüfung zum Zeitpunkt der Erstellung der Datenbank besondere Mittel erfordern, sodass weder ein berücksichtigungsfähiger Beschaffungs- noch ein entsprechender Überprüfungsaufwand vorliege.[550] Dagegen wird vonseiten der Literatur eingewandt, dass nach dem natürlichen Wortsinn die Neugewinnung von Daten ebenso eine Form des Beschaffens ist wie der Erwerb von Daten.[551]

Gänzlich anders verhält sich der Sachverhalt, wenn Kosten entstehen, die daraus resultieren, die Text- und Data-Mining-Ergebnisse in eine schutzfähige Datenbank zu überführen. Diese Aufwendungen in die Darstellung des Datenbankinhalts ermöglichen es, die durch den Text- und Data-Mining-Algorithmus erzeugten, strukturierten Datensets in eine systematische Anordnung zu bringen und diese einzeln abrufbar zu machen. Erst durch diesen Vorgang erhält die

547 EuGH, Urt. v. 9.11.2004 - C-338/02, Rn. 27 - Fixtures-Fußballspielpläne I, GRUR 2005, 252 (253); *Hermes*, in: Wandtke/Bullinger (Hrsg.), UrhG, § 87a Rn. 37; vgl. *Sagstetter*, in: Husemann/Korves/Rosenkranz et al. (Hrsg.), Strukturwandel, 249 (272).

548 EuGH, Urt. v. 9.11.2004 - C-203/02, Rn. 34 - BHB/William Hill, GRUR 2005, 244 (2479.

549 *Hermes*, in: Wandtke/Bullinger (Hrsg.), UrhG, § 87a Rn. 37; *Vogel*, in: Schricker/Loewenheim (Hrsg.), UrhG, § 87a Rn. 46.

550 EuGH, Urt. v. 9.11.2004 - C-203/02, Rn. 36 - BHB/William Hill, GRUR 2005, 244 (247); EuGH, Urt. v. 9.11.2004 - C-444/02, Rn. 46 - Fixtures-Fußballspielpläne II, GRUR 2005, 254 (256).

551 *Ehmann*, K&R 2014, 394 (397).

Ergebnis-Datenbank ihre Funktionalität, weshalb es zutreffend ist, solche Kosten nicht pauschal als unbeachtliche Vorfeldinvestition der Phase der Datenerzeugung zuzuweisen.[552]

Folgen im Anschluss an die Erstellung der Datenbank weitere Überprüfungsmaßnahmen der nunmehr in einer Datenbank abgelegten Text- und Data-Mining-Ergebnisse, so liegt es nahe, diese Investitionen in die (erneute) Evaluation der Text- und Data-Mining-Ergebnisse als eine nach der Erzeugung zu verortende und daher berücksichtigungsfähige Investition zu behandeln.[553] Dafür spricht auch die Auffassung des BGH, der in Rekurs auf die Rechtsprechung des EuGH feststellt, dass die mit der Überprüfung des Inhalts einer Datenbank verbundenen Investitionen erst dann anfallen, wenn die Bewerbungstexte – im Fall des Text- und Data-Mining also die algorithmisch erzeugten Muster – schon vorhanden sind.[554]

b) Problem der „selbstständigen Investition" in mehrstufigen Datenanalyseprozessen

Das weitaus größere Problem dürfte daher auch nicht in der Feststellung der Berücksichtigungsfähigkeit der Investition liegen, sondern in der Voraussetzung einer quantitativ oder qualitativ wesentlichen Investition.[555]

Gerade in Grenzfällen zwischen der Datenerzeugung und der Darstellung oder Überprüfung der Daten können aber nur die Investitionen in Ansatz gebracht werden, die in die berücksichtigungsfähige Darstellung des Datenbankinhalts geflossen sind. Zuordnungsschwierigkeiten zwischen der Phase der Datenerzeugung und der Darstellung sind dabei in der Praxis durch eine genaue Dokumentation der Kosten zu lösen.[556]

---

552 *Hermes*, in: Wandtke/Bullinger (Hrsg.), UrhG, § 87a Rn. 38.

553 Dagegen sprechen auch nicht die Urteile EuGH, Urt. v. 9.11.2004 - C-203/02, Rn. 36 - BHB/William Hill, GRUR 2005, 244 (247) und EuGH, Urt. v. 9.11.2004 - C-444/02, Rn. 46 - Fixtures-Fußballspielpläne II, GRUR 2005, 254 (256), die nur Investitionen in die Überprüfung „im Zeitpunkt der Erstellung der Datenbank" ausschließen nicht hingegen im Anschluss an ihre Erstellung; so im Ergebnis auch *Sagstetter*, in: Husemann/Korves/Rosenkranz et al. (Hrsg.), Strukturwandel, 249 (274).

554 BGH, Urt. v. 1.12.2010 - I ZR 196/08, Rn. 22 - Zweite Zahnarztmeinung II, GRUR 2011, 724 (725).

555 Kritisch hierzu *Ehmann*, Datenbanken und Investitionsschutz, 135 ff.

556 *Sagstetter*, in: Husemann/Korves/Rosenkranz et al. (Hrsg.), Strukturwandel, 249 (274).

Problematisch ist jedoch die Forderung des EuGH über einen Nachweis, dass die Darstellung der Elemente in der Datenbank Anlass zu einer in quantitativer oder qualitativer Hinsicht wesentlichen Investition gegeben haben, die im Verhältnis zu denjenigen Mitteln, die eingesetzt worden sind, um diese Elemente zu erzeugen, selbstständig sind.[557]

Hier baut der EuGH mit seiner relativen Betrachtung der Investition („im Verhältnis") und der darüber hinaus statuierten Nachweispflicht der Selbstständigkeit zwei erhebliche Hürden auf. Daher verwundert es nicht, dass der EuGH in keinem der bislang zu entscheidenden Fälle es vermocht hat, letzten Endes eine selbstständige wesentliche Investition des Datenerzeugers in die sich anschließende Darstellung der Daten anzunehmen.[558]

Die Probleme im Bereich der Nachweisführung einer selbstständigen Investition offenbart dabei auch ein jüngeres Urteil des OLG Hamburg, in dem der geforderte Nachweis für eine wesentliche Investition für einen hochkomplexen medizinischen Operationenschlüssel klägerseitig nicht geführt werden konnte.[559]

Entsprechend droht sich das Kriterium der Selbstständigkeit auch für den potenziellen Schutz von Text- und Data-Mining-Ergebnissen zum entscheidenden Hemmschuh auszuwachsen. Dies ist damit zu begründen, dass innerhalb des Text- und Data-Mining die Phase der Datenerzeugung ca. 80 % der zeitlichen und finanziellen Ressourcen in Anspruch nimmt.[560]

Fügt man diesen Phasen noch die Einsatzphase des Algorithmus hinzu, so wird der quantitativ wesentliche Teil der Investitionen der Phase der unbeachtlichen Datenerzeugung zuzuordnen sein und im Verhältnis hierzu die nachgelagerte Darstellung der Daten in einer Datenbank nur marginale Kosten verursachen.

Von einer durch den EuGH geforderten „selbstständigen" wesentlichen Investition wird man daher auch bei großzügiger Auslegung des Begriffs nur schwerlich ausgehen können.

---

557 EuGH, Urt. v. 9.11.2004 - C-203/02, Rn. 35 - BHB/William Hill, GRUR 2005, 244 (247); EuGH, Urt. v. 9.11.2004 - C-444/02, Rn. 45 - Fixtures-Fußballspielpläne II, GRUR 2005, 254 (256); *Hermes*, in: Wandtke/Bullinger (Hrsg.), UrhG, § 87a Rn. 42.

558 *Hermes*, in: Wandtke/Bullinger (Hrsg.), UrhG, § 87a Rn. 42; *Leistner/Antoine/Sagstetter*, Big Data, 79.

559 OLG Hamburg, Urt. v. 8.6.2017 - 5 U 54/12, Rn. CR 2018, 22 (27); kritisch *Leistner*, CR 2018, 17.

560 *Alpar/Niedereichholz*, Data Mining, 38; *Bensberg*, Web Log Mining, 79.

Werden zudem mehrere Iterationen des Text- und Data-Mining-Prozesses durchgeführt und erst die validen Endergebnisse in einer Datenbank dargestellt, so vergrößert sich die Diskrepanz zwischen den Mitteln, die in die unbeachtliche Datenerzeugung fließen, und den Mitteln, die für die Darstellung des Datenbankinhalts verwendet werden, sogar noch. Dass letztlich die Annahme einer selbstständigen Investition in die Darstellung der Text- und Data-Mining-Ergebnisse nur im Einzelfall zu begründen ist, leuchtet dabei auch vor dem Hintergrund ein, dass die Kosten für die Speicherung großer Datenbestände in Datenbanken konstant sinken, während für die Datenerzeugung schon aufgrund der Datenauswahl und vor allem ihrer Vorbereitung und Transformation immer gewisse operative Kosten anfallen.[561]

De lege lata kommt ein Investitionsschutz für die algorithmengenerierten Muster über § 87a ff. UrhG somit in aller Regel nicht in Betracht. In der Schlussfolgerung bedeutet dies einen in der Theorie nutzerfreundlichen Ansatz, da einer Vielzahl von hervorgebrachten Mustern ein absoluter Schutz über das Urheberrecht verwehrt bleibt.[562]

3. Teleologische Extension der Voraussetzung der Beschaffung in § 87a Abs. 1 S. 1 UrhG

Eine andere Beurteilung ist jedoch anzudenken, wenn man den Stimmen folgt, die den Investitionsschutz auf die Erzeugung von Rohdaten über eine teleologisch-extensive Auslegung des Kriteriums der Beschaffung in § 87a Abs. 1 S. 1 UrhG ausdehnen wollen.[563]

Der Investitionsschutz der Datenbank-Richtlinie in seinem aktuellen Zuschnitt ist dabei nie frei von Kritik gewesen. Schon im Evaluationsbericht der Kommission aus dem Jahr 2005 wurde mit Blick auf die Ziele der Datenbank-Richtlinie ernüchternd festgestellt, dass die mit der Gewährung eines Schutzrechts verbundene Erwartung einer Innovationsförderung im Datenbanksektor nicht

---

561 Vgl. hierzu Kap. A.I.

562 So im Ergebnis auch *Rieger*, Wissenschaftliche Datenbanken, 137; *Leistner*, in: Lohsse/Schulze/Staudenmayer (Hrsg.), Trading Data, 27 f.; *Ory/Sorge*, NJW 2019, 710 (712).

563 *Wiebe*, GRUR 2017, 338, 341 f.; vgl. auch *Leistner/Antoine/Sagstetter*, Big Data, 65 ff.; ablehnend *Schmidt, K./Zech*, CR 2017, 417 ff.; de lege lata verneint *Fisher/Chicot/Domini et al.*, Study in support of Directive 96/9/EC, 110; siehe hierzu auch die Überlegungen auf europäischer Ebene in SWD(2018) 146 final, 35 ff.

nachgewiesen werden konnte.[564] Auch die jüngste Evaluation der Datenbank-Richtlinie aus dem Jahr 2018 zeichnet hier ein kritisches Bild mit Blick auf die Erfassung von Big-Data-Sachverhalten.[565]

Diese Kritik verdichtet sich vor dem Hintergrund immer stärker wachsender Rohdatenbestände in der Idee einer teleologisch-extensiven Auslegung des Schutzrechts sui generis.[566]

Argumentiert wird dabei von den Vertretern dieser Auffassung mit einer Vergleichbarkeit zur Beschaffung von Messdaten. Bei deren Generierung komme es wie bei maschinengenerierten Rohdaten ebenfalls nur zur Beschaffung eines bereits in der Natur existierenden Datums.[567] Zu berücksichtigen sei zudem ein gewandeltes gesetzgeberisches Verständnis, da der Gesetzgeber 1996, dem Jahr des Inkrafttretens der Datenbank-Richtlinie, noch keine Big-Data-fähigen Rohdaten bei der Ausgestaltung des Tatbestandsmerkmals vor Augen haben konnte und vielmehr vom Idealbild aufbereiteter Daten in einer sauber strukturierten Datenbank ausging.[568]

a) *Kritische Würdigung des Begriffs der Rohdaten*

Der in die Diskussion eingebrachte Begriff der Rohdaten ist jedoch selbst Gegenstand kritischer Diskussionen und mit Blick auf die hervorgebrachten Ergebnisse des Text- und Data-Mining-Prozesses problematisch. Mit Verweis auf die Prägung von Daten durch das Erkenntnisinteresse, die Erhebungsinstrumente oder die Versuchsanordnung[569] kulminiert die vorgebrachte Kritik an dem Begriff in der Erkenntnis „raw data is both an oxymoron and a bad idea“[570].

---

564 DG Internal Market and Services Working Paper, First evaluation of Directivce 96/9/EC on the legal protection of databases, v. 12.12.2005, S. 1 ff., abrufbar unter: https://bit.ly/2OPTtLP (zuletzt abgerufen: 2.4.2021).

565 SWD(2018) 146 final; siehe auch *Fisher/Chicot/Domini et al.*, Study in support of Directive 96/9/EC, 1 ff.

566 Vgl. die Überlegungen zu einem Recht des Datenerzeugers, COM(2017) 9 final, 14 f.; COM 2020, 66 final; BT-Drucks, 19/26450, 22; *Schur*, Lizenzierung von Daten, 248; *Zech*, Information als Schutzgegenstand, 385 ff.; hierzu auch *Wiebe*, in: Hornung (Hrsg.), Rechtsfragen in Industrie 4.0, 97 (113 f.).

567 Hierzu *Hermes*, in: Wandtke/Bullinger (Hrsg.), UrhG, § 87a Rn. 49.

568 *Ehmann*, K&R 2014, 394 (395); *Schmidt, K./Zech*, CR 2017, 417 (420).

569 *Hill*, DÖV 2014, 213, 214; *Hoeren/Pinelli*, JZ 2020, 879.

570 *Gitelman/Jackson*, in: Gitelman (Hrsg.), Raw Data is an Oxymoron, 1.

Hält man trotz dieser begriffsdogmatischen Bedenken an dem Begriff fest, so sind Rohdaten als Daten zu beschreiben, die automatisiert erfasst werden und unmittelbar aus den erzeugten Quellen stammen.[571]

Problematisch ist jedoch, dass nach dem oben dargetanen Verständnis der Text- und Data-Mining-Prozess Muster in Form eines strukturierten Datensets oder Smart Data hervorbringt.[572] Dementsprechend bringt eine teleologische Extension des Schutzrechts sui generis auf die Beschaffung von Rohdaten für das Text- und Data-Mining keinen Mehrwert, da es sich bei den hervorgebrachten Ergebnissen gerade nicht um Rohdaten handelt. Nur ein Ansatz, der sich vom engen Begriff der Rohdaten löst und auch algorithmisch erzeugte Muster (Datensets) umfasst, wäre danach in der Lage, auch die hervorgebrachten Text- und Data-Mining-Ergebnisse einem Schutz über das Datenbankherstellerrecht zu unterstellen.

b) Ambivalente Auswirkung einer teleologisch-extensiven Auslegung auf das Text- und Data-Mining

Für Text- und Data-Mining-Nutzer, die selbst keine Daten oder nicht ausreichend Daten erzeugen, würde die angedachte Vorverlagerung des Investitionsschutzes darüber hinaus erhebliche Nutzungsprobleme schaffen, da hierdurch eine gesetzlich angeordnete Exklusivität für die hervorgebrachten Muster geschaffen würde.

In der Konsequenz würde damit für öffentlich zugänglich Ergebnisse von Text- und Data-Mining-Analysen, in die eine wesentliche Investition geflossen ist, ein Verbotsrecht des Datenbankherstellers statuiert. Eine entsprechende Novellierung des Schutzrechts sui generis hätte daher im Anwendungsbereich des Text- und Data-Mining zur Folge, dass sich bestehende Machtasymmetrien zwischen Datenerzeugern und Text- und Data-Mining-Nutzern, die auf die freie Nutzung von (Roh-)Datensammlungen zur Analyse angewiesen sind, weiter vertiefen und die Nische der freien Datennutzung sich insgesamt weiter verengen würde.[573]

---

571 *Sarrer/Pruß*, in: Auer-Reinsdorff/Conrad (Hrsg.), Hdb. IT-Recht, § 2 Rn. 40; *Härting*, CR 2016, 646 (647); *Zech*, GRUR 2015, 1151 (1152).

572 *Sagstetter*, in: Husemann/Korves/Rosenkranz et al. (Hrsg.), Strukturwandel, 249 (258); so auch *Peschel/Rockstroh*, MMR 2014, 571.

573 Vgl. *Peitz/Schweitzer*, NJW 2018, 275; die von rechtlich induzierten Funktionsdefiziten sprechen.

Auf der anderen Seite würde ein etwaiger Schutz von Rohdaten für die Nutzer von Text- und Data-Mining-Verfahren jedoch auch Vorteile bringen.

So bestünde die Möglichkeit, ohne den beschriebenen Zwischenschritt einer weiteren Investition in die „Veredelung“, die hervorgebrachten Muster unmittelbar erga omnes zu schützen. Qua Entstehung würde somit den algorithmenerzeugten Mustern ein absoluter Schutz auf der Resultatsebene zuteilwerden, sofern die Muster zusätzlich die Voraussetzungen des juristischen Datenbankbegriffs erfüllen und in ihre Erzeugung eine wesentliche Investition geflossen ist.

Während damit auf der Analyseebene eine Extension des Datenbankherstellerrechts negative Auswirkungen für den Text- und Data-Mining-Prozess hätte, würde sich ein absoluter Schutz auf Resultatsebene positiv auswirken, da der Text- und Data-Mining-Nutzer gegen die zustimmungsfreie Übernahme seiner Ergebnisse ein absolutes Verbotsrecht in Stellung bringen könnte.

c) Weitere Bedenken

Gegen die Idee einer teleologisch extensiven Auslegung des bestehenden Schutzrechts sui generis spricht jedoch abseits der bereits genannten Aspekte, dass gerade im Bereich von Maschinendaten eine schutzgegenstandsimmanente Monopolisierungsgefahr droht (Sole-Source-Konstellation), da die Daten in diesen Fällen nur dem Betreiber oder dem Bediener der Maschine exklusiv bekannt sind.[574]

Faktisch könnte sich damit die Gefahr realisieren, dass sich die Wettbewerbsposition derjenigen, die schon technisch in der Lage sind, eine Vielzahl von Daten selbst zu erzeugen, noch dadurch verstärkt, wenn ihnen flankierend ein mit einer Verbotskomponente ausgestattetes Ausschließlichkeitsrecht zugewiesen würde.[575]

Eine Schutzgewährung würde darüber hinaus den Investitionsschutz deutlich vorverlagern und auch die Erzeugung von Daten mitumfassen, sodass ein fließender Übergang von der Erzeugung der Rohdaten bis hin zur Ablage in der Datenbank geschaffen würde.[576]

Beachtlich ist zudem der Einwand, dass eine teleologische Extension mit der ständigen Rechtsprechung des EuGH, die die Datenerzeugung konsequent aus

574 *Leistner*, K&R 2007, 457 (460); *Wiebe*, GRUR 2017, 338 (341).

575 Zum wettbewerblichen Charakter der Leistungsschutzrechte, *Ohly*, Gutachten 70. DJT, F 40 f.; dagegen *Haberstumpf*, GRUR 2003, 14 (25).

576 So auch *Leistner*, Rechtsschutz von Datenbanken, 151; *Hacker*, GRUR 2020, 1025 (1030); im Ergebnis ablehnend *Schmidt, K./Zech*, CR 2017, 417 (426).

dem europäischen Datenbankherstellerrecht heraushält, nicht vereinbar wäre. Sinnvoll ist es daher, auch künftig einen Investitionsschutz für die im Kontext des Text- und Data-Mining hervorgebrachten Muster erst zu gewähren, wenn im Nachgang ihrer Erzeugung eine zusätzliche wesentliche Investition in die Darstellung oder Überprüfung der Daten fließt (Value Added Design).[577]

4. Das Zusammenspiel des relativen und absoluten Datenbankschutzes und die Konsequenz der faktischen Exklusivität

Vor dem Hintergrund der gewonnenen Erkenntnisse ist es nicht verwunderlich, dass die Europäische Kommission dazu neigt, „das Schutzrecht sui generis im Großen und Ganzen nicht für die Datenwirtschaft […] (von Maschinen erzeugte Daten, IoT-Geräte, Big Data, KI, usw.)“[578] als geeignet anzuerkennen.[579]

Die Untersuchung hat hier gezeigt, dass der Ansatz der extensiven Auslegung des Kriteriums der Beschaffung sich in Widerspruch zur bestehenden Rechtsprechung des EuGH setzt. Entsprechend steht dem Text- und Data-Mining-Anwender in Bezug auf die Nachnutzung seiner hervorgebrachten Text- und Data-Mining-Ergebnisse über das Datenbankherstellerrecht kein Verbotsrecht zu.[580]

Gleichwohl besteht seitens des Text- und Data-Mining-Anwenders ein legitimes Interesse an einem Schutz seiner in den Analyseprozess getätigten Investitionen.

Dem liegt die Erwägung zugrunde, dass die Informationsgewinnung und Extraktion im Rahmen des Text- und Data-Mining-Prozesses mit hohen Kosten verbunden ist, während das anschließende Kopieren der Informationen hingegen nur sehr geringe Kosten verursacht.[581]

Typischerweise wird ein Schutz der hervorgebrachten Text- und Data-Mining-Ergebnisse daher in Abwesenheit eines absoluten Rechts auf vertraglicher Ebene realisiert.

Ausgangspunkt eines effektiven vertraglichen Schutzes ist dabei entweder die Geheimhaltung der hervorgebrachten Daten oder ihre rigorose Abschottung durch technische und/oder vertragliche Schutzmaßnahmen.

---

577 *Hoeren/Pinelli*, JZ 2020, 879 (880); *Wischmeyer/Herzog*, NJW 2020, 288 (290).
578 SWD(2018) 147 final, 2; in diese Richtung bereits COM(2017) 9 final, 11 ff.
579 a.A. *Leistner*, in: Lohsse/Schulze/Staudenmayer (Hrsg.), Trading Data, 27 (33, 54 f.).
580 Vgl. *Leistner*, in: Lohsse/Schulze/Staudenmayer (Hrsg.), Trading Data, 27 (32).
581 *Mattioli*, ZGE 2017, 299 (302).

Die beschriebenen Maßnahmen führen dabei auf rechtlicher Ebene zu einer faktischen Exklusivität, da den urheberrechtlich freien Mustern ohne die Zuweisung eines absoluten Schutzrechts gleichwohl ein vergleichbarer vertraglicher Schutz vermittelt wird.[582]

Für einen Dritten, der die hervorgebrachten Muster aber für eigene Analysen nutzen will, kann die faktische Exklusivität nur durch den Abschluss entgeltlicher Datenlizenzen oder Datennutzungsverträge durchbrochen werden.[583]

In der Konsequenz bedeutet dies jedoch, dass der Text- und Data-Mining-Anwender über vertragliche und technische Schutzmaßnahmen die Kontrolle über die wirtschaftliche Verwertung seiner im Rahmen des Text- und Data-Mining-Prozesses erzeugten „freien" Daten behält.

Dem Ausschluss der Datenerzeugung unter § 87a ff. UrhG in Verbindung mit der Rechtsprechung EuGH „Ryanair" ist somit im Ergebnis zu attestieren, dass er nachteilig zu der Möglichkeit eines robusten und vertraglichen Schutzes von im Urheberrecht schutzunfähigen Daten verleitet.[584]

IV. Der Schutz von Text- und Data-Mining-Ergebnissen im US-amerikanischen Copyright Law

Für den europäischen Rechtskreis ist durch die vorstehende Analyse festgestellt worden, dass nur kleine Nischen eines Ergebnisschutzes verbleiben.[585]

Sinnvoll ist es jedoch, den Fokus zu erweitern und auch die Einordnung durch das US-amerikanische Copyright Law und die mit diesem Rechtsregime verbundenen Schutzmöglichkeiten von Text- und Data-Mining-Ergebnissen zu untersuchen.

1. Zielsetzung des Rechtsvergleichs

Sinnvoll ist die Ausdehnung des Fokus auf das US-amerikanische Copyright Law nicht zuletzt vor dem Hintergrund, dass dieses Schutzregime kein Äquivalent

---

582 *Zech*, CR 2015, 137 (139 f.); vgl. *Schur*, Lizenzierung von Daten, 248; *Duisberg*, in: Raabe/Wagner (Hrsg.), Daten als Wirtschaftsgut, 16 (25 f.); vgl. auch *Wiebe*, in: Hornung (Hrsg.), Rechtsfragen der Industrie 4.0, 97 (109); *Zech*, in: Metzger/Wimmers (Hrsg.), DGRI Jahrbuch 2014, Rn. 20.

583 Siehe *Schur*, Lizenzierung von Daten, 159, sowie die weiteren Nachweise in (Fn. 347).

584 SWD(2018) 146 final, 19 f.; empirisch wird dies bestätigt durch *Fisher/Chicot/Domini et al.*, Study in support of Directive 96/9/EC, 83.

585 Siehe hierzu in Kap. E.V.

zum Schutzrecht sui generis des Datenbankherstellers kennt.[586] Die europäische Datenbank-Richtlinie aus dem Jahr 1996 hat insoweit keine legislative Tätigkeit in den USA ausgelöst.[587] Zwar gab es mit der „Moorhead Bill" und dem Vorschlag des „Collections of Information Antipiracy Act" Bestrebungen, ein dem Datenbankherstellerrecht vergleichbares Recht einzuführen, letztlich sind diese Vorschläge jedoch nicht angenommen worden.[588]

Ein weiterer tatsächlicher Grund für die Perspektivenweitung ist darüber hinaus der Umstand, dass nur 4 % aller Daten überhaupt in Ländern der EU gespeichert werden und in den USA die mit Abstand bedeutendsten Datenbankhersteller und Datenanalyseunternehmen ihren Sitz haben.[589] Kurz gesprochen findet das Gros der Text- und Data-Mining-Aktivitäten nicht unter dem Rechtsregime europäischer Richtlinien oder mitgliedstaatlicher Bestimmungen statt, sondern im Anwendungsbereich des US-amerikanischen Copyright Law.

Somit bietet sich ein akzentuierter Vergleich zu den oben gewonnenen Erkenntnissen an mit der Fragestellung, inwieweit über das US-amerikanische Copyright Law Möglichkeiten bestehen, algorithmisch hervorgebrachte Muster zu schützen.

2. Schutzfähigkeit von Daten und Datensammlungen

Ausgehend von 17 U.S.C § 102 schützt das US-amerikanische Copyright „works of authorship fixed in any tangible medium of expression […]".[590] In Bezug auf die für das Text- und Data-Mining entscheidende Frage einer Schutzfähigkeit von einzelnen Daten und Informationen hat der US Supreme Court in der Entscheidung „Feist Publications, Inc. v. Rural TelephoneService Co., Inc." festgestellt, dass diese – im Gleichlauf mit dem deutschen Urheberrecht – nicht schutzfähig sein können.[591]

---

586 *Hermes*, in: Wandtke/Bullinger (Hrsg.), UrhG, Vor. §§ 87a ff. Rn. 45; *Hargreaves/Guibault/Handke et al.*, TDM report, 3; *Mattioli*, ZGE 2017, 299 (302); *Elteste*, CR 2015, 447 (448).

587 Kritisch vielmehr *Reichman/Samuelson*, Vand. L. Rev. 1997, 52 (55 f.)

588 *Gaster*, in: Hoeren/Sieber/Holznagel (Hrsg.), MMR-Hdb., Teil 7.6 Rn. 233 f.; *Leistner*, in: Lohsse/Schulze/Staudenmayer (Hrsg.), Trading Data, 27 (50).

589 *Duisberg*, in: Raabe/Wagner (Hrsg.), Daten als Wirtschaftsgut, 16 (26); *Gaster*, in: Hoeren/Sieber/Holznagel (Hrsg.), Hdb. MMR, 7.6 Rn. 231; *Hugenholtz*, in: Lohsse/Schulze/Staudenmayer (Hrsg.), Trading Data, 73 (77).

590 Zu den Voraussetzungen *Versteeg*, Am. U. L. Rev. 1996, 1323 ff.

591 Feist Publications, Inc. v. Rural TelephoneService Co., Inc. - 499 U.S. 340, 111 S. Ct. 1282 (1991); *Ekstrand/Roush*, Cardozo Arts & Ent. L.J. 2017, 303 (311).

Mit dem Urteil ging dabei zugleich eine klare Absage der diskutierten „sweat of the brow“-Doktrin einher.[592] Die dogmatische Begründung des Supreme Courts ist dabei auch dem europäischen Urheberrecht nicht fremd, verweist das Gericht doch darauf, dass Tatsachen in die „public domain“ gehören und sie ihren Ursprung nicht einem schöpferischen Akt verdanken.[593] Der Aufdeckung einer Tatsache geht danach kein kreativer Schaffensakt, sondern vielmehr ein Entdeckungsakt der Person voraus, die eine bestimmte Tatsache als Erstes offenbart.[594]

Darüber hinaus wurde in derselben Entscheidung aber ein urheberrechtlicher Schutz für die Auswahl, Koordination und Anordnung von Zusammenstellungen von Daten und Informationen als möglich erachtet.[595]

Angenommen wurde ein urheberrechtlicher Schutz für solche Datensammlungen dabei unter anderem in der Entscheidung „CCC Information Services v. MacLean Hunter“. In dieser Entscheidung billigte der US Court of Appeals for the Second Circuit dem „RedBook“, einer Zusammenstellung von Gebrauchtwagenpreisen, die Faktoren wie Alter, Kilometerstand, Modell und andere Kriterien enthielt, die notwendige Originalität und damit einen urheberrechtlichen Schutz zu.[596] Das maßgebliche Argument lautete dabei, dass die im „RedBook“ niedergelegten Schätzpreise nicht allein auf der Auswertung einer Vielzahl von historischen Datenquellen basierten, sondern zusätzlich durch das Urteilsvermögen und Fachwissen der Klägerin angereichert worden waren, was der Zusammenstellung im konkreten Fall eine hinreichende Originalität verlieh.[597] In Ansätzen vergleichbar ist dieser Schutz der kreativen Auswahl- und

---

592 *Ehmann*, GRUR 2008, 474 (475).

593 Feist Publications, Inc. v. Rural TelephoneService Co., Inc. - 499 U.S. 340, 111 S. Ct. 1282 (1991); *Ekstrand/Roush*, Cardozo Arts & Ent. L.J. 2017, 303 (311); *Raue*, GRUR 2017, 11 (13).

594 Feist Publications, Inc. v. Rural TelephoneService Co., Inc. - 499 U.S. 340, 111 S. Ct. 1282 (1991).

595 So auch Sec. 17 U.S.C. § 103(a); vgl. auch *Ekstrand/Roush*, Cardozo Arts & Ent. L.J. 2017, 303 (312), mit Verweis auf Standard & Poor´s Corp. Inc. v. Commodity Exchange, Inc. - 683 f.2d 704 (2d Cir. 1982), das Gericht entschied hier zugunsten von Standard & Poor's, dass die einzelnen Dateneinheiten zwar nicht urheberrechtlich geschützt seien, Standard & Poor's jedoch erhebliche Arbeit und Kosten für die Erstellung des Index aufgewendet habe.

596 CCC Info. Servs. v. MacLean Hunter Mkt. Reports, Inc. - 44 f.3d 61 (2d Cir. 1994); *Gervais*, JIPITEC 2019, 3 (9).

597 *Mattioli*, ZGE 2017, 299 (304).

Anordnungsentscheidung insoweit mit dem Datenbankurheberrecht aus § 4 Abs. 2 S. 2 UrhG.

3. Für das Text- und Data-Mining entscheidende Voraussetzungen des Werkschutzes

Für den Schutz von hervorgebrachten Mustern als Text- und Data-Mining-Ergebnisse stellt das Kriterium der Originalität allerdings ein erhebliches Hindernis dar. Die vorgenommene Bewertung der Schutzfähigkeit von Algorithmen nach dem europäischen Werkbegriff hat die Erkenntnis geliefert, dass das Kriterium der Originalität mit dem Kriterium der Persönlichkeit des Urhebers verbunden ist und ein Werkschutz für Ergebnisse deshalb abzulehnen ist.

Etwas anderes ergibt sich auch nicht für das US-amerikanische Copyright Law mit seiner in 17 U.S.C. § 107 verankerten Voraussetzung der „original works". Auch die Entscheidung „CCC Information Services v. MacLean Hunter" fordert insofern mit Blick auf das konstitutive Erfordernis der Originalität, ein minimales Maß an (menschlicher) Kreativität („entail a minimal degree of creativity"), um der Zusammenstellung einen urheberrechtlichen Schutz zu verleihen.[598]

Zwar bekräftigt 17 U.S.C § 102, dass Werke auch mit maschineller Hilfe geschaffen werden können („with the aid of a machine or device"), allerdings besteht mit dem Kriterium des „Autorship" trotz des stärkeren utilitaristischen Bezugs des US-amerikanischen Copyright Law ebenso ein konstitutiver personaler Bezug wie im deutschen Urheberrecht.

Auch im Zeitalter datengetriebener Entwicklungen wird dieser personale Bezug durch das U.S. Copyright Office betont. So führt die Behörde in ihrem jüngst veröffentlichten Kompendium aus: „the Office will not register works produced by a machine or mere mechanical process that operates randomly or automatically without any creative input or intervention from a human author"[599].

Entsprechend ist schon in Zweifel zu ziehen, ob die durch einen Algorithmus rein maschinell erzeugten Muster in der Lage sind, das Kriterium des „Authorship" zu erfüllen. Im Gegensatz zum in Teilen europäisch überformten deutschen Urheberrecht wird ein Schutz algorithmengenerierter Ergebnisse in der Zukunft unter dem US-amerikanischen Copyright Law jedoch nicht gänzlich auszuschließen sein, da ökonomische Erwägungen im US-amerikanischen

598 CCC Info. Servs. v. MacLean Hunter Mkt. Reports, Inc. - 44 f.3d 61 (2d Cir. 1994).

599 Compendium of U.S. Copyright Office Practice, Rn. 313.2.; *Kaminski*, UC Davis L. Rev. 2017, 589 (597 f.); *Grimmelmann*, Iowa L. Rev. 2016, 657 (660).

Copyright Law deutlich stärker verankert sind und hier einen Spielraum für eine großzügigere Auslegung belassen.[600]

De lege lata liegt jedoch die Bewertung nahe, hervorgebrachten Mustern, die rein algorithmisch kreiert werden, auch unter den Bestimmungen des US-amerikanischen Copyright Law keinen Schutz zu gewähren.

4. Misappropriation-Doktrin

Aufgrund des fehlenden Schutzes von Datenbanken über ein dem Datenbankherstellerrecht äquivalentes Schutzrecht weichen Datenerzeuger in den Vereinigten Staaten oftmals auf Vorschriften zu Geschäftsgeheimnissen (kodifiziert in staatlichen und bundesstaatlichen Gesetzen), das Vertragsrecht und praktische Maßnahmen wie technische Schutzmaßnahmen aus, um ihre Werke und Datenbanken vor einer fremden Übernahme zu schützen.[601]

a) Voraussetzungen

Zentraler Schutzbaustein ist dabei die „misappropriation doctrine", die sich als Abwehrrecht gegen die Übernahme von kostenintensiven Zusammenstellungen von Daten herausgebildet hat und die damit in der Theorie ein geeignetes Mittel darstellt, Text- und Data-Mining-Ergebnisse vor einer unkontrollierten Übernahme Dritter zu schützen.

Der wettbewerbsrechtliche Schutz der Misappropriation-Doktrin wurde dabei durch das Urteil „International News Service v. Associated Press" entwickelt.[602] Aus diesem Urteil stammt auch die alternative Bezeichnung als „hot news doctrine". In der Entscheidung ging es dabei um die Übernahme von

---

600 Zu dieser Diskussion *Butler*, Hastings Comm. & Ent L. J., 1982, 707 (744 ff.); *Bridy*, Colum. J.L. & Arts 2016, 395 (401); *Kaminski*, UC Davis L. Rev. 2017, 589 (597 f.); vgl. auch *Gervais*, JIPITEC 2019, 3 (8), der die Entscheidung CCC Info. Servs. v. MacLean Hunter Mkt. Reports, Inc. - 44 f.3d 61 (2d Cir. 1994), in die Richtung versteht: „a collection of prices of used cars based on an algorithm factoring in age, mileage, model, etc. could benefit from protection"; allgemein zu den Unterschieden zum anglo-amerikanischen Urheberrecht, *de la Durantaye*, Wissenschaftsschranke, 116 ff., 163 ff.

601 *Mattioli*, ZGE 2017, 299 (306); *Gaster*, in: Hoeren/Sieber/Holznagel (Hrsg.), MMR-Hdb., 7.6 Rn. 231; die Unterschiede betonend *Wiebe*, GRUR Int. 2016, 877 (879).

602 International News Service v. Associated Press, 248 U.S. 215, 39 S. Ct. 68 (1918); *Derclaye*, Databases, 226 f.; *Specht/Kerber*, Datenrechte, 25; eingehend *Ekstrand/Roush*, Cardozo Arts & Ent. L.J. 2017, 303 (316); *Gervais*, JIPITEC 2019, 3 (9).

Nachrichten, die Associated Press durch eigene Journalisten in Europa über den Ersten Weltkrieg erstellen ließ und die anschließend durch International News Service nach Veröffentlichung durch lokale Presseunternehmen übernommen wurden.

Der Supreme Court entschied in dem Fall, dass unter bestimmten Voraussetzungen ein „quasi-property right“[603] an Nachrichten bestehe, um die Investitionen, die in ihre Sammlung geflossen waren, gegen unentgeltliche Übernahmen zu schützen.[604]

Das von dem Urteil ausgehende Free-Riding-Verbot gilt dabei nicht nur historisch für Nachrichten, sondern allgemein auch für Daten, die mit einem hohen Zeit- und Kostenaufwand zusammengestellt werden.[605]

Infolge technologischer Entwicklungen und der Novellierung des Copyright Act im Jahr 1976 hat sich der US Court of Appeals for the Second Circuit in „National Basketball Assoc. v. Motorola, Inc.“ aber dazu veranlasst gesehen, die Misappropriation-Doktrin neu auszurichten und über die Statuierung von fünf Voraussetzungen ihren Anwendungsbereich weiter zu konturieren.[606]

Für eine erfolgreiche Misappropriation Claim ist es danach notwendig, dass der Kläger (i) Informationen auf seine Kosten generiert oder zusammenstellt, (ii) die Information zeitkritisch ist, (iii) die Nutzung der Information durch den Beklagten unter Ausbeutung seiner Investitionen („costly efforts“) erfolgt, (iv) der Beklagte in einem direkten Wettbewerbsverhältnis mit dem Produkt oder der Dienstleistung des Klägers steht und (v) die Ausbeutung der Investition durch den Beklagten den Anreiz für den Kläger vermindert, das Produkt oder die Dienstleistung anzubieten, sodass ihre Schaffung („existence“) ernsthaft gefährdet würde.[607]

Diese Voraussetzungen wurden zudem noch dadurch erweitert, dass der Beklagte durch die Übernahme der kostenintensiv erstellten Daten unmittelbar

---

603 International News Service v. Associated Press, 248 U.S. 215, 39 S. Ct. 68 (1918).

604 International News Service v. Associated Press, 248 U.S. 215, 39 S. Ct. 68 (1918); *Specht/Kerber*, Datenrechte, 24

605 *Specht/Kerber*, Datenrechte, 24; vgl. zum damit verbundenen Problem der faktischen Exklusivität *Schur*, GRUR 2020, 1142 (1148); *Hacker*, GRUR 2020, 1025 (1027).

606 National Basketball Assoc. v. Motorola, Inc. 105 f.3d 841 (2d Cir. 1997); *Derclaye*, Database, 227 ff.

607 National Basketball Assoc. v. Motorola, Inc. 105 f.3d 841 (2d Cir. 1997); *Specht/Kerber*, Datenrechte, 26 f.

in die Lage versetzt werden muss, ein unmittelbar konkurrierendes Produkt („a directly competitive product") zu geringeren Kosten zu produzieren.[608]

Nicht eingreifen soll die Misappropriation-Doktrin hingegen, wenn die streitgegenständlichen Daten mit eigenem Kostenaufwand aus Drittdaten eines konkurrierenden Unternehmens erstellt werden.[609]

b) Anwendung auf die Ergebnisse des Text- und Data-Mining-Prozesses

In Rekurs auf die skizzierten fünf Voraussetzungen ist fraglich, ob eine Misappropriation Claim bei der Übernahme von Text- und Data-Mining-Ergebnissen überhaupt in Betracht gezogen werden kann. Gegen ihre Anwendung spricht, dass die Investitionen (Zeit und Geld) im Bereich des Text- und Data-Mining-Prozesses zwar auf die Generierung von Daten gerichtet sind (i), der Übernehmende mit den Ergebnissen jedoch nicht in die Lage versetzt wird, ein „unmittelbar" konkurrierendes Produkt zu produzieren, da die hervorgebrachten Muster auf einem derivativen Datenmarkt gehandelt werden und so nicht mit dem Ursprungswerk oder der Ursprungsdatenbank „unmittelbar" konkurrieren.

Auch die zweite Voraussetzung der zeitkritischen Information (ii) spielt für den Erfolg des Text- und Data-Mining-Prozesses nur eine untergeordnete Rolle. Zwar kann es sein, dass der Text- und Data-Mining-Prozess mit Echtzeit-Daten vollzogen wird, eine konstitutive technische Eigenschaft ist dies jedoch nicht.

Zu erwähnen ist zudem, dass die hervorgebrachten Muster eine geringe Substitutionsgefahr aufweisen, da sie als syntaktische Daten im Auge des einen Betrachters lediglich zusammenhangslose Muster bilden, während ein anderer Betrachter sie mit seinem Vorwissen zu „neuen" semantischen Informationen vernetzen kann. Entsprechend scheint eine Misappropriation Claim zur wettbewerbsrechtlichen Abwehr einer zustimmungsfreien Übernahme von Text- und Data-Mining-Ergebnissen schon mit Blick auf ihre notwendigen Voraussetzungen nicht möglich.

Hinzuweisen ist jedoch auf den Umstand, dass sich die Misappropriation-Doktrin in der Vergangenheit offen für „neue" Arten von Inhalten gezeigt hat, denen ein Schutz durch das Urheberrecht verwehrt wurde.[610] Um die Doktrin

---

608 National Basketball Assoc. v. Motorola, Inc. 105 f.3d 841 (2d Cir. 1997); aufgegriffen in Barclays Capital Inc. v. Theflyonthewall.com, Inc. - 650 f.3d 876 (2d Cir. 2011).

609 National Basketball Assoc. v. Motorola, Inc., 105 f.3d 841 (2d Cir. 1997); *Specht/Kerber*, Datenrechte, 27.

610 *Ekstrand/Roush*, Cardozo Arts & Ent. L.J. 2017, 303 (316).

im Zuge digitaler Disruptionen allgemein zukunftsfest zu machen, mehren sich daher die Stimmen in der Literatur, die eine grundlegende Neuausrichtung hin zu einem „competition and property tests for data for the digital age“[611] fordern.

5. Schutz in den USA erzeugter Text- und Data-Mining-Ergebnisse über §§ 87a ff. UrhG

Der relative dünne urheberrechtliche Schutz in den USA leitet zu der Fragestellung über, ob es für US-amerikanische Unternehmen möglich ist, in den Vereinigten Staaten erstellte Datenbanken in den europäischen Binnenmarkt zu importieren und somit die in den Vereinigten Staaten getätigten Investitionen in die Herstellung der Datenbank über § 87b Abs. 1 UrhG, Art. 7 Abs. 1 Datenbank-RL zu schützen.[612] Mit Blick auf die Reziprozitätsklausel des Art. 11 Abs. 3 Datenbank-RL, § 127a UrhG ist ein Schutz natürlicher und juristischer Personen aus Drittstaaten wie den USA allerdings ausgeschlossen.[613] Dies liegt darin begründet, dass zwischen den Mitgliedstaaten der EU beziehungsweise der EU und den USA weder ein Staatsvertrag noch eine sonstige Vereinbarung über den wechselseitigen Leistungsschutz von Datenbanken besteht (§ 127a Abs. 3 UrhG), sodass es an einer für einen reziproken Schutz konstitutiven „materiellen Gegenseitigkeit“ fehlt.[614]

a) Ansatz über § 127a Abs. 2 UrhG

Eine Schutzlücke verbleibt allerdings über § 127a Abs. 2 UrhG, wonach ein Schutz von juristischen Personen ohne Sitz im Geltungsbereich des UrhG möglich ist, sofern sie ihre Hauptverwaltung oder ihre Hauptniederlassung innerhalb der Europäischen Union oder des EWR haben (Nr. 1) oder sich ihr satzungsmäßiger Sitz im Gebiet eines dieser Staaten befindet und ihre Tätigkeit eine tatsächliche Verbindung zur deutschen Wirtschaft oder zur Wirtschaft eines dieser Staaten aufweist (Nr. 2).

---

611 *Ekstrand/Roush*, Cardozo Arts & Ent. L.J. 2017, 303 (316).

612 *Gaster*, in: Hoeren/Sieber/Holznagel (Hrsg.), MMR-Hdb., 7.6 Rn. 232.

613 *Witte*, in: Conrad/Grützmacher (Hrsg.), FS Schneider, 229 (230); für die Abschaffung der Reziprozitätsklausel, *Leistner*, in: Lohsse/Schulze/Staudenmayer (Hrsg.), Trading Data, 27 (50) „a major shortcoming“.

614 *Gaster*, in: Hoeren/Sieber/Holznagel (Hrsg.), MMR-Hdb., Rn. 232; *Bitter/Buchmüller/Uecker*, in: Hoeren, Big Data und Recht, 41 (47); *Witte*, in: Conrad/Grützmacher (Hrsg.), FS Schneider, 229 (230).

Sofern US-amerikanische Unternehmen Tochtergesellschaften mit einem satzungsgemäßen Sitz in einem Mitgliedstaat der Europäischen Union unterhalten, lässt sich für diese Tochtergesellschaften eine Privilegierung über § 127a Abs. 2 Nr. 2 UrhG in Betracht ziehen.

Zieht man als Beispiel die Tochtergesellschaft von Facebook Inc., USA, die Facebook Ireland Ltd. heran, handelt es sich bei ihr um eine nach dem Recht des Mitgliedstaats Irland gegründete juristische Person, die ihren Sitz in Dublin hat und die mit ihren Online-Diensten (Facebook, Instagram, WhatsApp) eine Dienstleistung auf dem europäischen Binnenmarkt anbietet. Die Voraussetzungen des § 127a Abs. 2 Nr. 2 UrhG liegen damit vor. Die entscheidende Frage, die hieraus resultiert, ist danach, ob an einer durch die Facebook Inc. mit Sitz in Menlo Park, USA erzeugten Datenbank, die Text- und Data-Mining-Ergebnisse enthält, ein Schutzrecht sui generis über die europäische Tochtergesellschaft vermittelt werden kann.

b) Schutz durch Unterlizenzierung an europäische Tochtergesellschaften

Unter Anwendung der Voraussetzungen des § 87a UrhG bejahte der BGH in der Rechtssache „Tele-Info-CD" ein Datenbankherstellerrecht für eine 100%ige Tochtergesellschaft der Telekom AG mit Sitz in einem Mitgliedstaat des EWR.[615]

Übertragen auf die oben aufgeworfene Konstellation dürfte ein Schutz zunächst in den Vereinigten Staaten hergestellter Datenbanken, die hervorgebrachte Text- und Data-Mining-Ergebnisse enthalten, durch eine entgeltliche Lizenzierung der europäischen Tochter damit nicht von vornherein ausgeschlossen sein.

Nach dem BGH ist es sogar unschädlich, wenn die Tochtergesellschaft selbst Daten erhebt und an die Muttergesellschaft weitergibt.[616] Eingeschränkt wird die Möglichkeit der Schutzgewährung allein dadurch, dass die Lizenzierung einer bereits bestehenden vollständigen Datenbank nicht möglich ist.[617] Für wesentliche Teile gilt dieser Ausschluss aber nicht. Neben den Voraussetzungen des § 87a Abs. 1 S. 1 UrhG wäre danach allein das Kriterium der wesentlichen Investition

615 BGH, Urt. v. 6.5.1999 - I ZR 199/96 - Tele-Info-CD, GRUR 1999, 923 (925); *Hermes*, in: Wandtke/Bullinger (Hrsg.), UrhG, § 87a Rn. 46.

616 BGH, Urt. v. 6.5.1999 - I ZR 199/96 - Tele-Info-CD, GRUR 1999, 923 (925).

617 BGH, TeilUrt. v. 30.4.2009 - I ZR 191/05, Rn. 24 - Elektronischer Zolltarif, GRUR 2009, 852 (853); *Dreier*/Schulze (Hrsg.), UrhG, § 87a UrhG Rn. 13; *Vogel*, in: Schricker/Loewenheim (Hrsg.), UrhG, § 87a Rn. 36.

zu erfüllen, was jedoch mit der herrschenden Auffassung im Kontext des Datenbankherstellerrechts niedrig anzusetzen ist.[618]

Damit besteht die Möglichkeit, über europäische Tochtergesellschaften wesentliche Teile in den Vereinigten Staaten hergestellter Datenbanken, die Text- und Data-Mining-Ergebnisse enthalten, über das Datenbankherstellerrecht zu schützen (§§ 127a Abs. 2 Nr. 2 i. V. m. § 87b Abs. 1 UrhG).

Im Zeitalter des „free flow of data" führt dies damit zu dem grotesken Ergebnis, dass Daten, die durch große US-amerikanische Unternehmen im europäischen Binnenmarkt erhoben und in den Vereinigten Staaten analysetechnisch veredelt werden, durch Unterlizenzierung an die europäische Tochter danach wieder nach mitgliedstaatlichem Recht geschützt werden können.

In der Konsequenz kann damit ein robuster Schutz der in den Vereinigten Staaten veredelten Datensammlungen gegen europäische Wettbewerber geschaffen werden. Dieses Defizit der Datenbank-Richtlinie ist dabei wenig verwunderlich, konnte sie die Entwicklungen der digitalen Ökonomie im Jahr ihres Inkrafttretens (1996) doch noch gar nicht antizipieren.

V. Zwischenergebnis

Den hervorgebrachten Mustern des Text- und Data-Mining-Prozesses kann ein Werkschutz aufgrund des fehlenden menschlichen Einflusses bei der Resultatsgenerierung nicht gewährt werden.

Denkbar ist allein ein Schutz über das Datenbankherstellerrecht. Hierfür bedarf es jedoch einer klaren Trennung der Investitionen zwischen der unbeachtlichen Phase der Datenerzeugung und der beachtlichen Phase der Überprüfung oder Darstellung der Daten. Innerhalb des Text- und Data-Mining-Prozesses lässt sich diese Trennung zwar über seine klare Prozessstruktur gewährleisten. Gleichwohl ist das Datenbankherstellerrecht jedoch nur in Ausnahmefällen geeignet, den hervorgebrachten Mustern einen urheberrechtlichen Schutz zu vermitteln.

Dies ist damit zu begründen, dass das durch die Rechtsprechung aufgestellte Kriterium der „selbstständigen" Investition ein Überwiegen der Investition im Bereich der beachtlichen Darstellungs- oder Überprüfungsphase verlangt. Im Rahmen des Text- und Data-Mining finden die wesentlichen zeitlichen und finanziellen Investitionen jedoch relativ betrachtet in der Phase der Datenerzeugung statt.

---

618 Siehe Kap. C.IV.1. a).

Auch die diskutierte extensive Auslegung des Kriteriums der Beschaffung in § 87a Abs. 1 S. 1 UrhG bringt für die hervorgebrachten Muster keinen Mehrwert, wenn sie sich allein auf Rohdaten bezieht.

Da auf Grundlage des geltenden Rechts ein Schutz der hervorgebrachten Text- und Data-Mining-Ergebnisse jedoch nicht umfassend zu erreichen ist, geht damit die Konsequenz einher, dass die Ergebnisse entweder nicht veröffentlicht oder technisch und vertraglich so hermetisch abgeschottet werden, dass sie trotz der Abwesenheit eines absoluten Rechts faktisch exklusiv werden.

Dies hat dabei für Dritte die nachteilige Auswirkung, dass sie die hervorgebrachten Muster im Regelfall nicht ohne Abschluss von Datenlizenzen oder Datennutzungsverträgen nutzen können und sich so die Nische des frei zugänglichen Analysematerials weiter verengt.

Diese wenig nutzerfreundliche Auswirkung unterstreicht auch der Vergleich zum US-amerikanischen Copyright Law, in dem insbesondere Unterschiede mit Blick auf den fehlenden Datenbankschutz und die unterschiedlichen Schutzvoraussetzungen herausgearbeitet wurden. Vorteilhaft zeigt sich hier für Nutzer, dass eine Misappropriation Claim nicht geeignet ist, die Übernahme veröffentlichter Text- und Data-Mining-Ergebnisse zu verhindern.

E. Einordnung der Schrankenbestimmungen zum Text- und Data-Mining in den Acquis Unionaire

Unter Berücksichtigung der gewonnenen Erkenntnisse der verwertungsrechtlichen Analyse schließt sich die Untersuchung der Schrankenbestimmungen zum kommerziellen Text- und Data-Mining an. Die Untersuchung hat dabei die Erkenntnis zu berücksichtigen, dass eine verwertungsrechtliche Relevanz des Abrufs analyserelevanter Datenbanken schon nicht besteht.[619] Zutage getreten ist darüber hinaus, dass gerade im Rahmen der Vervielfältigung analyserelevanter Werke ein Konflikt mit dem Freihaltebedürfnis für Informationen im Urheberrecht besteht.[620]

Die eingeführte Schranke des Art. 4 DSM-RL kann hier jedoch möglicherweise einen Ausgleich für das technische, von Wertungen freie Vervielfältigungsrecht vornehmen und das Freihaltebedürfnis durch eine nutzerfreundliche Ausgestaltung absichern.[621]

Dogmatisch muss sich die Freistellung über eine Schrankenbestimmung im Kontext einer unionsrechtlichen Regulierung auf die harmonisierten Verwertungsrechte beschränken, über die der Unionsgesetzgeber in der DSM-Richtlinie disponieren kann. Im Schwerpunkt widmet sich die nachfolgende Betrachtung dem neu eingeführten Art. 4 DSM-RL, der Ausnahmen und Beschränkungen für die kommerzielle Nutzung des Text- und Data-Mining vorsieht.

I. Entstehungsgeschichte

Als Ausgangspunkt der Entwicklung eines europäischen Verständnisses zum Text- und Data-Mining ist der Richtlinienentwurf der Kommission aus dem Jahr 2016 und die Kommissionsmitteilung aus dem Jahr 2015 wegweisend.[622]

---

619 Siehe hierzu Kap. D.V.

620 Siehe hierzu in Kap. C.I.

621 *Sucker*, Digitaler Werkgenuss, 89.

622 COM(2016) 593 final; COM(2015) 626 final; zur Entwicklung der Richtlinie *Dreier*, GRUR 2019, 771 ff; *Raue*, ZUM 2019, 684 (685 f.); *Reinbothe*, ZGE 2015, 145 ff.; *Spindler*, ZGE 2018, 273 (290 ff.); *Spindler*, CR 2016, 73 ff.; *Steinhauer*, RuZ 2021, 5 ff.; *Stieper*, GRUR 2015, 1145 ff.

Eingebettet in die Strategie für einen digitalen Binnenmarkt und begleitet von großen Versprechungen, hat der europäische Gesetzgeber mit der DSM-Richtlinie 18 Jahre nach Inkrafttreten der InfoSoc-Richtlinie ein neues Regelwerk aus der Taufe gehoben, um den rasanten technischen Entwicklungen regulativ Einhalt zu gebieten.[623]

Dass dies dringend nötig war, zeigte auch das durchgeführte „Impact Assessment", das zu der Erkenntnis führte, dass hinsichtlich des Umfangs des Text- und Data-Mining eine große Rechtsunsicherheit im europäischen Binnenmarkt bestand, die nicht zuletzt durch die lediglich fakultative Schranke der InfoSoc-Richtlinie ausgelöst wurde.[624]

Die fehlende Passgenauigkeit des rechtlichen Rahmens und die unterschiedliche Umsetzung der fakultativen Schranken übten dabei einen unmittelbaren Handlungsdruck auf den Unionsgesetzgeber aus, die identifizierten Hindernisse zur Verwirklichung des digitalen Binnenmarktes aus dem Weg zu räumen.

Hierzu trug auch die Erkenntnis bei, dass ein fragmentierter Markt keine ausreichenden Größenvorteile biete, die nötig seien, damit Massendatenverarbeitung, datengetriebene Wissenschaft und das IoT ihr Potenzial in Europa voll entfalten können.[625] Mit dem Entwurf einer Richtlinie über das Urheberrecht im digitalen Binnenmarkt trat der Unionsgesetzgeber deshalb an, den benannten Defiziten abzuhelfen.[626]

Im Richtlinienvorschlag aus dem Jahr 2016 war Art. 4 DSM-RL als Ausnahme zum Zwecke des kommerziellen Text- und Data-Mining dabei noch gar nicht enthalten. Der Vorschlag wählte vielmehr nach der Durchführung des „Impact Assessment" von vier möglichen Regulierungsoptionen zunächst den Ansatz, allein Nutzungen zu nichtgewerblichen Zwecken der wissenschaftlichen Forschung zu gestatten. Diese Lösung war insofern vergleichbar mit dem bereits 2014 im britischen Recht eingeführten Art. 29A (Copies for text and data analysis for non-commercial research).[627]

---

623 *Dreier*, GRUR 2019, 771; *Stieper*, ZUM 2019, 211.

624 ErwG 8, 10, 18 DSM-RL; COM(2015) 192 final, 8 f.; *Heesen/Jüngels*, RuZ 2021, 45 (57).

625 COM(2015) 192 final, 16; SWD(2016) 301 final, Part 1/3, 106.

626 COM(2016) 593 final.

627 Ausführlich SWD(2016) 301 final, Part 1/3, 107 ff.; COM(2016) 593 final, 9; *Senftleben*, EU Copyright Reform and Startups, 5.

Erst auf Drängen einiger Mitgliedstaaten und der Literatur[628] wurde in einem Kompromissvorschlag der Bulgarischen Ratspräsidentschaft erstmals ein Art. 3 lit. a DSM-RL eingeführt[629], der im weiteren Fortgang in leicht abgeänderter Form als Art. 4 DSM-RL durch das Europäische Parlament angenommen und in den finalen Richtlinientext überführt wurde.[630]

Diesem Umschwenken lag dabei die Erkenntnis zugrunde, dass die Verfahren des Text- und Data-Mining nicht nur im Zusammenhang mit der wissenschaftlichen Forschung hohe Bedeutung haben, sondern sie auch in großem Umfang im kommerziellen Sektor eingesetzt werden und eine europäische „data-mining society" nicht auf das Engagement und die Investitionen des kommerziellen Sektors verzichten dürfe.[631]

Nicht zuletzt zielt die Einführung des Art. 4 DSM-RL deshalb auch darauf ab, den Abstand zu Text- und Data-Mining-freundlicheren Rechtsregimen, wie dem der Vereinigten Staaten mit ihrer Fair-Use-Doktrin, Kanada mit seiner Fair-Dealing-Schranke und Japan[632] mit einer ebenfalls auf das Text- und Data-Mining spezifisch zugeschnittenen Schranke, zu verbessern.[633]

II. Die DSM-Richtlinie im Acquis Unionaire des Urheberrechts

Primäre Aufgabe der DSM-Richtlinie ist es, den rasanten technologischen Entwicklungen der Digitaltechniken zu begegnen und die damit verbundenen

628 *Cocoru/Boehm*, TDM practices in Europe, 16 f.; *Hargreaves/Guibault/Handke et al.*, TDM report, 14; *Klett/Schlüter*, WRP 2017, 15 (17); *Raue*, CR 2017, 656 (657); *Schack*, ZUM 2016, 266 (269).

629 Vorschlag der Bulgarischen Ratspräsidentschaft 2016/0280(COD), 7929/18, abrufbar unter: https://www.parlament.gv.at/PAKT/EU/XXVI/EU/01/76/EU_17608/imfname_10800647.pdf (zuletzt abgerufen: 2.4.2021) vgl. Hier zu European Copyright Society, General Opinion on the EU Copyright Reform Package, abrufbar unter: https://bit.ly/2k2k3jD (zuletzt abgerufen: 2.4.2021).

630 Siehe den durch das Europäische Parlament angenommenen Text, https://www.europarl.europa.eu/doceo/document/TA-8-2018-0337_DE.pdf?redirect (zuletzt abgerufen: 2.4.2021).

631 *Raue*, CR 2017, 656 (657).

632 Siehe hierzu *Ueno*, GRUR Int. 2021, 145 (148 f.); *Leistner/Antoine/Sagstetter*, Big Data, 122.

633 Schricker/*Loewenheim* (Hrsg.), UrhG, Einl. Rn. 21; *Handke/Guibault/Vallbé*, Is Europe Falling behind in Data Mining, 2; *Hargreaves/Guibault/Handke et al.*, TDM report, 5; *Samuelson*, Comm. of the ACM 2018, 20 (23); *Spindler*, GRUR 2016, 1112 (1117).

Veränderungen bei der Schaffung, Herstellung, Verbreitung und Verwertung von Werken und verwandten Schutzrechten regulativ abzubilden.[634] Was bereits in der Zielsetzung nach der Quadratur des Kreises klingt, verschärft sich zusätzlich noch durch die Eigenschaft der DSM-Richtlinie als Querschnitts-Richtlinie, mit der eine besondere Verantwortung einhergeht, was ihre nahtlose Integration in den Acquis Unionaire des Urheberrechts angeht.

1. Der Acquis Unionaire des Urheberrechts

Unter dem Begriff Acquis Unionaire wird der Besitzstand des Rechts der Europäischen Union verstanden, wie er sich aus den Rechtsquellen des supranationalen Unionsrechts, insbesondere dem Primär- und Sekundärrecht sowie der Rechtsprechung des Europäischen Gerichtshofs (EuGH) zum gegenwärtigen Zeitpunkt ergibt.[635] Mit dem Begriff des Acquis wird ein Leitprinzip der europäischen Integration charakterisiert, das die politische Dynamik der stetig fortschreitenden Einheitsbildung im System des Rechts aus einer Gesamtperspektive heraus abbildet.[636] Daher bildet der Acquis auch für die Regelungsmaterie des Urheberrechts den Fortschritt der europäischen Integration ab.

Diese Integration hat sich seit Anbeginn der legislativen Harmonisierungstätigkeit der Kommission und des Rates im Jahr 1991 immer weiter verstärkt und in der Zwischenzeit im Bereich des Urheberrechts zu einem Besitzstand von elf Richtlinien und zwei Verordnungen geführt.[637]

Klammert man die erlassenen Verordnungen einmal aus, spiegelt allein die Vielzahl der sequentiell erlassenen und sektoriell angelegten Richtlinien den punktuellen und inkrementellen Ansatz der Rechtsangleichung durch den Unionsgesetzgeber wider.[638]

---

634 ErwG 1 DSM-RL; kritisch zur Richtlinie 2001/29/EG, *Dreier* GRUR Int. 2015, 648 (649); siehe auch *Triaille/Dusollier/Depreeuw et al.*, Study on Directive 2001/29/EC, 1 ff.

635 *Schack*, ZeuP 2000, 799 (800 f.).

636 *Bergmann* (Hrsg.), Handlexikon der EU, 28.

637 Eine Übersicht der verschiedenen Richtlinien findet sich bei *Dreier*/Schulze (Hrsg.), UrhG, Einl. Rn. 51e und 52; *v. Welser*, Wandtke/Bullinger (Hrsg.), UrhG, Vor §§ 120 UrhG, Rn. 52; *Loewenheim/Leistner*, in: Schricker/Loewenheim (Hrsg.), UrhG, Einl. Rn. 97; ausführlich *Reinbothe*, in: Riesenhuber (Hrsg.), Systembildung, 79 (83 ff.); *Schack*, ZEuP 2000, 799 (800 ff.).

638 *Fischer*, Europäisches Urheberrecht, 241; *Metzger*, ZEuP 2017, 836 (841); von einer punktuellen Rechtsvereinheitlichung spricht *Klass*, ZUM 2015, 290 (291); kritisch zu diesem Ansatz *Schack*, in: Leistner (Hrsg.), Europäische Perspektiven, 173 (174);

Der Acquis Unionaire enthält allerdings nicht nur sektorielle Richtlinien, sondern umfasst u. a. mit der InfoSoc-Richtlinie auch Querschnitts-Richtlinien, die sektorübergreifende Regelungen treffen.[639] Der inkrementelle Regelungsansatz wird dabei bisweilen mit dem Erfordernis der Subsidiarität und der Verhältnismäßigkeit erklärt.[640]

Auch der EuGH bestätigt in seiner Rechtsprechung das punktuelle Gepräge des Acquis Unionaire, indem das Gericht in seiner pro-aktiven Rechtsprechung Begriffe richtlinienübergreifend einheitlich auslegt und so insgesamt die Richtlinien als Teil einer integralen europäischen Urheberrechtsordnung geradezu systembildend interpretiert.[641] Der EuGH stellte dabei in seinen Urteilen Querbezüge zwischen den Richtlinienbestimmungen her und schließt im Wege der Rechtsfortbildung Lücken im europäischen Urheberrecht.[642]

2. Integration der DSM-Richtlinie

Regelungstechnisch beschreitet die Richtlinie trotz einiger vollkommen neu aufgenommener Gegenstandsbereiche, wie z. B. des Urhebervertragsrechts, den vorgegebenen Pfad des inkrementellen Regelungsansatzes.[643]

Dies hat der DSM-Richtlinie bereits den Vorwurf der rechtspolitischen Kraftlosigkeit eingebracht, ändert jedoch nichts daran, dass sie nicht als das Regelwerk für ein einheitliches europäisches Urheberrecht betrachtet werden kann.[644] In ihrer Ausgestaltung als Richtlinie führt sie rechtstechnisch gesehen

---

Metzger, ZUM 2018, 233 (239); die Kritik im Angesicht der DSM-Richtlinie erneuernd *Stieper*, ZUM 2019, 211 f.

639 *Schack*, Urheber-und Urhebervertragsrecht, Rn. 154; *Schack*, in: Leistner (Hrsg.), Europäische Perspektiven, 173 (174); *Klass*, ZUM 2015, 290 (292); *Raue*, GRUR 2017, 11 (12).

640 *Fischer*, Europäisches Urheberrecht, 241; zustimmend *Reinbothe*, ZEuP 2000, 5 (28); kritisch *Schack*, in: Leistner (Hrsg.), Europäische Perspektiven, 173 (181); *Hilty*, IIC 2004, 760 (761); ausführlich *Streinz*, in: Riesenhuber (Hrsg.); Systembildung, 11 ff.

641 *Leistner*, in: Büscher/Erdmann/Haedicke et al. (Hrsg.), FS Bornkamm, 859 (860 f.); *Metzger*, GRUR 2012, 118 (121); *Leistner*, EuZW 2016, 166; *Leistner/Roder*, ZfPW 2016, 129 (131 f.).

642 *Metzger*, GRUR 2012, 118 (121, 125); der EuGH differenziert dabei in seiner Rechtsprechung terminologisch nicht zwischen Auslegung und Rechtsfortbildung, hierzu *Franzen*, Privatrechtsangleichung, 575 ff.

643 Kritisch *Stieper*, ZUM 2019, 211 f., „webt am bisherigen Flickenteppich weiter und nimmt lediglich punktuelle Ergänzungen des Acquis [...] vor."; *Gräbitz*, Bibliotheksdienst 2020, 654 (655); *Spindler*, WRP 2019, 811 (812).

644 *Dreier*, ZUM 2019, 384 (386); *Stieper*, ZUM 2019, 211 f.

vielmehr zu einer „gestuften Verbindlichkeit", die vor allem in Sachbereichen Anwendung findet, in denen eine weniger intensive Annäherung der mitgliedstaatlichen Rechtsordnungen angestrebt wird.[645] Die Folge ist ein Mehrebenensystem[646], das aufgrund seiner Zweistufigkeit geeignet ist, gesellschaftspolitisch diskutierte Fragen so zu regeln, dass auf unterschiedliche Rechtstraditionen und die kulturelle Vielfalt in den Mitgliedstaaten Rücksicht genommen werden kann.[647] Im Unterschied zu den zuletzt ergangenen Richtlinien handelt es sich bei der DSM-Richtlinie aber nicht um eine rein sektorielle Richtlinie, sondern um eine Querschnitts-Richtlinie[648], die u. a. die für das Text- und Data-Mining einschlägigen Vorschriften der Datenbank-, InfoSoc- und Computerprogramm-Richtlinie ergänzt und ändert.[649] Diese Konzeption war unumgänglich, um die neuen Schrankenregelungen der DSM-Richtlinie an den bestehenden Schrankenkatalog anzupassen und so im Acquis Systembrüche und Wertungswidersprüche auszuschließen.

III. Defizite der bisher einschlägigen Rechtslage für das Text- und Data-Mining

Bereits in der Analyse der Legaldefinition des Text- und Data-Mining ist festgestellt worden, dass keine der bisher einschlägigen Richtlinien zum Urheberrecht eine Legaldefinition des Text- und Data-Mining enthielt. Der gleiche Befund ist im Hinblick auf die Existenz einer spezifischen Schranke zum Text- und Data-Mining zu treffen. Entsprechend wurde in der Vergangenheit versucht, kommerzielle Text- und Data-Mining-Aktivitäten mühsam unter die zur Verfügung stehenden Schranken zu subsumieren, von denen lediglich Art. 5 Abs. 1 InfoSoc-RL und Art. 6 Abs. 1 Datenbank-RL zwingend durch die Mitgliedstaaten umzusetzen waren.[650]

645 *Lippstreu*, Rechtsangleichung, 37; *Schnorbus*, AcP 2001, 860 (863).

646 Zum Mehrebenensystem, *Köndgen*, in: Riesenhuber (Hrsg.) Europäische Methodenlehre, § 6 Rn. 9 ff.; kritisch *Metzger*, ZUM 2018, 233 (234).

647 *Suhr*, Richtlinienkonforme Auslegung, 17; *Everling*, in: Baur/Hopt/Mailänder (Hrsg.), FS Steindorff, 1155 (1164); dieses Argument für das Urheberrecht aufgreifend, *Dreier*, ZEuP 2011, 831 (832); *Metzger*, ZEuP 2017, 836 (842); kritisch *Leistner*, Entwicklungsperspektiven, 54; *Reinbothe*, in: Ohly/Bodewig/Dreier et al. (Hrsg.), FS Schricker, 483 (485).

648 *Raue*, GRUR 2017, 11 (12).

649 ErwG 4 DSM-RL.

650 Zu den Defiziten des UrhWissG, *Schöch/Döhl/Rettinger et al.*, ZfdG 2020, Rn. 11 f.

1. Art. 5 Abs. 1 InfoSoc-RL

Für das kommerzielle Text- und Data-Mining wurde nach der bisher maßgeblichen Rechtslage vorrangig eine Ausnahme über die Schranke für ephemere Kopien aus Art. 5 Abs. 1 InfoSoc-RL konstruiert. Auch mit dem Inkrafttreten der DSM-RL ist die Vorschrift für das Text- und Data-Mining in Rekurs auf Erwägungsgrund 9 S. 2 DSM-RL nicht obsolet geworden. Ein Text- und Data-Mining-Anwender kann sich damit theoretisch weiterhin auf die Schranke des Art. 5 Abs. 1 InfoSoc-RL berufen.[651]

Diese Feststellung ändert jedoch nichts daran, dass bereits vor dem Inkrafttreten der DSM-Richtlinie umstritten war, ob die Voraussetzungen des Art. 5 Abs. 1 InfoSoc-RL (insbesondere „flüchtig oder begleitend" und „keine eigenständige wirtschaftliche Bedeutung") im Rahmen des Text- und Data-Mining-Prozesses überhaupt erfüllt werden konnten.[652] Offenkundig werden die Probleme der Tatbestandsvoraussetzungen dabei vor allem im Prozessschritt der Datenauswahl.

Unter Bezugnahme auf die Ergebnisse der verwertungsrechtlichen Analyse hat sich hier aber gezeigt, dass es nicht nur zu einer vorübergehenden Speicherung im Arbeitsspeicher kommt, sondern es im Rahmen des Text- und Data-Mining-Prozesses vielmehr eines aktiven Löschungsaktes seitens des Anwenders bedarf.[653] Eine Anwendung des Art. 5 Abs. 1 DSM-RL auf die Verfahren des Text- und Data-Mining scheidet danach aus.

2. Art. 5 Abs. 3 lit. a InfoSoc-RL

Für die grenzüberschreitende Forschung stellte bisher vor allem die unterschiedliche Umsetzung der fakultativen Schranke des Art. 5 Abs. 3 lit. a InfoSoc-RL ein Hindernis dar.[654] Problematische Aspekte waren hierbei, dass nur einige

---

651 *Geiger/Frosio/Bulayenko*, in: Garcia/Llorca (Hrsg.), Propiedad Intellectual, 22 (32 f.); *Raue*, ZUM 2019, 684 (686 f.); *Spindler*, ZGE 2018, 273 (291).

652 Kritisch *de la Durantaye*, Wissenschaftsschranke, 238; *Geiger/Frosio/Bulayenko*, in: Garcia/Llorca (Hrsg.), Propiedad Intellectual, 22 (33); *Specht*, OdW 2018, 285 (286); ausführlich zu den Voraussetzungen *Leenen*, in: Wandtke/Bullinger (Hrsg.), InfoSoc-RL, Art. 5 Rn. 6 ff.; *Triaille/de Meeûs d'Argenteuil/de Francquen*, Study on TDM, 42 ff.; vgl. auch die Einschätzung von *Carroll*, UC Davis L. Rev. 2019, 893 (959).

653 Siehe hierzu eingehend in Kap. C.II.2. b).

654 COM(2015) 192 final, 16; SWD(2016) 301 final, Part 3/3, 159; mit diesem Befund auch *Geiger/Frosio/Bulayenko*, in: Garcia/Llorca (Hrsg.), Propiedad Intellectual, 22 (37); *Hargreaves/Guibault/Handke et al.*, TDM report, 5; *Stamatoudi* (Hrsg.), Int. Copyright Law, 251 (253 f.).

Mitgliedstaaten die Schranke überhaupt in nationales Recht überführt hatten und sich die Umsetzungen in ihrer Reichweite mitunter deutlich voneinander unterschieden.[655] Beispielhaft stand hierfür die italienische Umsetzung der Wissenschaftsschranke, die den Wortlaut des Art. 5 Abs. 3 lit. a InfoSoc-RL missachtete, indem sie die für das Text- und Data-Mining wichtige Ausnahme der Quellennennung bei faktischer Unmöglichkeit nicht umsetzte und daher richtlinienkonform auszulegen war.[656] Daneben wurde auch kritisiert, Art. 5 Abs. 3 lit. a InfoSoc-RL sei mit seinem rigorosen Ausschluss kommerzieller Aktivitäten im Forschungssektor zu eng und erlaube keine Differenzierungen.[657]

3. Art. 6 Abs. 1, 2 lit. b Datenbank-RL

Auch im Anwendungsbereich der Datenbank-Richtlinie bestehen mit Art. 6 Abs. 1 und Abs. 2 lit. b Datenbank-RL Möglichkeiten der Privilegierung des Text- und Data-Mining-Prozesses.

Von größerem Interesse ist hierbei der Art. 6 Abs. 1 Datenbank-RL, der eine zwingende Schranke vorsieht, wonach der rechtmäßige Benutzer einer Datenbank Vervielfältigungen und andere durch Art. 5 Abs. 1 Datenbank-RL privilegierte Handlungen vornehmen darf, ohne dass es der gesonderten Zustimmung des Rechtsinhabers bedarf. Eingeschränkt wird diese Privilegierung jedoch dadurch, dass die Handlungen für den Zugang zum Inhalt der Datenbank und deren normale Benutzung (normal use) erforderlich sein müssen. Das Kriterium der Erforderlichkeit wird dabei restriktiv ausgelegt, sodass ein Zugang zur Datenbank oder eine normale Benutzung auf anderem Weg ausgeschlossen ist.[658]

Mit § 60d Abs. 2 S. 2 UrhG hat der deutsche Gesetzgeber bislang aber eine Fiktion vorgesehen, die dem Text- und Data-Mining zum Zwecke der wissenschaftlichen Forschung über das strenge Erforderlichkeitskriterium hinweghilft und das Text- und Data-Mining mit der normalen Benutzung einer Datenbank für vereinbar erklärt.[659]

---

655 Siehe hierzu auch der Überblick bei *Geiger/Frosio/Bulayenko*, in: Garcia/Llorca (Hrsg.), Propiedad Intellectual, 22 (33 f., 44 ff.); *Spindler*, GRUR 2016, 1112 (1115).

656 *Geiger/Frosio/Bulayenko*, in: Garcia/Llorca (Hrsg.), Propiedad Intellectual, 22 (38).

657 *Spindler*, GRUR 2016, 1112 (1115).

658 Walter/*v. Lewinski* (Hrsg.), EU Copyright Law, 9.6.11.

659 BT-Drucks. 18/12329, 41; *Dreier*/Schulze (Hrsg.), UrhG, § 60d Rn. 11; Dreyer/Kotthoff/Meckel/*Hentsch* (Hrsg.), UrhG, § 60d Rn. 3; *Hermes*, in: Wandtke/Bullinger (Hrsg.), UrhG, § 87c Rn. 25; *Raue*, CR 2017, 656 (660); kritisch zum Begriff der gesetzlichen Fiktion *Stieper*, in: Schricker/Loewenheim (Hrsg.), UrhG, § 60d Rn. 15.

4. Bewertung des bisherigen Schrankenregimes

Die Untersuchung des bestehenden Rechtsrahmens zeigt, dass eine grundlegende Novellierung des regulativen Rahmens unumgänglich war. Plausibel ist insofern, dass mit der InfoSoc- und der Datenbank-Richtlinie ein Rechtsrahmen bestand, dem die erweiterten Nutzungsmöglichkeiten urheberrechtlicher Schutzgegenstände zum Zeitpunkt ihres Inkrafttretens noch gänzlich unbekannt waren und der deshalb nur Schranken zur Verfügung stellen konnte, die für die Verfahren des Text- und Data-Mining nicht passgenau waren.[660] Nicht plausibel ist hingegen, warum der Unionsgesetzgeber diesen unpassenden Rechtsrahmen so lange unangetastet gelassen hat. Dabei ist deutlich geworden, dass insbesondere die fakultativen Schranken der InfoSoc- und Datenbank-Richtlinie, deren Umsetzung („ob") in das Benehmen der Mitgliedstaaten gestellt wurde, sich zu einem Treiber der rechtlichen Fragmentierung entwickelt haben.[661]

IV. Verhältnis der DSM-Richtlinie zur InfoSoc-Richtlinie

Erachtet man die InfoSoc-Richtlinie als bisherigen Dreh- und Angelpunkt des europäischen Acquis, so enthält die Richtlinie weder eine begriffliche Konkretisierung noch die Darlegung eines technischen Verständnisses zum Text- und Data-Mining. Dies ändert jedoch nichts daran, dass in der bisherigen rechtlichen Beurteilung des Text- und Data-Mining die Schranken des Art. 5 Abs. 1 InfoSoc-RL und des Art. 5 Abs. 3 lit. a InfoSoc-RL maßgeblich waren und sich die Ausgestaltung des § 60d UrhG a. F. maßgeblich an diesen Bestimmungen orientierte.[662]

Die neuen Schranken der Art. 3, 4 DSM-RL ändern dies, werfen jedoch die Frage auf, wie die beiden Querschnitts-Richtlinien mit den sich überlappenden Anwendungsbereichen in Bezug auf das Text- und Data-Mining umgehen. Problematisch ist dabei der inkrementelle Regelungsansatz des europäischen Sekundärrechts. Dieser Ansatz bringt den Nachteil mit sich, dass über die schrittweise Entwicklung des Acquis Unionaire mit jeder hinzukommenden Richtlinie die

660 *Stamatoudi* (Hrsg.), Int. Copyright Law, 251 (280), „not tailor-made to fit ist needs."; *Senftleben*, EU Copyright Reform and Startups, 7; *Dreier*, ZUM 2019, 384 (385); *Spindler*, CR 2019, 277; *Stieper*, ZUM 2019, 211.

661 COM(2015) 626 final, 2, 7, 11, 14; COM(2015) 192 final, 3.

662 Vgl. BT-Drucks. 18/12329, 24 f.; eingehend *Hargreaves/Guibault/Handke et al.*, TDM report, 48 ff.; *Stamatoudi* (Hrsg.), Int. Copyright Law, 251 (262 ff.).

Kollisionsprobleme erheblich wachsen.[663] So droht insbesondere die Gefahr von Wertungswidersprüchen, wenn sich aufgrund neuer technischer Entwicklungen rechtliche Probleme auftun, die durch zeitlich versetzt erlassene Richtlinien unterschiedlich behandelt werden und so die Kohärenz und Klarheit des Acquis unterminieren.[664]

1. Art. 3, 4 DSM-RL als leges speciales zu den Schranken der InfoSoc- und Datenbank-Richtlinie

Vor diesem Hintergrund stellt sich die Frage, ob Art. 3, 4 DSM-RL als abschließende Spezialregelungen Art. 5 Abs. 1 InfoSoc-RL und Art. 5 Abs. 3 lit. a InfoSoc-RL verdrängen. Dafür spricht zunächst einmal, dass im Geltungsbereich des Acquis generell das Spezialitätsprinzip zur Anwendung kommt.[665] Ein weiterer Grund liegt darin, dass die Vorschrift des Art. 5 InfoSoc-RL vor dem Inkrafttreten der DSM-Richtlinie dahingehend zu verstehen war, dass es den Mitgliedstaaten freigestellt war, weitergehende Schrankenbestimmungen, die das Vervielfältigungsrecht des Urhebers beschränken, einzuführen. Die Mitgliedstaaten besaßen somit die fakultative Möglichkeit, Schranken auf nationaler Ebene vorzusehen.[666] Es handelte sich somit um eine Frage des „Ob" der Einführung.

Durch die neuen Vorschriften der Art. 3, 4 DSM-RL wird den Mitgliedstaaten dieses fakultative Recht zugunsten einer grenzüberschreitenden und verbindlichen Rechtsangleichung im Bereich des Text- und Data-Mining genommen. In diesem Sachbereich sind die Mitgliedstaaten nunmehr verpflichtet, verbindliche Schranken einzuführen, was die Ansicht stützt, dass der separate Regelungsgehalt

---

663 EuGH, Urt. v. 22.12.2010, C-393/09, Rn. 42, 44 - BSA, GRUR 2011, 220 (222); *Leistner*, Entwicklungsperspektiven, 54; *Leistner/Roder*, ZfPW 2016, 129 (137); *Schack*, in: Leistner (Hrsg.), Europäische Perspektiven, 173 (174); *Schack*, ZeuP 2000, 799 (803); vgl. für die DSM-RL *Dreier*, ZUM 2019, 384 (386 f.); *Stieper*, ZUM 2019, 211; *Wandtke*, NJW 2019, 1841.

664 *Fischer*, Europäisches Urheberrecht, 242 f.; *Leistner*, Entwicklungsperspektiven, 57, erachtet die Richtlinie als Harmonisierungsinstrument, dass in Teilbereichen ein unverhältnismäßig aufwendiges Vehikel darstellt, - je nach eingesetzter Regelungstechnik - sogar als ungeeignetes Instrument; a.A. *Riesenhuber* (Hrsg.), Systembildung, 113 (124 f.).

665 *Walter*/v. Lewinski (Hrsg.), EU Copyright Law, 11.1.3; vgl. *Stieper*, GRUR 2020, 1 (2).

666 Vgl. *Schmidt, J.*, Maximalschutz, 111.

des Art. 5 Abs. 2 und 3 InfoSoc-RL im Hinblick auf das Text- und Data-Mining mit der Einführung der Art. 3, 4 DSM-RL entfallen ist.[667]

2. Gegenansicht

Dass die InfoSoc-Richtlinie für das Text- und Data-Mining jedoch weiterhin zur Anwendung kommen soll, verdeutlicht Art. 1 Abs. 2 DSM-RL, der u. a. einen Rückgriff auf die InfoSoc-RL („unberührt") zulässt. Der EuGH hat aus dem Terminus „unberührt" eine Art Subsidiaritätsverhältnis abgeleitet, wonach zuerst der Schutz nach einer ggf. bereichsspezifischen Richtlinie und danach subsidiär ein möglicher Schutz nach der allgemeinen InfoSoc-Richtlinie zu prüfen ist.[668] Ein möglicher Rückgriff auf die weitergehenden Vorschriften der InfoSoc- oder Datenbank-Richtlinie samt ihren fakultativen Schranken könnte somit auch nach dem Inkrafttreten der DSM-Richtlinie möglich sein.[669]

Ein weiteres Argument gegen ein Spezialitätsverhältnis lässt sich auch aus Art. 24 RL DSM-RL ableiten, der die Änderung der InfoSoc-Richtlinie vorsieht und diese ebenfalls „unbeschadet" der Regelungen der neu eingeführten DSM-Richtlinie anwenden will. Würde man nun annehmen, die Vorschriften des Art. 5 Abs. 2 und 3 InfoSoc-RL seien mit Einführung der neuen Richtlinie gegenstandslos geworden, lässt sich die gleichzeitige Änderung der InfoSoc-Richtlinie durch Art. 24 DSM-RL nicht logisch erklären.[670]

Insofern ist mit dem EuGH von einem subsidiären Verhältnis der beiden Richtlinien auszugehen, wofür auch Erwägungsgrund 4 DSM-RL spricht, der vorsieht, dass die DSM-Richtlinie die InfoSoc- und Datenbank-Richtlinie ergänzt und sich auf diese stützt.

3. Bewertung

Aufgrund der klaren Bestimmungen der DSM-Richtlinie ist letztlich das Votum zu ziehen, dass die Bestimmungen der DSM-Richtlinie künftig parallel zu den Bestimmungen der weiteren, für das Text- und Data-Mining potenziell in Betracht kommenden Richtlinien des Acquis Unionaire zur Anwendung

---

667 *Frey*, Stellungnahme zum Entwurf des Umsetzungsgesetzes, 41, abrufbar unter: https://bit.ly/3aqB27Q (zuletzt abgerufen: 20.4.2021).

668 Vgl. hierzu EuGH, Urt. v. 22.12.2010, C-393/09, Rn. 42, 44 - BSA, GRUR 2011, 220 (222); *Leistner/Roder*, ZfPW 2016, 129 (137); a.A. *Kleinkopf/Jacke/Gärtner*, MMR 2021, 196 (198).

669 *Dreier*, ZUM 2019, 384 (386).

670 So im Ergebnis *Steinhauer*, RuZ 2021, 5 (8).

kommen. Trotz der verbindlichen Text- und Data-Mining-Ausnahmen droht dennoch eine Renaissance der oben beschriebenen Fragmentierung, wenn nach Erwägungsgrund 15 S. 5 DSM-RL die fakultative Ausnahme nach Art. 5 Abs. 3 lit. a InfoSoc-RL fortgilt. Letztlich eröffnet sich hierüber nämlich die Möglichkeit einer national überschießenden Umsetzung, die über den Anwendungsbereich des Art. 3 DSM-RL hinausgeht und mit der beispielsweise die öffentliche Zugänglichmachung freigestellt werden könnte.[671]

Im Ergebnis würde dies jedoch den Stimmen Auftrieb verleihen, die im Acquis Unionaire insgesamt nur einen „kreuz und quer und schräg gewebte[n] Flickenteppich mit manchen Überschneidungen, vielen dünnen Stellen und Löchern“[672] sehen, in dem der EuGH die Funktion des Ersatzgesetzgebers übernommen habe und deren Richtlinien und Verordnungen sich immer stärker von der Rechtsrealität abkoppelten.[673]

---

671 *Spindler*, ZGE 2018, 273 (291), versteht den Erwägungsgrund 5 DSM-RL dann jedoch als einschränkend; genau in die umgekehrte Richtung argumentieren *Dreier*, ZUM 2019, 384 (386); *Raue*, ZUM 2020, 172; *Raue*, ZUM 2019, 684 (687); *Stieper*, GRUR 2020, 1 (4).

672 *Schack*, in: Leistner (Hrsg.), Europäische Perspektiven, 173 (174); die Kritik erneuernd *Stieper*, ZUM 2019, 211 f.; siehe als Alternativ das WITTEM-Projekt eines „European Copyright Code“, hierzu *Dreier*, in: Erdmann/Leistner/Rüffer et al. (Hrsg.), FS Loschelder, 47 ff.; *Dreier*, ZEuP 2011, 831 ff.

673 *Metzger*, ZUM 2018, 233 (239).

F. Materiellrechtliche Würdigung der Schrankenbestimmung des Art. 4 DSM-RL

„[T]he right to read is the right to mine“[674]. Dieser Satz steht exemplarisch für die langwährenden Debatten rund um die materielle Ausgestaltung und Reichweite des neuen Art. 4 DSM-RL. Ob dieses Paradigma dabei tatsächlich so gilt und das „right to read“ das „right to mine“ auch in der kommerziellen Anwendung uneingeschränkt einschließt, wird die dogmatische Analyse des Art. 4 DSM-RL zeigen müssen.[675] Abstrakt muss sich Art. 4 DSM-RL dabei an drei Eigenschaften messen lassen, die allgemein mit der Einführung verbindlicher Ausnahmebestimmungen verbunden werden.[676]

Als erste Eigenschaft ist danach die unionsweite Harmonisierung des Rechtsrahmens zu benennen. Zweitens ist eine effektive verbindliche Ausnahme vertragsfest und drittens kann sie nicht durch technische Schutzmaßnahmen ausgehebelt werden.[677]

I. Voraussetzungen, Art. 4 Abs. 1 DSM-RL

Die materiellrechtlichen Voraussetzungen des Art. 4 Abs. 1 DSM-RL bilden das Kernstück der kommerziellen Schranke zum Text- und Data-Mining. Regelungstechnisch sieht Absatz 1 eine Ausnahme oder Beschränkung für zum Zwecke des Text- und Data-Mining vorgenommene Vervielfältigungen und Entnahmen von rechtmäßig zugänglichen Werken und sonstigen Schutzgegenständen vor. Die Ausnahme oder Beschränkung bezieht sich dabei auf die absoluten Rechte aus Art. 5 lit. a, Art. 7 Abs. 1 Datenbank-RL; Art. 2 InfoSoc-RL; Art. 4 Abs. 1 lit. a, b Computerprogramm-RL und Art. 15 Abs. 1 DSM-RL, die europäisch harmonisiert sind. Aus dem Wortlaut des Art. 4 Abs. 1 DSM-RL ergeben sich aber Fragestellungen, die die Reichweite des sachlichen Anwendungsbereichs der Schranke

674 *Handke/Guibault/Vallbé*, Is Europe Falling behind in Data Mining, 2; *Raue*, ZUM 2019, 684 (686); *Steinhauer*, RuZ 2021, 5 (21).

675 *Spindler*, CR 2019, 277 (281).

676 Dies fordernd *Hargreaves/Guibault/Handke et al.*, TDM report, 57.

677 *Hargreaves/Guibault/Handke et al.*, TDM report, 57; vgl. auch *Leistner/Antoine/Sagstetter*, Big Data, 124; siehe als Vorbild Art. 30-4(ii) of the Japanese Copyright Act, hierzu *Ueno*, GRUR Int. 2021, 145 (149).

betreffen. Klärungsbedürftig ist hiernach, ob auch das Mining eines einzelnen Werkes oder sonstigen Schutzgegenstandes sowie die Digitalisierung zunächst nur analog vorliegender Schutzgegenstände in den sachlichen Anwendungsbereich der Schranke fällt. Zudem ist offen, ob auch die Technik des Screen Scraping durch Art. 4 Abs. 1 DSM-RL privilegiert wird.

1. Persönlicher Anwendungsbereich

Der persönliche Anwendungsbereich des Art. 4 Abs. 1 DSM-RL erstreckt sich auf jede natürliche oder juristische Person, die zum Zwecke des Text- und Data-Mining urheberrechtlich geschützte Gegenstände vervielfältigt oder diese aus einer Datenbank entnimmt.[678] Anders als in Art. 3 Abs. 1 DSM-RL wird der persönliche Anwendungsbereich damit nicht auf bestimmte Berechtigte wie Forschungsorganisationen und Einrichtungen des Kulturerbes verengt, sondern eine Bestimmung geschaffen, auf die sich „Data Miner" unterschiedlichster Sektoren und Fachgebiete berufen können, egal, ob sie kommerziell agieren oder nicht.

2. Sachlicher Anwendungsbereich

Art. 4 Abs. 1 DSM-RL stellt Vervielfältigungen und Entnahmen von Werken und sonstigen Schutzgegenständen zum Zwecke des Text- und Data-Mining frei. Nicht umfasst ist damit nach dem Wortlaut das Recht zur Weiterverwendung, aber auch beispielsweise das Bearbeitungsrecht. Damit ist die Frage aufgeworfen, ob entgegen dem Postulat eng auszulegender Schranken[679] eine teleologische Extension des Art. 4 DSM-RL auf weitere Verwertungsrechte geboten ist, um

---

678 *Gräbitz*, Bibliotheksdienst 2020, 654 (671); *Heesen/Jüngels*, RuZ 2021, 45 (46); *Meys*, GRUR Int. 2020, 457 (466); *Sag*, J. Copyright Soc´y U.S.A. 2019, 291 (339).

679 So die Rechtsprechung in EuGH, Urt. v. 26.4.2017 - C-527/15, Rn. 62 - Stichting Brein, GRUR 2017, 610 (614); EuGH, Urt. v. 5.6.2014 - C-360/13, Rn. 23 - PRCA/NLA, GRUR 2014, 654 (655); EuGH, Urt. v. 1.12.2011, C-145/10, Rn. 109 - Painer, GRUR 2012, 166 (169); EuGH, Urt. v. 4.10.2011, C-403, 429/08, Rn. 162 - Murphy, GRUR 2012, 156 (164); EuGH, Urt. v. 16.7.2009, C-5/08, Rn. 56 - Infopaq, GRUR 2009, 1041 (1045); kritisch *Stieper*, Rechtfertigung der Schranken, 65 ff.; *Metzger*, in: Leistner (Hrsg.) Europäische Perspektiven, 101 (110 ff.); *Schack*, in: Ohly/Bodewig/Dreier et al., FS Schricker, 511 (514 ff.); *Geiger*, GRUR Int. 2004, 815 (819); *Grünberger*, ZUM 2015, 273 (287); *Hoeren*, MMR 2000, 3 (4 f.); auch besteht aus der Sicht der Methodenlehre keine Rechtfertigung für eine grundsätzlich enge Auslegung so *Larenz*, Methodenlehre, 355 f.

die praktische Wirksamkeit der verbindlichen Schranke zu wahren.[680] Dabei ist gleichzeitig der angemessene Interessenausgleich zwischen den Rechtsinhabern auf der einen Seite und den Nutzern auf der anderen Seite, wie ihn der Dreistufentest sichert, nicht aus dem Blick zu verlieren.[681]

a) *Keine Notwendigkeit einer extensiven Auslegung*

Der Vorschlag eines am Text- und Data-Mining-Prozess orientierten funktionalen Verständnisses der Schrankenbestimmung mit dem Ziel, sämtliche Verwertungshandlungen im Rahmen des Text- und Data-Mining-Prozesses von den Ausschließlichkeitsrechten der Urheber freizustellen, wird mit der missglückten deutschen Fassung der Richtlinie begründet. Im Unterschied zur englischen und französischen Fassung sei die deutsche Fassung deutlich zu eng geraten, berücksichtige sie doch nicht hinreichend das Bedürfnis, auch Bearbeitungen im Rahmen der Datenvorbereitung zu privilegieren.[682]

Dieser Ansicht ist jedoch schon deswegen entgegenzutreten, da – anders als das Vervielfältigungsrecht aus Art. 2 InfoSoc-RL und das Recht zur Entnahme aus Art. 7 Abs. 2 lit. a Datenbank-RL – das Bearbeitungsrecht nicht europäisch harmonisiert ist.[683] Daraus folgt die Konsequenz, dass Handlungen, die bereits auf Ebene der Verwertungsrechte schon nicht harmonisiert sind, erst recht nicht durch harmonisierte Schranken begrenzt werden können.

Zwar besteht dieses Problem für das harmonisierte Recht der Weiterverwendung (z. B. Art. 7 Abs. 1, 2 lit. b Datenbank-RL; Art. 3 InfoSoc-RL) nicht. Allerdings ist auch hier eine extensive Auslegung der Schranke nicht geboten. Die technische Analyse hat hier vielmehr die Erkenntnis hervorgebracht, dass es weder mit der Veröffentlichung der Datenmatrix noch mit der Veröffentlichung

---

680 Diese Möglichkeit betonend, EuGH, Urt. v. 29.7.2019 - C-516/17, Rn. 36, 55 - Reformistischer Aufbruch, GRUR 2019, 940 (942, 944); EuGH, Urt. v. 29.7.2019 - C-469/17, Rn. 51 - Afghanistan Papiere, GRUR 2019, 934 (938); vgl. bereits EuGH, Urt. v. 3.9.2014, C-201/13, Rn. 23 - Deckmyn, GRUR 2014, 972 (973); dafür auch im Kontext des TDM, *Raue*, ZUM 2020, 172 (173); *Raue*, ZUM 2019, 684 (687) allgemein *Dreier*/Schulze (Hrsg.), UrhG, Vor §§ 44a ff Rn. 7; *Stieper*, in: Schicker/Loewenheim (Hrsg.), UrhG, Vor §§ 44a Rn. 37; *Wandtke/König*, ZUM 2014, 921 (929).

681 EuGH, Urt. v. 5.6.2014 - C-360/13, Rn. 24 - PRCA/NLA, GRUR 2014, 654 (655); EuGH, Urt. v. 4.10.2011, C-403, 429/08, Rn. 164 - Murphy, GRUR 2012, 156 (164).

682 *Raue*, ZUM 2019, 684 (687).

683 *Spindler*, GRUR 2016, 1112 (1113); *Spindler*, ZGE 2018, 273 (280); so im Ergebnis auch *Gräbitz*, Bibliotheksdienst 2020, 654 (666); zur Diskussion um die Harmonisierung des Bearbeitungsrechts siehe in Kap. D.I.1. b).

der hervorgebrachten Muster zu einem Eingriff in das Weiterverwendungsrecht des Rechtsinhabers kommt, dessen Werke oder Datenbanken zur Analyse herangezogen wurden.[684]

b) Digitalisierung

Im Hinblick auf die Frage, ob unter die freigestellten Handlungen auch die Digitalisierung analoger Werke zu Zwecken des Text- und Data-Mining fällt, offenbaren sich Zweifel, die sich aus dem systematischen Zusammenspiel der Schranken mit dem Wortlaut der Begriffsbestimmung des Art. 2 Nr. 2 DSM-RL ergeben.[685] Die Legaldefinition sieht dabei vor, dass „Texte[ ] und Daten in digitaler Form" zur Auswertung gebracht werden können. Verstärkt werden diese Zweifel noch durch Erwägungsgrund 8 DSM-RL, der von „in digitaler Form vorliegenden Informationen" spricht. In Art. 4 Abs. 1 DSM-RL findet sich eine solche Begrenzung allerdings nicht wieder. Hier findet sich lediglich eine mit der Verwendung der Begriffe Werk oder sonstiger Schutzgegenstand neutrale Formulierung, die nicht auf Eigenschaften wie ihr digitales oder analoges Vorliegen abhebt.

Da es sich bei der Digitalisierung eines körperlich vorliegenden Werks in einen Binärcode allerdings um eine Vervielfältigung handelt, die vom Wortlaut des Art. 4 Abs. 1 DSM-RL freigestellt wird, ist den Schranken hier gegenüber der missglückten Legaldefinition der Vorrang einzuräumen.[686]

Dies ist auch deshalb sinnvoll, da ansonsten die Auswertungsgrundlage auf Texte und Daten in digitaler Form verengt würde und somit Text- und Data-Mining-Projekten der Boden entzogen wäre, die sich auf die Analyse historischer Quellen spezialisieren.[687] Gerade im Hinblick auf historische Forschungsprojekte und einen technikneutralen Ansatz der Schranken wäre eine solche Beschränkung allerdings wenig zweckdienlich. Dies hat vormalig auch schon der deutsche Gesetzgeber im UrhWissG erkannt und in der Gesetzesbegründung klargestellt, dass das Einscannen und Durchsuchen von Schrifttum zu Zwecken des Text- und Data-Mining erlaubt ist.[688] Letztlich ist die Digitalisierung analoger Inhalte zu Zwecken des Text- und Data-Mining daher nichts

---

684 Siehe hierzu in Kap. D.II.2.

685 *Raue*, ZUM 2019, 684 (687); *Raue*, GRUR 2017, 11 (14).

686 Stellvertretend EuGH, Urt. v. 16.11.2017, C-301/15, Rn. 25 - Solier/Doke, GRUR 2017, 62; Schricker/*Loewenheim* (Hrsg.), UrhG, § 16 UrhG Rn. 20.

687 Vgl. *Raue*, GRUR 2017, 11 (14).

688 BT-Drucks. 18/12329, 41; zustimmend *Raue*, ZUM 2019, 684 (687 f.).

anderes als eine von der Privilegierung des Art. 4 Abs. 1 DSM-RL ausgehende technische Notwendigkeit, damit ein Mining-Algorithmus die Werke nach einer entsprechenden Aufbereitung überhaupt lesen kann.[689]

c) *Einzelnes Werk*

Sowohl über den Wortlaut des Art. 2 Nr. 2 DSM-RL, der von „Texten und Daten" spricht, als auch den Wortlaut der Schrankenbestimmungen, die von „Werken und sonstigen Schutzgegenständen" in der Pluralform sprechen, ergeben sich Zweifel, ob im Anwendungsbereich von Art. 4 Abs. 1 DSM-RL auch einzelne Schutzgegenstände ausgewertet werden können. Bereits im Rahmen des § 60d UrhG a. F. war dies umstritten. Durch die Literatur wurde die Schranke jedoch über einen Erst-recht-Schluss dahingehend ausgelegt, dass, wenn schon die Analyse einer Vielzahl von Werken erlaubt sei, auch die Analyse lediglich eines einzelnen Werks statthaft sein müsse.[690] Diese bereits im deutschen Recht aufgetretenen Unklarheiten haben den Unionsgesetzgeber unglücklicherweise nicht dazu bewogen, eine Klarstellung in der DSM-Richtlinie vorzunehmen. Gleichwohl ist der oben skizzierte Erst-recht-Schluss auch auf Art. 4 Abs. 1 DSM-RL anzuwenden, dessen Zielsetzung darin besteht, das Text- und Data-Mining umfassend als führende Digitaltechnik zu privilegieren.[691]

3. Rechtmäßiger Zugang

Art. 4 Abs. 1 DSM-RL kodifiziert die Voraussetzung des rechtmäßigen Zugangs.[692] Hervorzuheben ist dabei, dass Art. 4 Abs. 1 DSM-RL kein positives Zugangsrecht gewährt oder die Verpflichtung des Rechtsinhabers zum Abschluss einer Zwangslizenz vorsieht.

Für Art. 3 DSM-RL konturiert Erwägungsgrund 14 DSM-RL das Kriterium näher, indem er die Mitgliedstaaten dazu aufruft, als rechtmäßigen Zugang den Zugang zu Inhalten einzuordnen, der auf der Grundlage einer Open-Access-Strategie oder vertraglicher Vereinbarungen etwa durch Abonnements oder

---

689 *Raue*, ZUM 2019, 684 (687); *Spindler*, CR 2019, 277 (279).

690 *Raue*, ZUM 2019, 684 (689); vgl. bereits zum UrhWissG; BT-Drucks. 18/12329, 40 „das Ursprungsmaterial kann aus verschiedenen Quellen stammen"; *Raue*, CR 2017, 656 (658); *Specht*, OdW 2018, 285 (286); *Würtenberger/Freischem*, GRUR 2017, 594 (597).

691 *Raue*, ZUM 2019, 684 (689); *Spindler*, CR 2019, 277 (279).

692 Art. 30-4(ii) Japanese Copyright Act, kennt diese Voraussetzung nicht, hierzu *Ueno*, GRUR Int. 2021, 145 (149).

Lizenzen ermöglicht wird.[693] Zu begrüßen ist dabei der nicht abschließende Charakter der Aufzählung („andere rechtmäßige Mittel"), sodass auch neue, noch zu entwickelnde Zugangsformen künftig Berücksichtigung finden können.[694]

Daneben ist gerade für Text- und Data-Mining-Nutzer mit nur kleinen oder gar keinen eigenen Datenbeständen die Datenauswahl aus dem Internet von besonderer Bedeutung. Nach Erwägungsgrund 14 S. 4 DSM-RL wird danach auch der Zugang zu im Internet frei verfügbaren Inhalten unter das Tatbestandsmerkmal des rechtmäßigen Zugangs erfasst.[695]

Was jedoch im Internet „frei" verfügbar ist, ist dabei weniger klar, als es auf den ersten Blick scheint. Aufzuwerfen ist dementsprechend die Frage, wie mit urheberrechtlich geschützten Inhalten umzugehen ist, die ohne die Zustimmung des Rechtsinhabers ins Internet gelangt sind, und welche Auswirkungen die Nutzung solcher Schutzgegenstände auf das Text- und Data-Mining hat.

a) Veröffentlichung von Schutzgegenständen im Internet ohne Zustimmung des Rechtsinhabers

Besonders im Internet besteht das Problem, dass Werke und sonstige Schutzgegenstände zirkulieren, die dort ohne die Zustimmung der Rechtsinhaber veröffentlicht wurden.[696]

Klärungsbedürftig ist damit, ob das Mining solcher rechtswidrig ins Internet gelangten Inhalte durch Art. 4 Abs. 1 DSM-RL privilegiert werden kann. Zweifel ergeben sich dabei aus der Rechtsprechung des EuGH zur Haftung für Hyperlinks und zum Upload frei verfügbarer Dateien, die zu der Frage der öffentlichen

693 *Gräbitz*, Bibliotheksdienst, 654 (665); *Raue*, ZUM 2019, 684 (689); *Spindler*, CR 2019, 277 (279).

694 *Gräbitz*, Bibliotheksdienst 2020, 654 (665); *Raue*, ZUM 2019, 684 (690); so auch bereits BT-Drucks. 18/12329, 41.

695 *Meys*, GRUR Int. 2020, 457 (466); *Raue*, ZUM 2019, 684 (689); *Spindler*, CR 2019, 277 (279); *Würtenberger/Freischem*; GRUR 2019, 1140 (1142); die Relevanz des Internets als Auswertungsquelle betonend *Hargreaves/Guibault/Handke et al.*, TDM report, 58; *Steinbrecher*, MMR 2019, 639 (640).

696 *Raue*, CR 2017, 656 (658); dieses Problem andeutend Bundesverband Musikindustrie, Stellungnahme RefE, 17 f., abrufbar unter: https://bit.ly/3bsg6xe (zuletzt abgerufen: 2.4.2021).

Wiedergabe an eine vom Rechtsinhaber nicht gewollte Öffentlichkeit Stellung nimmt.[697]

Zunächst einmal hat der EuGH dabei klargestellt, dass eine öffentliche Wiedergabe durch das Setzen eines Hyperlinks nicht vorliegt, wenn das betreffende Werk auf einer anderen Webseite bereits mit Erlaubnis des Rechtsinhabers für alle Internetnutzer frei zugänglich ist.[698]

Differenziert ging der EuGH jedoch in der Rechtssache „Cordoba“ vor, in der das Gericht eine öffentliche Wiedergabe eines zuvor von einer fremden Webseite frei heruntergeladenen Fotos bejahte. Nach Ansicht des EuGH trage diese Praxis im Gegensatz zum Setzen von Hyperlinks nicht im gleichen Maße zur wünschenswerten Verbreitung von Informationen im Internet bei und sei daher als urheberrechtsverletzend einzuordnen.[699]

Für das Text- und Data-Mining droht über diese skizzierten Grundsätze der Rechtsprechung jedoch nicht die Gefahr einer Rechtsverletzung. Dies liegt daran, dass weder durch die Datenmatrix noch durch die hervorgebrachten Muster die rechtswidrig ins Internet gelangten Ursprungswerke einem neuen Publikum öffentlich zugänglich gemacht werden.[700]

Grund hierfür ist die technische Eigenart der Datenmatrix, die lediglich aus schutzunfähigen einzelnen analyserelevanten Attributen besteht. Gleiches gilt auch für die algorithmisch hervorgebrachten Muster, die unabhängig von ihrer gewählten Visualisierungsform im besten Fall einen in den Schutzgegenständen angelegten informationellen Mehrwert repräsentieren, der jedoch erst „neu“ aus der kumulativen Analyse der rechtswidrig ins Internet gelangten Schutzgegenstände entsteht. Eine Veröffentlichung der Datenmatrix und/oder der Ergebnisse des Text- und Data-Mining hat damit aber nicht zur Folge, dass die Ursprungswerke einem neuen Publikum öffentlich wiedergegeben werden. Selbst in absoluten Ausnahmefällen, in denen eine solche Wiedergabe zu bejahen ist, verbliebe

---

697 EuGH, Urt. v. 9.3.2021 - C-392/19, Rn. 17 - VG Bild-Kunst, BeckRS 2021, 3582; EuGH, Urt. v. 7.8.2018 - C-161/17, Rn. 24 - Cordoba, GRUR 2018, 911 (912); EuGH, Urt. v. 8.9.2016 - C- 160/15, Rn. 37 - GS Media, GRUR 2016, 1152 (1154).

698 EuGH, Urt. v. 8.9.2016 - C- 160/15, Rn. 37 - GS Media, GRUR 2016, 1152 (1154).

699 EuGH, Urt. v. 7.8.2018 - C-161/17, Rn. 40 - Cordoba, GRUR 2018, 911 (914); vgl. auch die jüngste Entscheidung zum Framing EuGH, Urt. v. 9.3.2021 - C-392/19, Rn. 17 - VG Bild-Kunst, BeckRS 2021, 3582.

700 So im Ergebnis auch *Schack*, Urheber- und Urhebervertragsrecht, Rn. 577; *Spindler*, ZGE 2018, 273 (281).

zudem noch die Möglichkeit des Rückgriffs auf die weiteren Schranken der InfoSoc-Richtlinie.[701]

b) Rechtfertigung der Voraussetzung über den Dreistufentest

Die Rechtfertigung der Voraussetzung des rechtmäßigen Zugangs ist aus dem Dreistufentest des Art. 5 Abs. 5 InfoSoc-RL abzuleiten, der über Art. 7 Abs. 2 S. 1 DSM-RL auch auf die Schranke des Art. 4 DSM-RL anzuwenden ist.[702]

In seiner Wirkung als Schranke-Schranke gibt der Dreistufentest auf der ersten Stufe vor, dass die Ausnahme auf bestimmte Sonderfälle oder einen bestimmten Zweck zu begrenzen ist.[703] Auf der zweiten Stufe ist sicherzustellen, dass die normale Werkauswertung nicht beeinträchtigt wird, und auf der dritten Stufe ist eine Interessenabwägung erforderlich, um festzustellen, ob das Bedürfnis an der Nutzungsfreiheit die Beeinträchtigung des Rechtsinhabers überwiegt.[704]

Im Korsett der Stufen ist das Erfordernis des rechtmäßigen Zugangs dabei der zweiten Teststufe zuzuordnen, die sicherstellt, dass die Disposition über die originäre Werknutzung beim Rechtsinhaber verbleibt.[705]

Kritisch zu bewerten ist allerdings, dass erstens die Frage des Zugangs keine originäre Frage des Urheberrechts ist und zweitens die Voraussetzung sich letztlich in die Richtung auswirkt, dass eine vertragliche Vergütung für den Zugang und auch überschießend für die freie Nutzung zu Zwecken des Text- und Data-Mining erzielt werden kann. Gerade für den letztgenannten Aspekt ist problematisch, dass der Beteiligungsgrundsatz im Kontext des Text- und Data-Mining nicht als Argument ins Spiel gebracht werden kann, da die maschinelle Informationsentnahme aus Schutzgegenständen insoweit vergütungsfrei möglich sein muss.[706]

---

701 EuGH, Urt. v. 8.9.2016 - C- 160/15, Rn. 53 - GS Media, GRUR 2016, 1152 (1154); *Spindler*, ZGE 2018, 273 (281).

702 *Gervais*, JIPITEC 2019, 3 (11).

703 Dieses Kriterium ist umstritten, hierzu *Dreier*/Schulze (Hrsg.), UrhG, Vor § 44a Rn. 21; *Senftleben*, GRUR Int. 2004, 200 (206).

704 *Stieper*, in: Schricker/Loewenheim (Hrsg.), UrhG, Vor § 44a Rn. 30 f.; *Geiger/Griffiths/Hilty*, GRUR Int. 2008, 822.

705 *Senftleben*, GRUR Int. 2004, 200 (208 f.)

706 *Raue*, ZUM 2019, 684 (689).

4. Urheberpersönlichkeitsrechtliche Aspekte

Bislang statuiert Art. 5 Abs. 3 lit. a InfoSoc-RL ein Namensnennungsrecht des Urhebers, außer in Fällen, in denen dies für den Nutzer der Schutzgegenstände unzumutbar ist. Die Verfahren des Text- und Data-Mining mit ihrer Auswertung riesiger Datenbestände stellen dabei das Paradebeispiel der Unzumutbarkeit dar.[707] Entsprechend war § 63 Abs. 1 S. 1 UrhG mit Verweis auf die Unzumutbarkeit der einzelnen Quellennennung im Rahmen des Text- und Data-Mining schon unter der bestehenden Rechtslage richtlinienkonform dahingehend auszulegen, dass eine Quellennennung außer bei kleinsten Datenmengen unterbleiben konnte.[708] Auch im Datenbankbereich besteht nach Art. 9 lit. b Datenbank-RL, § 87 Abs. 1 S. 2 UrhG die Pflicht zur Quellenangabe bei der Entnahme analyserelevanten Materials aus Datenbanken zu wissenschaftlichen Zwecken.[709]

Mit Einführung der DSM-RL hat sich dieses Problem jedoch erledigt, da Art. 4 DSM-RL insoweit keine Pflicht zur Quellennennung der Urheber normiert, deren Schutzgegenstände im Rahmen des Text- und Data-Mining ausgewertet werden.[710]

II. Speicherung, Art. 4 Abs. 2 DSM-RL

Art. 4 Abs. 2 DSM-RL erlaubt es, Vervielfältigungen und Entnahmen nach Absatz 1 so lange aufzubewahren, wie es für die Zwecke des Text- und Data-Mining notwendig ist. Der Wortlaut ist jedoch missverständlich, da nicht klar wird, ob mit Vervielfältigungen und Entnahmen die reproduzierten Vervielfältigungsstücke gemeint sind oder aber die Datenmatrix im technischen Sinne.[711] Anders als bei Art. 3 Abs. 2 DSM-RL, bei dem eine dauerhafte Speicherung und Aufbewahrung möglich sein soll[712], beschränkt sich im Anwendungsbereich des Art. 4 DSM-RL die Aufbewahrung damit auf ein notwendiges Maß.

---

707 *Triaille/de Meeûs d'Argenteuil/de Francquen*, Study on TDM, 63; *Gräbitz*, Bibliotheksdienst 2020, 654 (671); *Raue*, CR 2017, 656 (659); *Spindler*, CR 2019, 277 (281); *Spindler*, ZGE 2018, 273 (283); eingehend auch *Grisse*, RuZ 2020, 143 (158 f.).

708 *Specht*, OdW 2018, 285 (286).

709 *Dreier*/Schulze (Hrsg.), UrhG, § 87c Rn. 11; *Vogel*, in: Schricker/Loewenheim (Hrsg.), UrhG, § 87c Rn. 17.

710 *Triaille/de Meeûs d'Argenteuil/de Francquen*, Study on TDM, 63; *Spindler*, CR 2019, 277 (281); kritisch *Gräbitz*, Bibliotheksdienst 2020, 654 (671).

711 Vgl. auch *Raue*, ZUM 2019, 684 (688), der zwischen einem Datenkorpus und einem Textkorpus differenziert.

712 So *Raue*, ZUM 2019, 684 (688).

Der Wortlaut „zum Zwecke" in Art. 4 Abs. 2 DSM-RL ist dabei als Einfallstor einer großzügigen Auslegung der Löschpflicht zu nutzen. Hiernach ist es möglich, sowohl die Vervielfältigungsstücke als auch die Datenmatrix zur iterativen Durchführung des Text- und Data-Mining-Prozesses aufzubewahren. Zudem ist für ein weites Verständnis zu plädieren, welches über die Durchführung des Text- und Data-Mining-Prozesses hinausgeht und auch den subjektiven Anwendungskontext („Zwecke") berücksichtigt.[713] Danach sollte es erlaubt sein, die Datenmatrix so lange aufzubewahren, bis beispielsweise der Aufbau einer KI mit den hervorgebrachten Text- und Data-Mining-Ergebnissen erfolgreich abgeschlossen worden ist.[714] Dies kann mitunter einen erheblichen Zeitraum in Anspruch nehmen, sodass das Kriterium der notwendigen Aufbewahrung funktional am jeweiligen Einsatzzweck des Text- und Data-Mining zu bestimmen ist. Ist dieser Einsatzzweck erfüllt, so muss das vervielfältigte Material gemäß den Vorgaben aus Art. 4 Abs. 2 DSM-RL gelöscht werden, es sei denn, die Vervielfältigung kann auf eine andere Schranke oder eine vertragliche Gestattung gestützt werden.[715]

Was den Umfang der Löschpflicht anbetrifft, ist dafür einzutreten, diese allein auf die Vervielfältigungsstücke und Entnahmen zu begrenzen und nicht die Datenmatrix einer solchen Pflicht zu unterwerfen. In der technischen Analyse hat sich dabei gezeigt, dass die Datenmatrix selbst kein urheberrechtlich geschütztes Material enthält, da dort nur einzelne Terme (Text-Mining) oder Datensätze (Data-Mining) abgelegt werden. Sie droht damit nicht zum „Trojanischen Pferd" für andere urheberrechtsrelevante Nutzungen zu werden.[716]

Diese Auslegung ist dabei auch aus prozessökonomischen Gesichtspunkten zwingend, fließen doch ca. 80 % der finanziellen und zeitlichen Ressourcen innerhalb des Text- und Data-Mining-Prozesses in das Preprocessing. Diese Kosten nunmehr über eine Löschpflicht der Datenmatrix vollständig zu eliminieren, würde den Anreiz zur Durchführung des Text- und Data-Mining erheblich senken.

---

713 *Steinbrecher*, MMR 2019, 639 (640).

714 *Steinbrecher*, MMR 2019, 639 (640).

715 *Gräbitz*, Bibliotheksdienst 2020, 654 (672); *Raue*, ZUM 2019, 684 (692).

716 *Schack*, ZUM 2016, 266 (269); vgl. *Bunk*, in: Raabe/Wagner (Hrsg.), Daten als Wirtschaftsgut, 30 (32).

III. Nutzungsvorbehalt, Art. 4 Abs. 3 DSM-RL

Eine Ausnahme von Art. 4 Abs. 1 DSM-RL sieht Absatz 3 vor, der die Anwendung der Schranke des kommerziellen Text- und Data-Mining von der Abwesenheit eines ausdrücklichen, in angemessener Weise erklärten Nutzungsvorbehalts abhängig macht. Art. 4 Abs. 3 DSM-RL stellt dabei die Ausnahme zur Regel des Absatzes 1 dar („sofern") und ist geeignet, den Anwendungsbereich der Schranke spürbar einzuschränken. Dies zeigt sich auch im Vergleich zu Art. 3 DSM-RL, der die Möglichkeit eines solchen Vorbehalts nicht vorsieht.

Bei online veröffentlichten Inhalten muss der Nutzungsvorbehalt gem. Erwägungsgrund 18 DSM-RL in maschinenlesbarer Form ausgestaltet sein. Dabei kann er auch in Metadaten und AGB einer Webseite oder eines Dienstes niedergelegt sein.[717]

Im Gegensatz zur deutschen Sprachfassung betont die englische Fassung dabei zutreffenderweise für den Online-Bereich den zwingenden Charakter der Maschinenlesbarkeit („it should only be considered appropriate"). Dies ist sinnvoll, da eine manuelle durch einen Menschen durchgeführte Prüfung aufgrund der Vielzahl der Abrufe und des automatisierten Softwareeinsatzes bei der Datenauswahl über das Screen Scraping faktisch unmöglich ist.[718] In der Aufnahme des Kriteriums der Maschinenlesbarkeit sieht *Raue* deshalb auch den Ausdruck eines „umwelt-/techniksensiblen" Urheberrechts.[719]

Zumindest auf Richtlinienebene ist dieser Ansicht beizupflichten, wird doch durch die Formulierung „etwa" die Vorschrift auch im analogen Kontext für nicht maschinenlesbare Nutzungsvorbehalte geöffnet. Problematisch ist jedoch, dass unklar bleibt, was der Unionsgesetzgeber genau unter maschinenlesbaren Mitteln i. S. d. Art. 4 Abs. 3 DSM-RL versteht.[720]

1. Sinn und Zweck des maschinenlesbaren Nutzungsvorbehalts

Der Sinn und Zweck des in Art. 4 Abs. 3 DSM-RL implementierten Opt-out-Mechanismus soll es Rechtsinhabern ermöglichen, ihre Werke und sonstigen

---

717 ErwG 18 UAbs. 2 S. 2 DSM-RL; *Meys*, GRUR Int. 2020, 457 (466); *Raue*, ZUM 2019, 684 (693).

718 *Spindler*, CR 2019, 277 (281); vgl. auch *Gräbitz*, Bibliotheksdienst 2020, 654 (672), *Raue*, ZUM 2019, 684 (693); *Steinbrecher*, MMR 2019, 639 (640).

719 *Raue*, ZUM 2019, 684 (693); *Leistner/Antoine/Sagstetter*, Big Data, 122, sehen in der Vorschrift hingegen einen politischen Kompromiss.

720 *Meys*, GRUR Int. 2020, 457 (466).

Schutzgegenstände trotz der dezentralen Struktur des Internets weiterhin wirksam zu kontrollieren.[721] Dahinter steht das Interesse der Rechtsinhaber, auch im digitalen Raum einen angemessenen Ausgleich für die Werkverwertung zu erhalten und so ihr Selbstbestimmungsrecht zu stärken.[722] Dem gegenüber steht das Interesse der Text- und Data-Mining-Nutzer an einer weitgehend freien Nutzung von Inhalten zu Zwecken des Text- und Data-Mining.

Mit Art. 4 Abs. 1 DSM-RL hat der Unionsgesetzgeber das Nutzerinteresse kodifiziert, schwächt dies durch Art. 4 Abs. 3 DSM-RL aber deutlich ab, was die Erreichung der Richtlinienziele angeht.[723]

2. Problemaufriss

Im technischen Gefüge des Text- und Data-Mining-Prozesses sind maschinenlesbare Mittel dann problematisch, wenn sie die Datenauswahl unterbinden. Zutreffend ist deshalb, dass in der „data-mining society" nur derjenige erfolgreich sein kann, der auf riesige Mengen analyserelevanter Daten frei zugreifen kann.[724] Dadurch, dass Daten jedoch in der heutigen Zeit in aller Regel ein wirtschaftlicher Wert innewohnt, wird ein unentgeltlicher Abfluss sowohl aus urheberrechtlich geschützten als auch aus schutzunfähigen Webpräsenzen mit maschinenlesbaren Mitteln verhindert. Im Web 2.0 werden solche Schutzmaßnahmen großflächig eingesetzt.[725]

Was die Erklärung maschinenlesbarer Nutzungsvorbehalte angeht, hat besonders das „Robots Exclusion Protocol", kurz robots.txt, Prominenz erlangt.[726]

Für dieses wird exemplarisch geprüft, inwieweit Rechtsinhaber hierüber wirksam den in Art. 4 Abs. 3 DSM-RL vorgesehenen Nutzungsvorbehalt erklären können. Zu erwähnen ist dabei, dass neben robots.txt noch weitere technische Möglichkeiten bestehen, sich die Nutzung der online veröffentlichten

---

721 *Conrad/Schubert*, GRUR 2018, 350 (351); *Meys*, GRUR Int. 2020, 457 (466); siehe auch *Sag*, J. Copyright Soc´y U.S.A. 2019, 291 (339 f.).

722 *Raue*, ZUM 2019, 684 (693).

723 *Geiger/Frosio/Bulayenko*, in: Garcia/Llorca (Hrsg.), Propiedad Intellectual, 22 (59 f.); in diese Richtung auch *Samuelson*, Comm. of the ACM 2018, 20 (23).

724 *Steinbrecher*, MMR 2019, 639 (640), in Bezug auf den Aufbau von KI; vgl. auch *Meys*, GRUR Int. 2020, 457.

725 *v. Schönfeld*, Screen Scraping, 60; vgl. *Carroll*, UC Davis L. Rev. 2019, 893 (938), „many intellectual property rightsholders have a simple legal policy algorithm"; *Burk*, U. Chic. L. Rev. 2019, 283 (289).

726 Vgl. die Darstellung bei *Conrad/Schubert*, GRUR 2018, 350 ff.

Schutzgegenstände vorzubehalten. Hierzu zählen unter anderem die Sperrung von IP-Adressen, Authentifizierungspflichten oder Identifizierungstechniken wie CAPTCHA, die einen unautorisierten Zugang zu Webseiten vermeiden.[727] Dass diese Maßnahmen auch tatsächlich im Anwendungsbereich des Text- und Data-Mining eingesetzt werden, zeigt dabei ihre kritische Diskussion rund um die Ausgestaltung der DSM-Richtlinie.[728]

3. Robots.txt als maschinenlesbares Mittel i. S. v. Art. 4 Abs. 3 DSM-RL

Bereits angeklungen ist die Tatsache, dass die DSM-Richtlinie keine Definition der maschinenlesbaren Mittel vornimmt. Aus technischer Sicht ist danach zu fordern, dass der maschinenlesbare Nutzungsvorbehalt durch eine Software oder ein Computerprogramm gelesen werden kann.[729] Die Ausführungen zum Web Mining haben dabei offenbart, dass Webseiten über den ihnen zugrunde liegenden HTML-Code eine Struktur innewohnt, in der auch ein maschinenlesbarer Nutzungsvorbehalt eingebettet werden muss.[730]

Bezogen auf eine robots.txt-Datei stellt sich danach in erster Instanz die Frage nach seinem technischen Ablauf.

In der Implementierungsphase einer robots.txt-Datei fügt ein Webseitenbetreiber seinem Webauftritt zunächst eine mit einem Texteditor erstellte Datei mit Handlungsanweisungen zu.[731] Einem Webcrawler wird diese Datei auf seine Datenanfrage hin übermittelt. Anschließend liest er die Datei aus und überprüft die an ihn gerichtete Handlungsanweisung.[732]

Mit den in der Handlungsanweisung angelegten Befehlen „allow" und „disallow" erklärt der Webseitenbetreiber entweder allen oder einem spezifischen Crawler, wie dieser mit der Webseite verfahren darf und aus welchen Bereichen er

---

727 *v. Schönfeld*, Screen Scraping, 60 ff.; *Fisher/Chicot/Domini et al.*, Study in support of Directive 96/9/EC, 84 f.

728 SWD(2016) 301 final, Part 3/3, 158.

729 Vgl. *Meys*, GRUR Int. 2020, 457 (466).

730 Siehe ausführlich zum Web Mining in Kap. B.I.3.

731 *v. Schönfeld*, Screen Scraping, 60; *Conrad/Schubert*, GRUR 2018, 350 (351); *Ducato/Strowel*, IIC 2019, 649 (674); zum technischen Hintergrund siehe „About/robots.txt" auf www.robotstxt.org (zuletzt abgerufen: 2.4.2021) sowie *Schmidt/Pruß*, in: Auer-Reinsdorff/Conrad (Hrsg.), Hdb. IT-Recht, § 3 Rn. 410 ff.

732 *Conrad/Schubert*, GRUR 2018, 350 (351); siehe hierzu auch *Sag*, N.Y.L Sch. L. Rev. 2010, 19 (30 f.).

Daten extrahieren kann.[733] Dabei bestehen mannigfaltige Differenzierungsmöglichkeiten, wonach einzelnen Crawlern nur bestimmte Dateiformate zugänglich gemacht werden können oder Crawlern die Handlungsanweisung erteilt wird, die Webseite nur mit einer Verzögerung von 5 bis 10 Sekunden zu crawlen (crawl delay).[734]

Auch aus dieser vereinfachten technischen Darstellung lässt sich danach die Schlussfolgerung ableiten, dass robots.txt-Dateien maschinenlesbar i. S. v. Art. 4 Abs. 3 DSM-RL sind, da es sich bei ihnen um Anweisungen handelt, die aus der natürlichen Sprache übersetzt wurden, um einer Maschine Anweisungen zu erteilen.[735]

In ihrer Zielsetzung verhindern robots.txt-Dateien dabei das unautorisierte Extrahieren von Daten durch die Text- und Data-Mining-Verfahren und vermitteln dem Webseitenbetreibern so die Kontrolle über ihre Übermittlung.[736] Zu berücksichtigen ist allerdings, dass bei einem Abruf analyserelevanter Daten über Screen-Scraping-Software die Software technisch nicht verpflichtet ist, die Handlungsanweisungen in der robots.txt-Datei zu beachten, ihre Befolgung aber zum „guten Ton" gehört und sich im Internet zu einem respektierten De-facto-Kommunikationsstandard entwickelt hat.[737]

a) Einordnung als technische Schutzmaßnahme

In der rechtlichen Beurteilung der robots.txt-Dateien ist umstritten, ob es sich bei ihnen um technische Schutzmaßnahmen i. S. v. § 95a Abs. 2 UrhG, Art. 6 Abs. 3 InfoSoc-RL oder ein ausdrückliches Erklärungszeichen handelt.

Folgt man dem Wortlaut von Art. 6 Abs. 3 InfoSoc-RL, versteht dieser unter „technischen Maßnahmen" alle Technologien, Vorrichtungen oder Bestandteile, die durch den Rechtsinhaber im normalen Betrieb dazu bestimmt sind, Werke oder sonstige Schutzgegenstände betreffende Handlungen zu verhindern oder einzuschränken.[738]

---

733 *Conrad/Schubert*, GRUR 2018, 350, 351; *Ducato/Strowel*, IIC 2019, 649 (674); vgl. auch *Schmidt/Pruß*, in: Auer-Reinsdorff/Conrad (Hrsg.), Hdb. IT-Recht, § 3 Rn. 412.

734 SWD(2016) 301 final, Part 3/3, 158; *Clark*, Clark, Text Mining and Scholarly Publishing, 11; *v. Schönfeld*, Screen Scraping, 61.

735 *Conrad/Schubert*, GRUR 2018, 350 (351).

736 *Conrad/Schubert*, GRUR 2018, 350 (351).

737 *v. Schönfeld*, Screen Scraping, 61; *Conrad/Schubert*, GRUR 2018, 350 (351).

738 Vgl. auch die Legaldefinition in § 95a Abs. 2 UrhG; SWD(2018) 146 final, 33 f.; *Fisher/Chicot/Domini et al.*, Study in support of Directive 96/9/EC, 82.

Der EuGH hat insoweit präzisiert, dass mit technischen Maßnahmen Handlungen eingeschränkt werden sollen, die von den Rechtsinhabern nicht genehmigt worden sind.[739]

Nach dieser Auffassung könnte man robots.txt-Dateien als technische Maßnahme einordnen, da sie geeignet sind, den Zugang und die Nutzung von Werken und sonstigen Schutzgegenständen zum Zwecke des Text- und Data-Mining zu unterbinden.[740] In diese Richtung tendiert auch der BGH, wenn dieser, zwar ohne eine robots.txt-Datei explizit zu erwähnen, von technischen Vorkehrungen oder Verfahren spricht, die gegen ein Auffinden und Anzeigen durch eine Suchmaschine zu treffen sind.[741]

Problematisch ist jedoch das in Art. 6 Abs. 3 InfoSoc-RL aufgestellte Kriterium der Wirksamkeit technischer Schutzmaßnahmen. Zwar legt die Rechtsprechung zur Bewertung einen großzügigen Maßstab an das Erfordernis der Wirksamkeit an[742], im Hinblick auf robots.txt-Dateien wird allerdings eingewandt, dass diese streng genommen keine „wirksame" Zugangskontrolle vollziehen, da die Handlungsanweisungen in ihrer Natur als De-facto-Kommunikationsstandard theoretisch auch durch die anwenderseitig eingesetzten Crawler einfach nicht beachtet werden könnten. Insofern wäre es einem Text- und Data-Mining-Anwender möglich, einen Zugang zu Inhalten zu erlangen, indem er den Crawler so programmiert, dass dieser die robots.txt-Datei bewusst nicht ausliest.[743]

b) *Einordnung als Erklärungszeichen*

Gegen die Einordnung einer robots.txt-Datei als technische Schutzmaßnahme wird vertreten, es handele sich bei ihnen um ein aktives Erklärungszeichen.[744] Begründet wird diese vorzugswürdige Auffassung damit, dass – anders als etwa bei Verschlüsselungen oder der Sperrung von IP-Adressen – die Befolgung der

739 EuGH, Urt. v. 5.3.2015 - C- 463/12, Rn. 69 - Copydan, GRUR 2015, 478 (484).

740 So aber *Jani*, in: Wandtke/Bullinger (Hrsg.), UrhG, § 87f Rn. 27.

741 BGH, Urt. v. 21.9.2017 - I ZR 11/16, Rn. 37 - Vorschaubilder III, GRUR 2018, 178 (182); BGH, Urt. v. 19.10.2011 - I ZR 140/10, Rn. 18 - Vorschaubilder II, GRUR 2012, 602 (604); BGH, Urt. v. 29.4.2010 - I ZR 69/08, Rn. 36 - Vorschaubilder I, GRUR 2010, 628 (632); vgl. auch OLG München, Urt. v. 14.7.2016 - 29 U 953/16, Rn. 24 - Kein Vollgas, GRUR-RR 2017, 89 (90).

742 EuGH, Urt. v. 23.1.2014, C-355/12, Rn. 27 - Nintendo, GRUR 2014, 255 (257).

743 *Ducato/Strowel*, IIC 2019, 649 (675); so auch *Conrad/Schubert*, GRUR 2018, 350 (352); allgemein *Peukert*, in: Loewenheim (Hrsg.) Hdb. Urheberrecht, § 40 Rn. 11.

744 *Tinnefeld*, Einwilligung, 83; *Conrad/Schubert*, GRUR 2018, 350 (352).

durch robots.txt ausgesprochenen Handlungsanweisungen sich durch eine Freiwilligkeit auszeichnet und die Wirksamkeit damit nicht von einer technischen Maßnahme, sondern dem konventionstreuen Verhalten des Anwenders eines Crawlers abhängig ist. Die in robots.txt enthaltenen Handlungsanweisungen sind also anders als technische Schutzmaßnahmen keine Realakte, sondern eine objektiv kundgetane Willenserklärung gegenüber dem Crawler, mit dem dieser an die Handlungsanweisungen gebunden werden soll. Zusammengefasst wird dies in der treffenden formelhaften Beschreibung „Wer das REP nutzt, handelt nicht durch Technik, sondern kommuniziert durch Code".[745] In diesem Zusammenhang wird deshalb auch von „code as law" oder „code is law" gesprochen.[746]

4. Rechtsfolgen der Erklärung eines maschinenlesbaren Nutzungsvorbehalts

Fasst man robots.txt, wie oben vertreten, als aktives Erklärungszeichen und damit als Willenserklärung auf, so werden die in den Handlungsanweisungen enthaltenen Befehle dem Crawler ausdrücklich mitgeteilt. Im Fall einer gestattenden Willenserklärung durch die robots.txt-Datei liegt urheberrechtlich eine Einwilligung in die Nutzung durch den Diensteanbieter vor.[747] Wird hingegen über einen disallow-Befehl der Nutzungsvorbehalt für die Zwecke des Text- und Data-Mining ausdrücklich erklärt, findet die Ausnahme nach Art. 4 Abs. 1 DSM-RL keine Anwendung und der Text- und Data-Mining-Anwender ist gehindert, von der konkreten Webseite Daten zu Analysezwecken zu extrahieren. Entnimmt er der Webseite dennoch analyserelevante Daten durch treuwidriges Nicht-Auslesen der robots.txt-Datei, so wird vertreten, dass es sich um einen nach § 242 BGB erfassten Fall des venire factum contra proprium handelt.[748]

5. Probleme im Zusammenhang mit Art. 7 Abs. 2 S. 2 DSM-RL

Ordnet man robots.txt als ausdrückliche Willenserklärung ein, zieht dies Fragen im Hinblick auf die Effektivität des Art. 4 DSM-RL nach sich. Zu bemerken ist

745 *Conrad/Schubert*, GRUR 2018, 350 (352); vgl. auch *Melichar/Stieper*, in: Schricker/Loewenheim (Hrsg.), UrhG, § 49 Rn. 24; a.A. *Dreyer*/Kotthoff/Meckel et al. (Hrsg.), UrhG, § 49 Rn. 19.

746 *Conrad/Schubert*, GRUR 2018, 350 (352); *Peukert*, GRUR-Beilage 2014, 77 (84) „code is law"; grundlegend *Lessig*, Code and other Laws, 6, 20.

747 Hierzu *Conrad/Schubert*, GRUR 2018, 350 (358); *Ohly*, GRUR 2018, 996 (1002).

748 *Tinnefeld*, Einwilligung, 115; *Conrad/Schubert*, GRUR 2018, 350 (358), sehen hierin einen Akt missbräuchlicher Zugangsverweigerung.

vorab, dass das Verhältnis von Schrankenregelungen zu den Regeln über ihre Durchsetzung entscheidend ist mit Blick auf ihre Wirksamkeit.[749]

Betrachtet man vor diesem Hintergrund die bisher einschlägige Rechtslage, bestand hier für urheberrechtlich geschützte Online-Inhalte das Defizit, dass Art. 6 Abs. 4 UAbs. 1 InfoSoc-RL aufgrund des Art. 6 Abs. 4 UAbs. 4 InfoSoc-RL für unanwendbar erklärt wurde und somit ein Vorrang technischer Schutzmaßnahmen gegenüber den bisher einschlägigen Schranken bestand. Über DRM-Systeme war es demnach möglich, Inhalte im Online-Bereich gegen eine Verwertung Dritter robust abzuschirmen.

Mit der Novellierung des europäischen Urheberrechts ist der Verweis auf Art. 6 Abs. 4 UAbs. 4 InfoSoc-R nunmehr durch Art. 7 Abs. 2 S. 2 DSM-RL gestrichen worden, sodass die Schrankenfestigkeit von Webpräsenzen durch DRM-Systeme der Vergangenheit angehört.[750]

Allerdings offenbart sich an dieser Stelle in der Gesetzgebung das Problem mangelnder Techniksensibilität, sofern man robots.txt-Dateien als ausdrückliche Erklärungszeichen auffasst. Mit dieser getroffenen Einordnung läuft das Durchsetzungsgebot des Art. 7 Abs. 2 S. 2 DSM-RL leer, da es Programme nicht adressiert, die im Sinne des „code as law" agieren. Rechtsinhaber können damit auch unter dem Regime der DSM-Richtlinie weiterhin zur Verhinderung eines Abrufs von urheberrechtlich geschützten Inhalten robots.txt-Dateien rechtmäßig einsetzen, ohne dass sie Nutzern Mittel zur Durchsetzung der Schranke zur Verfügung stellen müssen.

IV. Flankierender Rechtsvorbehalt, Umkehrschluss aus Art. 7 Abs. 1 DSM-RL

Zu diesem Problem tritt darüber hinaus der Umstand, dass die Schranke des Art. 4 Abs. 1 DSM-RL nicht vertragsfest ist.[751] Das Resultat der mangelnden Vertragsfestigkeit folgt aus Art. 7 Abs. 1 DSM-RL, der im Umkehrschluss zu den in Art. 3, 5 und 6 DSM-RL festgelegten Ausnahmen vorsieht, dass Vertragsbestimmungen, die Art. 4 Abs. 1 DSM-RL zuwiderlaufen, gleichwohl durchsetzbar sind.

Flankierend zum maschinenlesbaren Nutzungsvorbehalt des Art. 4 Abs. 3 DSM-RL tritt damit im Bereich des kommerziellen Text- und Data-Mining eine

749 *Enders*, ZUM 2004, 593 (600).

750 Vgl. *Spindler*, ZGE 2018, 273 (292).

751 *Meys*, GRUR Int. 2020, 457 (466); *Raue*, ZUM 2019, 694 (693); *Steinhauer*, RuZ 2021, 5 (8 f.).

weitere Restriktionsmöglichkeit über vertragliche Vereinbarungen und einseitige Erklärungen auf, sich den Abruf von Schutzgegenständen vorzubehalten.[752]

Der Rechtsvorbehalt kann dabei auch maschinenlesbar in den Metadaten und Nutzungsbedingungen der Webseite niedergelegt werden. Die Möglichkeit, einen Rechtsvorbehalt auszusprechen, ist jedoch nicht mit der Erklärung eines Nutzungsvorbehalts gleichzusetzen, was auch die abweichende Bezeichnung als Rechtsvorbehalt in Erwägungsgrund 18 UAbs. 2 S. 2, 3, 4 DSM-RL gegenüber dem Terminus des Nutzungsvorbehalts in Art. 4 Abs. 3 DSM-RL deutlich macht.[753]

Dass durch den Unionsgesetzgeber letztlich aber ein komplementäres Verhältnis zwischen den maschinenlesbaren Nutzungsvorbehalten und den vertraglich sowie einseitig erklärten Rechtsvorbehalten intendiert ist, bringt wiederum Erwägungsgrund 18 UAbs. 2 S. 3 DSM-RL zum Ausdruck, wenn er von „anderen Fällen" spricht, in denen es angemessen sein kann, vertragliche Beschränkungen ins Werk zu setzen. Gemeint sind damit die Fälle, die nicht bereits durch den maschinenlesbaren Nutzungsvorbehalt erfasst sind. Im Ergebnis kann ein Rechtsvorbehalt damit zusätzlich zu einem (maschinenlesbaren) Nutzungsvorbehalt erklärt werden, auch wenn beide Instrumente letztlich auf die Verhinderung des unkontrollierten Abrufs von Schutzgegenständen durch Dritte abzielen.

V. Auswirkungen des Private Ordering

Mit der weiteren vertraglichen Verkürzung der Ausnahme des Art. 4 Abs. 1 DSM-RL begründet sich für die Berechtigten der Schranke die Gefahr eines Leerlaufens über ein Private Ordering des Rechtsinhabers.[754]

Im Anwendungsbereich des Art. 4 DSM-RL stehen Rechtsinhabern mit Art. 4 Abs. 3 DSM-RL, dem Umkehrschluss aus Art. 7 Abs. 1 DSM-RL sowie der Voraussetzung des rechtmäßigen Zugangs in Art. 4 Abs. 1 DSM-RL drei Instrumente eines Private Ordering zur Verfügung.[755] Bereits in Erwägungsgrund 18 UAbs. 1 S. 1 DSM-RL lässt der Unionsgesetzgeber dabei die Intention anklingen, wonach es Rechtsinhabern auch weiterhin möglich sein soll, eigenständig Lizenzen für

752 ErwG 18 UAbs. 2 S. 4 DSM-RL.

753 Nicht differenzierend *Raue*, ZUM 2019, 684 (693); *Gräbitz*, Bibliotheksdienst 2020, 654 (672).

754 Zur insoweit vertragsfesten japanischen Regelung *Ueno*, GRUR Int. 2021, 145 (149).

755 *Geiger/Frosio/Bulayenko*, in: Garcia/Llorca (Hrsg.), Propiedad Intellectual, 22 (54); aufgeschlossen *Sag*, N.Y.L Sch. L. Rev. 2010, 19 (31).

das Text- und Data-Mining zu erteilen, soweit sich Text- und Data-Mining-Nutzer nicht auf eine abseits der DSM-Richtlinie oder eine im Acquis verankerte Urheberrechtsschranke berufen können.[756] Mit Blick auf das Richtlinienziel, zu Innovationen in der Privatwirtschaft anzuregen, setzt sich die rechtsinhaberfreundliche Ausgestaltung des Art. 4 DSM-RL hierzu aber in einen deutlichen Widerspruch. Text- und Data-Mining-Nutzer, die auf die Lizenzierung von Fremddatenbeständen zur Analyse zwingend angewiesen sind, werden danach auch unter dem Regime der DSM-Richtlinie weiterhin mit unterschiedlichen Nutzungs- und Rechtsvorbehalten der Rechtsinhaber konfrontiert sein, die sie entweder akzeptieren können oder das Mining unterlassen müssen („Take it or leave it approach").[757]

1. Drohender überschießender Schutz

Über die beschriebenen Auswirkungen hinaus ergibt sich aus den Instrumenten des Private Ordering zudem ein Anreiz eines über den Schutzbereich des Urheberrechts hinausgehenden Schutzes für schutzunfähige Gestaltungen.[758]

Bekannt ist dieses Problem aus dem Bereich des vertraglichen Datenbankschutzes, der das Paradoxon hervorgebracht hat, dass ein Datenbankhersteller im Einzelfall über einen vertraglichen Schutz bessergestellt sein kann als über ein durch das Urheberrecht absolut gewährtes Schutzrecht.[759]

Zwar lässt sich gegen das Argument eines überschießenden Schutzes einwenden, dass Art. 4 Abs. 3 DSM-RL nur die Gestattung eines Nutzungsvorbehalts in Bezug auf Werke und sonstige Schutzgegenstände erlaubt. Allerdings hat die Analyse von robots.txt gezeigt, dass es sich bei den urheberrechtlichen Schutzgegenständen nicht um Kategorien der technischen Kommunikation handelt und eine Übersetzung an der „inability to translate inchoate legal imperatives into executable computer code"[760] scheitert.

756 ErwG 18 UAbs. 1 S. 2 DSM-RL; *Heesen/Jüngels*, RuZ 2021, 45 (46).

757 Mit einer anderen Bewertung für Art. 3 DSM-RL, *Kleinkopf/Jacke/Gärtner*, MMR 2021, 196 (200).

758 *Geiger/Frosio/Bulayenko*, in: Garcia/Llorca (Hrsg.), Propiedad Intellectual, 22 (39, 55 f.); *Hargreaves/Guibault/Handke et al.*, TDM report, 58.

759 Siehe in Kap. C.V.2.

760 *Burk*, U. Chic. L. Rev. 2019, 283 (291 f.) „Prominent computer scientists similarly expressed their deep skepticism that Fair Use could be programmed into a technical system. […] was based on the ability or inability to translate inchoate legal imperatives into executable computer code".

Crawler, die im Rahmen einer Screen-Scraping-Software eingesetzt werden, orientieren sich demnach allein an den in den Handlungsanweisungen der robots.txt-Datei angelegten Befehlen (allow; disallow). Diese schließen einen Crawler aber entweder vom Durchsuchen der Seite aus oder verwehren ihm die Nutzung bestimmter Teilbereiche.[761] Werke oder sonstige Schutzgegenstände des Urheberrechts spielen in der Kommunikation zwischen dem Crawler und der der robots.txt-Datei keine Rolle.

In der Schlussfolgerung bedeutet dies, dass sich durch den Einsatz von robots.txt-Dateien im Wege des Private Ordering auch die Nutzung schutzunfähiger Gestaltungen wie beispielsweise einzelne (Roh-)Datensammlungen auf einer Webseite vorbehalten werden kann. Entsprechend können Rechtsinhaber gerade den in Art. 4 Abs. 3 DSM-RL kodifizierten maschinenlesbaren Nutzungsvorbehalt als Vehikel eines überschießendes Schutzes einsetzen und auf urheberrechtlicher Grundlage eine faktische Exklusivität für schutzunfähige Daten herstellen.[762]

Negative Auswirkungen droht dieser Befund vor allem für kleinere Unternehmen und Start-ups zu haben, denen durch die Instrumente des Private Ordering das kommerzielle Text- und Data-Mining faktisch unmöglich gemacht werden kann.[763]

Ein Korrektiv zum Private Ordering ergibt sich allein dadurch, wenn die implementierten Rechts- und/oder Nutzungsvorbehalte unwirksam sind und damit der Anwendungsbereich des Art. 4 Abs. 1 DSM-RL wieder auflebt.[764]

2. Auswirkung des Private Ordering auf die angeordnete Vergütungsfreiheit

Das Private Ordering zeigt sich auch nachteilig im Hinblick auf Fragen der Vergütung. Gesetzlich ist danach eine Vergütung nach Erwägungsgrund 17 S. 2 DSM-RL für die „eingeführten Ausnahmen für das Text- und Data-Mining“ nicht vorgesehen.

761 Zum technischen Ablauf siehe bereits in Kap. G.III.3.

762 Vgl. *Hargreaves/Guibault/Handke et al.*, TDM report, 58.

763 *Bunk*, in: Raabe/Wagner (Hrsg.), Daten als Wirtschaftsgut, 30 (33); *Geiger/Frosio/Bulayenko*, in: Garcia/Llorca (Hrsg.), Propiedad Intellectual, 22 (38 f.); vgl. auch *Samuelson*, Comm. of the ACM 2018, 20 (23).

764 Siehe hierzu eingehend in Kap. H.III.4. c) und H.III.5. d).

Neben Stimmen, die sich demzufolge für eine Vergütungsfreiheit auch im Kontext des kommerziellen Text- und Data-Mining aussprechen[765], beziehen andere die Vergütungsfreiheit ausschließlich auf Art. 3 DSM-RL, da nicht ersichtlich sei, wieso gewinnorientierte Text- und Data-Mining-Anwender ebenso in den Genuss der Vergütungsfreiheit gelangen sollen und so Aufwendungen ersparen könnten.[766] Nach der Formulierung des Erwägungsgrundes 17 S. 2 DSM-RL liegt jedoch ein gesetzgeberischer Wille nahe, der beide „Ausnahmen" vergütungsfrei stellen will.

Folgt man diesem Ansatz, droht die urheberrechtlich angeordnete Vergütungsfreiheit jedoch durch die Instrumente des Private Ordering unterlaufen zu werden.

Dies folgt aus dem Umstand, dass über das Private Ordering die für das Text- und Data-Mining relevanten Nutzungshandlungen faktisch dem Rechtsinhaber zugewiesen werden. In der Folge wird ein rechtstreuer Text- und Data-Mining-Nutzer auf den Vertragsweg verwiesen, um im Wege einer Lizenzabrede eine Gewährung des Zugangs oder die Aufhebung des Nutzungs-, Rechtsvorbehalts zu erreichen.[767] Typischerweise werden Lizenzabreden dabei im kommerziellen Umfeld schon aus wettbewerblichen Erwägungen eine Vergütung nach sich ziehen.

Problematisch ist allerdings, dass die Lizenzabreden in aller Regel den außerhalb des Zuweisungsgehalts des Urheberrechts liegenden Zugang mitabgelten, herrscht doch bei Rechtsinhabern die verbreitete Auffassung, dass sowohl für den Zugang als auch die Nutzung ein eigener angemessener Ausgleich im Anwendungsbereich des Text- und Data-Mining gefordert werden kann.[768] Hierüber droht sich dann jedoch die bereits strukturell bestehende Machtasymmetrie zwischen dem Anbieter von Analysedaten und dem Nachfrager weiter zu zementieren.[769]

---

765 *Gräbitz*, Bibliotheksdienst 2020, 654 (672); *Raue*, ZUM 2019, 684 (692 f.); *Stieper*, GRUR 2020, 1 (4) „rechtspolitisch ebenfalls fragwürdig".

766 *Gräbitz*, Bibliotheksdienst 2020, 654 (673); in diese Richtung auch *Wandtke*; NJW 2019, 1841 (1842); *Wandtke*, MMR 2017, 367 (368).

767 So die Stellungnahme der European Copyright Society, General Opinion on the EU Copyright Reform Package, abrufbar unter: https://bit.ly/2k2k3jD (zuletzt abgerufen: 2.4.2021; vgl. auch *Geiger/Frosio/Bulayenko*, in: Garcia/Llorca (Hrsg.), Propiedad Intellectual, 22 (54).

768 *Hargreaves/Guibault/Handke et al.*, TDM report, 4.

769 *Bunk*, in: Raabe/Wagner (Hrsg.), Daten als Wirtschaftsgut, 30 (33).

Somit ist zu resümieren, dass durch das Private Ordering eine Aushebelung der Wertung der Vergütungsfreiheit sowie eine Überkompensation der Rechtsinhaber droht.

3. Abgleich mit empirischen Untersuchungen

Dass die beschriebene Gefahr des Private Ordering kein abstraktes Konstrukt ist, zeigen auch die Ergebnisse der empirischen Untersuchung von *Ducato/Strowel*, die die Nutzungsbedingungen von 21 Online-Plattformen auf Begrenzungen und Ausschlüsse für die Verfahren des Text- und Data-Mining hin untersucht haben.[770] Eigene Vertragsbestimmungen der Rechtsinhaber mit unterschiedlichen Reichweiten sind danach an der Tagesordnung, was die Autoren zu dem Resümee eines „general contractual ban“ für die Verfahren des Text- und Data-Mining kommen lässt.[771]

In eine ähnliche Richtung geht auch die Studie von *Haucap/Loebert/Spindler et al.*, die die ökonomischen Auswirkungen einer Bildungs- und Wissenschaftsschranke im Urheberrecht untersucht haben.[772] Die Studie liefert dabei die Erkenntnis, dass in Abwesenheit einer klaren Schrankenregelung 41 % der wissenschaftlichen Bibliotheken und Sammlungen eine genehmigungsfreie Schrankenregelung begrüßen würden.[773]

Das Bedürfnis für eine robuste Schrankenregelung sowohl im Wissenschafts- als auch im kommerziellen Sektor verwundert dabei nicht. Es resultiert aus dem beschriebenen engmaschigen Einsatz vertraglicher Maßnahmen und maschinenlesbarer Nutzungsvorbehalte.[774] Einen Hinweis auf die „Engmaschigkeit“ liefern auch die Nutzungsbedingungen großer Online-Dienste, wie beispielsweise Twitter. Diese sehen vor, dass das Crawling unter Beachtung der robots.

---

770 *Ducato/Strowel*, IIC 2019, 649 (668 ff.); vgl. *Kleinkopf/Jacke/Gärtner*, MMR 2021, 196.

771 *Ducato/Strowel*, IIC 2019, 649 (674); in diese Richtung gehen auch *Hargreaves/Guibault/Handke et al.*, TDM report, 59; *Meys*, GRUR Int. 2020, 457 (466); vgl. auch *Carroll*, UC Davis L. Rev. 2019, 893 (939).

772 *Haucap/Loebert/Spindler et al.*, Ordnungspolitische Perspektiven, 7 f., 44; vgl. auch die Untersuchungen von *Handke/Guibault/Vallbé*, Is Europe Falling behind in Data Mining, 21 f.

773 *Haucap/Loebert/Spindler et al.*, Ordnungspolitische Perspektiven, 45 f.

774 Siehe hierzu die Nutzungsbedingungen großer Online-Dienste: https://twitter.com/robots.txt; https://www.youtube.com/robots.txt; https://www.facebook.com/robots.txt (alle zuletzt abgerufen: 2.4.2021).

txt-Datei zwar zulässig ist, das Scraping des Dienstes aber nur mit der ausdrücklichen Zustimmung des Online-Dienstes zulässig ist.[775]

Flankiert werden diese Erkenntnisse von dem Befund der durch die Kommission beauftragten Datenbank-Evaluation, in der 65 % der befragten Teilnehmer angaben, dass die durch sie genutzten Datenbanken Gegenstand technischer Schutzmaßnahmen waren, was im Verständnis der Befragung auch Restriktionen durch robots.txt-Dateien umfasste.[776]

Konstatieren lässt sich in Ansehung dieser empirischen Feststellungen, dass ein Private Ordering durch Rechtsinhaber bereits heute an der Tagesordnung ist. Zu befürchten ist daher, dass sich dieser Trend durch die rechtsinhaberfreundliche Schranke des Art. 4 DSM-RL noch weiter verstärken wird und künftig noch umfassendere Restriktionen bei der Datenauswahl, insbesondere auf der Grundlage des Art. 4 Abs. 3 DSM-RL, zum Tragen kommen.

4. Lösung des Problems über ein bereichsspezifisches Zugangsrecht zu analyserelevanten Daten?

Mit der aus dem Private Ordering resultierenden faktischen Zuweisung der für das Text- und Data-Mining relevanten Nutzungshandlungen zugunsten des Rechtsinhabers wird die Gefahr begründet, dass sich in der digitalen Ökonomie die Potenziale des Text- und Data-Mining nicht voll entfalten können, wenn für Text- und Data-Mining-Nutzer kein ausreichender Zugang zu analyserelevanten Daten besteht.[777]

Zu klären gilt es daher, ob das Urheberrecht entgegen seiner Konzeption als Herrschaftsrecht[778] auch als positives Teilhaberecht fungieren kann, um Text- und Data-Mining-Anwendern einen Zugang zu analyserelevanten Daten in urheberrechtlich geschützten Datenbanken zu vermitteln.[779] Dabei geht es nicht darum, in die breite Diskussion um ein neues Leistungsschutzrecht für Daten oder ein Dateneigentum einzutreten, sondern eine spezifische Lösung über eine Novellierung des Datenbankherstellerrechts zu evaluieren.

---

775 https://twitter.com/de/tos (zuletzt abgerufen: 2.4.2021).

776 *Fisher/Chicot/Domini et al.*, Study in support of Directive 96/9/EC, 83.

777 *Leistner/Antoine/Sagstetter*, Big Data, 439 ff.; Drexl/*Hilty/Desaunettes et al.*, GRUR Int. 2016, 914 (917); *Schweitzer*, GRUR 2019, 569 (571).

778 So *Bechtold*, Digital Rights Management, 270.

779 Dafür vgl. BT-Drucks. 19/26450, 21.

a) *Konstruktion über das bestehende Datenbankherstellerrecht*

Als Ansatzpunkt eines solchen nutzerspezifischen Zugangsrechts kommt das Datenbankherstellerrecht aus den §§ 87a ff. UrhG in Betracht. Diskutiert wird dabei die Implementierung eines „non-waivable access rights for parties with a legitimate interest in the use of the data"[780].

Diese Idee geht dabei bereits auf den Entwurf der Datenbank-Richtlinie aus dem Jahr 1992 zurück. Art. 8 Abs. 1 des Entwurfs sah dabei die Einführung einer Zwangslizenz „compulsory license" vor.[781] Wörtlich hieß es in Art. 8 Abs. 1 Datenbank-RL-E: „if the works or materials contained in a database which is made publicly available cannot be independently created collected or obtained from any other source; the right to extract and re-utilize, in whole or substantial part, works or materials from that database for commercial purposes, shall be licensed on fair and non-discriminatory terms".

Dass die im Entwurf der Datenbank-Richtlinie vorgesehene Zwangslizenz jedoch letztlich keinen Eingang in die finale Fassung der Richtlinie gefunden hat, ist dabei auf die Entscheidung des EuGH in der Rechtssache „Magill" zurückzuführen.[782] Mit dem gerichtlichen Abstellen auf eine kartellrechtliche Zwangslizenz sah der Rat keine Notwendigkeit mehr für eine eigene urheberrechtliche Zwangslizenz und verwies stattdessen in der finalen Fassung der Datenbank-Richtlinie über Erwägungsgrund 47 Datenbank-RL auf die kartellrechtliche Missbrauchskontrolle.[783]

b) *Dogmatische Bedenken*

Verfolgt man trotz dessen die Idee eines in §§ 87a ff. UrhG verankerten Zugangsanspruchs für Nutzer weiter, ergeben sich jedoch eine Reihe dogmatischer Bedenken in Bezug auf diese Idee.

De lege lata kennt das Urheberrecht lediglich in § 25 UrhG einen positiven Zugangsanspruch des Urhebers zu seinen Werkstücken, der der Aufrechterhaltung

---

780 *Fisher/Chicot/Domini et al.*, Study in support of Directive 96/9/EC, 42; *Leistner*, in: Lohsse/Schulze/Staudenmayer (Hrsg.), Trading Data, 27 (43); vgl. auch *Meys*, GRUR Int. 2020, 457 (471); für eine Abschaffung *Schack*, in: Bullinger/Grunert/Ohst et al. (Hrsg.), FS Wandtke, 8 (12); *Ohly*, Gutachten 70. DJT, F 39; keinen Handlungsbedarf sehen *Drexl/Hilty/Desaunettes et al.*, GRUR Int. 2016, 914 (915).

781 COM(1992) 24 final; *Weber*, Zwangslizenzen, 200.

782 EuGH, Urt. v. 6.4.1995 - C-241/91, C-242/91, Rn. 77 - Magill, GRUR Int. 1995, 490 (495); *Gaster*, Datenbanken, Rn. 568 f.; *Weber*, Zwangslizenzen, 200.

783 *Weber*, Zwangslizenzen; 200.

der „ideellen Bande" zwischen dem Schöpfer und seinem Werk dient und im Kern somit einen urheberpersönlichkeitsrechtlichen Schwerpunkt hat.[784] Dieses singuläre, den persönlichen Interessen des Urhebers dienende Zugangsrecht offenbart dabei den Ausnahmecharakter von Zugangsrechten im Urheberrecht. Pointiert bringt dies auch *Carroll* auf den Punkt, wenn er davon spricht: „access is not a right protected by copyright".[785] Die Konstituierung eines positiven Zugangsrechts für Nutzer auf Grundlage der §§ 87a ff. UrhG würde von diesem Prinzip abweichen und eine grundlegende Änderung des Urheberrechts hin zu einem Nutzerschutzrecht einläuten.

Denkt man das Konzept eines Zugangsanspruchs über das Datenbankherstellerrecht gleichwohl weiter, so bietet seine wettbewerbsrechtliche Grundlage und sein spezifischer Schutzzweck eines „echten Investitionsschutzes" einen möglichen Rechtfertigungsansatz. Zu berücksichtigen ist dabei, dass die Einführung des Datenbankherstellerrechts nicht zuletzt darauf zurückzuführen war, dass das UWG nur einen unzureichenden Schutz für Datenbanken vermittelt, da hier ein Wettbewerbsverhältnis vorausgesetzt wird.[786] Trotz dieser wettbewerbsrechtlichen Implikationen wäre die Einführung eines positiven Zugangsrechts im Hinblick auf den investitionsschützenden Charakter des Datenbankherstellerrechts nur mit der Einführung einer flankierenden Vergütung zu rechtfertigen, da eine unentgeltliche Zugangsgewährung die Tür öffnen würde, um in die Datenbank geflossene Investitionen im Wege des Free-Riding abzuschöpfen.

Auch könnte sich ein positives Zugangsrecht des Nutzers nicht gänzlich von den bestehenden Voraussetzungen des §§ 87a ff. UrhG ablösen. Diese gewähren dabei nur solchen Datenbanken einen Leistungsschutz, in die eine quantitativ oder qualitativ wesentliche Investition geflossen ist. Für die Konstruktion eines Zugangsrechts bedeutet dies im Sinne eines argumentum a fortiori aber, dass sich dieses ebenfalls an die Voraussetzung einer wesentlichen Investition halten muss, um als vorgelagertes Recht zu den über das Urheberrecht originär geschützten Nutzungshandlungen begründbar zu sein.

---

784 *Vogel*, in: Schricker/Loewenheim (Hrsg.), UrhG, § 25 Rn. 4, 7; *v. Olenhusen*, in: Bullinger/Grunert/Ohst et al. (Hrsg.), FS Wandtke, 279 (280 ff.); *Müller, K./Werner*, GRUR 2018, 1202 (1203).

785 *Carroll*, UC Davis L. Rev. 2019, 893 (948).

786 *Vogel*, in: Schricker/Loewenheim (Hrsg.), UrhG, Vor §§ 87a ff Rn. 5, die Einführung des Schutzrechts sui generis geht nicht zuletzt darauf zurück, dass das UWG nur einen unzureichenden Schutz für Datenbanken vermittelt, da hier ein Wettbewerbsverhältnis vorausgesetzt wird; *Ohly*, Gutachten 70. DJT, F 41; *Zech*, CR 2015, 137 (143).

Ein positives Zugangsrecht könnte insoweit nur für Datenbanken begründet werden, in die eine wesentliche qualitative oder quantitative Investition geflossen ist, nicht jedoch für einzelne Daten oder Datenbanken, die unterhalb der Wesentlichkeitsschwelle verbleiben. Für das Text- und Data-Mining als Analysetechnik, das neben geschützten Datenbanken auch Rohdatenbestände zur Analyse heranzieht, verblieben aber nach dieser Konzeption des Zugangsanspruchs Lücken.

In der Tendenz zeichnet sich daher für positive Datenzugangsansprüche eine tragende Rolle anderer Rechtsgebiete ab, wie sie bereits in EuGH „Magill" für das Kartellrecht angedeutet wurde. Betont wird dies auch durch das Inkrafttreten der 10. GWB-Novelle mit ihren §§ 19 Abs. 2 Nr. 4, 20 Abs. 1a GWB, aus denen sich erstmals ein positiver Datenzugangsanspruch ergibt.[787]

VI. Public-Private Partnership: Verhältnis zu Art. 3 DSM-RL

Aufmerksamkeit verdienen auch die Schnittmengen zwischen Art. 3, 4 DSM-RL, die sich vor allem im Bereich der kommerziellen Forschung ergeben. Die entscheidende Frage für gewinnorientierte Unternehmen ist danach, ob sie im Rahmen von Forschungskooperationen in den Genuss der deutlich weiteren Ausnahme des Art. 3 DSM-RL kommen können. Dabei sperrt Art. 4 Abs. 4 DSM-RL nicht den Rückgriff auf Art. 3 Abs. 1 DSM-RL, sodass beide Vorschriften parallel anwendbar sind.

Über Art. 2 Nr. 1 lit. a und lit. b DSM-RL sowie die Legaldefinition der Forschungsorganisation werden aber einschränkend entweder eine fehlende Gewinnorientierung oder das Handeln im staatlich anerkannten Auftrag im öffentlichen Interesse, als konstitutives Merkmal für die Eröffnung des Anwendungsbereichs der großzügigeren Schranke des Art. 3 DSM-RL normiert.[788]

Über das Alternativverhältnis („oder") in Art. 2 Nr. 1 lit. a DSM-RL ist danach zwar eine Gewinnorientierung denkbar, allerdings nur, wenn alle Gewinne in die wissenschaftliche Forschung reinvestiert werden – oder nach lit. b – ein bestimmender Einfluss des nicht-kommerziell agierenden Projektpartners vorliegt. Ob dieser bereits bei einem überwiegenden Anteil des nicht-kommerziellen

---

787 Siehe hierzu eingehend *Gerpott/Mikolas*, CR 2021, 137 (142).

788 Vgl ErwG 11 S. 2 DSM-RL; *Spindler*, CR 2019, 277 (278); zu den Unterschieden *Sag*, J. Copyright Soc´y U.S.A. 2019, 291 (339 f.).

Projektpartners am Forschungsprojekt bejaht werden kann, lässt die Vorschrift jedoch offen.

Nach Erwägungsgrund 12 S. 6 DSM-RL ist zudem ausgeschlossen, dass der gewinnorientiert handelnde Akteur über seine wirtschaftliche Kontrolle die Möglichkeit eines verbesserten Zugangs zu den gewonnenen Forschungsergebnissen erhält.[789] Ist dies der Fall, so scheidet ein Sich-Berufen auf die Wissenschaftsschranke des Text- und Data-Mining aus.[790] Auch wenn damit eine Erweiterung zum bisher rigorosen Ausschluss kommerzieller Forschung unter Art. 5 Abs. 3 lit. a InfoSoc-RL vorliegt, wird die Schranke nicht zu einem rasanten Anstieg sog. Public-Private Partnerships beitragen.[791] Gerade für kleinere Unternehmen und Start-ups wird die Schranke nur in Ausnahmefällen in Betracht kommen, da Public-Private Partnerships zeit- und personalintensiv sind und kleinere Unternehmen oder Start-ups regelmäßig nicht über die Ressourcen verfügen, um solche Projekte durchzuführen.[792]

VII. Vorläufige Bewertung

Die Untersuchung der Schranke des Art. 4 DSM-RL hat erhebliche Probleme in ihrem sachlichen Anwendungsbereich offenbart. Unklarheiten wie die Diskussion um das Mining einzelner Werke und die Möglichkeit der Digitalisierung prägen Art. 4 DSM-RL. Auch die Löschpflicht ist nicht rechtssicher ausgestaltet. Die Auslegung hat hier jedoch ergeben, für eine großzügige Auslegung einzutreten, wonach die Datenmatrix auch nach Abschluss des Text- und Data-Mining-Prozesses nicht gelöscht werden muss.

Diese materiellrechtlichen Unklarheiten werden jedoch von dem weitaus größeren Problem der Auswirkungen des Private Ordering überlagert. Mithilfe der Voraussetzung des rechtmäßigen Zugangs (Art. 4 Abs. 1 DSM-RL), der maschinenlesbaren Nutzungsvorbehalte (Art. 4 Abs. 3 DSM-RL) und der Rechtsvorbehalte (Umkehrschluss aus Art. 7 Abs. 1 DSM-RL) offenbart die Schranke eine deutlich rechtsinhaberfreundliche Ausgestaltung und droht für Text- und Data-Mining-Nutzer, die nicht in der Lage sind, selbst ausreichend Analysedaten zu

789 *Raue*, ZUM 2019, 684 (690); *Spindler*, CR 2019, 277 (279); vgl. *Samuelson*, Comm. of the ACM 2018, 20 (23).

790 *Raue*, ZUM 2019, 684 (691); *Spindler*, CR 2019, 277 (279); vgl. bereits *Spindler*, ZGE 2018, 273 (292).

791 *Geiger/Frosio/Bulayenko*, in: Garcia/Llorca (Hrsg.), Propiedad Intellectual, 22 (53); allgemein *Hilty/Richter*, in: Hilty/Moscon (Hrsg.), EU Copyright Rules, 25 (28, 47).

792 *Geiger/Frosio/Bulayenko*, IIC 2018, 814 (835).

erheben, leerzulaufen.[793] Insgesamt bestätigt Art. 4 DSM-RL damit den konzeptionellen Ansatz des europäischen Urheberrechts, welches sich seit jeher durch eine an den wirtschaftlichen Interessen der Rechtsinhaber ausgerichtete Politik kennzeichnet.[794]

Wichtig zu erwähnen ist darüber hinaus, dass es sich bei den getroffenen Feststellungen um ein Zwischenresümee handelt, das im Anschluss an die Analyse der Umsetzung des Art. 4 DSM-RL zu einer finalen Bewertung zusammengeführt werden soll.

793 Vgl. *Raue*, GRUR 2017, 11 (13).
794 *Metzger*, ZUM 2018, 233 (240).

G. Die Umsetzung der Schranke zum kommerziellen Text- und Data-Mining in das Urheberrechtsgesetz

Das Inkrafttreten der DSM-Richtlinie zieht in unmittelbarer Konsequenz einen erheblichen Anpassungsbedarf für den deutschen Gesetzgeber nach sich. Im Katalog der Urheberrechtsschranken muss insbesondere die Schranke zum kommerziellen Text- und Data-Mining umgesetzt werden. Anders als das Text- und Data-Mining zu wissenschaftlichen Zwecken (§ 60d UrhG a. F.) ist das kommerzielle Text- und Data-Mining bislang nicht im enumerativen Schrankenkatalog des Urheberrechtsgesetzes geregelt und daher ohne Vorbild.

Aufgrund der Verbindlichkeit des Art. 4 DSM-RL ist ihre Umsetzung durch die Mitgliedstaaten jedoch zwingend geboten und der nationale Gesetzgeber daher aufgerufen, einen bestimmten Rechtszustand für das Text- und Data-Mining herzustellen, an den der Eintritt bestimmter Rechtsfolgen gekoppelt ist.[795]

Umgesetzt wird Art. 4 DSM-RL durch den neuen § 44b UrhG. Die erfolgte Umsetzung droht dabei auch nicht durch die Klage Polens gegen die DSM-Richtlinie konterkariert zu werden, da sich der Klageantrag insoweit nur auf die nichtige Erklärung von Art. 17 Abs. 4 lit. b und Art. 17 Abs. 4 lit. c DSM-RL letzter Satzteil beschränkt. Auf die Gültigkeit der Vorschriften zum Text- und Data-Mining in der DSM-Richtlinie und ihre Umsetzung wird die Klage insofern keine Auswirkung haben.[796]

I. Umsetzungsspielraum durch den Harmonisierungsgrad

In Bezug auf den beabsichtigten Harmonisierungsgrad obliegt es dem Unionsgesetzgeber, die Richtlinie so auszugestalten, dass die Intensität des Harmonisierungsgrades den für die Umsetzung verbleibenden inhaltlichen Handlungs- und Abweichungsspielraum der Mitgliedstaaten definiert.[797]

---

795 *Schmidt, J.*, Maximalschutz, 105; *Riehm*, JZ 2006, 1035 (1038).

796 EuGH C-401/19, Polen/Europäisches Parlament und Rat der Europäischen Union, Klage eingereicht am 24.5.2019.

797 *Lippstreu*, Rechtsangleichung, 38.

Es ist dabei zwischen einer Teil- und Vollharmonisierung zu unterscheiden, die durch Auslegung zu ermitteln ist.[798] Im Falle der Teilharmonisierung bleibt es den einzelnen Mitgliedstaaten unbenommen, in den vorgegebenen Grenzen der Richtlinie abweichendes nationales Recht zu erlassen.[799] Kennzeichen teilharmonisierender Richtlinien ist oftmals das Vorhandensein einer allgemeinen Öffnungsklausel.[800]

Überträgt man diese Grundsätze auf die DSM-Richtlinie, besteht ihre primäre Zielsetzung darin, der Fragmentierung des europäischen Binnenmarktes entgegenzutreten.[801] Daraus lässt sich folgern, dass ein grenzüberschreitender Rechtsrahmen geschaffen werden soll, der potenzielle Handelshemmnisse ausräumt und eine höhere Harmonisierung der nationalstaatlichen Rechtsordnungen anstrebt.[802] Entsprechend ließe sich mit Blick auf diese Richtlinienziele eine Vollharmonisierung der DSM-Richtlinie vertreten.

Gegen diese Auffassung spricht jedoch die allgemeine Öffnungsklausel des Art. 25 DSM-RL, die es den Mitgliedstaaten erlaubt, für Arten oder Bereiche der Nutzung, für die die Beschränkungen der DSM-Richtlinie gelten, umfassendere Bestimmungen zu erlassen oder aufrechtzuerhalten.[803]

Diese umfassenderen Bestimmungen müssen dabei mit den Beschränkungen der InfoSoc- und Datenbank-Richtlinie vereinbar sein.

Letztlich ist die Annahme einer teilharmonisierenden Wirkung der Art. 3, 4 DSM-RL auch deshalb geboten, da es ansonsten nicht möglich wäre, die nicht harmonisierten Leistungsschutzrechte durch eine überschießende Umsetzung ebenfalls für das kommerzielle Text- und Data-Mining freizustellen. Im Ergebnis sprechen daher diese Erwägungen neben der Öffnungsklausel aus Art. 25 DSM-RL für einen teilharmonisierenden Charakter der Art. 3, 4 DSM-RL mit einem durch die InfoSoc- und Datenbank-Richtlinie begrenzten Abweichungsspielraum.[804]

---

798 *Tietje*, in: Grabitz/Hilf/Nettesheim (Hrsg.), Art. 114 AEUV Rn. 38; zur umstrittenen Terminologie *Wagner*, Mindestharmonisierung, 46; *Riehm*, JZ 2006, 1035.

799 *Wagner*, Mindestharmonisierung, 47 f.

800 Differenzierend zum Begriff der Öffnungsklausel, *Roder*, Die Methodik des EuGH, 290 f.

801 ErwG 2 S. 2 DSM-RL.

802 Vgl. COM(2015) 192 final, 8; SWD(2015) 100 final, 29 f.

803 *Raue*, GRUR 2017, 11 (12).

804 *Dreier*, GRUR 2019, 771 (772); *Hauk/Pflüger*, ZUM 2020, 383 (384); *Stieper*, GRUR 2020, 1 (3); a.A. *Würtenberger/Freischem*, GRUR 2019, 1140 (1143); vgl. *Heesen/*

II. Ausnahme oder Beschränkung

Art. 4 Abs. 1 DSM-RL lässt es – anders als Art. 3 Abs. 1 DSM-RL – offen, ob eine Ausnahme (exception) oder Beschränkung (limitation) durch die Mitgliedstaaten einzuführen ist.[805] Letztlich handelt es sich um eine Frage von untergeordneter Priorität, die sich nicht zuletzt aus der Rechtstradition des jeweiligen Mitgliedstaates entscheidet. Das Urheberrecht unterfällt dabei dem Eigentumsgrundrecht aus Art. 14 Abs. 1 S. 1 GG. Dieses schützt unter anderem die vermögenswerten Interessen des Urhebers, wobei der genaue Inhalt und die Schranken des Rechts durch einfach-gesetzliche Regelungen zu bestimmen sind.[806]

Hieraus leitet sich die Funktion urheberrechtlicher Schranken ab, die Grenzen der Ausschließlichkeitsrechte zu bestimmen.[807] Deutlich wird dies auch in der Rechtsprechung des BGH zu § 53 Abs. 1–3 UrhG a. F., in der die Karlsruher Richter entschieden, dass Schranken „im Sinne der Rechtsprechung des EuGH die Befugnis der Rechtsinhaber, die Vervielfältigung ihrer Werke oder sonstigen Schutzgegenstände zu genehmigen, nicht völlig ausschließen, sondern nur beschränken und im konkreten – von der jeweiligen Schrankenregelung erfassten – Fall das Vervielfältigungsrecht nicht beibehalten“[808]. Insofern entspricht es der deutschen Rechtstradition, Schranken als immanente Beschränkungen der Ausschließlichkeitsrechte umzusetzen, sodass im System der enumerativen Schranken im sechsten Abschnitt des Urheberrechtsgesetzes die Umsetzungsvorschriften des § 44b UrhG sowie die des § 60d UrhG als Beschränkungen einzuordnen sind.

Jüngels, RuZ 2021, 45 (49); *Raue*, ZUM 2020, 172 (175); *Spindler*, CR 2019, 277 (278), spricht von einer teilweisen Vollharmonisierung.

805 *Stieper*, in: Schricker/Loewenheim (Hrsg.), UrhG, Vor § 44a Rn. 27; vgl. auch in Belgien und Frankreich hierzu *Geiger*, GRUR Int. 2004, 815 (818).

806 *Papier/Shirvani*, in: Maunz/Dürig (Hrsg.), GG, Art. 14 Rn. 315; siehe auch *Dreier*/Schulze (Hrsg.), UrhG, Vor §§ 44a Rn. 1; *Lüft*, in: Wandtke/Bullinger (Hrsg.), UrhG, Vor §§ 44 a Rn. 1.

807 *Geiger*, GRUR Int. 2004, 815 (819), vgl. *Dreier*/Schulze (Hrsg.), UrhG, Vor §§ 44a Rn. 1 „Feinabstimmung der Grenzen“; *Hoeren*, GRUR 1997, 866 (870), „Gemeinfreiheit als Ausnahme, Schutzfähigkeit als Regel.“

808 BGH, Urt. v. 3.7.2014 - I ZR 28/11, Rn. 45 - Drucker und Plotter III, GRUR 2014, 979 (983).

III. Umsetzung in § 44b Abs. 2, 3 UrhG

Den Auftakt der Umsetzung, der nach Aussagen von Bundesjustizministerin *Lambrecht* „größten europäischen Urheberrechtsreform der letzten zwanzig Jahre“[809] in das deutsche Urheberrecht, stellte die Einleitung einer öffentlichen Konsultation im Juni 2019 dar. Im Rahmen dieser Konsultation wurden mehr als 120 Stellungnahmen unterschiedlichster Interessenvertreter beim BMJV zur Umsetzung der DSM-Richtlinie eingereicht.[810]

Danach veröffentlichte das BMJV Anfang 2020 einen ersten Diskussionsentwurf (DiskE) zur vorgezogenen Umsetzung des Presseverleger-Leistungsschutzrechts, der auch bereits einen Vorschlag zur Umsetzung der Schranken zum Text- und Data-Mining umfasste.[811] Diesem Entwurf folgte ein geänderter Referentenentwurf, der nach mehrmaligem Hin und Her zwischen dem BMWi und dem BMJV am 13. Oktober 2020 offiziell bekannt gegeben wurde.[812] Im Anschluss hieran folgte ein Regierungsentwurf, der am 3. Februar 2021 durch das Bundeskabinett beschlossen wurde.[813] Hinsichtlich der für das Text- und Data-Mining relevanten Vorschriften ist dieser Entwurf ohne weitere Änderungen des Wortlauts im Bundestag am 20. Mai 2021 mit den Stimmen der Koalitionsfraktionen von CDU/CSU und SPD beschlossen worden. Dem Gesetzgeber gelang dabei eine Punktlandung, da das Inkrafttreten des Gesetzes zur Anpassung des Urheberrechts an die Erfordernisse des digitalen Binnenmarktes mit seiner Verkündung im Bundesgesetzblatt am 7. Juni erfolgte und damit die in Art. 29 Abs. 1 DSM-RL vorgesehene Umsetzungsfrist punktgenau eingehalten werden konnte.

1. Systematik

Der nunmehr in Kraft getretene § 44b UrhG folgt im Schrankenkatalog des sechsten Abschnitts unmittelbar auf § 44a UrhG. Dies wird zum Teil damit begründet, dass § 44b UrhG eine dem § 44a UrhG vergleichbare „Flüchtigkeit“ besitze.[814] In Ansehung des Text- und Data-Mining-Prozesses ist dieser Auffassung jedoch

---

809 Abrufbar unter: https://bit.ly/3f1iUET (zuletzt abgerufen: 2.4.2021).

810 Abrufbar unter: https://bit.ly/2PdVbq0 (zuletzt abgerufen: 2.4.2021); hierzu auch *Gräbitz*, Bibliotheksdienst, 2020, 654 (656 f.).

811 DiskE, abrufbar unter: https://bit.ly/3f8wYMG (zuletzt abgerufen: 2.4.2021); hierzu auch *Raue*, ZUM 2020, 172 ff.

812 Abrufbar unter: https://bit.ly/3u032H1 (zuletzt abgerufen: 2.4.2021).

813 Abrufbar unter: https://bit.ly/2PaYNsX (zuletzt abgerufen: 2.4.2021).

814 *Steinhauer*, Stellungnahme DiskE, 1, abrufbar unter: https://bit.ly/3siyjUP (zuletzt abgerufen: 2.4.2021).

nicht zuzustimmen, hat sich doch gezeigt, dass Art. 5 Abs. 1 InfoSoc und damit § 44a UrhG gerade aufgrund der fehlenden Flüchtigkeit des Text- und Data-Mining-Prozesses ausscheidet.[815]

Eine Integration der Schranke zum kommerziellen Text- und Data-Mining in den § 60d UrhG a. F. wäre aufgrund seiner systematischen Verankerung im Bereich der Wissenschaftsschranken der §§ 60a ff. UrhG nicht angemessen gewesen. Die Trennung des Text- und Data-Mining zum Zwecke der wissenschaftlichen Forschung vom kommerziellen Text- und Data-Mining wahrt insoweit, auch mit Blick auf die abstrakte Möglichkeit einer überschießenden Umsetzung der Text- und Data-Mining-Schranke zu Zwecken der wissenschaftlichen Forschung über Art. 5 Abs. 3 lit. a InfoSoc-RL, die Kohärenz des Schrankenkatalogs.[816]

2. Voraussetzungen, § 44b Abs. 2 S. 1 UrhG

Als positive Tatbestandsvoraussetzungen statuiert § 44b Abs. 2 S. 1 UrhG die Freistellung von Handlungen, die die Vervielfältigung von Werken umfassen, zu denen ein rechtmäßiger Zugang besteht.

a) Vervielfältigungen von Werken

Entgegen dem Vorschlag des ersten Diskussionsentwurfs, der in § 44b Abs. 2 S. 1 DiskE noch ein Erforderlichkeitskriterium für Vervielfältigungen des Text- und Data-Mining enthielt („Zulässig sind Vervielfältigungen […] [die] erforderlich sind"), ist der Gesetzgeber über den Hinweis auf eine drohende enge Auslegung der Schranke in der finalen Fassung auf eine zweckentsprechende Umsetzung der Richtlinie umgeschwenkt.[817]

Problematisch ist jedoch der fehlende Verweis in § 44b UrhG auf die sonstigen Schutzgegenstände, wie sie durch Art. 4 Abs. 1 DSM-RL ebenfalls privilegiert werden. Auch ein Verweis, wie ihn § 60d Abs. 2 S. 2 UrhG in das Datenbankherstellerrecht enthält, besteht nicht. Hier scheint § 44b UrhG deshalb hinter den Vorgaben der DSM-Richtlinie zurückzubleiben.[818]

---

815 Siehe hierzu in G.III.1.

816 *Raue*, ZUM 2020, 172.

817 *Raue*, ZUM 2020, 172 (173).

818 Kritisch KMK, Stellungnahme, DiskE, 3 f., abrufbar unter: https://bit.ly/37zMsoC (zuletzt abgerufen: 2.4.2021); Google, Stellungnahme DiskE, 8 f., abrufbar unter: https://bit.ly/2NukG5U (zuletzt abgerufen: 2.4.2021).

aa) Keine überschießende Umsetzung durch § 44b Abs. 2 S. 1 UrhG

Betrachtet man die Gesetzesbegründung, bezieht sich die Schranke des § 44b Abs. 2 S. 1 UrhG umfassend auf Werke, Datenbanken und sonstige Schutzgegenstände des UrhG.[819] Damit offenbart sich die gesetzgeberische Intention einer umfassenden Freistellung der für das Text- und Data-Mining relevanten Nutzungshandlungen. Dieses Ziel gibt auch Art. 4 Abs. 1 DSM-RL mit der Aufnahme der sonstigen Schutzgegenstände vor.

Um dem postulierten Richtlinienziel zu entsprechen, sieht das Umsetzungsgesetz deshalb einen neuen § 87c Abs. 1 S. 1 Nr. 4 UrhG vor, der im Anwendungsbereich des Datenbankherstellerrechts Vervielfältigungen zu Zwecken des Text- und Data-Mining gem. § 44b UrhG freistellt. Dass eine solche Freistellung dabei nicht notwendig gewesen wäre, zeigen die Ergebnisse der verwertungsrechtlichen Untersuchung.[820]

Neu ist ebenfalls der § 69d Abs. 4 UrhG, der das kommerzielle Text- und Data-Mining von Software freistellt. Beide Vorschriften dienen dabei der Umsetzung der Artikel 3 bis 6 DSM-RL.[821]

Gesetzestechnisch problematisch ist allerdings, dass darüber hinaus weitere Anpassungen im Hinblick auf die in der Gesetzesbegründung angeführten sonstigen Schutzgegenstände nicht auszumachen sind. Vielmehr ist über einen Umkehrschluss aus § 87c Abs. 1 S. 1 Nr. 4 UrhG und § 69d Abs. 4 UrhG zu argumentieren, dass über das Umsetzungsgesetz nur Nutzungshandlungen zum Zwecke des Text- und Data-Mining freigestellt sind, die in Bezug zu den in § 44b UrhG explizit benannten und durch das Umsetzungsgesetz geänderten Schutzgegenständen stehen.

In der Praxis würden damit zwar Vervielfältigungshandlungen zu Zwecken des kommerziellen Text- und Data-Mining aus den zentralen Schutzgegenständen Werk und Datenbank abgedeckt. Die technische Analyse hat jedoch auch ein Bedürfnis ergeben, dass im Hinblick auf weitere Mining-Techniken auch ein Freistellungsbedürfnis für eine Vielzahl weiterer urheberrechtlicher Schutzgegenstände wie beispielsweise Presseveröffentlichungen (Opinion Mining) oder Tonträger (Music Mining) besteht. Dass diese weiteren Mining-Techniken in der Theorie auch durch die Schranke des § 44b Abs. 2 S. 1 UrhG umfasst werden sollen, ergibt sich dabei wie bereits erörtert aus der Gesetzesbegründung.

---

819 BT-Drucks. 19/27426, 88.

820 Siehe hierzu in Kap. D.V.

821 BT-Drucks. 19/27426, 107, 110; siehe ausführlich in Kap. H.IV.1-3.

Problematisch ist jedoch, dass § 44b Abs. 2 S. 1 UrhG das zu begrüßende weite Verständnis der Gesetzesbegründung nicht normativ würdigt. Eine Ausdehnung der Privilegierungswirkung abseits der § 87c Abs. 1 S. 1 Nr. 4 UrhG und § 69d Abs. 4 UrhG ließe sich daher nur durch einen Verstoß gegen die Wortlautgrenze des § 44b Abs. 2 S. 1 UrhG („Werke") begründen.[822]

Auch eine teleologische Extension der Schranke im Wege der richtlinienkonformen Auslegung kann nur dort geschehen, wo das nationale Umsetzungsrecht Interpretationsergebnisse zulässt, die mit den Gehalten der Richtlinienbestimmung unvereinbar sind.[823]

Da die DSM-Richtlinie den deutschen Gesetzgeber jedoch nur im Hinblick auf die in Art. 4 Abs. 1 DSM-RL aufgezählten Anwendungsbereiche binden kann, lässt sich eine Ausdehnung des Art. 4 Abs. 1 auf weitere dort nicht aufgezählte Schutzgegenstände nur durch eine überschießende nationale Umsetzung erreichen. Diese ist, wie gesehen, jedoch durch den deutschen Gesetzgeber unterblieben, sodass sich der sachliche Anwendungsbereich des § 44b Abs. 2 S. 1 UrhG entgegen der Gesetzesbegründung allein auf Werke und die in § 87c Abs. 1 S. 1 Nr. 4 UrhG und § 69d Abs. 4 UrhG explizit geregelten Schutzgegenstände verkürzt.

bb) Richtlinienkonforme Auslegung im Hinblick auf Art. 15 Abs. 1 DSM-RL

Eine Korrektur dieses kritikwürdigen Ergebnisses ist dabei lediglich im Hinblick auf das Leistungsschutzrecht für Presseverleger (§§ 87f ff. UrhG) möglich. Der deutsche Gesetzgeber hat es hier versäumt, die in Art. 4 Abs. 1 zwingend vorzusehende Privilegierung des Art. 15 Abs. 1 DSM-RL in das UrhG umzusetzen. Insofern besteht ein Widerspruch zwischen dem deutschen Recht und den verbindlichen Vorgaben des europäischen Sekundärrechts, den es im Wege der richtlinienkonformen Auslegung aufzulösen gilt. Im Ergebnis fällt somit auch das Mining von Presseveröffentlichungen i. S. v. § 87f UrhG unter die Schranke des § 44b UrhG.

---

822 *Larenz*, Methodenlehre, 322.

823 Grabitz/Hilf/*Nettesheim* (Hrsg.), Art. 288 AEUV, Rn. 135; Calliess/*Ruffert* (Hrsg.), Art. 288 Rn. 77.

cc) *Keine richtlinienkonforme Auslegung im Hinblick auf weitere Verwertungsrechte*

Die richtlinienkonforme Auslegung ist darüber hinaus aber nicht geeignet, über den Wortlaut des § 44b Abs. 2 S. 1 UrhG hinaus neben Vervielfältigungen noch weitere Verwertungsrechte wie beispielsweise das Recht zur öffentlichen Zugänglichmachung (§ 19a UrhG) freizustellen. Die Umsetzung durch den Vervielfältigungsbegriff steht vielmehr in Einklang zu Art. 4 Abs. 1 DSM-RL, der ebenfalls nur Vervielfältigungen und Entnahmen freistellt.[824] Überdies hat die Analyse der Verwertungsrechte gezeigt, dass ein Eingriff in § 19a UrhG schon aufgrund der technischen Natur der Datenmatrix und der Text- und Data-Mining-Ergebnisse nicht in Betracht kommt und ein Freistellungsbedürfnis daher nicht besteht.[825]

b) *Rechtmäßiger Zugang*

Die Voraussetzung des rechtmäßigen Zugangs ist eins zu eins aus Art. 4 Abs. 1 DSM-RL als positives Tatbestandsmerkmal übernommen worden. Die Gesetzesbegründung präzisiert, dass ein Werk rechtmäßig zugänglich ist, wenn es frei im Internet zugänglich ist oder wenn der Nutzer über eine Lizenz Zugang zu den digitalen Inhalten hat, wie es etwa bei Open-Access-Veröffentlichungen der Fall ist.[826] Die bereits in der Analyse von Art. 4 Abs. 1 DSM-RL geübte Kritik lässt sich dabei auf die Voraussetzung des § 44b Abs. 2 S. 1 UrhG übertragen.[827]

Im Hinblick auf die Frage, ob ein rechtmäßiger Zugang auch bei rechtswidrig ins Internet gelangten urheberrechtlich geschützten Inhalten besteht, ist zu ergänzen, dass der BGH seit der Vorschaubilder-Rechtsprechung zusätzlich eine Abwägung zwischen den legitimen Interessen der Informationsgesellschaft und den Einbußen der Rechtsinhaber vornimmt, deren Schutzgegenstände rechtswidrig ins Internet gelangt sind.[828] Mit Blick auf die fehlende Beeinträchtigung der originären Werknutzung durch die Ergebnisse des Text- und

---

824 Zu den unterschiedlichen materiellen Reichweiten des Vervielfältigungsrechts siehe in Kap. C.IV.2.

825 Vgl. Google, Stellungnahme DiskE (Fn. 819), 8 f.; allgemein zur verwertungsrechtlichen Relevanz des TDM, siehe die Analyse in Kap. C. und D.

826 BT-Drucks. 19/27426, 96.

827 Siehe hierzu in Kap. G.II.

828 BGH, Urt. v. 21.9.2017 - I ZR 11/16, Rn. 56 - Vorschaubilder III, NJW 2018, 772 (778); so im Ergebnis auch *Spindler*, ZGE 2018, 273 (282); vgl. zu dem Problem, Bundesverband Musikindustrie, Stellungnahme RefE, (Fn. 697), 17 f.

Data-Mining-Prozesses dürfte diese Abwägung jedoch regelmäßig zugunsten der Text- und Data-Mining-Nutzer ausfallen, die ohne Kenntnis der Rechtswidrigkeit solche rechtswidrig ins Internet gelangten Inhalte analysieren.

3. Löschpflicht, § 44b Abs. 2 S. 2 UrhG

Neu im Vergleich zu Art. 4 Abs. 2 DSM-RL ist die in § 44b Abs. 2 S. 2 UrhG normierte Löschpflicht für die im Rahmen des Text- und Data-Mining-Prozesses angefertigten Vervielfältigungsstücke.[829] Danach sind Vervielfältigungsstücke zu löschen, wenn sie für das Text- und Data-Mining nicht mehr erforderlich sind.

Anders als § 44b Abs. 1 S. 1 UrhG wird dabei nicht ausschließlich auf Werke Bezug genommen, sondern allgemein von einer Löschpflicht („sind zu löschen") für Vervielfältigungsstücke ausgegangen. Damit unterfallen auch Vervielfältigungen i. S. v. § 87b Abs. 1 S. 1 UrhG der Löschpflicht.

Im Wissenschaftskontext ergibt sich der Sinn und Zweck der Löschpflicht dabei aus dem Ansinnen, keine Parallel-Archive zu schaffen.[830] Dieses Argument lässt sich dabei auch für den kommerziellen Einsatz des Text- und Data-Mining fruchtbar machen. Hier kommt der Löschpflicht die Funktion zu, ein vergütungs- und zustimmungsfreies „Trittbrettfahren" auf der schöpferischen Leistung des Urhebers zu verhindern und dem Urheber die originäre Verwertung seines Werkes zu sichern.[831]

a) Auslegungsprämissen

Die Implementierung eines Erforderlichkeitskriteriums in § 44 Abs. 2 S. 2 UrhG ist allerdings als unglücklich zu bezeichnen, widerspricht sie doch dem postulierten Ziel der DSM-Richtlinie, grenzüberschreitend Rechtssicherheit zu schaffen. Umso wichtiger ist die Aufgabe einer Konturierung des Kriteriums, um Missverständnisse auszuschließen, wie sie sich bereits andeuten, wenn man das

---

829 Siehe hierzu BT-Drucks. 19/27426, 89; kritisch zum Wortlaut *Heesen/Jüngels*, RuZ 2021, 45 (51).

830 BT-Drucks. 19/27426, 88; *Kleinkopf/Jacke/Gärtner*, MMR 2021, 196; siehe auch der Kommentar von *Hanfeld*, in FAZ, v. 16.1.2021, abrufbar unter: https://bit.ly/2OUB3to (zuletzt abgerufen: 2.4.2021), mit der Befürchtung, dass bei der Zulassung von kostenlosem, kommerziellem Data-Mining die elektronischen Archive der Presseverlage auf einen Schlag wertlos würden; vgl. zur Zulässigkeit solcher Archive unter Fair Use *Carroll*, UC Davis L. Rev. 2019, 893 (939).

831 BITKOM, Stellungnahme zur Umsetzung der TDM Schranke, RefE, 3, abrufbar unter: https://bit.ly/3sfbiBW (zuletzt abgerufen: 2.4.2021).

Kriterium restriktiver auslegt, als es der in Art. 4 Abs. 2 DSM-RL verankerte Zweckbezug vorgibt.[832]

Referenzierend auf andere Schranken kennt das Urheberrecht ein in § 25 Abs. 1 UrhG oder in §§ 45a Abs. 1, 55a S. 1, 58, 60 Abs. 3 Nr. 3, 69e UrhG angelegtes Erforderlichkeitskriterium. Traditionell wird die Erforderlichkeit im Anwendungsbereich von Schrankenregelungen eng ausgelegt.[833] Mit Blick auf die jüngere Rechtsprechung des EuGH bietet es sich jedoch an, das Kriterium anhand der praktischen Wirksamkeit der Ausnahme und an den Richtlinienzielen auszulegen, ohne dabei die Interessen der Urheber oder der Nutzer zu übervorteilen.[834] An dieser Auffassung ist dabei auch für § 44b Abs. 2 S. 2 UrhG unter Berücksichtigung der Eigenarten des Text- und Data-Mining-Prozesses festzuhalten.[835]

aa) Zeitpunkt

Für Text- und Data-Mining-Nutzer, die Vervielfältigungsstücke unter Rückgriff auf die Schranke des § 44b Abs. 2 S. 1 UrhG anfertigen, ist es notwendig zu konturieren, wann sie gesetzlich verpflichtet sind, die Vervielfältigungsstücke wieder zu löschen. Weder § 44b Abs. 2 S. 2 UrhG noch die Gesetzesbegründung nehmen in diesem Kontext eine Präzisierung vor.[836] Dies ist problematisch, da die Löschpflicht in § 44b Abs. 2 S. 2 UrhG, anders als z. B. in § 55 Abs. 1 S. 2 UrhG („1 Monat") oder § 47 Abs. 2 S. 2 UrhG („Ende des auf die Übertragung der Schulfunksendung folgenden Schuljahres"), keinen fest definierten kalendarischen Zeitraum für ihr Aufleben vorsieht.

Für § 44 Abs. 2 S. 2 UrhG ist demnach vielmehr auf den Einzelfall abzustellen. Aus technischer Sicht ist dabei die Forderung an die Löschpflicht heranzutragen, dass diese nicht vor Abschluss des zum Text- und Data-Mining-Prozess

---

832 *Heesen/Jüngels*, RuZ 2021, 45 (51).

833 So *Heesen/Jüngels*, RuZ 2021, 45 (51); *Raue*, ZUM 2020, 172; sowie die Nachweise der Rechtsprechung zur engen Auslegung der Schranken in (Fn. 680).

834 So EuGH, Urt. v. 29.7.2019 - C-516/17, Rn. 36, 55 - Reformistischer Aufbruch, GRUR 2019, 940 (942, 944); EuGH, Urt. v. 29.7.2019 - C-469/17, Rn. 51 - Afghanistan Papiere, GRUR 2019, 934 (938); vgl. bereits EuGH, Urt. v. 3.9.2014, C-201/13, Rn. 23 - Deckmyn, GRUR 2014, 972 (973).

835 Vgl. *Raue*, ZUM 2020, 172 (173); GRUR, Stellungnahme DiskE, 2, abrufbar unter: https://bit.ly/3pCv4pj (zuletzt abgerufen: 2.4.2021).

836 BT-Drucks. 19/27426, 88; *Dreier*/Schulze (Hrsg.), UrhG, § 58 Rn. 7; *Melichar/Stieper*, in: Schricker/Loewenheim (Hrsg.), UrhG, § 55a Rn. 9; *Lüft*, in: Wandtke/Bullinger (Hrsg.), UrhG, § 55a Rn. 7; *Raue*, ZUM 2020, 172.

zugehörigen Prozessschritts der Evaluation und Interpretation begründet werden kann. Insoweit sind die zu Art. 4 DSM-RL entwickelten Grundsätze übertragbar.[837]

bb) Umfang

In Bezug auf den Umfang der Löschpflicht ist dafür einzutreten, dass diese sich allein auf die ausgewählten Ursprungsmaterialien (Werke, Datenbanken) bezieht, nicht jedoch auch auf die Datenmatrix an sich.[838]

Die Gesetzesbegründung sieht hier abermals keine Präzisierung vor. Dadurch, dass sie es den Anwendern von Text- und Data-Mining-Verfahren aber weiterhin freistellt, ein Korpus zu erstellen, eine Löschpflicht für diesen jedoch nicht statuiert, ist über einen Umkehrschluss davon auszugehen, dass die zu erstellende Datenmatrix ebenfalls nicht von der Löschpflicht umfasst wird.[839] Dies ist auch deshalb geboten, da die technische Darstellung offenbart hat, dass sich innerhalb der vorbereiteten und transformierten Datenmatrix keine urheberrechtlich geschützten Werke (oder Werkteile) oder sonstigen Schutzgegenstände mehr befinden.

cc) Rechtsfolgen eines Verstoßes gegen die Löschpflicht

Ein Verstoß gegen die Löschpflicht lässt die Privilegierung des § 44b Abs. 2 S. 1 UrhG insgesamt mit Wirkung ex tunc entfallen. Begründen lässt sich diese Ex-tunc-Wirkung mit der systematischen Stellung der Löschpflicht in Satz 2, der § 44b Abs. 2 S. 1 UrhG unmittelbar nachgestellt ist und der die Löschpflicht so den positiven Tatbestandsvoraussetzungen des Satzes 1 zuordnet.

Gestützt wird diese Auffassung zudem durch die Rechtsprechung des BGH, der den Eintritt einer Rechtswidrigkeit durch den nachträglichen Fortfall eines Rechtfertigungsgrundes (im Fall des Text- und Data-Mining § 44b Abs. 2 S. 1 UrhG) bejahte.[840] Gerade in Bezug auf die Löschpflicht ist es allerdings problematisch, dass der Entfall des Rechtfertigungsgrundes durch den Verletzten zu beweisen ist.[841] Insofern muss also der Rechtsinhaber das Bestehen der Löschpflicht und damit den Entfall des Rechtfertigungsgrundes beweisen.

---

837 Siehe in Kap. G.II.

838 A.A. BDZV & VDZ, Stellungnahme RefE, 3, abrufbar unter: https://bit.ly/2OT8agF (zuletzt abgerufen: 2.4.2021).

839 BT-Drucks. 19/27426, 89.

840 BGH, Urt. v. 25.04.1958 - I ZR 97/57 - Blanko-Verordnungen, GRUR 1958, 448 (449).

841 *Leistner*, in: Schricker/Loewenheim (Hrsg.), UrhG, § 97 Rn. 28.

b) Konzeptionelle Schwäche der Löschpflicht

Dieses Beweisproblem deutet dabei bereits die konzeptionelle Schwäche der Löschpflicht aus § 44b Abs. 2 S. 2 UrhG an. Evident werden die Schwächen der Löschpflicht, wenn eine Löschung durch den Text- und Data-Mining-Nutzer (widerrechtlich) nicht erfolgt.

Der Wortlaut des § 44 Abs. 2 S. 2 UrhG gewährt Rechtsinhabern insofern keinen Anspruch auf Löschung gegenüber den Nutzern, sodass sie allein auf die Rechtstreue der Text- und Data-Mining-Nutzer vertrauen müssen. Diese können sich jedoch auf das weite Erforderlichkeitskriterium berufen und die Löschung der Vervielfältigungsstücke darüber sehr lange hinauszögern.

Aus der Perspektive der Rechtsinhaber ist die Löschpflicht des Text- und Data-Mining-Nutzers aus § 44b Abs. 2 S. 2 UrhG daher bereits aus zwei Gründen missglückt.

Erstens kann die Löschpflicht aufgrund des fehlenden subjektiven Rechts nicht durch die Rechtsinhaber durchgesetzt werden. Dies hat jedoch die nachteilige Konsequenz, dass über den Nutzungsvorbehalt aus § 44 Abs. 3 UrhG oder das Kriterium des rechtmäßigen Zugangs die Schutzgegenstände exklusiv gehalten werden, um über Lizenzabreden den Löschungsanspruch vertraglich zu fixieren, um ihn dann auf vertraglicher Grundlage durchsetzen zu können.[842]

Zweitens besteht ein tatsächliches Problem dahingehend, dass die Durchsetzung der Löschpflicht die Kenntnis der Rechtsverletzung voraussetzt, wovon aber nur auszugehen ist, wenn der Text- und Data-Mining-Nutzer mit dem urheberrechtlich geschützten fremden Ursprungsmaterial auf dem Markt der originären Werknutzung aktiv wird und damit in Konkurrenz zum Rechtsinhaber tritt.

Dass dabei auch eine andere Lösung möglich gewesen wäre, zeigt ein Blick in § 69f Abs. 1 UrhG, der einen gesetzlichen Vernichtungsanspruch des Rechtsinhabers für Vervielfältigungsstücke vorsieht, die rechtswidrig hergestellt, rechtswidrig verbreitet oder zur rechtswidrigen Verbreitung bestimmt sind.[843] Für die Voraussetzung der Löschpflicht aus § 44b Abs. 2 S. 2 UrhG bleibt aber insofern nur das ernüchternde Fazit zu ziehen, dass sie dazu beiträgt, die skizzierte faktische Exklusivität von Schutzgegenständen im Bereich des Text- und Data-Mining weiter zu verstärken, da sie den beabsichtigten Schutz der Rechtsinhaber aufgrund ihrer fehlenden Durchsetzbarkeit nicht realisieren kann.

---

842 Vgl. *Caldarola/Schrey*, Big Data und Recht, 132.

843 Eingehend *Dreier*/Schulze (Hrsg.), UrhG, § 69f Rn. 5; *Spindler*, in: Schricker/Loewenheim (Hrsg.), UrhG, § 69f Rn. 4.

4. Nutzungsvorbehalt, § 44b Abs. 3 S. 1 UrhG

Die Umsetzung des Nutzungsvorbehalts erfolgt durch § 44 Abs. 3 UrhG. Entgegen dem Diskussionsentwurf, der hier noch von einer Untersagung der Nutzung sprach, hat sich der finale Gesetzeswortlaut dem Richtlinientext des Art. 4 Abs. 3 DSM-RL sprachlich angenähert, was aus Gründen der Rechtsklarheit zu begrüßen ist.[844]

Betrachtet man zunächst § 44b Abs. 3 S. 1 UrhG, verwendet dieser den ungelenken Begriff der Nutzung. Erst über den Verweis auf § 44b Abs. 2 S. 1 UrhG wird klar, dass sich der Begriff Nutzungen allein auf Vervielfältigungen von rechtmäßig zugänglichen Werken bezieht.

Nach der Gesetzesbegründung kann der Nutzungsvorbehalt durch den Rechtsinhaber nur mit Wirkung ex nunc ausgesprochen werden, sodass eine rückwirkende Erklärung unzulässig ist.[845] Die Beweislast für das Fehlen eines entsprechenden Nutzungsvorbehalts trägt der Text- und Data-Mining-Nutzer.[846] Für Nutzer ist weiterhin beachtlich, dass Rechtsinhaber Nutzungsvorbehalte kumulativ aussprechen können und so neben dem § 44b Abs. 3 UrhG ein zusätzlicher Nutzungsvorbehalt z. B. auf Grundlage des § 49 Abs. 1 S. 1 UrhG erklärt werden kann.[847] Hinsichtlich der Wirksamkeit genügt es dabei, wenn sich der Formulierung des Nutzungsvorbehalts entnehmen lässt, dass eine Nutzung nicht gestattet wird.[848]

Übersetzt auf das Text- und Data-Mining-Prozessmodell bedeutet dies, dass sich mit dem Nutzungsvorbehalt aus § 44b Abs. 3 S. 1 UrhG vorrangig der Prozessschritt der Datenauswahl vorbehalten werden kann, da es nach der technischen Analyse hier zu einer Vervielfältigung von Schutzgegenständen kommt, vorausgesetzt, die Schutzgegenstände werden auf einen Datenträger des Text- und Data-Mining-Nutzers übertragen.

In Rekurs auf die verwertungsrechtliche Analyse ist die Anknüpfung des Nutzungsvorbehalts allein an die Verwertungshandlung der Vervielfältigung sinnvoll, da im Rahmen der technischen Untersuchung deutlich geworden ist, dass

---

844 Vgl. DFL & DFB, Stellungnahme RefE, 26, abrufbar unter: https://bit.ly/3dzzY4i (zuletzt abgerufen: 2.4.2021); *Heesen/Jüngels*, RuZ 2021, 45 (55).

845 BT-Drucks. 19/27426, 89; dies begrüßend *Frey*, Stellungnahme zum Entwurf des Umsetzungsgesetzes, (Fn. 668), 42.

846 BT-Drucks. 19/27426, 89; vgl. auch ErwG 18 UAbs. 2 S. 5 DSM-RL.

847 BT-Drucks. 19/27426, 89.

848 *Götting*, in: Loewenheim (Hrsg.), Hdb. Urheberrecht, § 33 Rn. 26.

eine Beeinträchtigung weiterer Verwertungsrechte nur in absoluten Ausnahmefällen in Betracht kommt.

a) Begriff des Nutzungsvorbehalts

Offen bleibt jedoch, ob mit dem Begriff des Nutzungsvorbehalts auch der insoweit in der DSM-Richtlinie verankerte Begriff des Rechtsvorbehalts umfasst ist. Aus dem Wortlaut der Vorschrift ergibt sich, wie auch schon in Art. 4 Abs. 3 DSM-RL, eine solche Differenzierung nicht. Allerdings stellt die Gesetzesbegründung klar, dass ein Nutzungsvorbehalt auch im Impressum, in AGB oder auf andere Weise erklärt werden kann, was insofern den Vorgaben des Erwägungsgrundes 18 UAbs. 2 Satz 4 DSM-RL entspricht.[849] Der Begriff des Nutzungsvorbehalts ist in der deutschen Umsetzung entsprechend weit zu verstehen mit dem Ergebnis, dass der Begriff im Sinne der DSM-Richtlinie auch vertragliche Vorbehalte und einseitige Erklärungen umfasst, und zwar unbenommen, ob sie in digitaler oder analoger Form erklärt werden.

b) Problematische Aspekte

Nach wortlautgetreuer Auslegung des § 44b Abs. 3 S. 1 UrhG ist es einem Rechtsinhaber verwehrt, für Sui-generis-Datenbanken einen Nutzungsvorbehalt auf Grundlage des § 44b Abs. 3 UrhG auszusprechen.

Da jedoch § 87c Abs. 1 S. 1 Nr. 4 UrhG und § 69d Abs. 4 UrhG jeweils in den gesamten § 44b UrhG verweisen, ist damit auch in ihrem originären Anwendungsbereich die Erklärung eines Nutzungsvorbehalts umfasst.

Gleichwohl spiegelt sich auch im § 44b Abs. 3 UrhG die unterbliebene Aufnahme der sonstigen Schutzgegenstände in den Wortlaut des § 44b Abs. 2 S. 1 UrhG wider. Die fehlende Privilegierung des Leistungsschutzrechts für Presseverleger über den Wortlaut macht es insoweit erneut notwendig, den Weg der richtlinienkonformen Auslegung zu beschreiten, da Art. 4 Abs. 3 DSM-RL vorgibt, dass auch Presseverleger als Leistungsschutzinhaber einen (maschinenlesbaren) Nutzungsvorbehalt erklären können.

Darüber hinaus liegt ein Defizit des § 44b Abs. 3 S. 1 UrhG in dem Umstand begründet, dass über den Wortlaut nicht deutlich wird, dass der Rechtsinhaber einen Nutzungsvorbehalt nicht aussprechen kann, wenn das Text- und Data-Mining allein zu Zwecken der wissenschaftlichen Forschung (§ 60d UrhG) oder

849 BT-Drucks. 19/27426, 89.

auf Grundlage von § 44a UrhG erfolgt.[850] Sinnvoll wäre es hier gewesen, diese Einschränkung entweder in § 44b Abs. 3 UrhG oder in § 60d UrhG normativ zu verankern, um entsprechenden Fehlschlüssen vorzubeugen.[851]

c) Unwirksamkeit des Nutzungsvorbehalts

Wird der Nutzungsvorbehalt i. S. v. § 44b Abs. 3 S. 1 UrhG in den AGB oder den Nutzungsbedingungen des Rechtsinhabers ausdrücklich erklärt, stellen sich Fragen nach seiner Wirksamkeit.

Eine Unwirksamkeit des Rechtsvorbehalts kann sich dabei aus dem zwingenden Recht des § 307 Abs. 2 BGB ergeben. Allerdings setzt dieser Nichtigkeitsgrund einen wirksamen Vertragsschluss voraus, der jedoch gerade im Online-Bereich umstritten ist.[852]

Unterstellt man einen wirksamen Vertragsschluss, verstößt die Erklärung eines Rechtsvorbehalts über § 44b Abs. 3 S. 1 UrhG jedoch nicht gegen § 307 Abs. 2 BGB, da ein wesentlicher Grundgedanke der Schranke zum kommerziellen Text- und Data-Mining darin liegt, dass diese aufgrund des Umkehrschlusses aus Art. 7 Abs. 1 DSM-RL nicht vertragsfest ist und somit durch entgegenstehende vertragliche Regelungen abbedungen werden kann.[853]

Eine Unwirksamkeit könnte sich damit allein aus § 307 Abs. 1 S. 1 BGB ergeben. Über den Rückgriff auf die Formel von Treu und Glauben ließen sich sodann über eine mittelbare Drittwirkung verfassungsrechtliche Wertungen implantieren und so unter Verweis auf das Freihaltebedürfnis für Informationen im Urheberrecht eine Unwirksamkeit konstruieren.[854] Allerdings würde mit der Annahme einer mittelbaren Drittwirkung auch eine Abwägung der widerstreitenden verfassungsrechtlichen Positionen ausgelöst.

---

850 Vgl. ErwG 18 UAbs. 2 S. 6 DSM-RL.

851 GRUR, Stellungnahme DiskE, 3, abrufbar unter: https://bit.ly/3pCv4pj (zuletzt abgerufen: 2.4.2021).

852 Hierzu *Kreutz*, ZUM 2018, 162 ff.

853 *Golla/v. Schönfeld*, K&R 2019, 15 (18); zur Frage, ob Schranken eine Leitbildfunktion zukommen kann, *Dreier*/Schulze (Hrsg.), UrhG, Vor §§ 44a ff. Rn. 9.

854 Hierzu *Golla/v. Schönfeld*, K&R 2019, 15 (18); *Kuschel/Rostam*, CR 2020, 393 (394); allgemein zum Freihaltebedürfnis *Wiebe/Schur*, ZUM 2017, 461 (469 f.); *Wiebe*, GRUR Int. 2016, 877 (881 f.); vgl. auch *Duisberg*, in: Raabe/Wagner (Hrsg.), Daten als Wirtschaftsgut, 16 (22); *Haucap/Loebert/Spindler/Thorwarth*, Ordnungspolitische Perspektiven, 45; *Hoppen*, CR 2015, 802 (804); *Mattioli*, ZGE 2017, 299 (303); differenzierend *Hugenholtz*, in: Ullrich/Drahos/Ghidini (Hrsg.), Kritika, 48 ff.

Dabei erscheint fraglich, ob das Interesse des Text- und Data-Mining-Anwenders an der ungehinderten Nutzung einer in einem Schutzgegenstand potenziell angelegten Information die vermögenswerten Interessen der Rechtsinhaber überwiegen kann.[855] Für ein Überwiegen spricht jedoch, dass die für den Text- und Data-Mining-Prozess ausschließlich relevanten, mit dem Schutzgegenstand verwobenen potenziell angelegten Informationen nicht dem Rechtsinhaber zugewiesen sind. Allerdings hat sich im Bereich des Datenbankherstellerrechts gezeigt, dass eine Beeinträchtigung der vermögenswerten Interessen des Rechtsinhabers in der dauerhaften Aufbewahrung der Vervielfältigungsstücke erkannt werden kann. Dadurch, dass § 44b Abs. 2 S. 2 UrhG nunmehr aber eine Löschpflicht vorsieht, lässt sich über das Freihaltebedürfnis für Informationen argumentieren, dass ein entsprechender Nutzungsvorbehalt im Anwendungsbereich des Text- und Data-Mining gegen dieses verstößt.

5. Maschinenlesbarer Nutzungsvorbehalt, § 44b Abs. 3 S. 2 UrhG

Gerade im Kontext automatisierter Datenabrufe lässt § 44b Abs. 3 S. 2 UrhG einen nicht maschinenlesbaren Nutzungsvorbehalt nicht genügen. Vielmehr konstituiert Satz 2 die zwingende Voraussetzung der Maschinenlesbarkeit, damit der Vorbehalt z. B. von einer Scraping-Software, die eine Webseite auf analyserelevantes Material crawlt, erkannt werden kann. Die Umsetzung folgt dabei aus der Vorgabe des Art. 4 Abs. 3 DSM-RL, der vorgibt, dass der Nutzungsvorbehalt „in angemessener Weise“ zu erklären ist.[856] Die in § 44b Abs. 3 S. 1 UrhG vorgenommene Einschränkung des Wortlauts auf online zugängliche Werke ist insoweit nicht zu kritisieren.[857] Die hiergegen vorgebrachte Kritik, der Wortlaut sei zu eng und nicht richtlinienkonform, kann unter systematischen Gesichtspunkten nicht durchgreifen, da die Auffassung verkennt, dass Satz 2 nur den bereichsspezifischen Fall „online“ zugänglicher Werke regelt und damit eine Art lex speciales zu Satz 1 bildet, der den Nutzungsvorbehalt unabhängig von der Form der Schutzgegenstände allgemein regelt.[858]

---

855 *Golla/v. Schönfeld*, K&R 2019, 15 (18).

856 *Raue*, ZUM 2020, 172 (173).

857 Anders noch der DiskE und RefE, die von „online veröffentlichten Werken“ sprachen, hierzu *Heesen/Jüngels*, RuZ 2021, 45 (54 f.).

858 VG Media, Stellungnahme RefE, 2, abrufbar unter: https://bit.ly/2Madw6h (zuletzt abgerufen: 2.4.2021); so auch BDZV & VDZ, Stellungnahme RefE (Fn. 839), 3; DFL & DFB, Stellungnahme RefE (Fn. 845), 26.

a) Diskriminierungsverbot

Wird in der Folge ein maschinenlesbarer Nutzungsvorbehalt erklärt, darf dieser nach der Gesetzesbegründung aber nicht dazu führen, dass eine Webseite, die einen solchen Vorbehalt gegen einen Crawler ausspricht, im Rahmen anderer, außerhalb des Text- und Data-Mining liegender Nutzungen diskriminiert wird. Diese „Lex Google" zielt offenkundig darauf ab, dass die Implementierung eines Nutzungsvorbehalts nicht zu einem niedrigeren Ranking bei der Anzeige von Suchmaschinentreffern führt.[859]

Wenn jedoch der Nutzer einer Suchmaschine die Verwendung einer Webseite für die Zwecke des Text- und Data-Mining ausdrücklich als Suchfilter einstellt, so soll nach der Gesetzesbegründung eine sachliche Rechtfertigung für eine niedrigere Indexierung von Seiten vorliegen, die das Text- und Data-Mining aufgrund eines maschinenlesbaren Nutzungsvorbehalts nicht zulassen.[860]

Im Ergebnis handelt es sich damit um ein technisches Diskriminierungsverbot, das Online-Diensten die Möglichkeit verwehren soll, über ihre Marktmacht Rechtsinhaber faktisch zum Verzicht auf einen Nutzungsvorbehalt zu zwingen. Um diesem Diskriminierungsverbot Nachdruck zu verleihen, sprechen sich Stimmen dafür aus, in die Gesetzesbegründung einen ausdrücklichen Hinweis aufzunehmen, dass ein sog. „De-Listing" von Werken und sonstigen Schutzgegenständen aufgrund eines Nutzungsvorbehalts unzulässig ist.[861]

b) Problematik der fehlenden Identität zwischen Rechtsinhaber und Webseitenbetreiber

Die technische Analyse von robots.txt im Anwendungsbereich des Art. 4 Abs. 3 DSM-RL hat die Erkenntnis hervorgebracht, dass robots.txt-Datei durch die Webseitenbetreiber implementiert werden. Im Lichte des § 44b Abs. 3 UrhG führt dies jedoch zu einem Konflikt, da der Wortlaut hier vorgibt, dass der Rechtsinhaber den Nutzungsvorbehalt erklären muss. Entsprechende Probleme tauchen in den Konstellationen auf, in denen nicht der Rechtsinhaber, sondern der Webseitenbetreiber den Nutzungsvorbehalt gegenüber Dritten erklärt. Gerade im Bereich des Web 2.0 ist dieses Vorgehen an der Tagesordnung, schotten Webseiten- und Plattformbetreiber den durch ihre Nutzer erzeugten

---

859 BT-Drucks. 19/27426, 89.

860 BT-Drucks. 19/27426, 89.

861 VG Media, Stellungnahme RefE, (Fn. 859), 2; so auch BDZV & VDZ, Stellungnahme RefE (Fn. 839), 3.

„Datenschatz" doch konsequent gegen jegliche Screen-Scraping- und Mining-Aktivitäten Dritter ab.[862] Umgesetzt wird diese Abschottung durch ein Zusammenspiel zwischen maschinenlesbaren Nutzungsvorbehalten und vertraglichen Restriktionen.[863] In Rekurs auf § 44b Abs. 3 S. 2 UrhG ist damit die Frage zu klären, ob und wie ein durch den Webseitenbetreiber erklärter Nutzungsvorbehalt auch Wirkung für den Rechtsinhaber entfalten kann.

aa) Praxis der Rechtseinräumung im Internet

Betrachtet man die Praxis der Rechtseinräumung im Internet, so lassen sich große Online-Dienste für User-Generated Content, der urheberrechtlich geschützt sein kann, umfangreiche Nutzungsrechte einräumen. Die Online-Dienste werden somit ihrerseits zu Rechtsinhabern, was ihnen eine kommerzielle Verwertung des Contents ermöglicht.

Die Praxis der umfassenden Rechteeinräumung ist jedoch auf vermehrten Widerstand der deutschen Rechtsprechung gestoßen. So hat das KG Berlin die umfassende Rechteeinräumung im Hinblick auf die Nutzungsbedingungen von Facebook aufgrund ihrer Unentgeltlichkeit gem. § 307 Abs. 1 S. 1, Abs. 2 NR. 1 BGB, § 11 S. 2 UrhG und wegen eines Verstoßes gegen das Bestimmtheitsgebot des § 307 Abs. 1 S. 1, 2 BGB für unwirksam erklärt.[864] Diskutiert wird darüber hinaus auch eine Unwirksamkeit der Einbeziehung aufgrund einer überraschenden Klausel gem. § 305c Abs. 1 BGB.[865]

Trotz dieser Warnschüsse der Rechtsprechung zeigen sich in der Praxis der Online-Dienste wenig Auswirkungen, heißt es doch in den aktuellen Nutzungsbedingungen von Twitter wörtlich: „Durch Übermittlung, Veröffentlichung oder Anzeigen von Inhalten auf oder über die Dienste gewähren Sie uns eine weltweite, nicht ausschließliche, unentgeltliche Lizenz (mit dem Recht zur Unterlizenzierung)".[866]

---

862 Vgl. *Hargreaves/Guibault/Handke et al.*, TDM report, 6; *Golla/v. Schönfeld*, K&R 2019, 15 (17).

863 Siehe zum technischen Hintergrund: https://bit.ly/3sdT3Ns (zuletzt abgerufen: 2.4.2021); siehe auch die Nachweise in Kap. G.III.3.

864 LG Berlin, Urt. v. 6.3.2012, 16 O 551/10, ZD 2012, 276 (278 f.); mit anderer Begründung KG Berlin, Urt. v. 24.1.2014, 5 U 42/12, ZD 2014, 412 (417); *Solmecke*, in: Hoeren/Sieber/Holznagel (Hrsg.), MMR-Hdb., 21.1, Rn. 7 f.

865 *Lauber-Rönsberg*, NJW 2016, 744 (749); *Berberich*, MMR 2010, 736 (738).

866 https://twitter.com/tos?lang=de (zuletzt abgerufen: 2.4.2021); vgl. auch *Solmecke*, in: Hoeren/Sieber/Holznagel (Hrsg.), MMR-Hdb., Teil 21.1, Rn. 6 ff.; *Lauber-Rönsberg*, NJW 2016, 744 (749); *Berberich*, MMR 2010, 736 ff.

In den Fällen, in denen eine wirksame Rechtseinräumung stattfindet, herrscht somit eine Identität zwischen Rechtsinhaber und den Webseitenbetreibern, sodass das skizzierte Problem des Auseinanderfallens von Webseitenbetreibern und Rechtsinhabern in diesen Konstellationen nicht virulent wird.

bb) Zurechnung des erklärten Nutzungsvorbehalts über konkludente Vollmachtserteilung

In allen anderen Konstellationen, in denen der Urheber über eine spezifische Eingabemaske urheberrechtlich geschützte Inhalte auf eine Webseite hochlädt, hat er jedoch regelmäßig keine Einflussmöglichkeiten auf die technische Gestaltung der Plattform oder gar auf die durch den Webseitenbetreiber abgegebenen Erklärungen in der robots.txt-Datei.[867]

Insofern bedarf es in dieser Konstellation für das Eingreifen des § 44b Abs. 3 S. 2 UrhG einer wirksamen Zurechnung des durch den Webseitenbetreiber ausgesprochenen Nutzungsvorbehalts zugunsten des Rechtsinhabers. In der Literatur wurden hierfür unterschiedliche Modelle diskutiert.[868] Zweckdienlich erscheint dabei die erwogene Lösung einer Stellvertretung durch konkludente Vollmachtserteilung, die an den Akt des Hochladens und die Unterwerfung unter die Nutzungsbedingungen der Plattform anknüpft.[869] Diese Lösung wird nachfolgend näher betrachtet und geklärt, ob ein durch einen Dritten maschinenlesbar erklärter Nutzungsvorbehalt wie robots.txt dem Rechtsinhaber wirksam zugerechnet werden kann, sodass die Voraussetzung des § 44b Abs. 3 S. 1 UrhG („Rechtsinhaber") erfüllt ist.

cc) Voraussetzungen und Grenzen

Der Ausgangspunkt der bisher in der Literatur geführten Diskussion lag in der Frage, ob durch das Hochladen eines urheberrechtlichen Schutzgegenstands auf eine Webseite eine Legitimation des Webseitenbetreibers einherging, Einwilligungen in die Nutzung des Werkes gegenüber Dritten zu erteilen.[870] Konstruiert

---

867 *Tinnefeld*, Einwilligung, 146; hier ist erneut zu betonen, dass robots.txt i.S.d. oben erfolgten Auslegung nicht als technische Schutzmaßnahme i.S.v. § 95a Abs. 2 S. 1 UrhG auszulegen ist.

868 Ausführlich *Tinnefeld*, Einwilligung, 139 ff.

869 *Tinnefeld*, Einwilligung, 144 f.; vgl. *Melichar/Stieper*, in: Schricker/Loewenheim (Hrsg.), UrhG, § 49 Rn. 24; kritisch *Schack*, ZUM 2016, 266 (269), der von „die Rechtsgeschäftslehre sprengenden Deformierungen" spricht.

870 *Tinnefeld*, Einwilligung, 144.

wird diese Möglichkeit des Webseitenbetreibers, wirksam in die Werknutzung durch Dritte einzuwilligen, über eine konkludente Vollmachtserteilung. Eine solche soll danach vorliegen, wenn ein Wille nicht unmittelbar in der Erklärung seinen Ausdruck findet, sondern über äußere Umstände, also mittelbar auf den rechtsgeschäftlichen Willen geschlossen werden muss.[871]

Für die beschriebene Upload-Konstellation scheitert eine ausdrückliche Erklärung schon daran, dass der Rechtsinhaber mit dem Upload auf die Webseite nicht zugleich erklärt, der Webseitenbetreiber solle in die Nutzungen gegenüber Dritten einwilligen. Dem Konzept der konkludenten Vollmachtserteilung im Internet liegt vielmehr die typisierende Annahme zugrunde, dass ein Rechtsinhaber, der Schutzgegenstände im Internet veröffentlicht, diese für einen möglichst breiten Empfängerkreis wahrnehmbar machen möchte.[872] Für einen Dritten ist dieser Rechtsschein auch erkennbar, da nicht der Rechtsinhaber über die Einwilligung disponiert, sondern der Plattformbetreiber mit seiner in der robots.txt-Datei abgegebenen Gestattung.[873]

Einschränkend ist dabei zu beachten, dass eine konkludent abgegebene Vollmachtserklärung den Webseitenbetreiber als Stellvertreter des Rechtsinhabers nur zu solchen Einwilligungen ermächtigen kann, die sich im Rahmen der Interessen des Urhebers oder Rechtsinhabers bewegen.[874]

In Bezug auf die Kontur und Grenzen dieses Urheberinteresses betont die Rechtsprechung jedoch weniger stark die subjektiven Interessen, sondern stellt stärker auf die üblichen Nutzungen innerhalb des Internets ab, mit denen ein Rechtsinhaber rechnen müsse und in die er demnach konkludent einwillige.[875]

Gerade das Kriterium der Üblichkeit ist durch die Literatur dabei kritisiert worden, wird doch gefordert, dass in Ermangelung eines auslegungsfähigen Wortlauts bei konkludenten Erklärungen das interessengerechte Handeln des Webseitenbetreibers das Zentrum der Beurteilung bilden müsse.[876]

Zur Feststellung dieses am Urheberinteresse zu definierenden interessengerechten Handelns wird dafür auf fünf Voraussetzungen verwiesen, nach denen von einer konkludenten Einwilligung zur Nutzung ausgegangen wird. An erster

871 Staudinger/*Singer*, Vor § 116 BGB Rn. 53; MüKo-BGB/*Armbrüster*, Vor § 116 Rn. 6 f.

872 *Tinnefeld*, Einwilligung, 144.

873 *Tinnefeld*, Einwilligung, 146; vgl. *Ohly*, GRUR 2018, 996 (1002).

874 *Tinnefeld*, Einwilligung, 146.

875 BGH, Urt. v. 29.4.2010 - I ZR 69/08, Rn. 36 - Vorschaubilder I, GRUR 2010, 628 (632); vgl. BGH, Urt. v. 6.12.2007, I ZR 94/05, Rn. 27 - Drucker und Plotter I, GRUR 2008, 245 (247); OLG Jena, Urt. v. 27.2.2008, 2 U 319/07, MMR 2008, 408 (411).

876 *Tinnefeld*, Einwilligung, 88.

Stelle zählt hierzu, (i) dass die Nutzung die Wahrnehmbarkeit des betroffenen Werkes fördert; (ii) zweitens Art und Umfang der Werknutzung erforderlich sein müssen; (iii) drittens die Verwertungsinteressen des Rechtsinhabers gefördert werden; (iv) viertens das Werk durch die Nutzung nicht substituiert wird und (v) fünftens keine urheberpersönlichkeitsrechtlichen Befugnisse beeinträchtigt werden.[877]

dd) Übertragung auf § 44b Abs. 3 S. 2 UrhG

Problematisch ist bei der Erklärung eines maschinenlesbaren Nutzungsvorbehalts i. S. v. § 44b Abs. 3 S. 2 UrhG, dass es sich genau um den entgegengesetzten Fall der oben beschriebenen typischen Einwilligungskonstellation handelt. Hier geht es nicht um die Erteilung einer Einwilligung zur Nutzung der Schutzgegenstände des Rechtsinhabers durch Dritte, sondern um die Untersagung der Nutzung durch ausdrückliche Erklärung in der robots.txt-Datei. Der in der robots.txt-Datei implementierte disallow-Befehl bringt dabei unmissverständlich zum Ausdruck, dass der Webseitenbetreiber die Nutzung der sich auf der Plattform befindlichen Schutzgegenstände zu Zwecken des Text- und Data-Mining nicht erlaubt. Mit der Untersagungsentscheidung wird jedoch nur das Interesse des Webseitenbetreibers beschrieben und noch keine Deckungsgleichheit mit den Interessen des Rechtsinhabers hergestellt. Entscheidend bleibt somit für das Vorliegen einer wirksamen konkludenten Vollmachtserteilung die Erfüllung der oben skizzierten fünf Voraussetzungen.

(1) Voraussetzungen

Beginnend mit dem Kriterium der Substitution eines Schutzgegenstandes (iv) erlangt dieses für das Text- und Data-Mining keine Relevanz. Es hat sich vielmehr gezeigt, dass das Ursprungswerk weder durch die Datenmatrix noch durch die hervorgebrachten Muster substituiert werden. Ein durch den Webseitenbetreiber ausgesprochener Nutzungsvorbehalt verhindert somit nicht die Substituierung der Webseite oder auf ihr befindlicher Werke, da diese bereits schon technisch nicht durch das Text- und Data-Mining beabsichtigt ist.

Problematisch ist jedoch die erste Voraussetzung (i), die die Förderung der Wahrnehmbarkeit des Werkes vorsieht und der durch die Implementierung eines Nutzungsvorbehalts nicht entsprochen würde. Allerdings ist in Frage zu stellen, ob ein schematisches Festhalten aufgrund der abweichenden Konstellation hier

---

877 *Tinnefeld*, Einwilligung, 97.

geboten ist. Sinnvoll ist es vielmehr zu prüfen, ob nicht auch die Unterdrückung der Wahrnehmung eines Werkes dem Interesse des Rechtsinhabers entsprechen kann, wenn ihm hierdurch die Möglichkeit einer finanziellen Abgeltung verschafft wird.

Folgt man diesem Ansatz, so hat sich gezeigt, dass der Text- und Data-Mining-Nutzer durch die Implementierung eines Nutzungsvorbehalts durch den Webseitenbetreiber auf den Vertragsweg gedrängt wird.[878] Entsprechend muss der Rechtsinhaber eine Lizenzabrede mit dem Webseitenbetreiber zur Aufhebung der Nutzungs- und Zugangsrestriktionen durch die robots.txt-Datei schließen.

Ausgehend vom Urheberinteresse ist der erklärte Nutzungsvorbehalt für Rechtsinhaber aber nur dann interessengerecht, wenn sie an dem vertraglich erzielten Entgelt des Webseitenbetreibers partizipieren und dieses nicht ausschließlich beim Webseitenbetreiber verbleibt. Ist dies nicht der Fall, dient der erklärte Nutzungsvorbehalt allein den finanziellen Interessen des Webseitenbetreibers und liegt somit nicht mehr im Interesse des Rechtsinhabers oder Urhebers.

(2) Bewertung

Das maßgebliche Abstellen auf verwertungsrechtliche Aspekte des Rechtsinhabers zur Ermittlung seines Interesses ist nicht unproblematisch. Zudem wird der Ansatz im Einzelfall nur schwer umzusetzen sein, da die Interessen der Rechtsinhaber nicht uniform bestimmbar sind und auch weitere Einflüsse wie etwa das Urheberpersönlichkeitsrecht (v) in die Bewertung einzustellen sind.

Letztlich hilft jedoch auch der Rückgriff auf das durch die Rechtsprechung entwickelte typisierend-verobjektivierende Kriterium der üblichen Nutzungshandlung im Internet nicht weiter. Hier kann schon nicht mit abschließender Sicherheit geklärt werden, ob ein verständiger Rechtsinhaber mit der Nutzungshandlung des Text- und Data-Mining im Internet rechnet und der Webseitenbetreiber danach immer konkludent ermächtigt wäre, diese zu untersagen.

So wird im Einzelfall zu prüfen sein, ob über Lizenzabreden zwischen dem Webseitenbetreiber und dem Text- und Data-Mining-Nutzer ein finanzielles Plus beim Rechtsinhaber entsteht. Dies wird man dann als starkes Indiz für eine interessengerechte Implementierung des Nutzungsvorbehalts anführen müssen. Zu beachten ist dabei, dass schon das Bemühen der Webseitenbetreiber, eine Lizenzabrede zwischen ihnen und dem Text- und Data-Mining-Nutzer zu erwirken, regelmäßig im Interesse der Rechtsinhaber liegt, da im Gegensatz zur

878 Siehe ausführlich in Kap. G.III.

vergütungsfreien Schranke des § 44b UrhG abzuschließende Lizenzabreden ihn zumindest in der Theorie näher zu einem finanziellen Erlös bringen.

Ob es in der Praxis allerdings tatsächlich zu einem finanziellen Vorteil beim Rechtsinhaber kommt, gilt es im Wege weiterer empirischer Untersuchungen zu klären, deren Ergebnisse dann zu einem objektiven Urteil führen können, ob ein durch Webseitenbetreiber ausgesprochener maschinenlesbarer Nutzungsvorbehalt tatsächlich im Interesse der Rechtsinhaber liegt.

Für die abschließende Bewertung des § 44b Abs. 3 S. 2 UrhG macht das gefundene Ergebnis aber hinreichend deutlich, dass der Unionsgesetzgeber mit dem Abstellen auf die Rechtsinhaber eine für das Web 2.0 wenig praxisorientierte Lösung gefunden hat, die abermals zu erheblichen Rechtsunsicherheiten und umstrittenen Auslegungsfragen führen wird.[879]

c) Fehlende Techniksensibilität des § 44b Abs. 3 S. 2 UrhG

Mit der Umsetzung des maschinenlesbaren Nutzungsvorbehalts in § 44b Abs. 3 S. 2 UrhG wird zudem die Chance vertan, eine Konkretisierung vorzunehmen. Im Rahmen der bestehenden Umsetzungsspielräume wäre es hier möglich gewesen, zwischen einem Nutzungsvorbehalt, der über maschinenlesbare Standards (robots.txt) erklärt wird, und maschinenlesbaren Nutzungsvorbehalten im Allgemeinen zu unterscheiden.[880]

Sinnvoll wäre es hier gewesen, auf robots.txt als De-facto-Kommunikationsstandard im Internet zu referenzieren und damit im Umkehrschluss solche maschinenlesbaren Nutzungsvorbehalte vom Anwendungsbereich des § 44b Abs. 3 S. 2 UrhG auszuschließen, die zwar technisch gesehen maschinenlesbar sind, durch Crawler aber nicht gelesen werden können.

So drohen über die unterbliebene Konkretisierung aber rechtliche Probleme in den Fällen, in denen sich ein Rechtsinhaber auf einen in den AGB oder im Impressum niedergelegten maschinenlesbaren Nutzungsvorbehalt beruft, der jedoch nicht den Vorgaben einer robots.txt-Datei entspricht und entsprechend nicht durch einen Crawler ausgelesen werden kann.[881] Hier ist dann zu diskutieren, ob ein solcher Nutzungsvorbehalt nicht schon nach den allgemeinen Grundsätzen der Rechtsgeschäftslehre unwirksam ist.

---

879 *Geiger/Frosio/Bulayenko*, in: Garcia/Llorca (Hrsg.), Propiedad Intellectual, 22 (56 f.).

880 *Reda*, Stellungnahme DiskE, 8, abrufbar unter: https://bit.ly/3k75Iie (zuletzt abgerufen: 2.4.2021).

881 Vgl. *Ohly*, GRUR 2018, 996 (1002).

d) Unwirksamkeit maschinenlesbarer Nutzungsvorbehalte

Diesen Gedanken aufgreifend lässt sich über § 658 Abs. 1 S. 2 BGB analog argumentieren, dass ein Nutzungsvorbehalt, der zwar formal gesehen maschinenlesbar ist, der im Bereich der vollautomatisierten Suche und des Datenabrufs jedoch durch einen Crawler nicht gelesen werden kann, unwirksam ist, da er nicht den Standards der Kommunikation im Internet entspricht.[882]

Ein weiterer dogmatischer Argumentationsansatz wäre ein Rückgriff auf den im öffentlichen Recht beheimateten Actus-Contrarius-Gedanken. Hiernach wäre es als missbräuchlich zu kategorisieren, wenn ein Webseitenbetreiber, der das Crawling seiner Seite über robots.txt erlaubt, einen Datenabruf über das Screen Scraping lediglich in seinen Nutzungsbedingungen ausschließt und den Ausschluss nicht zugleich in der robots.txt-Datei erklärt.[883]

Unbenommen der genauen dogmatischen Rechtfertigung ist die Unwirksamkeit eines nicht den Standards der technischen Kommunikation im Internet folgenden maschinenlesbaren Nutzungsvorbehalts somit zwingend, da ansonsten eine Vervielfältigung in dem nach § 44b Abs. 2 S. 1 UrhG zugelassenen Umfang als Urheberrechtsverletzung zu werten wäre, obwohl für den Text- und Data-Mining-Nutzer trotz seiner Rechtstreue keine Möglichkeit besteht, den Nutzungsvorbehalt über die durch ihn eingesetzte Software zur Datenauswahl überhaupt zu erkennen.[884]

Im Ergebnis wäre es daher sinnvoller gewesen, den § 44b Abs. 3 S. 2 UrhG auf die technischen Erfordernisse des Internets abzustimmen und den Nutzungsvorbehalt dahingehend zu konkretisieren, dass dieser nur maschinenlesbare Standards umfasst.[885] Da dies jedoch unterblieben ist, folgt aus § 658 Abs. 1 S. 2 BGB analog oder dem Actus-Contrarius-Gedanken, dass ein im Internet nicht nach technischen Standards erklärter maschinenlesbarer Nutzungsvorbehalt regelmäßig als unwirksam zu erachten ist.

---

882 *Ohly*, GRUR 2018, 996 (1002); vgl. *Tinnefeld*, Einwilligung, 160, der jedoch auf § 657 analog verweist.

883 Vgl. *Tinnefeld*, Einwilligung, 160 f.

884 Vgl. *Melichar/Stieper*, in: Schricker/Loewenheim (Hrsg.), UrhG, § 49 Rn. 23.

885 *Reda*, Stellungnahme DiskE, (Fn. 881), 8; LIBER, Stellungnahme DiskE, 2, abrufbar unter: https://bit.ly/2PHy7Ab (zuletzt abgerufen: 2.4.2021); *Würtenberger/Freischem*, GRUR 2019, 1140 (1143).

6. Vergütungsproblematik

Aus der bereits diskutierten Löschpflicht aus § 44b Abs. 2 S. 2 UrhG wird auch ein Rechtfertigungsgrund für die in der Umsetzung nicht vorgesehene Vergütung im Bereich des kommerziellen Text- und Data-Mining abgeleitet.[886] Eine Vergütung wird durch den deutschen Gesetzgeber dabei weder im Anwendungsbereich des § 44b UrhG noch in § 60d UrhG vorgesehen. Vielmehr ordnet § 60h Abs. 2 Nr. 3 UrhG nunmehr ausdrücklich auch die Vergütungsfreiheit für das Text- und Data-Mining zum Zwecke der wissenschaftlichen Forschung an.[887] Wie kontrovers das Thema der Vergütung ist, zeigen dabei auch die Stellungnahmen, die sich explizit für eine Vergütungspflicht aussprechen.[888] Dabei wird auf das Argument abgestellt, dass die DSM-Richtlinie nur eine Vergütungsfreiheit für das nicht-kommerzielle Text- und Data-Mining anordne und es keinen sachlichen Grund für eine Privilegierung kommerzieller Akteure gebe. Im Gegensatz zu diesen Stimmen beruft sich die Gesetzesbegründung in diesem Konflikt auf eine fehlende Grundlage zur Statuierung einer Vergütungspflicht für das Text- und Data-Mining in der DSM-Richtlinie.[889] Angeführt wird zudem, dass systematisch ein Gleichlauf zu § 44a UrhG herzustellen sei[890] und eine angeordnete Pauschalvergütung zudem einen Widerspruch zum Opt-out-Mechanismus des § 44b Abs. 3 UrhG konstruieren würde.[891]

Korrekterweise ist die Vergütungsfreiheit jedoch auf keine dieser Begründungen zu stützen. Vielmehr ist aus der Rechtsprechung des BVerfG abzuleiten, dass, sofern für die Aufhebung eines Verbotsrechts kein Vergütungsanspruch gewährt werden soll, ein gesteigertes öffentliches Interesse zur Rechtfertigung der Vergütungsfreiheit notwendig ist.[892] Obgleich sich aus den vorgebrachten Argumenten dieses gesteigerte öffentliche Interesse nicht konstruieren lässt,

---

886 BITKOM, Stellungnahme zur Umsetzung der TDM Schranke RefE (Fn. 832), 3; vgl. *Heesen/Jüngels*, RuZ 2021, 45 (53 f.).

887 BT-Drucks. 19/27426, 100, dies begrüßend *Steinhauer*, RuZ 2021, 5 (21).

888 So stellvertretend VG Wort, Stellungnahme RefE, 2, abrufbar unter: https://bit.ly/30ZEx04 (zuletzt abgerufen: 2.4.2021).

889 BT-Drucks. 19/27426, 88; *Gräbitz*, Bibliotheksdienst 2020, 654 (673); BITKOM, Stellungnahme zur Umsetzung der TDM Schranke RefE (Fn. 832), 3.

890 BT-Drucks. 19/27426, 88; *Raue*, ZUM 2020, 172 (173); *Steinhauer*, RuZ 2021, 5 (21).

891 *Gräbitz*, Bibliotheksdienst 2020, 654 (673); *Raue*, ZUM 2020, 172 (173); *Steinbrecher*, MMR 2019, 639 (640 f.).

892 BVerfG, Beschl. v. 17. 11. 2011 - 1 BvR 1145/11, Rn. 9 - Kunstausstellung im Online Archiv, GRUR 2012, 389; *Stieper*, in: Schricker/Loewenheim (Hrsg.), UrhG, Vor §§ 44a Rn. 17.

ist die angeordnete Vergütungsfreiheit für die Verfahren des Text- und Data-Mining im Ergebnis zutreffend und dogmatisch über das Freihaltebedürfnis für Informationen im Urheberrecht zu konstruieren.

IV. Verhältnis zu weiteren Schrankenregelungen des UrhG

Die neue Schranke des kommerziellen Text- und Data-Mining in § 44b UrhG lässt die weiteren, bisher für das Text- und Data-Mining in Betracht kommenden Schranken des UrhG unberührt.

Zu beschreiben ist dabei das Verhältnis zwischen § 44b UrhG und den weiter in Betracht kommenden Schranken der §§ 44a UrhG, 87c Abs. 1 S. 1 Nr. 4 UrhG und § 69d Abs. 4 UrhG. In Bezug auf die beiden letztgenannten Bestimmungen ist dabei zu klären, ob die Voraussetzungen beider Vorschriften kumulativ vorliegen müssen oder ob ein Spezialitätsverhältnis besteht.

1. § 44a UrhG

Für die Durchführung des Text- und Data-Mining bleibt § 44a UrhG weiterhin anwendbar. Allerdings hat die Analyse des Art. 5 Abs. 1 InfoSoc-RL bereits ergeben, dass der verbleibende tatsächliche Anwendungsbereich der Schranke aufgrund der technischen Eigenarten des Text- und Data-Mining minimal ist.[893]

2. § 87c Abs. 1 S. 1 Nr. 4 UrhG

Im Rahmen der Novellierung des Urheberrechts ist auch § 87c Abs. 1 S. 1 Nr. 4 UrhG neu aufgenommen worden.

Bislang wurde dabei vertreten, dass nur, wenn die Voraussetzungen der Schranke des § 87c UrhG a. F. kumulativ zu den Voraussetzungen der Wissenschaftsschranke des § 60d UrhG a. F. vorlagen, diese auch final eingriff.[894] Die Entnahmehandlung musste sich dabei im Rahmen dessen halten, was § 60d UrhG a. F. erlaubnisfrei stellte.[895]

Betrachtet man die Gesetzesbegründung, dient der nunmehr eingeführte § 87c Abs. 1 S. 1 Nr. 4 UrhG unmittelbar der Umsetzung des Artikels 4 Abs. 1 DSM-RL, indem er wesentliche Vervielfältigungen einer Datenbank freistellt.[896]

---

893 Siehe hierzu in Kap. F.III.1.

894 *Vogel*, in: Schricker/Loewenheim (Hrsg.), UrhG, § 87c Rn. 14.

895 *Vogel*, in: Schricker/Loewenheim (Hrsg.), UrhG, § 87c Rn. 14.

896 BT-Drucks. 19/27426, 110; *Steinhauer*, RuZ 2021, 5 (21).

Unklar bleibt jedoch, ob über die Formulierung des § 87c Abs. 1 S. 1 Nr. 4 UrhG „zu Zwecken des Text- und Data-Mining gemäß § 44b" auch das positive Tatbestandsmerkmal des rechtmäßigen Zugangs sowie die Löschpflicht und der Nutzungsvorbehalt vom Verweis des § 87c Abs. 1 S. 1 Nr. 4 UrhG umfasst sind. Regelungstechnisch ist der Verweis zumindest unsauber, da § 87c Abs. 1 S. 1 UrhG selbst kein explizites Zugangserfordernis kodifiziert und § 44b UrhG seinem Wortlaut nach das Erfordernis nur für Werke konstituiert. Das gleiche Problem ergibt sich auch bei der Löschpflicht und dem Nutzungsvorbehalt, den § 44b UrhG ebenfalls nur für Werke aufstellt.

Nimmt man danach an, dass die Voraussetzungen des § 44b UrhG auch auf Datenbanken sui generis anzuwenden sind, so sind die benannten Voraussetzungen in die Schranke des § 87c Abs. 1 S. 1 UrhG hineinzulesen.

Gesetzestechnisch zeigt sich in der Novellierung des § 87c Abs. 1 S. 1 Nr. 4 UrhG aber einmal mehr der schlecht gewebte Flickenteppich, den der deutsche Gesetzgeber mit der unterlassenen Aufnahme der sonstigen Schutzgegenstände in § 44b UrhG kreiert hat. Abschließend ist noch der klarstellende Hinweis angebracht, dass die Vervielfältigung eines unwesentlichen Teils der Datenbank sich auch weiterhin auf Schutzbereichsebene nach § 87b Abs. 1 S. 2 UrhG bemisst.[897]

3. § 69d Abs. 4 UrhG

Das gleiche kritische Fazit wie bereits zum Datenbankherstellerrecht ist auch für § 69d Abs. 4 UrhG zu ziehen, der ebenfalls der Umsetzung des Art. 4 Abs. 1 DSM-RL dient.[898]

Über die Vervielfältigung von Computerprogrammen hinaus, die über § 69d Abs. 4 i. V. m. § 44b Abs. 2 S. 1 UrhG freigestellt werden, dürfen Computerprogramme für das Text- und Data-Mining jedoch auch gem. Artikel 4 Absatz 1 lit. b Computerprogramm-RL 2009/24/EG genutzt werden, indem sie beispielsweise in andere Programmiersprachen übersetzt oder bearbeitet werden.[899] Diese Klarstellung ist notwendig, da § 23 UrhG nicht für Computerprogramme gilt und § 69c Nr. 2 UrhG insofern eine lex speciales bildet.[900]

---

897 BT-Drucks. 19/27426, 110.

898 BT-Drucks. 19/27426, 107.

899 BT-Drucks. 19/27426, 107.

900 Wandtke/*Bullinger* (Hrsg.), UrhG, § 23 Rn. 26.

V. Anpassung des § 95b Abs. 1 S. 1 Nr. 1, Abs. 3 Nr. 1 UrhG

Zusätzlicher Umsetzungsbedarf besteht auch im Hinblick auf die Vorgaben des Art. 7 Abs. 2 S. 2 DSM-RL.[901] Dieser nimmt die Mitgliedstaaten in die Pflicht, Text- und Data-Mining-Nutzern die erforderlichen Mittel zur Verfügung zu stellen, damit die Schranke des Art. 4 DSM-RL trotz technischer Schutzmaßnahmen genutzt werden kann.[902] Anders als noch unter dem Rechtsregime der InfoSoc-RL findet Art. 6 Abs. 4 UAbs. 1 InfoSoc-RL nunmehr auch auf Werke und sonstige Schutzgegenstände Anwendung, die auf Grundlage eines Vertrages der Öffentlichkeit im Internet zugänglich gemacht werden.

Entsprechend umfasst § 95b Abs. 1 S. 1 Nr. 1 UrhG neuerdings auch das Text- und Data-Mining nach § 44b UrhG, sodass die Rechtsinhaber verpflichtet sind, den durch die Schranke Begünstigten Mittel zur Verfügung zu stellen, um von der Schranke des § 44b UrhG im erforderlichen Maße Gebrauch zu machen.

Notwendig war dafür auch eine Änderung des § 95b Abs. 3 UrhG a. F., der nunmehr in § 95b Abs. 3 Nr. 1 UrhG vorsieht, dass § 95b Abs. 1 S. 1 Nr. 1 UrhG auch anwendbar ist, wenn Werke und sonstige Schutzgegenstände aufgrund einer vertraglichen Vereinbarung nach § 19a UrhG öffentlich zugänglich gemacht werden.[903]

Problematisch an der Regelung ist jedoch, dass sie für maschinenlesbare Nutzungsvorbehalte in einem Großteil der Fälle leerlaufen wird.[904] Dies resultiert aus der Einordnung maschinenlesbarer Standards wie z. B. robots.txt-Dateien als ausdrückliches Erklärungszeichen, auf die § 95b UrhG aber keine Anwendung findet.

In der Konsequenz bedeutet dies jedoch, dass ein Rechtsinhaber, der eine robots.txt-Datei implementiert, über § 95a Abs. 1 S. 1 UrhG nicht verpflichtet ist, dem Text- und Data-Mining-Nutzer Mittel zur Durchsetzung an die Hand zu geben.

Selbst wenn man robots.txt als technische Schutzmaßnahme einordnet, bestünde für Rechtsinhaber über die Voraussetzung des rechtmäßigen Zugangs in § 95b Abs. 1 S. 1 UrhG der Anreiz, über die Nicht-Offenbarung der Schutzgegenstände eine faktische Exklusivität herzustellen und damit eine der Nutzung vorgelagerte Vergütung über die Kontrolle der Zugangsgewährung zu

---

901 BT-Drucks. 19/27426, 115; *Raue*, ZUM 2019, 684 (691).

902 *Raue*, ZUM 2019, 684 (691).

903 BT-Drucks. 19/27426, 116.

904 So im Ergebnis auch *Steinhauer*, RuZ 2021, 5 (22 f.).

erzielen.[905] Dass das faktische Exklusiv-Halten auch im Anwendungsbereich technischer Schutzmaßnahmen wirkungsvoll ist, hängt dabei mit dem Umstand zusammen, dass § 95b UrhG kein „right to hack" gewährt.[906]

Damit lässt sich zusammenfassend nur der wenig befriedigende Schluss ziehen, dass in der Anpassung des § 95b Abs. 1 S. 1, Abs. 3 UrhG erneut eine geringe Techniksensibilität zum Ausdruck kommt und für die Regelung deshalb die reale Gefahr besteht, dass sie für Text- und Data-Mining-Nutzer zur reinen Gesetzeslyrik verkommt.

VI. Konzeptionelle Schwäche der Schrankenregelung am Beispiel der Presse

Hinzu tritt eine konzeptionelle Schwäche von Schrankenregelungen, die sich exemplarisch an der nicht erfolgten bereichsspezifischen Freistellung des Text- und Data-Mining für die Presse veranschaulichen lässt. Bereits die Beschreibung der Analyseziele des Text- und Data-Mining hat die Erkenntnis zutage gefördert, dass ein klar identifizierbares Bedürfnis für investigativ tätige Journalisten besteht, die Verfahren des Text- und Data-Mining im grundrechtsrelevanten Bereich der Presse einzusetzen. Zwar steht es auch Journalisten frei, sich auf § 44b UrhG zu berufen. Problematisch für die spezifischen Tätigkeiten der Presse ist jedoch die Ausgestaltung des sachlichen Anwendungsbereichs des § 44b Abs. 2 S. 1 UrhG mit seiner Voraussetzung des rechtmäßigen Zugangs. Ein rechtmäßiger Zugang zu geleakten Dokumenten, die mithilfe des Text- und Data-Mining analysiert werden sollen, besteht naturgemäß nicht, sodass in diesem Kontext eine grundrechtskonforme Auslegung der Schranke über Art. 5 Abs. 1 S. 2 GG, Art. 11 GRCh eingefordert wird, um so das Erfordernis des rechtmäßigen Zugangs im Bereich des investigativen Journalismus unangewendet zu lassen.[907]

1. Grundsätze der Rechtsprechung des EuGH

In jüngerer Vergangenheit ist dabei flankierend die problematische Tendenz zu beobachten, nach der das Urheberrecht als Abwehrrecht gegen unliebsame

905 Zur rechtlichen Einordnung der robots.txt-Dateien siehe in Kap. G.III.3.

906 *Specht*, in: Dreier/Schulze (Hrsg.), UrhG, § 95b Rn. 10; *Wandtke/Ohst*, in: Wandtke/Bullinger (Hrsg.), UrhG, § 95b Rn. 44; *Götting*, in: Schricker/Loewenheim (Hrsg.), UrhG, § 95b Rn. 2.

907 *Raue*, ZUM 2019, 684 (693).

Veröffentlichungen in Stellung gebracht wird. Der EuGH hat diesen Bestrebungen in den Entscheidungen „Afghanistan-Papiere" und „Reformistischer Aufbruch" zwar eine klare Absage erteilt, gleichzeitig aber auch ausdrücklich festgestellt, dass außerhalb der Schranken des Acquis Unionaire kein Platz für eine freischwebende, vom Schrankenkatalog abgelöste Grundrechtsschranke besteht.[908] Sichtbare Folge dieser Rechtsprechung ist die Streichung des § 24 UrhG a. F.[909]

Für das Text- und Data-Mining im Bereich der Presse stellt sich jedoch wie schon unter der alten Rechtslage die Frage, ob über eine grundrechtskonforme Auslegung des Art. 4 DSM-RL die Voraussetzung des rechtmäßigen Zugangs unangewendet bleiben kann. Um eine grundrechtskonforme Auslegung vollziehen zu können, ist im Bereich einer harmonisierenden Richtlinie dabei auf den Zweck der Schranke im Hinblick auf ihren materiellen Gehalt abzustellen.

Folgt man diesen Vorgaben, ist nachfolgend in einem ersten Schritt zu untersuchen, ob die Schrankenbestimmung des Art. 4 DSM-RL den Berechtigten das Recht zur Ausübung der Pressefreiheit gewährt. Dies bejahend wäre in einem zweiten Schritt eine Abwägung zwischen den widerstreitenden Grundrechten der Nutzer, insbesondere der Informations- und der Pressefreiheit, mit dem Eigentumsrecht des Urhebers vorzunehmen.[910]

2. Keine Übertragung der Grundsätze auf Art. 4 DSM-RL

Für Art. 4 DSM-RL gilt es danach, im ersten Schritt zu ergründen, ob der Schranke der spezielle Zweck innewohnt, die Pressefreiheit der Schrankenberechtigten zu schützen. Aus dem Wortlaut des Art. 4 DSM-RL ergeben sich hierfür keinerlei Anhaltspunkte. Auch die Erwägungsgründe schweigen sich hierzu aus und vermitteln der Presse keine Sonderstellung im Anwendungsbereich des Art. 4 DSM-RL. Erwägungsgrund 18 UAbs. 1 S. 1 DSM-RL sieht den Zweck der Schranke vielmehr darin, große Datenmengen in verschiedenen Lebensbereichen und zu unterschiedlichen Zwecken zu analysieren. Vorrangiges Ziel ist es dabei, für diese Fälle mehr Rechtssicherheit zu schaffen und auch in der

---

908 EuGH, Urt. v. 29.7.2019 - C-469/17, Rn. 64 - Afghanistan Papiere, GRUR 2019, 934 (939); EuGH, Urt. v. 29.7.2019 - C-516/17, Rn. 49 - Reformistischer Aufbruch, GRUR 2019, 940 (943); EuGH, Urt. v. 29.7.2019 - C-476/17, Rn. 65 - Metall auf Metall III, GRUR 2019, 929 (933).

909 EuGH, Urt. v. 29.7.2019 - C-476/17, Rn. 65 - Metall auf Metall III, GRUR 2019, 929 (933).

910 Vgl. EuGH, Urt. v. 29.7.2019 - C-469/17, Rn. 73 - Afghanistan Papiere, GRUR 2019, 934 (939); so *Dreier*, GRUR 2019, 1003 (1004).

Privatwirtschaft zu Innovationen anzuregen.[911] Die Zielsetzung des Art. 4 DSM-RL legt sich damit klar auf die Privilegierung des Text- und Data-Mining für kommerzielle Zwecke und nicht auf eine umfassende Freistellung der Mining-Aktivitäten für die Belange der Presse fest. Diese Auffassung wird auch durch die Aufzählung in Erwägungsgrund 5 S. 1 DSM-RL gestützt, die nur auf die Bereiche Forschung, Innovation, Bildung und Erhaltung des Kulturerbes Bezug nimmt. Ein „spezieller Zweck", wie ihn die Rechtsprechung des EuGH fordert, lässt sich für Art. 4 DSM-RL für den Bereich der Presse daher über die Erwägungsgründe nicht konstruieren.[912]

Eine Stütze findet dieses Ergebnis auch in einem Umkehrschluss zu Art. 3 DSM-RL, der den grundrechtsrelevanten Bereich der Wissenschaft (Art. 5 GG) speziell regelt. Hier ist es möglich, den sachlichen Anwendungsbereich im Wege der grundrechtskonformen Auslegung auch auf geleakte Schutzgegenstände auszudehnen, die einem Forscher von dritter Seite zugänglich gemacht werden und an dessen Inhalt ein berechtigtes, anderweitig nicht erfüllbares Forschungsinteresse besteht.[913]

3. Kein Ausweichen auf §§ 50, 63 Abs. 1, 2 S. 1 UrhG

Da über Art. 4 DSM-RL eine grundrechtskonforme Auslegung zugunsten der Presse nicht vollzogen werden kann, verbleibt nur die Möglichkeit, über den Rückgriff auf Art. 5 Abs. 3 lit. c InfoSoc-RL eine Privilegierung des Text- und Data-Mining für den Bereich der Presse herbeizuführen. Dass dieser Rückgriff möglich ist, zeigt dabei auch die Entscheidung „Afghanistan-Papiere", in der der BGH feststellt, dass die durch ihn geprüften Schranken der §§ 50, 63 Abs. 1 und 2 S. 1 UrhG der Umsetzung von Art. 5 Abs. 3 lit. c InfoSoc-RL dienen und somit den Zweck der Pressefreiheit umfassen.[914]

Allerdings passen die Tatbestandsvoraussetzungen des § 50 UrhG im Anwendungsbereich des Text- und Data-Mining nicht, was sich bereits an der

911 ErwG 18 UAbs. 1 S. 4 DSM-RL; diese Ziel betonend *Leistner/Antoine/Sagstetter*, Big Data, 27.

912 EuGH, Urt. v. 29.7.2019 - C-469/17, Rn. 60 - Afghanistan Papiere, GRUR 2019, 934 (938); EuGH, Urt. v. 29.7.2019 - C-516/17, Rn. 45 - Reformistischer Aufbruch, GRUR 2019, 940 (943); vgl. zur bisherigen Rechtslage *Stieper*, in: Schricker/Loewenheim (Hrsg.), UrhG, § 60d Rn. 2; *Raue*, CR 2017, 656 (657).

913 *Raue*, ZUM 2019, 684 (689).

914 BGH, Urt. v. 30.4.2020 - I ZR 139/15, Rn. 16 - Afghanistan Papiere II, GRUR 2020, 853 (854).

Voraussetzung des Tagesereignisses zeigt. Ein Tagesereignis wird hiernach definiert als jedes zur Zeit des Eingriffs in das Urheberrecht aktuelle Geschehen, das für die Öffentlichkeit von Interesse ist, wobei ein Geschehen so lange aktuell ist, wie ein Bericht darüber von der Öffentlichkeit noch als Gegenwartsberichterstattung empfunden wird.[915]

Zum Zeitpunkt der Durchführung des Text- und Data-Mining-Prozesses („zur Zeit des Eingriffs in das Urheberrecht") liegt aber gerade noch kein aktuelles Geschehen von öffentlichem Interesse vor. Dieses entsteht vielmehr erst ex post durch die Offenbarung der Text- und Data-Mining-Ergebnisse. Dies verdeutlicht auch der Fall „Panama Papers", bei dem die geleakten Dokumente erst mühsam strukturiert und analysiert werden mussten und ihre erstmalige Offenbarung dann zu einem Tagesereignis von öffentlichem Interesse führte.

4. Kritik

Über die vorstehenden Ausführungen lässt sich ein konzeptionelles Defizit von einzelnen urheberrechtlichen Schranken offenbaren.

Ein enumerativer Schrankenkatalog kann danach immer nur ausgewählte Sachverhalte, wie z. B. das Text- und Data-Mining zum Zwecke der Wissenschaft in Art. 3 DSM-RL, regeln. Probleme des Ansatzes offenbaren sich aber dort, wo eine spezifische Regelung trotz mahnender Stimmen aus der Literatur ausbleibt.[916]

In diesen Fällen verbleibt kein Raum für eine richterliche Rechtsfortbildung der Schranken über ihren spezifischen Zweck hinaus, da der Gesetzgeber, wie im Fall des Text- und Data-Mining, seine Abwägungsentscheidung bereits mit der Einführung zweier Schranken abschließend vorgenommen hat.

Für ausgesparte grundrechtsrelevante Bereiche wie den der Presse ist dies dabei besonders problematisch, da die Rechtsprechung das Votum der unterbliebenen Regelung nicht einfach ignorieren und eine von den gesetzlichen Schranken freischwebende grundrechtskonforme Auslegung vollziehen kann. Insofern

---

915 In ständiger Rspr. BGH, Urt. v. 30.4.2020 - I ZR 139/15, Rn. 40 - Afghanistan Papiere II, GRUR 2020, 853 (856); BGH, Urt. v. 17.12.2015 - I ZR 69/14, Rn. 14 - Exklusivinterview, GRUR 2016, 368 (369); BGH, Urt. v. 5. 10. 2010 - I ZR 127/09, Rn. 11 - Kunstaustellung im Online-Archiv, GRUR 2011, 415 (416); BGH, Urt. v. 20. 12. 2007 - I ZR 42/05, Rn. 48 - TV Total, GRUR 2008, 693 (696); BGH, Urt. v. 11. 7. 2002 - I ZR 285/99 - Zeitungsbericht, GRUR 2002, 1050 (1051).

916 *Stieper*, in: Schricker/Loewenheim (Hrsg.), UrhG, § 60d Rn. 2; *Raue*, IIC 2018, 379 (382); *Raue*, CR 2017, 656 (657).

ruft auch die Nicht-Berücksichtigung der Presse innerhalb der neuen Schranken zum Text- und Data-Mining geradewegs zur Diskussion angemessener Lösungen außerhalb des enumerativen Schrankenkatalogs auf.

VII. Bewertung des § 44b UrhG unter Berücksichtigung der Erkenntnisse zu Art. 4 DSM-RL

In Anknüpfung an die bereits vorgenommene vorläufige Bewertung des Art. 4 DSM-RL schließt sich an dieser Stelle die abschließende Bewertung an.[917]

Gesetzestechnisch ist § 44b Abs. 1 UrhG zuzugestehen, dass er die Unklarheiten des Richtlinientextes im Hinblick auf das „Mining" einzelner Werke und ihrer Digitalisierung abräumt und zugunsten der Nutzer entscheidet. Dies ändert jedoch nichts an dem Befund, dass die Schranke dem bereits in Art. 4 DSM-RL kritisierten Ansatz der Privilegierung der Rechtsinhaber verpflichtet ist und damit die Interessen zwischen Urhebern und Rechtsinhabern auf der einen Seite und Nutzern auf der anderen Seite nicht angemessen austariert.

1. Stärkung der Rechtsinhaber durch die drei Instrumente des Private Ordering

Die faktische Zuweisung der für das Text- und Data-Mining relevanten Nutzungshandlungen erfolgt im Kontext des § 44b UrhG über die drei Instrumente des Private Ordering. Dabei handelt es sich um den Nutzungsvorbehalt in § 44b Abs. 3 UrhG, die fehlende Vertragsfestigkeit der Schranke und die in § 44b Abs. 2 S. 1 UrhG statuierte Voraussetzung des rechtmäßigen Zugangs.

Über das Private Ordering wird es den Rechtsinhabern ermöglicht, öffentlich zugängliche Inhalte im Internet sowohl über technische Maßnahmen (robots.txt) als auch vertraglich so hermetisch abzuschotten, dass ein rechtmäßiger Zugriff auf analyserelevante Schutzgegenstände durch Text- und Data-Mining-Anwender nur zu den Bedingungen der Rechtsinhaber möglich wird.

Diese faktische Exklusivität lässt sich dabei nur durchbrechen, wenn der Text- und Data-Mining-Nutzer mit dem Rechtsinhaber eine Lizenzabrede schließt. Damit droht in der Praxis aber eine Delegation der für das Text- und Data-Mining relevanten Nutzungshandlungen aus dem Anwendungsbereich der gesetzlichen Schranke auf den Vertragsweg.

917 Siehe die Bewertung in Kap. G.VII.

Für Text- und Data-Mining-Nutzer kommt erschwerend hinzu, dass ein Rechtsinhaber im kommerziellen Text- und Data-Mining eine Lizenzabrede nur unter zwei Bedingungen abschließen wird. Erstens wird er im Rahmen seiner Vertragsabschlussfreiheit eine Abrede nur eingehen, wenn ihm kein wettbewerblicher Nachteil durch die Lizenzierung der Schutzgegenstände droht, und zweitens wird er bei einer Übereinkunft der Parteien eine angemessene Vergütung für die Überlassung des in dem Schutzgegenstand angelegten Informationsgehalts verlangen.[918] Die hierdurch erwartete Vergütung stellt jedoch einen Wertungswiderspruch zur gesetzlich vorgesehenen Vergütungsfreiheit dar, die auch im Anwendungsbereich des kommerziellen Text- und Data-Mining greift, und ist zudem problematisch im Hinblick auf die Freiheit von Informationen im Urheberrecht.[919]

Durch die Einführung der drei Instrumente des Private Ordering ist damit zu konstatieren, dass sich das Urheberrecht über die rechtsinhaberfreundliche Ausgestaltung, insbesondere über die maschinenlesbaren Nutzungsvorbehalte, als weiteres willkommenes Mosaik in die Abschottungsstrategie großer Online-Plattformen einzufügen droht.[920] Absehbar ist dabei auch, dass sich die Nische frei zugänglicher Analysedaten verkleinern wird, woran die DSM-Richtlinie über die zahlreichen Opt-out-Möglichkeiten der Rechtsinhaber eine Mitverantwortung trägt.

2. Keine Beseitigung der rechtlichen Fragmentierung durch die DSM-Richtlinie

Über die allgemeine Öffnungsklausel in Art. 24 DSM-RL droht nach wie vor eine Fragmentierung des europäischen Rechtsrahmens zum Text- und Data-Mining.

Bedenklich ist dabei vor allem die durch den deutschen Gesetzgeber unterlassene Freistellung weiterer Schutzgegenstände auf Schrankenebene. Zwar findet sich neben den normativen Änderungen in §§ 44b, 87c Abs. 1 S. 1 Nr. 4, 69d Abs. 4 UrhG ein Hinweis für eine erweiternde Auslegung auch auf andere Schutzgegenstände in der Gesetzesbegründung, allerdings kann dieser aufgrund der Wortlautgrenze „Werke“ in § 44b UrhG nicht umgesetzt werden.[921] Insofern droht über die teilharmonisierende Wirkung der DSM-Richtlinie die

918 Zu Datenlizenzen und Datenverträgen, *Schur*, Lizenzierung von Daten, 159 sowie die weiteren Nachweise in (Fn. 346).

919 Vgl. ErwG 17 S. 2 DSM-RL; BT-Drucks. 19/27426, 88.

920 Vgl. *Sobel*, Colum. J.L. & Arts 2017, 45 (96 f.).

921 Siehe hierzu ausführlich in Kap. H.III.2. a).

Möglichkeit, dass andere Mitgliedstaaten im Einklang mit der Zielsetzung des Art. 4 Abs. 1 DSM-RL eine großzügigere Freistellung sämtlicher Schutzgegenstände vornehmen und so einen für die Verfahren des Text- und Data-Mining insgesamt anwenderfreundlicheren Rechtsrahmen schaffen.

3. Weitere identifizierte Schwächen der Schranke

Über die zu kritisierende Stärkung der Rechtsinhaber hinaus weist § 44b UrhG, Art. 4 DSM-RL weitere Schwächen auf. Regelungstechnisch ist bereits die fehlende Freistellung der nicht harmonisierten Schutzgegenstände problematisch, die den sachlichen Anwendungsbereich des § 44 Abs. 2 S. 1 UrhG unzulässig verkürzt und zu systematischen Problemen führt. Hinzu tritt die missglückte, da für den Rechtsinhaber nicht durchsetzbare Löschpflicht aus § 44b Abs. 2 S. 2 UrhG, die den Rechtsinhabern in ihrer konkreten Ausgestaltung einen weiteren Anreiz zur technischen und/oder vertraglichen Abschottung ihrer Schutzgegenstände vermittelt.

a) Regelungslücke im Hinblick auf die fehlende Identität zwischen Rechtsinhaber und Webseitenbetreiber

Ein weiteres Defizit des § 44b UrhG, Art. 4 DSM-RL zeigt sich darüber hinaus in der problembehafteten Zurechnung eines durch den Webseitenbetreiber ausgesprochenen, maschinenlesbaren Nutzungsvorbehalts zugunsten eines Rechtsinhabers. Sofern keine Identität zwischen Webseitenbetreiber und Rechtsinhabern besteht, muss der maschinenlesbar erklärte Nutzungsvorbehalt wirksam durch den Webseitenbetreiber für die Schutzgegenstände des Urheberrechts erklärt werden. Dies ist jedoch nur möglich, wenn der Webseitenbetreiber in Stellvertretung des Rechtsinhabers die Erklärung wirksam gegenüber einem Dritten abgibt. Hier ist das Modell der Stellvertretung durch konkludente Vollmachtserteilung diskutiert worden, das im Einzelfall zwar in Betracht zu ziehen ist, jedoch nicht geeignet ist, eine rechtssichere und praxisgerechte Lösung zu bieten.

b) Fehlende Techniksensibilität

Daneben ist zu konstatieren, dass die Schranke des § 44b UrhG, Art. 4 DSM-RL wenig techniksensibel ausgestaltet ist. Wenn jedoch regulative Lösungen erlassen werden, ist im Sinne eines „more technological approach“[922] zu fordern, dass

922 *Grünberger/Podzsun*, ZGE 2014, 269; aufgreifend *Grünberger*, JZ 2016, 318 (319); *Hofmann*, ZGE 2016, 482 ff.; *Specht*, GRUR 2019, 253 (255).

sich die Regulierung am Paradigma eines technikneutralen, techniknormativen und technikneutralen Ansatzes ausrichtet, um nicht von der Technikgetriebenheit in kürzester Zeit wieder überholt zu werden.[923]

Mit einer Konkretisierung des maschinenlesbaren Nutzungsvorbehalts in § 44b Abs. 3 S. 2 UrhG hätte man dieser Forderung entsprechen können. Sinnvoll wäre es hiernach gewesen, das Kriterium der Maschinenlesbarkeit durch die Voraussetzung der maschinenlesbaren Standards zu ersetzen, um deutlich zu machen, dass ein Unterschied zwischen der Maschinenlesbarkeit im technischen Sinne und maschinenlesbaren Standards, wie sie in der Kommunikation im Internet verwendet werden, besteht.[924]

Korrigiert werden kann dieses Problem allerdings durch einen Rückgriff auf die Grundsätze der allgemeinen Rechtsgeschäftslehre, die hier zu der Lösung führen, dass ein nicht nach maschinenlesbaren Standards erklärter Nutzungsvorbehalt im Zweifelsfall nach § 657 BGB analog oder dem Actus-Contrarius-Gedanken als unwirksam zu erachten ist.[925]

Durch die mangelnde Techniksensibilität des Art. 4 DSM-RL, § 44b UrhG drohen auch die Änderungen des § 95b UrhG leerzulaufen. Dies ist dem Umstand geschuldet, dass robots.txt-Dateien nach überzeugender Auffassung nicht als technische Schutzmaßnahmen i. S. v. §95a Abs. 2 UrhG einzuordnen sind. Die gesetzgeberisch intendierte Stärkung der Text- und Data-Mining-Schranke über die Änderung des § 95b UrhG wird sich daher für den Online-Bereich absehbar nicht entfalten, da sich Rechtsinhaber auf die Position zurückziehen können, es handele sich bei den implementierten Nutzungsvorbehalten nicht um eine technische Schutzmaßnahme i. S. v. § 95a Abs. 1 S. 1 UrhG.

c) *Anreizfunktion zur Abschottung gemeinfreier Inhalte*

Neben diesen zu kritisierenden Aspekten kennzeichnet sich § 44b Abs. 3 S. 2 UrhG jedoch auch durch Auswirkungen über das Urheberrecht hinaus.[926] Einfallstor für diese Annahme sind die durch das Private Ordering zum Ausdruck

---

923 Grundlegend *Hofmann*, ZGE 2016, 482 (484 ff.); *Specht*, GRUR 2019, 253 (254 ff.); *Zech*, ZGE 2015, 1 (3 f.); vgl. auch *Ohly*, Gutachten 70. DJT, F 21.

924 *Frey*, Stellungnahme zum Entwurf des Umsetzungsgesetzes, (Fn. 668), 42, schlägt hier alternativ die Einführung präzisierender Regelbeispiele vor; *Leistner/Antoine/Sagstetter*, Big Data, 126, schlagen eine technologieneutrale, nutzungsbezogene Schranke vor.

925 *Ohly*, GRUR 2018, 996 (1002); vgl. *Tinnefeld*, Einwilligung, 160, der jedoch auf § 657 BGB analog verweist.

926 So auch *Bechtold*, Digital Rights Management, 279.

kommenden Opt-out-Möglichkeiten des Rechtsinhabers und hier insbesondere die Implementierung maschinenlesbarer Nutzungsvorbehalte.

Für robots.txt-Dateien hat sich dabei gezeigt, dass sich die in ihnen enthaltenen Handlungsanweisungen nicht an den Voraussetzungen der urheberrechtlichen Schutzgegenstände orientieren. Dies bedeutet konkret, dass in einer robots.txt-Datei, in der gegenüber einem Crawler ein disallow-Befehl erklärt wird, damit nicht zugleich erklärt wird, dass alle urheberrechtlichen Schutzgegenstände vom Crawling auszunehmen sind, sondern hier lediglich die Erklärung zum Ausdruck kommt, dass ein bestimmter Crawler einen bestimmten Teil der Webseite nicht crawlen darf. Ein Abstellen auf die urheberrechtlichen Schutzgegenstände ist dabei schon technisch nicht möglich, da es nach dem Stand der Technik für Software nicht bestimmbar ist, wann z. B. die Schutzschwelle einer persönlichen geistigen Schöpfung überschritten wird oder ab wann eine wesentliche Investition vorliegt.[927]

In der Konsequenz bedeutet dies jedoch, dass über maschinenlesbare Erklärungen auch schutzunfähige Daten und der in ihnen inkorporierte informationelle Mehrwert gegen einen Zugriff Dritter abgesichert werden kann. Die angebrachte Kritik hieran ist dabei so zu verstehen, dass sie sich nicht auf das legitime Interesse bezieht, das Wirtschaftsgut Daten im Wettbewerb über robots.txt abzuschirmen, sondern in die Richtung geht, dass mit § 44b Abs. 3 S. 2 UrhG, Art. 4 Abs. 3 DSM-RL eine urheberrechtliche Rechtfertigung geschaffen wird, die es ermöglicht, auch schutzunfähige Daten abzuschirmen, was sich aus der fehlenden Techniksensibilität der Schranke ergibt.

4. Die Schranke als Ausdruck einer problematischen verwertungsrechtlichen Einschätzung des Gesetzgebers

Für die Verfahren des Text- und Data-Mining hat die verwertungsrechtliche Analyse ergeben, dass die Schranke des kommerziellen Text- und Data-Mining für den Abruf analyserelevanter Datenbanken wenig sachgerecht und für den Abruf von Daten aus Datenbanken gänzlich ohne Wirkung ist.

Die Schranke unterliegt dabei dem Fehlschluss, dass insbesondere die Vervielfältigung ganzer Werke oder geschützter Werkteile allein technischen Zwängen entspringt und eine originäre Werknutzung seitens des Text- und Data-Mining-Nutzers gar nicht intendiert ist.

927 Zu diesem Problem im Kontext des TDM siehe ausführlich in Kap. C.VII.

Für Datenbanken, die über das sui generis Datenbankherstellerrecht geschützt sind, ist dieser Konflikt dabei schon konsequenterweise über eine schutzzweckorientierte Auslegung auf Schutzbereichsebene gelöst worden.

Für Werke hat sich jedoch das Problem offenbart, dass es hier nur mit technischen Hilfsmitteln wie der Methode der abgeleiteten Textformate oder des Abrufs von Werken aus dem Internet durch Screen-Scraping-Software möglich ist, bereits vor der Übertragung der Werke in den Analysedatenbestand diese in schutzlose Fragmente zu zerteilen. Oftmals können diese technischen Methoden allerdings nicht eingesetzt werden, sodass im Hinblick auf die umfassende Nutzung von Werken in der Form unstrukturierter Daten ein abstraktes Freistellungsbedürfnis über Schranken besteht, das über § 44b UrhG, Art. 4 DSM-RL aber nicht interessengerecht abgebildet wird.

5. Gesamtfazit

Für § 44b UrhG, Art. 4 DSM-RL muss damit in der Gesamtschau ein ernüchterndes Fazit gezogen werden. Die Schranke des kommerziellen Text- und Data-Mining droht für Nutzer in ihrer praktischen Anwendung zur reinen Gesetzeslyrik ohne handfesten Anwendungsbereich zu verkommen.

Darüber hinaus bleibt sie für den insbesondere im Data-Mining wichtigen Abruf von geschützten Datenbanken wirkungslos, da eine urheberrechtliche Relevanz dieses Vorgangs bereits auf Schutzbereichsebene abgelehnt wurde.

Die materiellen Schwächen des § 44b UrhG, Art. 4 DSM-RL ergeben sich dabei vor allem aus den Optierungsmöglichkeiten der Rechtsinhaber. Über die drei Instrumente des Private Ordering können danach sowohl der Zugang als auch die Nutzung der Schutzgegenstände zu Zwecken des kommerziellen Text- und Data-Mining umfassend gesteuert werden.

In der Konsequenz droht somit ein ausschließliches Recht des Text- und Data-Mining auf faktischer Grundlage geschaffen zu werden, das seitens der Nutzer nur durch entgeltliche Lizenzen durchbrochen werden kann.[928]

Die faktische Zuweisung kommerzieller Text- und Data-Mining-Aktivitäten zu Händen der Rechtsinhaber ist dabei insbesondere vor dem Hintergrund der technischen Funktionsweise und der Ziele des Text- und Data-Mining-Prozesses bedenklich. In der verwertungsrechtlichen Analyse hat sich offenbart, dass das Urheberrecht in der Auswertung von Werken innerhalb des Text- und Data-Mining-Prozesses nur aufgrund eines sehr weit auszulegenden

---

928 *Zech*, CR 2015, 137 (139 f.).

Vervielfältigungsrechts greift, das auf die technischen Besonderheiten einer Vervielfältigung der Datenauswahl im Rahmen des Text- und Data-Mining keine Rücksicht nimmt und einer normativen Korrektur auf Schutzbereichsebene nicht zugänglich ist.

Die identifizierten Schwächen der Schranke des § 44b UrhG, Art. 4 DSM-RL in Zusammenspiel mit der verwertungsrechtlichen Analyse des Text- und Data-Mining regen daher zu perspektivischen Überlegungen an, wie eine nutzerfreundlichere und damit insgesamt interessengerechtere Regelung des Text- und Data-Mining außerhalb der kodifizierten Schrankenbestimmung ausgestaltet werden kann.

H. Alternative Überlegungen zur Einordnung des Text- und Data-Mining

Die Diskussion der regulatorischen Alternativen vollzieht sich unter dem Eindruck der Untersuchungen der Schranke zum kommerziellen Text- und Data-Mining. Mit Ausnahme der Diskussion einer Fair-Use-Schranke zielt die Darstellung der Alternativen dabei nicht auf eine Korrektur des missglückten § 44b UrhG, Art. 4 DSM-RL, sondern nimmt alternative Lösungen in den Blick, die vor dem Hintergrund der Ergebnisse der verwertungsrechtlichen Analyse auf eine einheitliche urheberrechtliche Einordnung der Text- und Data-Mining-Verfahren auf Schutzbereichsebene abzielen.

I. Alternative auf Schrankenebene: Die Fair-Use-Doktrin des US-amerikanischen Copyright Law

In der europäischen Diskussion zur urheberrechtlichen Einordnung des Text- und Data-Mining wird immer wieder auf die Fair-Use-Doktrin des US-amerikanischen Copyright Law und ihre großzügige Privilegierung maschineller Datenanalyen verwiesen.[929]

Greift man diese Diskussion auf, ist zu ergänzen, dass sie auch vor dem Hintergrund zu führen ist, dass die DSM-Richtlinie sich zum Ziel gesetzt hat, den Abstand zu Fair-Use- oder Fair-Dealing-Regimen zu verringern und Innovationen im europäischen Binnenmarkt anzuregen.[930] Einige Stimmen sehen dabei nur in einem echten Paradigmenwechsel zu einer Schrankengeneralklausel à la Fair Use den Schlüssel, um die Potenziale des Text- und Data-Mining im europäischen Binnenmarkt besser zu fördern und eine Abwanderung datengetriebener

---

929 *Handke/Guibault/Vallbé*, Is Europe Falling behind in Data Mining, 2 "The USA have generally followed a more permissive attitude towards DM"; *Hargreaves/Guibault/Handke et al.*, TDM report, 44 ff.; allgemein zu den Vor- und Nachteilen, *Jütte*, European Copyright Law, 319 ff.

930 Vgl. 18 UAbs. 1 S. 4 DSM-RL; Schricker/*Loewenheim* (Hrsg.), UrhG, Einl. UrhG Rn. 21; *Hargreaves/Guibault/Handke et al.*, TDM report, 5; *Geiger/Frosio/Bulayenko*, in: Garcia/Llorca (Hrsg.), Propiedad Intellectual, 51; *Samuelson*, Comm. of the ACM 2018, 20 (23); dies sieht *Meys*, GRUR Int. 2020, 457 (469), in Teilen als gescheitert an.

Unternehmen und der mit ihnen verbundenen Wertschöpfung in Fair-Use-Rechtsregime zu unterbinden.[931]

Diese Stimmen fordern deshalb eine Abkehr vom enumerativen Schrankenkatalog oder zumindest eine die enumerativen Schranken flexibilisierende Öffnungsklausel.[932] So verheißungsvoll eine Fair-Use-Schranke dabei in der Theorie auch sein mag, werden in der europäischen Diskussion oftmals die Stimmen innerhalb der amerikanischen Literatur nicht wahrgenommen, die die Fair-Use-Doktrin selbst in einer grundlegenden Krise („Fair Use crisis") sehen, ausgelöst durch die disruptiven Entwicklungen im Bereich der Künstlichen Intelligenz.[933]

1. Die Voraussetzungen der Fair-Use-Doktrin und ihre Anwendung auf das Text- und Data-Mining

Für die nachfolgende Untersuchung ist es notwendig, die Grundlagen und Voraussetzungen der Fair-Use-Doktrin im US-amerikanischen Copyright Law in Ansätzen zu skizzieren.[934] Dabei ist darauf hinzuweisen, dass in den USA die Nutzung von Werken und sonstigen Schutzgegenständen zu Zwecken des

---

931 *Bunk*, in: Raabe/Wagner (Hrsg.), Daten als Wirtschaftsgut, 30 (34); *Samuelson*, Comm. of the ACM 2018, 20 (23), skizziert zusätzlich die Gefahr eines "Brain drain" und eines entgeltlichen Reimports von TDM-Ergebnissen; kritisch auch *Raue*, GRUR 2017, 11 (13); allgemein zu den Unterschieden, *Kleinemenke*, Fair Use, 58; *Förster*, Fair Use 9 ff.; *Metzger*, in: Leistner (Hrsg.), Europäische Perspektiven, 101 (118 ff.); kritisch *Hansen*, Warum Urheberrecht, 81, „Etablierung einer Nutzerschutzdoktrin".

932 *Jütte*, EU Copyright Law, 315 ff.; *Bunk*, in: Raabe/Wagner (Hrsg.), Daten als Wirtschaftsgut, 30 (33); *Hugenholtz*, in: Stamatoudi (Hrsg.), Int. Copyright Law, 417 (433); *Gervais*, JIPITEC 2019, 3 (11 f.); vgl. der Vorschlag einer Generalklausel bei *de la Durantaye*, Wissenschaftsschranke, 214 f.; der Reda-Bericht, 6, Nr. 13: „fordert die Annahme einer offenen Norm, die eine flexible Auslegung von Ausnahmen und Beschränkungen in bestimmten Sonderfällen ermöglicht (…)", abrufbar unter: https://bit.ly/3aUqSNr (zuletzt abgerufen: 2.4.2021), hierzu auch *Rauer/Kaase*, GRUR-Prax 2015, 364; *Steinhauer*, RuZ 2021, 5 (6); *Carroll*, UC Davis L. Rev. 2019, 893 (936) „The European Law lacks flexibility […]"; zur allgemeinen Diskussion um eine Öffnungsklausel *Geiger/Frosio/Bulayenko*, in: Garcia/Llorca (Hrsg.), Propiedad Intellectual, 22 (42); *de la Durantaye*, GRUR 2017, 558 (561); kritisch *Frosio*, IIC 2020, 709 (741); *Wandtke/König*, ZUM 2014, 921 (922 f.); *Wandtke*, GRUR 2015, 221 (223 f.).

933 So *Sobel*, Colum. J.L. & Arts 2017, 45 (96 f.); vgl. auch *Burk*, U. Chic. L. Rev. 2019, 283 (306 f.); *Ginsburg*, Berkeley Tech. L.J. 2014, 1383 (1445 f.).

934 Ein ausführlicher Überblick findet sich bei *Förster*, Fair Use, 9 ff.; *Kleinemenke*, Fair Use, 99 ff.

Text- und Data-Mining noch nicht durch ein Gericht unter der Fair-Use-Doktrin entschieden wurde.[935]

Schon vor der Implementierung der Fair-Use-Doktrin in 17 U.S.C. § 107 durch den Copyright Act aus dem Jahr 1976 bestand die Fair-Use-Doktrin als richterrechtliche Generalklausel.[936] Mit ihren vier Faktoren stellt sie das entscheidende Abwägungsinstrument zwischen den Interessen der Rechtsinhaber an der Kontrolle und Verwertung ihrer Werke und den Interessen der Nutzer an einer möglichst freien Nutzung im Einzelfall dar.[937]

Methodisch werden die vier in 17 U.S.C. § 107 aufgezählten Faktoren durch die Gerichte einzeln untersucht, bevor anschließend eine Gesamtbeurteilung anhand der konkreten Nutzungssituation erfolgt.[938]

Fair Use wird dabei als flexibler Standard eingesetzt, der den Umfang des Urheberrechtsschutzes case-by-case einschränkt und bestimmte Handlungen, die sich auf urheberrechtlich geschützte Werke beziehen, als nicht verletzend einstuft.[939] Dabei steht es den Gerichten frei, weitere Faktoren in die Bewertung einzustellen und beispielsweise zu prüfen, ob eine Nutzung nach Treu und Glauben (good faith) erfolgt oder der Verkehrssitte entspricht.[940]

In ihrer Rechtsfolge folgt die Fair-Use-Doktrin dabei einem Alles-oder-nichts-Ansatz, sieht 17 U.S.C. §107 doch vor, dass „Fair Use of a copyrighted work [...] is not an infringement of copyright." Mit dem Alles-oder-nichts-Ansatz geht jedoch auch die einschneidende Konsequenz einher, dass jede unter Fair Use anerkannte Nutzung zustimmungs- und vergütungsfrei möglich ist.[941]

---

935 *Stamatoudi* (Hrsg.), Int. Copyright Law, 251 (258).

936 Zur historischen Entwicklung siehe *Förster*, 18 ff.; *Kleinemenke*, 99 ff.; zur Rechtsprechung *Jütte*, EU Copyright Law, 316 f.; *Menell/Lemley/Merges et al.*, Intellectual Property, 780 ff.; *Metzger*, in: Leistner (Hrsg.), Europäische Perspektiven, 110 (119 f.).

937 *Carroll*, UC Davis L. Rev. 2019, 893 (963); *Sag*, N.Y.L Sch. L. Rev. 2010, 19 (26); ausführlich zu den vier Faktoren *Menell/Lemley/Merges et al.*, Intellectual Property, 791 ff., 803 ff.; sowie jüngst Google LLC. v. Oracle Am. Inc. – U.S. 593, 27 S. Ct. (2021).

938 Vgl. Campbell v. Acuff-Rose Music, Inc. - 510 U.S. 569, 114 S. Ct. 1164 (1994); Authors Guild v. Google, Inc. - 804 f.3d 202 (2d Cir. 2015), GRUR Int. 2016, 56 (60); *Förster*, Fair Use, 25.

939 Perfect 10, Inc. v. Amazon.com, Inc. - 508 f.3d 1146 (9th Cir. 2007); *Förster*, Fair Use, 31 ff.; *Leval*, Harv. L. Rev. 1990, 1105 (1106 f.); *Sag*, N.Y.L Sch. L. Rev. 2010, 19 (26, 36).

940 Betont in Google LLC. v. Oracle Am. Inc. – U.S. 593, 27 S. Ct. (2021); *Förster*, Fair Use, 26; *Kleinemenke*, Fair Use, 124; *de la Durantaye*, Wissenschaftsschranke, 164; *Kleinemenke*, GRUR Int. 2014, 892; *Peifer*, GRUR-Prax, 2013, 529.

941 *Kleinemenke*, Fair Use, 125; *Ginsburg*, Berkeley Tech. L.J. 2014, 1383 (1386).

a) *Erster Faktor*

Betrachtet man den ersten der insgesamt vier Faktoren des 17 U.S.C. § 107, den „purpose and the character of the use", kommt ihm eine entscheidende Bedeutung zu.

Abzustellen ist in seinem Anwendungsbereich auf den mit der Nutzung verfolgten Zweck. Im Zentrum der ersten Voraussetzung stehen dabei für den Text- und Data-Mining-Prozess Fragen, die sich um den transformativen Charakter der Nutzung und ihren kommerziellen Charakter drehen.[942]

Das zentrale Kriterium der transformativen Nutzung wurde dabei durch *Leval* entwickelt und durch die Rechtsprechung erstmals in „Campbell v. Acuff-Rose Music, Inc." aufgegriffen.[943] Transformativ ist eine Nutzungshandlung danach, wenn das Ursprungswerk in einen neuen Zusammenhang gestellt wird und der hierdurch vermittelte Aussagegehalt des neuen Werkes sich von der Aussage des Erstwerks (intrinsic use) unterscheidet.[944] In diesem Zusammenhang wird auch die Unterscheidung zwischen „expressive and non expressive use" bemüht.[945]

Dem Kriterium der transformativen Nutzung kommt innerhalb der Fair-Use-Doktrin eine entscheidende Bedeutung zu, entschied doch der US Supreme Court in „Campbell v. Acuff-Rose Music, Inc.", dass, je stärker das neue Werk in einen neuen Zusammenhang gestellt wird, desto geringer die Bedeutung der anderen Faktoren ist, die gegen eine faire Nutzung sprechen können.[946]

Aufgegriffen werden diese Vorgaben in weiteren Gerichtsentscheidungen wie „Kelly v. Arriba Soft Corp."[947] und „Perfect 10, Inc. v. Amazon.com, Inc.".[948] In diesen Fällen, in denen es um die Vervielfältigungen von Bildern zu Zwecken des Reverse Engineering und des Aufbaus einer Suchmaschine ging, wurde das maschinelle und systematische Kopieren von Bildern als transformative und damit faire Nutzung eingeordnet.[949]

---

942 *Förster*, Fair Use, 46; *Leval*, Harv. L. Rev. 1990, 1105 (1111); *Sag*, J. Copyright Soc´y U.S.A. 2019, 291 (314 f.).

943 *Leval*, Harv. L. Rev. 1990, 1105 (1111); hierzu siehe auch *Menell/Lemley/Merges et al.*, Intellectual Property, 787 f.

944 *Förster*, Fair Use, 46; *Kleinemenke*, Fair Use, 119; *Leval*, Harv. L. Rev. 1990, 1105 (1111); *Grimmelmann*, Iowa L. Rev. 2016, 657 f.; Sag, N.Y.L Sch. L. Rev. 2010, 19 (27).

945 Siehe hierzu *Sag*, J. Copyright Soc´y U.S.A. 2019, 291 (301)

946 Campbell v. Acuff-Rose Music, Inc. - 510 U.S. 569, 114 S. Ct. 1164 (1994); *Sag*, N.Y.L Sch. L. Rev. 2010, 19 (29).

947 Kelly v. Arriba Soft Corp. - 336 f.3d 811 (9th Cir. 2003).

948 Perfect 10, Inc. v. Amazon.com, Inc. - 508 f.3d 1146 (9th Cir. 2007).

949 *Carroll*, UC Davis L. Rev. 2019, 893 (916); *Sag*, N.Y.L Sch. L. Rev. 2010, 19 (28).

Diese Entscheidungen bildeten insoweit den Vorläufer der für das Text- und Data-Mining paradigmatischen und auch in Europa mit Interesse verfolgten Entscheidungen zum „Google Books Project". Im Anschluss an „Authors Guild v. HathiTrust, Inc."[950] wurde dabei in „Authors Guild v. Google, Inc." [951] das systematische Scannen von mehr als 20 Millionen urheberrechtlich geschützten Büchern sowie das Zugänglichmachen der digitalen Kopien als Snippets über die Google-Books-Suche als Fair Use eingestuft.[952] Das zuständige Gericht stellte dabei fest, dass sich mit einer hohen transformativen Nutzung des Werkes im Einzelfall auch eine kommerzielle Werknutzung rechtfertigen lasse, die im Grundsatz erst einmal gegen Fair Use spricht.[953]

Insofern war die Gewinnerzielungsabsicht von Google im konkreten Fall kein Ausschlussgrund für Fair Use, da die streitgegenständliche Digitalisierung und Zugänglichmachung der Bücher durch das Gericht als „highly transformative" eingeordnet wurde.[954]

Dieses Ergebnis wurde zudem durch die Wertung des Gerichts flankiert, dass das Vorhaben in besonderem Maße den Zielen des Urheberrechts diene, indem es zum öffentlichen Wissen beitrage („serving copyright's overall objective of contributing to public knowledge") und der Forschung neue Methoden wie das Text-Mining und Data-Mining eröffne.[955]

---

950 Authors Guild, Inc. v. HathiTrust - 755 f.3d 87 (2d Cir. 2014), in der die digitale Vervielfältigung der Originale als transformative Nutzung eingeordnet wurde, um Suchende in die Lage zu versetzen, feststellen zu können, ob ein bestimmter Text bestimmte Wörter enthält eingehend; *de la Durantaye*, Wissenschaftsschranke, 165; *Carroll*, UC Davis L. Rev. 2019, 893 (917).

951 Authors Guild v. Google, Inc. - 804 f.3d 202 (2d Cir. 2015), GRUR Int. 2016, 56 ff.

952 Zur Funktionsweise Authors Guild v. Google, Inc. - 804 f.3d 202 (2d Cir. 2015), GRUR Int. 2016, 56 (57 f.); *Kleinemenke*, GRUR Int. 2014, 892 (893 f.); *de la Durantaye*, GRUR 2017, 558 (561), sieht in dem Fall eine „spektakuläre Ausnahme"; kritisch auch *Jütte*, EU Copyright Law, 323 f. „a dominance of transformativeness, […], can create a significant imbalance for rightsholders […]".

953 *Kleinemenke*, Fair Use 119; vgl. auch Perfect 10, Inc. v. Amazon.com, Inc. - 508 f.3d 1146 (9th Cir. 2007); Authors Guild v. Google, Inc. - 804 f.3d 202 (2d Cir. 2015), GRUR Int. 2016, 56 (62); kritisch *Peifer*, ZUM 2014, 86 (90).

954 Authors Guild v. Google, Inc. - 804 f.3d 202 (2d Cir. 2015), GRUR Int. 2016, 56 (61, 62, 67)

955 Authors Guild v. Google, Inc. - 804 f.3d 202 (2d Cir. 2015), GRUR Int. 2016, 56 (58); *Carroll*, UC Davis L. Rev. 2019, 893 (943): zitiert Judge Leval: For this reason, Judge Leval wrote in Google Books regarding the nGrams text and data mining tool, „[w]e have no doubt that the purpose of this copying is the sort of transformative purpose described in Campbell as strongly favoring satisfaction of the first factor."; vgl. auch

Die Entscheidung hat in der amerikanischen Literatur dabei nicht nur wohlmeinende Reaktionen hervorgerufen. *Grimmelmann* stellt im Kontext der Entscheidung vielmehr fest, dass damit die implizite Entscheidung getroffen sei, „copyright has concluded that reading by robots doesn't count"[956].

Vergleicht man in einem weiteren Schritt die Text- und Data-Mining-Verfahren mit den Wertungen der Entscheidung „Authors Guild v. Google Books", lässt sich hierbei für das Text- und Data-Mining von einer noch stärkeren transformativen Nutzung der Werke ausgehen, da die Vervielfältigungsstücke der Ursprungswerke allein dazu dienen, einen im Werk angelegten Informationsgehalt in der Zusammenschau mit anderen Werken durch eine algorithmische Analyse zu bergen.[957] Da insofern weder ein neues Werk noch ein derivatives Werk geschaffen wird, unterscheidet sich der Aussagegehalt der hervorgebrachten Informationen insoweit fundamental von der Aussage des Ursprungswerks und es handelt sich nicht um eine Form des „expressive use".[958] Gleiches gilt für die zu erstellende Datenmatrix, die als Grundlage der maschinellen Analyse ebenfalls nichts mehr mit den Ursprungswerken gemein hat. Entsprechend dürften auch die anderen Fair-Use-Faktoren aufgrund der hohen transformativen Wirkung der im Rahmen des Text- und Data-Mining-Prozesses vollzogenen Werknutzung nur in begründeten Fällen imstande sein, einer nach den Umständen des Einzelfalls vorzunehmenden Einordnung des Text- und Data-Mining als Fair Use entgegenzustehen.[959]

Mit Blick auf „Authors Guild v. Google Books" ändert sich an dieser Bewertung auch nichts, wenn die Durchführung des Text- und Data-Mining kommerzielle Zwecke verfolgt.[960]

Umstritten bleibt allein die Frage, ob über den ersten Faktor eine dauerhafte Speicherung der angefertigten Vervielfältigungsstücke gerechtfertigt werden kann. In „Am. Geophysical Union v. Texaco, Inc."[961] wurde eine Speicherung

---

Kelly v. Arriba Soft Corp. - 336 f.3d 811 (9th Cir. 2003) „benefit the public by enhancing information-gathering techniques on the internet."; *Sag*, N.Y.L Sch. L. Rev. 2010, 19 (29); vgl. *Peifer*, ZUM 2014, 86 (90).

956 *Carroll*, UC Davis L. Rev. 2019, 893 (937); *Grimmelmann*, Iowa L. Rev 2016, 657 (658).

957 *Carroll*, UC Davis L. Rev. 2019, 893 (941).

958 So im Ergebnis auch *Sag*, J. Copyright Soc´y U.S.A. 2019, 291 (301).

959 *Carroll*, UC Davis L. Rev. 2019, 893 (942 f.), allerdings für den Wissenschaftsbereich; vgl. *Sag*, N.Y.L Sch. L. Rev. 2010, 19 (26).

960 So im Ergebnis mit Blick auf die ergangene Rechtsprechung auch *Carroll*, UC Davis L. Rev. 2019, 893 (937).

961 Am. Geophysical Union v. Texaco Inc - 60 f.3d 913 (2d Cir. 1994).

für weitere Forschungszwecke dabei als nicht transformative Nutzung eingestuft und eine Rechtfertigung unter der Fair-Use-Doktrin versagt.[962]

b) *Zweiter Faktor*

Vor dem Eindruck der herausragenden Bedeutung des ersten Fair-Use-Faktors erfolgt die Betrachtung des zweiten Faktors, der in 17 U.S.C. § 107 „the nature of the copyrighted work“ als Voraussetzung definiert.

Nach der unter diesem Faktor zu vollziehenden Kategorisierung eines Werkes wird durch die Gerichte zumeist auf den Grad der im Originalwerk zum Ausdruck kommenden Kreativität abgestellt, was zu der formelhaften Einteilung führt, dass Fair Use in Bezug auf veröffentlichte Werke mit einem Sach- oder Informationswert eher anzunehmen ist als in Bezug auf unveröffentlichte Werke mit einem stärkeren Maß an Kreativität.[963]

Diese Einordnung geht nicht zuletzt auf „Harper & Row Publishers, Inc. v. Nation Enterprises“ zurück, gab der US Supreme Court in dieser Entscheidung doch zu Protokoll, dass das Urheberrecht ein größeres Bedürfnis anerkenne, faktische Werke zu verbreiten, als Werke der Fiktion oder der Fantasie.[964] Für wissenschaftliche Fachaufsätze, die oftmals die Auswertungsgrundlage für Text- und Data-Mining-Prozesse bilden, spiegelt sich diese Auffassung auch in den Entscheidungen einzelner Gerichte wider, die Fair Use in der Vergangenheit auch über das Vorliegen des zweiten Faktors bejaht haben.[965] Mit Blick auf „Campbell v. Acuff-Rose Music, Inc.“ wird der zweite Faktor im Rahmen des Text- und Data-Mining aber regelmäßig nur einen geringen Stellenwert einnehmen, wenn über den ersten Fair-Use-Faktor eine hohe transformative Wirkung des Text- und Data-Mining-Prozesses bejaht worden ist.[966]

---

962 Kritisch *Carroll*, UC Davis L. Rev. 2019, 893 (941 ff.).

963 *Kleinemenke*, Fair Use, 119; *Sag*, N.Y.L Sch. L. Rev. 2010, 19 (31 f.).

964 Harper & Row, Publishers. V. Nation Enterprises - 471 U.S. 539, 105 S. Ct. 2218 (1985); vgl. Authors Guild v. Google, Inc. - 804 f.3d 202 (2d Cir. 2015), GRUR Int. 2016, 56 (63); *Menell/Lemley/Merges et al.*, Intellectual Property, 783 f.

965 Am. Geophysical Union v. Texaco Inc - 60 f.3d 913 (2d Cir. 1994); Bond v. Blum - 317 f.3d 385 (4th Cir. 2003) Rechtfertigung der Vervielfältigung eines unveröffentlichten Manuskripts als Fair Use.

966 *Sag*, N.Y.L Sch. L. Rev. 2010, 19 (31 f.); *Sag*, J. Copyright Soc´y U.S.A. 2019, 291 (324 f.).

c) Dritter Faktor

Im Rahmen der Prüfung des dritten Faktors sind der Umfang und die Bedeutung des übernommenen Werkteils („amount and substantiality of the portion used“) ins Verhältnis zum gesamten Werk zu setzen.[967] Damit wird über den dritten Faktor ein quantitatives Element (amount) und ein qualitatives Element (substantiality) eingeführt, ähnlich der Wesentlichkeitsschwelle im Datenbankherstellerrecht.[968] Dem Umfang der Entnahme kommt dabei nur eine indizielle Bedeutung zu, sodass auch die unveränderte Übernahme ganzer Werke als Fair Use eingestuft werden kann, sofern es sich um eine Nutzung handelt, der eine hohe transformative Wirkung zukommt.[969]

Der dritte Faktor zeigt sich dabei offen für normative Wertungen, wie sie der US Supreme Court in seiner jüngsten Entscheidung „Google LLC v. Oracle Am. Inc.“ betont, wenn er darauf abstellt, dass Google die Zeilen des streitgegenständlichen Programmcodes nicht wegen ihrer Kreativität übernommen habe, sondern allein aufgrund ihres Zwecks.[970]

Daher spricht auch dieser Faktor nicht gegen eine Privilegierung der Auswahl ganzer Werke durch den Text- und Data-Mining-Prozess.[971]

Gestützt wird diese Annahme auch durch die Rechtsprechung, die in Fällen zum Reverse Engineering und zum Aufbau von Suchmaschinen entschieden hat, dass die vollumfängliche Werknutzung nach der Fair-Use-Doktrin gerechtfertigt sei, da sie mit Blick auf das Ziel der transformativen Nutzung der Ursprungswerke im entsprechenden Einsatzkontext notwendig war.[972]

---

967 *Kleinemenke*, Fair Use, 120; *Sag*, N.Y.L Sch. L. Rev. 2010, 19 (32).

968 *Hoeren*, MMR 2000, 3 (5).

969 Bejaht für ganze Werke Graham Archives v. Dorling Kindersley Ltd. - 448 f.3d 605 (2d Cir. 2006); kritisch *Goldstein*, Colum. J.L. & Arts 2005, 1 (5 f.).

970 Google LLC. v. Oracle Am. Inc. – U.S. 593, 29 S. Ct. (2021).

971 So auch *Sag*, J. Copyright Soc´y U.S.A. 2019, 291 (326).

972 So entschieden in Sony Computer Entertainment Inc. v. Connectix Corp. - 203 f.3d 596 (9th Cir. 2000); Kelly v. Arriba Soft Corp. - 336 f.3d 811 (9th Cir. 2003); Perfect 10, Inc. v. Amazon.com, Inc. - 508 f.3d 1146 (9th Cir. 2007); Authors Guild v. Google, Inc. - 804 f.3d 202 (2d Cir. 2015), GRUR Int. 2016, 56 (63), „As with HathiTrust, not only is the copying of the totality of the original reasonably appropriate to Google's transformative purpose, it is literally necessary to achieve that purpose".

d) Vierter Faktor

Als vierten und letzten Faktor der Fair-Use-Doktrin statuiert 17 U.S.C. § 107 die Berücksichtigung des „effect of the use upon the potential market for or value of the copyrighted work".

Dabei geht es um die Bewertung der Auswirkung einer bestimmten Nutzungshandlung auf einen tatsächlich bestehenden oder einen zukünftig potenziellen Markt. Dies macht den vierten Faktor zu einem entscheidenden, gleichzeitig aber auch schwierig zu bestimmenden Faktor.[973] Die Relevanz des vierten Faktors betont auch der US Supreme Court in „Google LLC v. Oracle Am. Inc.", indem über den vierten Faktor geprüft wurde, ob und inwieweit durch eine sekundäre Werknutzung auf dem Markt des Originals ein Schaden für das Original eintrete.[974] Der hohe Stellenwert des vierten Faktors resultiert dabei aus der utilitaristischen Ausrichtung des US-amerikanischen Copyright Law, das die Zuweisung absoluter Rechte deshalb vornimmt, um dem Urheber einen wirtschaftlichen Anreiz zur Schaffung neuer Werke zu liefern, nicht jedoch, um seine persönliche Bindung zum Werk zu honorieren.[975]

Die konkrete Feststellung negativer Auswirkungen für den Markt des Originalwerks ist jedoch oftmals problematisch, da die negativen Auswirkungen auf die Werknutzung entweder schon bezifferbar sind und damit ein Schaden bereits eingetreten ist oder aber zu untersuchen ist, ob bei einer weiten Verbreitung der streitgegenständlichen Nutzungsform diese negative Folgen auf die Verwertung einer bestimmten Werknutzung hat.[976] Dabei besteht gerade innerhalb der zweiten Alternative ein erhebliches Irrtumsrisiko, wenn es darum geht, mögliche negative Auswirkungen einer sekundären Werknutzung auf einem potenziellen Markt ex ante zu taxieren.[977] Vonseiten der Rechtsinhaber wird dennoch oft aus wirtschaftlichen Erwägungen in die Richtung argumentiert, dass ihnen auch neue, bislang unbekannte Werknutzungsmöglichkeiten – wie z. B. die Verfahren des Text- und Data-Mining – zustehen müssen und diese bei der Bewertung

---

973 Ausführlich *Förster*, Fair Use, 65 ff.; *Carroll*, UC Davis L. Rev. 2019, 893 (946).

974 Abgelehnt in Google LLC. v. Oracle Am. Inc. – U.S. 593, 30 f. S. Ct. (2021); so auch betont in Harper & Row, Publishers. v. Nation Enterprises - 471 U.S. 539, 105 S. Ct. 2218 (1985) „is undoubtedly the single most important element of Fair Use"; relativiert durch Campbell v. Acuff-Rose Music, Inc. - 510 U.S. 569, 114 S. Ct. 1164 (1994) „purpose and character of the secondary use".

975 Authors Guild v. Google, Inc. - 804 f.3d 202 (2d Cir. 2015), GRUR Int. 2016, 56 (64).

976 *Kleinemenke*, Fair Use, 122 f.

977 *Kleinemenke*, Fair Use, 123.

negativer Auswirkungen zu berücksichtigen seien.[978] Da die Rechtsprechung jedoch auch auf Schäden für einen (potenziellen) Markt für Lizenzen eingeht[979], wäre über diese Argumentation eine vergütungsfreie Fair-Use-Beurteilung für das Text- und Data-Mining aber faktisch unmöglich. Dementsprechend schränken die Gerichte den sehr weit gefassten vierten Faktor über drei einschränkende Kriterien ein, zu denen auch die Prüfung zählt, ob eine transformative Nutzung nach dem ersten Faktor vorliegt.[980]

Ist dies der Fall, greift die Behauptung über eine Beeinträchtigung tatsächlicher oder potenzieller Lizenzmärkte nicht durch, da die transformative Nutzung eines Werkes nicht die wirtschaftliche Verwertung des Originalwerks auf dem Primärmarkt beeinträchtigt.[981] Einige Gerichte gehen dabei sogar so weit, dass sie Fair Use bei der Feststellung einer transformativen Nutzung unter dem ersten Faktor bejahen, selbst wenn hierdurch für Rechtsinhaber nach dem vierten Faktor Lizenzierungsmöglichkeiten verloren gehen.[982]

In „Authors Guild v. Hathi Trust“ sowie „Authors Guild v. Google Books“ wurde im Hinblick auf den vierten Faktor zudem maßgeblich auf den Umstand einer drohenden Substitution des Werkes durch die streitgegenständliche Nutzung abgestellt.[983] In diesem Zusammenhang wurde festgestellt, dass die Möglichkeit, über die Veröffentlichung von Snippets lediglich Teile eines Buches zu durchsuchen, nicht die wirtschaftliche Verwertungsmöglichkeit des gesamten Buchs substituiere, sondern der Suchende umgekehrt durch die Wiedergabe von Snippets gerade zum Kauf des Gesamtwerkes angeregt werde.[984]

Überträgt man diese Argumentation auf den Text- und Data-Mining-Prozess, so drängt sich unter Verweis auf seine Zielsetzung der Informationsgewinnung eine Bejahung des vierten Faktors auf. Dabei leuchtet ein, dass mit den algorithmisch erzeugten Text- und Data-Mining-Ergebnissen oder der Datenmatrix ein wettbewerbliches Konkurrenzverhältnis mit dem auf dem Primärmarkt veröffentlichten Originalwerk nicht geschaffen wird, da die hervorgebrachten Muster

---

978 *Sag*, N.Y.L Sch. L. Rev. 2010, 19 (33).

979 Graham Archives v. Dorling Kindersley Ltd. - 448 f.3d 605 (2d Cir. 2006)

980 Ausführlich *Carroll*, UC Davis L. Rev. 2019, 893 (946 f.).

981 *Carroll*, UC Davis L. Rev. 2019, 893 (947).

982 *Carroll*, UC Davis L. Rev. 2019, 893 (945).

983 Authors Guild v. Google, Inc. - 804 f.3d 202 (2d Cir. 2015), GRUR Int. 2016, 56 (64 f.); Authors Guild, Inc. v. HathiTrust - 755 f.3d 87 (2d Cir. 2014).

984 Authors Guild v. Google, Inc. - 804 f.3d 202 (2d Cir. 2015), GRUR Int. 2016, 56 (64 f.), wobei das Gericht auch feststellt, „the snippet function can cause some loss of sales“; *Sag*, N.Y.L Sch. L. Rev. 2010, 19 (33).

keinerlei geschützte Werkfragmente enthalten.[985] Eine wirtschaftliche Substitution der für das Text- und Data-Mining genutzten Ursprungswerke auf dem Primärmarkt ist damit fernliegend.[986]

2. Vergleich der Fair-Use-Lösung zu Art. 4 DSM-RL

Die Analyse der Fair-Use-Doktrin zeigt, dass im Zusammenspiel mit dem fehlenden Leistungsschutz für Datenbanken eine großflächige Nutzung von Werken auch zu Zwecken des kommerziellen Text- und Data-Mining im Einzelfall möglich ist.

Zurückzuführen ist diese Wertung auf die zutreffende Annahme, dass es sich beim Text- und Data-Mining um ein „non-expressive use" handelt, in dem gerade nicht der geschützte schöpferische Kern einer Öffentlichkeit offenbart wird, sondern nur ein neuer Informationsgehalt.[987] Insoweit hält das US-amerikanische Copyright Law über seinen stärker utilitaristisch geprägten Ansatz ein aus der Nutzerperspektive freundliches Rechtsregime bereit, wenn die Verfahren des Text- und Data-Mining im Anwendungsbereich der Fair-Use-Doktrin als mit dem Urheberrecht vereinbar gelten.[988]

a) *Keine allgemeine Unterlegenheit eines enumerativen Regelungsansatzes*

Aus der nutzerfreundlichen Ausrichtung der Fair-Use-Doktrin leitet sich mit Blick auf das kommerzielle Text- und Data-Mining jedoch nicht die Schlussfolgerung ab, nunmehr auch im europäischen Urheberrecht eine allgemeine Fair-Use-Schranke zu etablieren. Ungeachtet systematischer Bedenken besteht hierfür im Anwendungsbereich des Text- und Data-Mining schon unter methodischen Gesichtspunkten keine Notwendigkeit.[989]

Diese Bewertung ist auch vor dem Hintergrund der identifizierten Schwächen des § 44b UrhG, Art. 4 DSM-RL aufrechtzuerhalten. Die Schranke ist zwar missglückt, sie ist aber nicht Ausdruck eines grundlegenden methodischen Defizits enumerativer Schranken gegenüber dem Fair-Use-Ansatz.[990]

---

985 Siehe hierzu die Ausführungen in Kap. D.II.2. und allgemein in Kap. E.

986 So auch *Sag*, J. Copyright Soc´y U.S.A. 2019, 291 (328).

987 *Sag*, J. Copyright Soc´y U.S.A. 2019, 291 (302).

988 So im Ergebnis *Leistner/Antoine/Sagstetter*, Big Data, 122; *Sag*, J. Copyright Soc´y U.S.A. 2019, 291 (365 f.).

989 Zu den systematischen Bedenken *Wandtke*, GRUR 2015, 221 (223 f.); *Wandtke/König*, ZUM 2014, 921 (922 f.).

990 Vgl. *Jütte*, EU Copyright Law, 319 ff.

Dies liegt einerseits daran, dass ein einzelfallbezogener Fair-Use-Ansatz nicht in der Lage ist, eine europaweite Harmonisierung der Sachverhalte im europäischen Binnenmarkt zu erreichen.[991] Andererseits bietet eine einzelne Schranke mit klaren Voraussetzungen gegenüber einer einzelfallabhängigen richterlichen Prüfung auch eine deutlich größere Rechtssicherheit und Vorhersehbarkeit für den Rechtsanwender.[992] Nachteilig zeigt sich zudem der Alles-oder-nichts-Ansatz der Fair-Use-Doktrin, der im Einzelfall („Authors Guild v. Google Books") Ergebnisse schafft, die die Interessen der Rechtsinhaber völlig übergehen, und ihnen darüber hinaus noch nicht einmal eine finanzielle Kompensation verschafft.[993]

Dagegen wird allerdings vorgetragen, enumerative Schranken zeichneten sich durch eine mangelnde Zukunftsfestigkeit für bislang unbekannte Nutzungsarten aus.[994] Diesem Argument ist zwar beizupflichten, allerdings kann es nur für solche Sachverhalte angeführt werden, die nicht bereits durch eine spezifische Schranke geregelt sind.

Wäre § 44b UrhG, Art. 4 DSM-RL daher auf materiellrechtlicher Ebene nicht einseitig zugunsten der Rechtsinhaber ausgestaltet worden[995], würde die Schranke gegenüber der Fair-Use-Doktrin den Vorteil besitzen, eine bessere Vorhersehbarkeit und damit Rechtssicherheit für den Normadressaten zu gewährleisten.[996]

b) *Identifizierte Schwächen des Art. 4 DSM-RL als „Wettbewerbsnachteil" zu Fair-Use-Regimen*

Dass dieser in der Theorie bestehende Vorteil in der Praxis jedoch nicht ausgespielt werden kann, liegt an dem Umstand, dass die kommerzielle Text- und Data-Mining-Schranke des § 44b UrhG die Rechtsinhaber über die drei Instrumente des Private Ordering in eine so starke Lage versetzt, dass ihnen die

---

991 Vgl. *Geiger/Izyumenko*, IIC 2020, 282 (285).

992 *Jütte*, EU Copyright Law, 317 f.; kritisch *Metzger*, in: Leistner (Hrsg.), Europäische Perspektiven, 110 (121) „Grad an Rechtssicherheit […] nur graduell geringer […]".

993 *Jütte*, EU Copyright Law, 324.

994 *Kleinemenke*, Fair Use, 592 spricht sich für eine subsidiäre Auffangschranke aus; vgl. auch *Metzger*, in: Leistner (Hrsg.), Europäische Perspektiven, 110 (120).

995 *Dreier*, ZUM 2019, 384 (386): „konsequente Absage an jeden Versuch einer Flexibilisierung der Schrankenbestimmungen"; *Dreier*, GRUR 2019, 771 (772).

996 *Dreier*, ZUM 2019, 384 (386): „konsequente Absage an jeden Versuch einer Flexibilisierung der Schrankenbestimmungen"; *Dreier*, GRUR 2019, 771 (772).

Nutzung von Schutzgegenständen zu Zwecken des Text- und Data-Mining faktisch zugewiesen wird.[997]

Demgegenüber dominiert im US-amerikanischen Copyright Law die Auffassung, beim Text- und Data-Mining handele es sich um ein Recht des Nutzers und nicht um ein Recht des Rechtsinhabers.[998] Über die deutlich nutzerfreundlicheren Ergebnisse, die sich über die Anwendung der Fair-Use-Doktrin erzielen lassen (vgl. „Authors Guild v. Google Books"), offenbart sich dabei ein signifikanter Wettbewerbsnachteil der europäischen Regulierung zum kommerziellen Text- und Data-Mining. Aus der US-amerikanischen Literatur sind dementsprechend bereits Stimmen zu vernehmen, die von einem durch die neu eingeführte Schranke induzierten Wettbewerbsnachteil sprechen, der dazu führen könnte, dass Text- und Data-Mining-Analysen noch stärker als bisher in den USA vollzogen werden und die dort gewonnenen Innovationen anschließend in den europäischen Binnenmarkt reimportiert werden müssen.[999]

Im Ergebnis bekräftigt sich damit das bereits oben angedeutete Fazit, dass es dem Unionsgesetzgeber nicht gelungen ist, die Defizite der europäischen Regulierung gegenüber den nutzerfreundlichen Fair-Use-Regimen durch eine ausbalancierte Schrankenregelung substanziell zu verkleinern.

II. Alternativen auf Schutzbereichsebene

An die Diskussion um eine Fair-Use-Lösung schließt sich die Darstellung der Alternativen an, die auf eine Freistellung des Text- und Data-Mining bereits auf Schutzbereichsebene abzielen.

Ausgangspunkt der Alternativen und des schlussendlich unterbreiteten Vorschlags ist der in der verwertungsrechtlichen Analyse identifizierte mangelnde Gleichlauf zwischen der Auswahl von Werken und der Auswahl von geschützten Datenbanken. Dieser führt im Anwendungsbereich des Text- und Data-Mining zu der paradoxen Situation, dass aufgrund des weiten und Wertungen unzugänglichen Vervielfältigungsrechts aus § 16 UrhG für Werke ein Freistellungsbedürfnis besteht, wohingegen es für geschützte Datenbanken keiner spezifischen Schranke für die Verfahren des Text- und Data-Mining bedarf, da hier über die

997 *Carroll*, UC Davis L. Rev. 2019, 893 (939).

998 *Carroll*, UC Davis L. Rev. 2019, 893 (939).

999 *Samuelson*, Comm. of the ACM 2018, 20 (23); die Vergütungsfreiheit der Fair Use Doktrin wird jedoch auch in der US-amerikanischen Literatur kritisch gesehen, *Ginsburg*, Berkeley Tech. L.J. 2014, 1383 (1386); *Sobel*, Colum. J.L. & Arts 2017, 45 (96 f.).

Tatbestandsvoraussetzung der wesentlichen Vervielfältigung bereits eine Korrektur auf Schutzbereichsebene erzielt werden kann.

1. Text- und Data-Mining als freier digitaler Werkgenuss

In Ansehung der Schwächen des § 44b UrhG, Art. 4 DSM-RL sind Überlegungen für eine regulative Einordnung des Text- und Data-Mining anzustellen, die sich insbesondere durch eine angemessene Berücksichtigung der nutzerseitigen Interessen kennzeichnet. Bereits vor dem Inkrafttreten der DSM-Richtlinie wurde dabei die Idee des Text- und Data-Mining als freier digitaler Werkgenuss diskutiert. Mit der Implementierung verbindlicher Schrankenbestimmungen zum Text- und Data-Mining ist dieser Auffassung aber eine implizite Absage erteilt worden.[1000]

Die Idee ist aber nicht zuletzt vor dem Hintergrund zu diskutieren, dass sie sich den Schritt der Prüfung der Schrankenvoraussetzungen spart und die Einordnung der für das Text- und Data-Mining relevanten Nutzungshandlungen bereits auf Schutzbereichsebene vollzieht.

a) Idee des freien digitalen Werkgenusses

Will man den digitalen Werkgenuss in seinem Bedeutungsgehalt für das Text- und Data-Mining erfassen, ist zunächst das Konzept des analogen Werkgenusses zu beschreiben. In seiner analogen Ausprägung fußt der Ansatz dabei auf der Idee, dass der menschliche Genuss eines Werkes durch seine schlichte Wahrnehmung über das Lesen, Anhören oder Betrachten von den Verwertungsrechten freigestellt ist.[1001] Sinnvoller ist es jedoch, ein darüber hinausgehendes Verständnis zu postulieren, das nicht eng auf einen rein geistig-rezeptiven Werkgenuss im eigentlichen Sinne abstellt, sondern vielmehr auch die äußerlich zu erkennende Verwendungshandlung erfasst, die die sinnliche Wahrnehmung der vom Werk ausgehenden Informationen für einen Menschen ermöglicht.[1002] Kurzum handelt es sich beim Werkgenuss um „die Wahrnehmbarmachung der vom Werk

---

1000 *Spindler*, CR 2019, 277 (278); dafür *Hilty/Richter*, in: Hilty/Moscon (Hrsg.), EU Copyright Rules, 25 (28 f.); *Drees*, Perspektive Bibliothek 2016, 49 (60); vgl. *de la Durantaye*, Wissenschaftsschranke, 240 f.; *Senftleben*, EU Copyright Reform and Startups, 8 f.

1001 Dreier/*Schulze* (Hrsg.), UrhG, § 15 Rn. 20; *Sucker*, Digitaler Werkgenuss, 53; *Schulze*, NJW 2014, 721 (723).

1002 *Sucker*, Digitaler Werkgenuss, 42 f.

ausgehenden Informationen mit dem Ziel, diese für sich sinnlich-geistig zu erfassen und zu verarbeiten"[1003].

Die Wandlung vom analogen zum digitalen Werkgenuss vollzieht sich dabei über den Einsatz maschineller Instrumente. Um einen digitalen Werkgenuss handelt es sich dementsprechend dann, wenn ein Werk durch einen Computer wahrnehmbar gemacht wird, kurzum die Wahrnehmung allgemein erst durch einen technischen Vorgang ermöglicht wird.[1004]

Ausgehend von diesem Verständnis ist es möglich, den Text- und Data-Mining-Prozess in der Theorie als Form des digitalen Werkgenusses einzuordnen, da es für die Annahmen eines digitalen Werkgenusses unschädlich ist, ob ein Mensch oder eine Maschine einem Schutzgegenstand Informationen entnimmt.[1005]

Aufgrund der technischen Eigenschaften des Text- und Data-Mining kann diese Auffassung jedoch nur für die Auswertung eines einzelnen Werkes gelten, bei dem es darum geht, die vom Werk ausgehenden Informationen für den Nutzer über den Einsatz spezifischer Text- und Data-Mining-Algorithmen automatisiert wahrnehmbar zu machen.

Für die Analyse einer Vielzahl von Werken ergibt sich das Problem, dass nicht die von einem einzelnen Werk ausgehende Information wahrnehmbar gemacht wird, sondern ein „neuer" Informationsgehalt entsteht, der sich jedoch erst aus der Verbindung einer Vielzahl von Werken ergibt und damit nicht von den einzelnen Werken selbst ausgeht.

Streng genommen wird damit durch den Text- und Data-Mining-Prozess in Big-Data-Sachverhalten nicht die Wahrnehmbarmachung einer von einem singulären Werk ausgehenden Information beabsichtigt, sondern ein über das einzelne Werk hinausgehender Informationsgehalt offenbart. Vergleicht man diesen Vorgang dabei mit der Wahrnehmung eines Werkes im Wege des analogen Werkgenusses, so wäre es hier einem Leser nur möglich, den informationellen Gehalt eines Einzelwerks wahrzunehmen.

Somit ist zu konstatieren, dass – anders als in der Analyse von Einzelwerken – die Analyse einer Vielzahl von Werken im Text- und Data-Mining-Prozess nicht mit dem Konzept des digitalen Werkgenusses vereinbar ist.

1003 *Sucker*, Digitaler Werkgenuss, 43; *Schulze*, ZUM 2000, 126 (130); vgl. *Kuschel*, in: Eifert (Hrsg.), Digitale Disruption, 93 (104).

1004 *Sucker*, Digitaler Werkgenuss, 43, 69.

1005 Vgl. Dreier/*Schulze* (Hrsg.), UrhG, § 15 Rn. 20, vgl. *Raue*, GRUR 2017, 11 (13).

b) *Verwertungsrechtliche Implikationen*

Die Möglichkeit eines digitalen Werkgenusses für einzelne Werke, verbunden mit der gleichzeitigen Ablehnung eines digitalen Werkgenusses für eine Vielzahl von Werken, kann jedoch wieder auf ein einheitliches Ergebnis zurückgeführt werden, wenn die verwertungsrechtliche Anknüpfung des digitalen Werkgenusses diesen nicht frei, sondern vielmehr erlaubnispflichtig macht.

Digitale Werknutzungsmöglichkeiten machen diese verwertungsrechtliche Relevanz zum Regelfall, da mit jeder computergestützten Wahrnehmbarmachung eine Speicherung zumindest im Arbeitsspeicher einhergeht.[1006] Ein Äquivalent zu dieser technisch bedingten Zwischenspeicherung besteht im Rahmen des analogen Werkgenusses nicht. Hier wird ein Werk durch den Menschen vielmehr unmittelbar wahrgenommen und im Gehirn sinnlich verarbeitet. Mit den neuen Werknutzungsformen im digitalen Kontext geht insofern auch eine technisch induzierte Expansion des Urheberrechts einher.[1007] Konkret vollzieht sich diese über das weite Vervielfältigungsrecht, das trotz seiner normativen Beständigkeit einen tiefgreifenden Bedeutungswandel erfahren hat.[1008] Korrekturen dieses weiten Verständnisses werden dabei über § 44a UrhG versucht, der eine Vielzahl werkgenussinduzierender Vervielfältigungen erfasst.[1009]

Übertragen auf die Auswahl einzelner Werke im Anwendungsbereich des Text- und Data-Mining, kommt es hier zu einer Speicherung der analyserelevanten Werke und sonstigen Schutzgegenstände auf einem Datenträger des Anwenders. Zu konzedieren ist damit, dass es in digitalen Nutzungskontexten viel schneller zu urheberrechtlich relevanten Nutzungshandlungen kommt, die auch das Mining einzelner Werke zur rechtfertigungsbedürftigen Handlung macht.[1010] Insoweit kehrt sich das aus dem analogen Werkgenuss bekannte Stufenverhältnis, wonach die Wahrnehmung der Nutzung vorgeschaltet ist, im digitalen Kontext um.[1011] Aufgrund des weiten Vervielfältigungsrechts und der

---

1006 *Sucker*, Digitaler Werkgenuss, 89; *Ohly*, NJW-Beilage 2014, 47 (48); siehe hierzu auch die Diskussion in Kap. C.II.2. c).

1007 *Bechtold*, GRUR 1998, 18 (26 f.).

1008 *Ohly*, NJW-Beilage 2014, 47 (48).

1009 *Sucker*, Digitaler Werkgenuss, 129.

1010 *Ohly*, Gutachten 70. DJT, F 45; so im Ergebnis auch *Schulze*, NJW 2014, 721 (722); *Ohly*, NJW-Beilage 2014, 47 (48).

1011 Kritische Stimmen sprechen insoweit von einer „Hypertrophie des Schutzrechts", *Sucker*, Digitaler Werkgenuss, 92; vgl. mit einem ähnlichen Befund *Hoeren*, in: Ullrich/Drahos/Ghidini (Hrsg.), Kritika, 23.

damit verbundenen Expansion des Urheberrechts im Digitalbereich kann die Freistellung des Text- und Data-Mining-Prozesses über die Theorie des digitalen Werkgenusses daher letztlich nicht begründet werden.[1012]

2. Freistellung des Text- und Data-Mining über § 5 Abs. 1 UrhG, §§ 24 UrhG a. F., 23 Abs. 1 UrhG

In eine ähnliche Richtung wie der zuvor beschriebene Ansatz des freien digitalen Werkgenusses geht der Vorschlag *Schacks*, der das Text- und Data-Mining „urheberrechtsfrei" stellen will.[1013]

In der Umsetzung seiner Idee sieht er einen an § 24 UrhG a. F. angelehnten, neuen § 24b UrhG vor, nach dem Nutzungshandlungen zulässig sind, „die unmittelbar und ausschließlich der automatisierten statistikbasierten Analyse eines Datenbestands zur Gewinnung in diesem verborgener, potenziell nützlicher Informationen, insbesondere bestimmter Regelmäßigkeiten und Zusammenhänge, dienen"[1014]. Hierbei anfallende Vervielfältigungsstücke geschützter Werke wären dabei nach Abschluss der Analyse unverzüglich zu löschen.[1015]

Geleitet sind die Überlegungen von der zu begrüßenden Erwägung, dass über die Urheberrechtsfreiheit ein Rückgriff auf die Schrankenvoraussetzungen unterbleiben kann.[1016] Das dogmatische Fundament einer solchen Lösung sieht *Schack* in einer systematischen Anknüpfung an die Vorschriften des § 24 UrhG a. F. und § 5 Abs. 1 UrhG.[1017]

a) Dogmatische Anknüpfung an § 5 Abs. 1 UrhG

So erstrebenswert die Vorstellung einer Freistellung des Text- und Data-Mining bereits auf Schutzbereichsebene ist, fehlt es dem Vorschlag an einer tragfähigen dogmatischen Grundlage.

Anders als durch *Schack* argumentiert sind weder § 5 Abs. 1 UrhG noch § 24 UrhG a. F. in der Lage, ein dogmatisches Vorbild für die Freistellung des Text- und Data-Mining zu liefern.

1012 *Sucker*, Digitaler Werkgenuss, 88, 91 f.

1013 *Schack*, Urheber- und Urhebervertragsrecht, Rn. 577; *Schack*, ZUM 2016, 266 (268); *Schack*, ZUM 2017, 802 (806).

1014 *Schack*, ZUM 2016, 266 (282).

1015 *Schack*, ZUM 2016, 266 (282).

1016 *Schack*, ZUM 2016, 266 (268).

1017 *Schack*, ZUM 2016, 266 (269); *Schack*, ZUM 2017, 802 (806).

Der in die Diskussion eingebrachte § 5 Abs. 1 UrhG stellt schon deshalb keine taugliche Grundlage für eine Schutzbereichsbegrenzung des Text- und Data-Mining dar, weil er eine Anknüpfung der Schutzbereichsbegrenzung an den Schutzgegenstand der amtlichen Werke vollzieht.

Eine Freistellung über die Anknüpfung an amtliche Werke scheitert aber schon daran, dass es keine „Text- und Data-Mining-Werke“ gibt, sondern nur Text- und Data-Mining-Ergebnisse in der Form spezifischer Muster, die jedoch keine Werkqualität aufweisen.[1018]

Ergo bringt dem Text- und Data-Mining eine schutzgegenständliche Freistellung nichts, da es sich beim Text- und Data-Mining um einen Prozess handelt, für den es vielmehr geboten ist, die verwertungsrechtlich relevanten Nutzungshandlungen, wie Vervielfältigungen im Rahmen der Datenauswahl, freizustellen. Problematisch an dem Vorschlag ist zudem, dass das für den Text- und Data-Mining-Prozess zentrale Datenbankherstellerrecht aufgrund der Wortlautgrenze des § 5 UrhG nicht direkt angewendet werden kann. In Betracht kommt daher nur eine analoge Anwendung, die der BGH zwar bejaht, die aufgrund des Art. 6 Abs. 2 lit. d Datenbank-RL jedoch kritisch gesehen wird.[1019]

Letztlich ändert jedoch auch dieser Umstand nichts an dem klaren Ergebnis, dass § 5 Abs. 1 UrhG als dogmatische Grundlage für eine Freistellung des Text- und Data-Mining-Prozesses bereits auf Schutzbereichsebene keinen tauglichen Anknüpfungspunkt bildet.

b) Dogmatische Anknüpfung an §§ 24 UrhG a. F., 23 Abs. 1 UrhG

Eine zweite dogmatische Grundlage sieht *Schack* in einer Anknüpfung an § 24 UrhG a. F.[1020] Bei dieser Norm handelte es sich um eine „Hybridnorm“, die sowohl eine Schutzbereichsbegrenzung des § 23 UrhG a. F. auf Ebene der Verwertungsrechte vornimmt als auch eine Schranke für Karikaturen und Parodien bereitstellt.[1021] Während § 24 UrhG a. F. dabei den

1018 Siehe hierzu in Kap. E.II.

1019 BGH, Beschl. v. 28.9.2006 - I ZR 261/03, Rn. 17 - Sächsischer Ausschreibungsdienst, GRUR Int. 2007, 532 (533); *Marquardt*, in: Wandtke/Bullinger (Hrsg.), UrhG, § 5 Rn. 3.

1020 Dreier/*Schulze* (Hrsg.), UrhG, § 24 Rn. 1; Schricker/*Loewenheim* (Hrsg.), UrhG, § 24 Rn. 3; *Schack*, Urheber- und Urhebervertragsrecht, Rn. 512; *Vogel*, in: Hilty/Drexl/Nordemann (Hrsg.), FS Loewenheim, 367 (370 f.).

1021 BGH, Beschl. v. 1.6.2017 - I ZR 115/16, Rn. 22 - Metall auf Metall III, GRUR 2017, 895 (897) „immanente Beschränkung seines Schutzbereichs“; Schricker/*Loewenheim*

Schutzbereich negativ begrenzte, bestimmte § 23 S. 1 UrhG a. F. den positiven Schutzumfang.[1022]

Der EuGH hat mit seinen Feststellungen in der Rechtssache „Metall auf Metall“ jedoch deutlich gemacht, dass außerhalb des Art. 5 InfoSoc-RL keine weiteren Ausnahmen oder Beschränkungen angesiedelt sein dürfen, und so implizit dem freischwebenden schrankenrechtlichen Teil des § 24 UrhG a. F. die Grundlage entzogen.[1023]

Auf dieses Votum hat der deutsche Gesetzgeber reagiert, indem er § 24 UrhG a. F. streicht und durch zwei voneinander getrennte Vorschriften ersetzt. Die Schutzbereichsbegrenzung geht dabei im neuen § 23 UrhG auf (äußerer Abstand), während die Schranke für Karikatur, Parodie und Pastiche nunmehr in § 51a UrhG (innerer Abstand) verortet wird.[1024] Damit wird die aus der Vergangenheit bekannte systematische Anbindung des § 23 UrhG a. F. an § 24 UrhG a. F. durch die Zuordnung der Schutzbereichsbegrenzung im neuen § 23 UrhG zusammengeführt.[1025]

Die Überlegungen *Schacks* zu § 24 UrhG a. F. haben sich insoweit durch die Rechtsprechung und die legislative Tätigkeit überholt. Sie lassen sich aber auf die neue Schutzbereichsbegrenzung in § 23 UrhG übertragen.

Allerdings taugt auch § 23 UrhG nicht als dogmatischer Anknüpfungspunkt für eine allgemeine Schutzbereichsbegrenzung, da über die in § 23 UrhG vollzogene Verbindung der Schutzbereichsbegrenzung zum Bearbeitungsrecht die weiteren Verwertungsrechte, insbesondere das für den Text- und Data-Mining-Prozess einschlägige Vervielfältigungsrecht, aus der Schutzbereichsbegrenzung herausgehalten werden. Der deutsche Gesetzgeber ist hier insofern frei, da das Bearbeitungsrecht im Gegensatz zum Vervielfältigungsrecht nicht harmonisiert ist.[1026]

(Hrsg.), UrhG, § 24 Rn. 3; *Vogel*, in: Hilty/Drexl/Nordemann (Hrsg.), FS Loewenheim, 367 (370 f.); *Grünberger*, ZUM 2019, 281 (286); *Lauber-Rönsberg*, ZUM 2020, 733 (734); *Wandtke/Hauck*, GRUR-Prax 2020, 542.

1022 Schricker/*Loewenheim* (Hrsg.), UrhG, § 23 Rn. 1; Wandtke/*Bullinger* (Hrsg.), UrhG, § 23 Rn. 1.

1023 EuGH, Urt. v. 29.7.2019 - C-476/17, Rn. 65 - Metall auf Metall III, GRUR 2019, 929 (933); Schricker/*Loewenheim* (Hrsg.), UrhG, § 24 Rn. 5.

1024 Siehe ausführlich BT-Drucks. 19/27426, 78 f., 89 ff.; siehe auch *Lauber-Rönsberg*, ZUM 2020, 733 (735); *Wandtke/Hauck*, GRUR-Prax 2020, 542.

1025 BT-Drucks. 19/27426, 78; *Lauber-Rönsberg*, ZUM 2020, 733 (735).

1026 A.A. *Lauber-Rönsberg*, ZUM 2020, 733 (736 f.).

Dass der neue § 23 UrhG insofern nicht als Grundlage für eine Schutzbereichsbegrenzung des harmonisierten Vervielfältigungsrechts fungieren kann, zeigt dabei auch die Rechtsprechung des EuGH, der für Art. 2 lit. c InfoSoc-RL selbst eine eigene Schutzbereichsbegrenzung für das Vervielfältigungsrecht der Tonträgerhersteller konturiert.[1027]

c) *Bewertung*

Auch unter der neuen Rechtslage vermag der Vorschlag *Schacks* nicht zu überzeugen. Dies liegt nicht zuletzt daran, dass neben einem mangelnden tauglichen dogmatischen Fundament der Vorschlag letztlich schrankenähnliche Wirkung hätte. Die Prüfung der Voraussetzungen würde lediglich auf Schutzbereichsebene vorgezogen, wie sein Vorschlag des § 24b UrhG zeigt. Letztlich wäre damit im Vergleich zu den enumerativen Schranken jedoch wenig gewonnen, wenn neben dem Data-Mining auch Thumbnails oder Suchmaschinen auf Schutzbereichsebene freigestellt würden und somit gleichsam ein „Flickenteppich" auf Schutzbereichsebene entstünde.[1028]

Sinnvoller ist es daher, Möglichkeiten einer Schutzbereichsbegrenzung zu diskutieren, die das für den Text- und Data-Mining-Prozess eminent wichtige Vervielfältigungsrecht in den Fokus rücken.

3. Idee eines normativen Vervielfältigungsrechts zur Freistellung des Text- und Data-Mining auf Schutzbereichsebene

Die verwertungsrechtliche Untersuchung des Text- und Data-Mining-Prozesses hat die Erkenntnis geliefert, dass erst durch das weite Vervielfältigungsrecht aus § 16 UrhG, Art. 2 InfoSoc-RL eine urheberrechtliche Relevanz beim Abruf von Werken begründet wird.[1029] Einen interessanten Ansatzpunkt einer möglichen Korrektur dieses weiten Vervielfältigungsrechts bereits auf Schutzbereichsebene liefert dabei die Rechtsprechung des EuGH zu Art. 2 lit. c InfoSoc-RL.

In der Entscheidung „Metall auf Metall" vollzieht der EuGH erstmals eine grundrechtlich eingekleidete normative Korrektur des insoweit vollharmonisierten Vervielfältigungsrechts.

1027 Siehe hierzu ausführlich sogleich in Kap. I.II.3.

1028 *Schack*, in: Leistner (Hrsg.), Europäische Perspektiven, 173 (174), *Schack*, ZUM 2016, 266 (268).

1029 Siehe hierzu eingehend in Kap. C.II.

Die entscheidende Frage für das Text- und Data-Mining liegt nunmehr darin begründet, ob sich aus der Entscheidung eine präjudizielle Wirkung für die weiteren in Art. 2 InfoSoc-RL geregelten Vervielfältigungsrechte ableiten lässt.

Wäre dies der Fall, so ließe sich hierüber ein allgemeines normatives Vervielfältigungsrecht begründen, das über das aufgestellte Kriterium der Wiedererkennbarkeit geeignet wäre, den Prozess des Text- und Data-Mining bereits auf Schutzbereichsebene freizustellen.

Zudem wäre mit einer solchen Auslegung Stimmen entsprochen, die schon länger mit einer funktionsbezogenen Auslegung der Verwertungsrechte sympathisieren und auf dieser Grundlage einen Eingriff des Text- und Data-Mining in die Verwertungsrechte bereits auf Schutzbereichsebene ablehnen wollen.[1030] Diesen Stimmen hat es jedoch bislang an einer tragfähigen dogmatischen Grundlage gemangelt, die nun möglicherweise über eine präjudizielle Wirkung der Entscheidung „Metall auf Metall" konstruiert werden kann.

a) Konstruktion eines normativen Vervielfältigungsrechts des Art. 2 lit. c InfoSoc-RL in EuGH „Metall auf Metall"

Stellt man die Quintessenz der Entscheidung voran, liegt diese in der Trennung zwischen einem technisch weit zu verstehenden Vervielfältigungsrecht, wie es Art. 2 InfoSoc-RL allgemein vorgibt, und einem für Art. 2 lit. c InfoSoc-RL nunmehr normativ zu verstehenden Vervielfältigungsrecht.

In einer chronologischen Betrachtung der Entscheidung stellte der EuGH zunächst für das Tonträgerherstellerrecht fest, dass auch kleinste Teile vom Recht der teilweisen Vervielfältigung erfasst werden, was insoweit keine Änderung zum weiten Vervielfältigungsrecht aus Art. 2 InfoSoc-RL darstellt.[1031] Allerdings vollzieht das Urteil dann eine beachtliche Kehrtwende, nach der keine Vervielfältigung des Werkes in Ausübung der Kunstfreiheit vorliegen soll, sofern das Werk in abgeänderter und beim Hören nicht wiedererkennbarer Form in einem neuen Werk genutzt wird.[1032]

1030 So *Schack*, Urheber- und Urhebervertragsrecht Rn. 577; *Hilty/Richter*, in: Hilty/Moscon (Hrsg.), EU Copyright Rules, 25 (29); *Schack*, ZUM 2016, 266 (269); *Stieper*, ZUM 2019, 211 (213); a.A. *Wandtke*, NJW 2019, 1841 (1842).

1031 EuGH, Urt. v. 29.7.2019 - C-476/17, Rn. 29 - Metall auf Metall III, GRUR 2019, 929 (931); *Müller, W.*; WRP 2019, 1545 (1547); *Wagner, K.*, MMR 2019, 727 (728).

1032 EuGH, Urt. v. 29.7.2019 - C-476/17, Rn. 31 - Metall auf Metall III, GRUR 2019, 929 (931); *Wagner, K.*, MMR 2019, 727 (728), leitet daraus zwei Voraussetzungen der rechtsverletzenden Vervielfältigung ab.

Diese kunstspezifische Betrachtung hatte das BVerfG angemahnt und dem EuGH insoweit den Auftrag an die Hand gegeben, eine Abwägung der betroffenen Allgemeininteressen der Nutzer (Art. 13 S. 1 GRCh) mit der Institutsgarantie des geistigen Eigentums (Art. 17 II GRCh) vorzunehmen.[1033] Der EuGH verortet diese Abwägung auf Schutzbereichsebene und lässt im Rahmen des Samplings die freie Nutzung kleinster Teile „in Ausübung der Kunstfreiheit" die ökonomischen Interessen der Rechtsinhaber überwiegen.[1034]

Wie brüchig aber gerade das entwickelte Kriterium der Wiedererkennbarkeit ist, zeigt die anschließende Entscheidung des BGH, der trotz der Anwendung des oben skizzierten normativen Vervielfältigungsbegriffs einen Eingriff aufgrund der Wiedererkennbarkeit der streitgegenständlichen Rhythmussequenz bejahte und im Ergebnis das Sampling aufgrund der mangelnden Anwendbarkeit urheberrechtlicher Schranken als Urheberrechtsverletzung einordnete.[1035]

Solche Probleme sind indes für das Text- und Data-Mining nicht zu erwarten, hat die technische Analyse doch ergeben, dass weder in den hervorgebrachten Mustern noch in der zu erstellenden Datenmatrix eine Wiedererkennbarkeit der ursprünglich verwendeten Werke und Schutzgegenstände gegeben ist. Dieses Ergebnis steht im Übrigen auch im Einklang mit der bisherigen Rechtsprechung des BGH, der in der Vergangenheit in einer Entscheidung zu Datenbankwerken bereits andeutete, dass das schöpferische Gewebe der übernommenen Elemente in dem neuen Datenbankwerk „erkennbar" sein muss, um einen Eingriff in den Schutzgegenstand zu bejahen.[1036]

1033 BVerfGE 142, 74 (82); aufgegriffen in EuGH, Urt. v. 29.7.2019 - C-476/17, Rn. 31 - Metall auf Metall III, GRUR 2019, 929 (931); *Stieper*, ZUM 2019, 713, 718; *Oechsler*, NJW 2020, 3206, (3208 f.); die GRC steht nach Art. 6 Abs. 1 UAbs. 1 HS 2 EUV dabei im Rang des Primärrechts; *Wagner, K.*, MMR 2019, 727 (728); grundlegend *Stieper*, Rechtfertigung der Schranken, 45 f.

1034 Zur einschränkenden Wirkung der funktionsbezogenen Auslegung der Verwertungsrechte bereits, *v. Ungern-Sternberg*, in: Schricker/Loewenheim (Hrsg.), UrhG, § 15 Rn. 237 ff.; *v. Ungern-Sternberg*, GRUR 2012, 1198 (1200).

1035 BGH, Urt. v. 30.4.2020 - I ZR 115/16, Rn. 50, 56 - Metall auf Metall IV, GRUR 2020, 843 (848).

1036 BGH, Urt. v. 27.3.2013 - I ZR 9/12, Rn 57 - SUMO, GRUR 2013, 1213 (1219); BGH, Urt. v. 24.5.2007 - I ZR 130/04, Rn. 25 - Gedichttitelliste I, GRUR 2007, 685 (687).

b) *Übertragbarkeit auf die sonstigen Vervielfältigungsrechte in Art. 2 InfoSoc-RL*

Für das Text- und Data-Mining stellt sich damit die entscheidende Frage, ob sich der oben skizzierte normative Vervielfältigungsbegriff des Art. 2 lit. c InfoSoc-RL allgemein auf Art. 2 InfoSoc-RL übertragen lässt.[1037] Der Vorteil einer solchen Übertragung liegt auf der Hand, bestünde hierüber doch die Möglichkeit, den Konflikt der Nutzungshandlungen des Text- und Data-Mining mit dem Freihaltebedürfnis für Informationen im Urheberrecht aufzulösen.

aa) Pro

Für eine Übertragbarkeit der Rechtsprechung „Metall auf Metall" auf die sonstigen Vervielfältigungsrechte des Art. 2 InfoSoc-RL spricht, dass das Vervielfältigungsrecht vollharmonisiert ist und Rechtstermini in europäischen Richtlinien einheitlich und autonom durch die ständige Rechtsprechung des EuGH ausgelegt werden.[1038] Mit Blick auf die Einheit und den Zusammenhang der Rechtsordnung ist diese Vorgabe zwingend, sofern nicht ein spezifisch abweichender gesetzgeberischer Wille in einem bereichsspezifischen Kontext festzustellen ist.[1039] Demzufolge wäre im Sinne eines konsistenten Vervielfältigungsrechts eine Übertragbarkeit auch auf die anderen Vervielfältigungsrechte abseits des Art. 2 lit. c InfoSoc-RL geboten.

bb) Contra

Gegen eine präjudizielle Wirkung des Urteils spricht aber die Verbindung des Wiedererkennbarkeitskriteriums mit einer grundrechtlichen Abwägung auf Schutzbereichsebene. Gerade die vorgenommene spezifische Grundrechtsabwägung des EuGH streitet hier für einen Einzelfallcharakter der Entscheidung.

1037 Der ersten Auffassung zuneigend *Grisse*, RuZ 2020, 143 (147).

1038 EuGH, Urt. v. 29.7.2019 - C-469/17, Rn. 54 - Afghanistan Papiere, GRUR 2019, 934 (938); Dreier/*Schulze* (Hrsg.), UrhG, § 15 Rn. 24; *Heerma*, in: Wandtke/Bullinger (Hrsg.), UrhG, § 15 Rn. 7 ff.; *Leistner*, in: Büscher/Erdmann/Haedicke et al. (Hrsg.), FS Bornkamm, 859 (860 f.); *Dreier*, GRUR 2019, 1003 (1004); *Metzger*, GRUR 2012, 118 (121); *Leistner*, EuZW 2016, 166; *Leistner/Roder*, ZfPW 2016, 129 (131 f.); *v. Ungern-Sternberg*, GRUR 2021, 1 (2).

1039 *Leistner*, in: Büscher/Erdmann/Haedicke et al. (Hrsg.), FS Bornkamm, 859 (864); dies gilt insoweit auch für rechtsaktsübergreifende Begriffe *v. Ungern-Sternberg*, in: Schricker/Loewenheim (Hrsg.), UrhG, § 15 Rn. 116; *v. Ungern-Sternberg*, GRUR 2012, 1198 (1204).

Deutlich wird dies auch an der flexiblen dogmatischen Anknüpfung der Grundrechtsabwägung im Einzelfall. Der EuGH vollzieht diese je nach Entscheidung entweder auf der Ebene des Schutzumfangs[1040] oder auf der Ebene der Schranken[1041].

Dieser Ansatz wahrt damit zwar das in den Entscheidungen „Afghanistan-Papiere“ und „Reformistischer Aufbruch“ aufgestellte Paradigma, dass Grundrechte über den Wortlaut des Art. 5 Abs. 2, 3 InfoSoc-RL hinaus keine freischwebenden Ausnahmen des Urheberrechtsschutzes rechtfertigen können.[1042] Ein kohärenter Ansatz in der Prüfung der grundrechtlichen Ausgleichserwägungen lässt sich darüber jedoch nicht erkennen.

Insoweit ist der in der Literatur geäußerten Auffassung zuzustimmen, der EuGH habe letztlich auf Drängen des BVerfG nur eine kunstspezifische Betrachtungsweise allein für die Technik des Samplings vorgenommen.[1043]

c) Bewertung

Die Übertragung des durch den EuGH konstruierten normativen Vervielfältigungsrechts des Art. 2 lit. c InfoSoc-RL auf die sonstigen Vervielfältigungsrechte des Art. 2 InfoSoc-RL stellt im Ergebnis keine zu erwägende Option dar.[1044]

Aus schrankendogmatischer Sicht ist eine Ausdehnung der Entscheidung hin zu einem allgemeinen normativen Vervielfältigungsrecht vielmehr abzulehnen. Dabei ist die Auffassung maßgeblich, dass der Gesetzgeber durch die Schrankenbestimmungen und die Tatbestände des Urheberrechts an sich die ihm obliegende Güterabwägung bereits abschließend vorgenommen hat.[1045] Einwenden

---

1040 EuGH, Urt. v. 29.7.2019 - C-476/17, Rn. 31 ff. - Metall auf Metall III, GRUR 2019, 929 (931).

1041 EuGH, Urt. v. 29.7.2019 - C-469/17, Rn. 60 - Afghanistan Papiere, GRUR 2019, 934 (938); EuGH, Urt. v. 29.7.2019 - C-516/17, Rn. 45 - Reformistischer Aufbruch, GRUR 2019, 940 (943).

1042 EuGH, Urt. v. 29.7.2019 - C-469/17, Rn. 56 - Afghanistan Papiere, GRUR 2019, 934 (938); EuGH, Urt. v. 29.7.2019 - C-516/17, Rn. 41 - Reformistischer Aufbruch, GRUR 2019, 940 (943); *Oechsler*, NJW 2020, 3206 (3209); *Ohly*, GRUR 2020, 851 (852).

1043 BVerfGE 142, 74 (102); *Oechsler*, NJW 2020, 3206 (3208 f.); *Peukert*, GRUR-Beilage 2014, 77 (90).

1044 Vgl. auch *Dreier*, ZUM 2019, 384 (386); a.A. *Grisse*, RuZ 2020, 143 (147).

1045 *Stieper*, Rechtfertigung der Schranken, 64; *Schack*, in: Ohly/Bodewig/Dreier/Götting et al. (Hrsg.), FS Schricker, 511 (518); auch das BVerfG konstatiert, dass § 85 Abs. 1 S. 1 UrhG und § 24 Abs. 1 UrhG als generelle Regelungen die Rechte der Tonträgerhersteller an ihrem geistigen Eigentum einerseits und die künstlerische

lässt sich zwar, dass auch der Unionsgesetzgeber und der an die InfoSoc-RL gebundene nationale Gesetzgeber nicht bereits zum Erlasszeitpunkt alle grundrechtsrelevanten Konflikte antizipieren konnten.[1046]

Bezogen auf das Text- und Data-Mining hat der Gesetzgeber aber erst jüngst mit der Einführung des Art. 4 DSM-RL und § 44b UrhG eine entsprechende Güterabwägung zum Ausdruck gebracht. Insofern hat er bewusst das Vervielfältigungsrecht in Art. 2 InfoSoc-RL unangetastet gelassen und stattdessen eine verbindliche Schrankenregelung eingeführt. Nunmehr eine Text- und Data-Mining-spezifische Auslegung des Vervielfältigungsrechts in Art. 2 InfoSoc-RL über eine präjudizielle Wirkung der Entscheidung „Metall auf Metall" abzuleiten, wäre insoweit systemwidrig.

Im Ergebnis muss daher eine Übertragung der Entscheidung auf die sonstigen Vervielfältigungsrechte im Allgemeinen und das Text- und Data-Mining im Speziellen ausscheiden, will man nicht die Axt an die bestehende Dogmatik des Urheberrechts legen und sich zu einem „systemsprengenden Versuch[ ]"[1047] hinreißen lassen.

Betätigungsfreiheit bei der Nutzung von Tonträgern andererseits, hinreichend berücksichtigen und daher verfassungsgemäß sind, so BVerfGE 142, 74 (95).

1046 *Oechsler*, NJW 2020, 3206 (3209).

1047 *Schack*, in: Ohly/Bodewig/Dreier et al. (Hrsg.), FS Schricker, 511 (516).

I. Vorschlag eines neuen § 16 Abs. 3 UrhG n. F.

Das Verwerfen der Idee eines normativen Vervielfältigungsrechts führt zu der Erkenntnis, dass eine einheitliche und nutzerfreundlichere Lösung im Hinblick auf die Eigenarten des Text- und Data-Mining nur auf legislativer Ebene angestoßen werden kann.

Aufgrund der Vollharmonisierung des insoweit entscheidenden Vervielfältigungsrechts kann diese ihren Ausgangspunkt dabei nur im europäischen Sekundärrecht haben.[1048]

Entsprechend ist eine Novellierung zwingend auf europäischer Ebene anzustoßen, wo z. B. in Art. 2 InfoSoc-RL ein neuer UAbs. 2 eingefügt werden könnte.[1049] Die konkrete Ausgestaltung des Art. 2 UAbs. 2 InfoSoc-RL soll an dieser Stelle jedoch nicht beschrieben werden. Vielmehr zielt die weitere Untersuchung darauf ab, auf Grundlage des § 16 UrhG einen eigenen Umsetzungsvorschlag zu entwickeln.

Dieser zu entwickelnde Vorschlag ist dabei nicht nur aus den Schwächen des § 44b UrhG, Art. 4 DSM-RL geboten, sondern vorrangig aus dem identifizierten Konflikt zwischen den automatisiert ablaufenden Text- und Data-Mining-Verfahren mit ihrem Ziel der Informationsgewinnung und dem weiten Vervielfältigungsrecht, das Widersprüche zum Freihaltebedürfnis für Informationen im Urheberrecht provoziert.[1050]

Der Vorschlag ist zudem vom Umstand des fehlenden verwertungsrechtlichen Gleichlaufs bei der Auswahl von Werken und Datenbanken im Bezugsrahmen des Text- und Data-Mining-Prozesses geprägt. Er kennzeichnet sich dabei durch den Vorteil, dass er – anders als die Schranke des Art. 4 DSM-RL – nicht den Voraussetzungen des Dreistufentests folgen muss, da es sich um eine Regelung

---

1048 Dafür auch *Hargreaves/Guibault/Handke et al.*, TDM report, 53; siehe auch die Untersuchung bei *Triaille/Dusollier/Depreeuw et al.*, Study on Directive 2001/29/EC, 109 ff.

1049 In diese Richtung *Jütte*, EU Copyright Law, 513; vgl. auch die Vorschläge von *Leistner/Ohly*, JIPLP 2019, 182 ff., die sich jedoch nicht auf das Vervielfältigungsrecht beziehen.

1050 Siehe hierzu in Kap. C.I.

auf Schutzbereichsebene handelt. Gleichwohl sind seine Wertungen insbesondere im Hinblick auf die zweite und die dritte Stufe zu berücksichtigen.[1051]

I. § 23 UrhG Abs. 3 S. 3 UrhG als regelungstechnisches Vorbild

Als regelungstechnische Blaupause für eine nutzerfreundlichere Ausgestaltung des Rechtsregimes zum Text- und Data-Mining erscheint der Weg charmant, den im deutschen Recht der neue § 23 Abs. 3 UrhG beschreitet. Vorteilhaft an dieser Lösung ist dabei, dass hier das absolute Recht in § 23 Abs. 1 UrhG unangetastet bleibt und Absatz 3 insofern nur von dem Zustimmungserfordernis absieht. Im Ergebnis wird damit eine technische Bearbeitung im Rahmen des Text- und Data-Mining-Prozesses schon auf Schutzbereichsebene vom negativen Verbotsrecht des Rechtsinhabers ausgenommen.

II. Konkrete Ausgestaltung des § 16 Abs. 3 UrhG n. F.

Insofern bietet sich ein an § 23 Abs. 3 UrhG angelehnter § 16 Abs. 3 UrhG n. F. an. Dieser hätte den Vorteil, dass das absolut geltende Vervielfältigungsrecht in § 16 Abs. 1, 2 UrhG in seiner jetzigen Fassung unverändert bleiben kann und die Systematik des Urheberrechts daher nicht grundlegend verändert werden muss.

In insgesamt drei Sätzen wären eine Ergänzung des § 16 Abs. 3 UrhG n. F. normativ auszugestalten, um dem Umstand Rechnung zu tragen, dass aktives Schaffen im digitalen Umfeld nicht ex novo und in der Abgeschiedenheit stattfindet, sondern auf Grundlage vorbestehender Schutzgegenstände und Informationen.[1052]

Denkbar wäre ein § 16 Abs. 3 UrhG n. F. in folgender Ausgestaltung:

Satz 1: „Auf Vervielfältigungen eines Werkes oder sonstigen Schutzgegenstands zu Zwecken der Informationsextraktion oder der Informationsgewinnung sind die Absätze 1 und 2 nicht anzuwenden."

Satz 2: „Die angefertigten Vervielfältigungsstücke sind mit Zweckerreichung, spätestens aber nach 1 Jahr zu löschen, es sei denn, für die Erreichung der in Satz 1 vorgesehenen Zwecke ist eine länger andauernde Nutzung notwendig oder die Nutzung erfolgt zu wissenschaftlichen Zwecken."

1051 *Stieper*, in: Schricker/Loewenheim (Hrsg.), UrhG, Vor § 44a Rn. 30 f.; *Geiger/Griffiths/Hilty*, GRUR Int. 2008, 822.

1052 Vgl. BT-Drucks. 19/27426, 78.

Satz 3: „Werden die Vervielfältigungsstücke nach den Vorgaben des Satzes 2 nicht gelöscht, so ist ihre Nutzung von Anfang an als widerrechtlich anzusehen."

III. Erläuterungen

Bei dem Vorschlag des § 16 Abs. 3 UrhG n. F. wurde weitestgehend auf unbestimmte Rechtsbegriffe verzichtet, um eine ausufernde Kasuistik der Rechtsprechung zu vermeiden, wie sie beispielsweise für das Erforderlichkeitskriterium des § 44b Abs. 2 S. 2 UrhG droht.

1. § 16 Abs. 3 S. 1 UrhG n. F.

Im Sinne eines technikneutralen Ansatzes ist es sinnvoll, die Vorschrift des § 16 Abs. 3 S. 1 UrhG n. F. nicht singulär auf die spezifischen Verfahren des Text- und Data-Mining auszurichten, sondern mit den Kriterien der Informationsextraktion und der Informationsgewinnung allgemein Verfahren der Datenanalyse unter Rückgriff auf urheberrechtliche Schutzgegenstände zu privilegieren.[1053]

Beide Alternativen stellen dabei klar, dass es nicht um die Verwertung des schöpferischen Kerns und damit um die originäre Werknutzung geht, sondern um technisch induzierte Vorgänge. Satz 1 berücksichtigt dabei das Interesse der Nutzer nach[*evtl.* an] einer erlaubnis- und vergütungsfreien Nutzung analyse- und trainingsrelevanter Schutzgegenstände zu Zwecken der reinen Informationsgewinnung, indem er auch die sonstigen Schutzgegenstände erfasst und somit hier entgegen der Schranke des § 44b UrhG einen klaren und einheitlichen Rechtsrahmen schafft.

Entgegen anderslautender Vorschläge stellt § 16 Abs. 3 S. 1 UrhG n. F. nicht auf inzidentelle, technisch bedingte Vervielfältigungen als Anknüpfungspunkt der Erlaubnisfreiheit ab[1054], um eine Überschneidung mit den Voraussetzungen der Schranke für ephemere Kopien in § 44a UrhG zu vermeiden.

2. § 16 Abs. 3 S. 2 UrhG n. F.

Die in Satz 2 statuierte Löschpflicht dient im Zusammenspiel mit Satz 3 dazu, die Interessen der Urheber und der Rechtsinhaber zu wahren. Beide Sätze stellen

---

1053 Vgl. diese Differenzierung auch bei *Drees*, Perspektive Bibliothek 2016, 49 (54).

1054 Vgl. *Schack*, ZUM 2017, 802 (806); so auch *Borghi/Karapapa*, Copyright and Mass Digitization, 58 f., die in Anlehnung an einen Vorschlag von Paul Ganley die Kategorie der „intermediary copy" vorsehen; ähnlich *Hargreaves/Guibault/Handke et al.*, TDM report, 53

sicher, dass die Nutzung nach S. 1 nicht zum Einfallstor für Nutzungen wird, die dem Verbotsrecht des § 16 Abs. 1, 2 UrhG n. F. unterliegen.[1055] Die Löschpflicht ist dabei so zentral wie schwierig zu konturieren, da sie mit ihrem Zweckbezug auf den Einzelfall Bezug nimmt. Eine objektiv bestimmbare Grenze bildet hier jedoch eine maximale Löschfrist von einem Jahr. Dies erscheint angemessen, da davon auszugehen ist, dass nach einem Jahr die beabsichtigte Informationsgewinnung oder das Training eines Algorithmus abgeschlossen ist. Darüber hinaus sind aber auch längere Nutzungen möglich. Diese werden jedoch unter den Vorbehalt der darlegungspflichtigen Notwendigkeit gestellt. Mit der Formulierung „es sei denn" wird überdies eine Beweislastumkehr verbunden, die die Nutzung der Vervielfältigungsstücke über die Jahresgrenze hinaus für die Nutzer zur rechtfertigungsbedürftigen Handlung macht. Für Rechtsinhaber ist die Lösung insoweit von Vorteil, da nach Ablauf eines Jahres ihr Löschanspruch auflebt und sie nicht mehr auf die zufällige Kenntnisnahme von Rechtsverletzungen angewiesen sind, wie es im Rahmen des § 44b Abs. 2 S. 2 UrhG der Fall ist.[1056]

Zudem nimmt Satz 2 auch auf die Belange der wissenschaftlichen Praxis Rücksicht, für die eine Löschfrist von einem Jahr nicht angemessen erscheint.

3. § 16 Abs. 3 S. 3 UrhG n. F.

Die Aufgabe der Fiktion des Satzes 3 liegt darin, die Interessen der Urheber und Rechtsinhaber robust abzusichern und Missbrauchshandlungen durch Nutzer vorzubeugen.[1057] Über Satz 3 wird Rechtsinhabern ein Instrument an die Hand gegeben, Verstöße gegen die Löschpflicht über § 97 UrhG anzugreifen und über § 97 Abs. 2 UrhG auch eine finanzielle Kompensation eines entstandenen Schadens zu erhalten. Gleiches gilt dabei auch für den Fall einer nachträglichen Zweckänderung, nach der die Vervielfältigungsstücke erst zu einem in Satz 1 beschriebenen Zweck verwendet werden, um dann anschließend zweckwidrig mit dem Schutzgegenstand der Urheber oder Rechtsinhaber auf dem Primärmarkt zu konkurrieren.

1055 *Schack*, ZUM 2016, 266 (269).

1056 Zu den Problemen des § 44b Abs. 2 S. 2 UrhG, siehe u.a. in Kap. H.III.3.

1057 Sie ist vergleichbar mit der Fiktion des § 142 BGB, siehe hierzu MüKo-BGB/*Busche*, § 142 Rn. 15.

IV. Vorteile der Lösung gegenüber der eingeführten Schranke des § 44b UrhG

Die Vorteile des oben skizzierten alternativen Regelungsvorschlags gegenüber § 44b UrhG, Art. 4 DSM-RL offenbaren sich auf mannigfaltige Weise.

An erster Stelle ist zu betonen, dass über die durch § 16 Abs. 3 UrhG n. F. vorgenommene Freistellung auf Schutzbereichsebene Rechtssicherheit für die Verfahren des Text- und Data-Mining geschaffen wird und somit etwaige am Dreistufentest auszurichtende Schrankenvoraussetzungen nicht mehr zu prüfen sind.

An zweiter Stelle wird hierüber eine einheitliche Lösung geschaffen, die die verwertungsrechtlichen Implikationen des Text- und Data-Mining-Prozesses angemessen einordnet und zu einem Gleichlauf in der Auswahl von Werken und der Datenauswahl aus Datenbanken führt.

Die Lösung dabei allein auf das Vervielfältigungsrecht zu beschränken, ist zudem angemessen, da die verwertungsrechtliche Analyse die Erkenntnis hervorgebracht hat, dass für die zentralen Schutzgegenstände Werke und Datenbanken allein das weite Vervielfältigungsrecht eine urheberrechtliche Relevanz des Text- und Data-Mining-Prozesses auslöst. Der vorgeschlagene § 16 Abs. 3 UrhG n. F. nimmt hierauf Rücksicht und zeigt sich zudem deutlich interessengerechter als die einseitig auf die Interessen der Rechtsinhaber ausgerichtete Schranke des § 44b UrhG.

Die Anreize des § 44b UrhG, über die drei Instrumente des Private Ordering Schutzgegenstände exklusiv zu halten, um für sie, aber auch gemeinfreie Inhalte eine Vergütung zu erhalten, werden durch § 16 Abs. 3 UrhG n. F. konsequent zugunsten einer deutlich nutzerfreundlicheren Lösung zurückgeschnitten.

Gleichsam werden auch die Interessen der Urheber und Rechtsinhaber durch die robust ausgestaltete Löschpflicht mit ihrer objektiv bestimmbaren Maximalfrist von einem Jahr gewahrt. Die Analyse des § 44b Abs. 2 S. 2 UrhG hat hier gezeigt, dass die Löschpflicht in ihrer gegenwärtigen Ausgestaltung aufgrund des Erforderlichkeitskriteriums und ihrer mangelnden Durchsetzbarkeit durch die Rechtsinhaber missglückt ist und sie in ihren mittelbaren Auswirkungen zu einer stärkeren Exklusivität analyserelevanter Schutzgegenstände führen wird.

Disziplinenübergreifend kennzeichnet sich der Vorschlag darüber hinaus durch den Vorteil, dass mit der Verknüpfung der Schutzgegenstände mit dem technischen Ziel der Informationsgewinnung die Konflikte über den terminologischen Inhalt des Text- und Data-Mining-Begriffs befriedet werden und im Lichte des Freihaltebedürfnisses für Informationen eine angemessene Einordnung des Text- und Data-Mining vorgenommen wird.

Vollzogen wird dies durch die in § 16 Abs. 3 UrhG n. F. angemessene Ausbalancierung des informationellen Freihaltebedürfnisses auf der einen Seite mit den Eigentumsinteressen der Urheber und Rechtsinhaber auf der anderen Seite.

Diese erfolgt vor dem Hintergrund, dass es einem Text- und Data-Mining-Anwender, wie bereits hinlänglich betont, gerade nicht darum geht, die schöpferische Form eines Werkes oder die Investition in eine Datenbank zu verwerten, sondern einen in der Kumulation verschiedener urheberrechtlicher Schutzgegenstände innewohnenden Informationsgehalt zu offenbaren. Dies stellt die Regelung des § 16 Abs. 3 UrhG n. F., anders als die Schranke des § 44b UrhG, klar heraus und ins Zentrum ihres regulativen Ansatzes.

J. Ergebnisse und Schlussbetrachtung

Im abschließenden Kapitel der Untersuchung geht es darum, die gefundenen Ergebnisse in neun Ergebnisthesen darzulegen, um sie anschließend zu einer wertenden Schlussbetrachtung zusammenzuführen.

I. Zusammenfassung der Ergebnisse in Thesen

These 1: Divergierende terminologische und inhaltliche Vorstellungen über das Text- und Data-Mining prägen den Diskurs zwischen dem Urheberrecht und der Informatik.

Das Recht folgt einem schlagwortartig-prozessorientierten Verständnis des Text- und Data-Mining, das aus dem Bedürfnis resultiert, eine Vielzahl unterschiedlicher Mining-Sachverhalte an ein und dieselbe Rechtsfolge zu knüpfen. Die Informatik verfolgt hingegen die technische Zielsetzung, heterogene Analysedatenbestände in ein einheitliches Format zu überführen, um sie dann den Text- und Data-Mining-Algorithmen mit dem technischen Ziel der Mustergenerierung zuzuführen.

These 2: Die unbestimmten Rechtsbegriffe der Originalität und der wesentlichen Investition sind als Voraussetzungen der zentralen Schutzgegenstände Werk und Datenbank nicht geeignet, eine verbindliche Schutzuntergrenze zu definieren, an der sich eine automatisierte Datenauswahl in Grenzfällen orientieren kann.

Eine rechtssichere Bestimmung der Frage, ob überhaupt ein urheberrechtlicher Schutzgegenstand ausgewählt wird und es damit zu einem Eingriff in das Vervielfältigungsrecht kommt, ist für Text- und Data-Mining-Anwender ex ante nicht umfassend möglich, da unbestimmten Rechtsbegriffen methodisch das Konzept zugrunde liegt, dass sie im Einzelfall durch eine richterliche Wertungsausfüllung ex post zu konkretisieren sind. Besteht über die Methode der abgeleiteten Textformate oder spezielle Screen-Scraping-Software nicht die Möglichkeit, geschützte (Sprach-)Werke in schutzlose Fragmente zu zerteilen, muss in Zweifelsfällen bei der massenhaften Übertragung von Werken in den Analysedatenbestand von einem urheberrechtsrelevanten Vorgang ausgegangen werden.[1058]

1058 Eingehend zu dieser Methode in Kap. C.II.2. c).

These 3: Das weite Vervielfältigungsrecht des § 16 UrhG führt bei der Auswahl von Werken zu Konflikten mit dem Freihaltebedürfnis für Informationen im Urheberrecht.

Die weite Auslegung des Vervielfältigungsrechts provoziert Konflikte mit dem Freihaltebedürfnis für Informationen, die über § 44b UrhG, Art. 4 DSM-RL nicht angemessen gelöst werden.

Der Ausgangspunkt des Konflikts liegt dabei im Ziel des Text- und Data-Mining begründet, nach dem es darum geht, den in einem urheberrechtlichen Schutzgegenstand angelegten Informationsgehalt ggf. durch eine Kumulation mit weiteren Schutzgegenständen zu offenbaren. Zur Extraktion dieses Informationsgehalts ist dabei im Regelfall zunächst das gesamte Werk oder der geschützte Werkteil in den Analysedatenbestand zu übertragen, da erst im Rahmen der weiteren Prozessschritte die urheberrechtlich geschützte Form von der freien Information maschinell durch den Text- und Data-Mining-Prozess getrennt werden kann.

These 4: Über das weite Vervielfältigungsrecht des § 16 UrhG wird ein Gegensatz zum freien Abruf analyserelevanter Daten aus geschützten Datenbanken auf Schutzbereichsebene kreiert.

Der Abruf von Daten aus Werken und der Abruf aus Datenbanken unterscheiden sich dogmatisch vor dem Hintergrund, dass erstens schutzunfähige einzelne Daten aus einer Datenbank restriktionslos abgerufen werden können und zweitens das Vervielfältigungsrecht in § 87b Abs. 1 S. 1 UrhG über den Investitionsschutz bereits auf Schutzbereichsebene begrenzt werden kann.

Technisch hat sich gezeigt, dass Daten aus Datenbanken aufgrund ihrer vorgegebenen Ordnungsstruktur über Datenbankabfragesprachen präzise abgerufen werden können. Für Werke gilt dieser Befund nicht.

In Werken sind vielmehr unstrukturierte Daten inkorporiert, die im Regelfall erst nach der Auswahl eines zu analysierenden Werkes und damit nach einer Vervielfältigungshandlung von der schöpferischen Form getrennt werden. Dabei hat sich auch für die Auswertung von Sprachwerken im Rahmen des Text-Mining-Prozesses gezeigt, dass die originäre Werkauswertung durch die Veröffentlichung der hervorgebrachten Muster oder der Datenmatrix nicht beeinträchtigt wird.

Insoweit kommt es zu einem Eingreifen des Urheberrechts bei der Auswahl von Werken nur deshalb, weil sich der Gesetzgeber entschieden hat, technisch bedingte Vervielfältigungen über § 44a UrhG freizustellen und das Vervielfältigungsrecht des § 16 UrhG von normativ-technischen Wertungen freizuhalten.

These 5: Ein Schutz von Text- und Data-Mining-Ergebnissen über das Urheberrecht ist de lege lata nur in Einzelfällen denkbar.

Ein Schutz der hervorgebrachten Muster als Werk kommt aufgrund der fehlenden persönlichen Noten in den Ergebnissen nicht in Betracht. Auch ein Schutz über die §§ 87a ff. UrhG ist aufgrund der im Text- und Data-Mining-Prozess bestehenden Verbindung zwischen der unbeachtlichen Datenerzeugung und der beachtlichen Darstellung, Überprüfung oder Beschaffung der Daten fernliegend. Denkbar ist ein Schutz nur, wenn eine „selbstständige" wesentliche Investition in die Darstellung oder Überprüfung der hervorgebrachten Muster die Investition in die Datenerzeugung überwiegt. Aufgrund der Tatsache, dass mit über 80 % Prozent der Großteil der wesentlichen Investition jedoch der Phase der Datenerzeugung zuzuordnen ist, wird dies im Regelfall zu verneinen sein. Eine kleine Schutznische verbleibt nur in den Fällen, in denen der Data-Mining-Anwender einen Großteil der aus den Ergebnissen der Anwendung erstellten Datenbank an einen assoziierten Dritten wie z. B. eine Tochtergesellschaft lizenziert.

These 6: Die neu eingeführte Schranke des § 44b UrhG, Art. 4 DSM-RL führt in ihrer konkreten Ausgestaltung zu einer faktischen Zuweisung der für das Text- und Data-Mining relevanten Nutzungshandlungen zugunsten der Rechtsinhaber.

Ermöglicht wird dies über die in der Schranke vorgesehenen drei Instrumente des Private Ordering, die es Rechtsinhabern ermöglichen, den Zugang zu Schutzgegenständen zu steuern (rechtmäßiger Zugang), maschinenlesbare Nutzungsvorbehalte zu implementieren und Rechtsvorbehalte zu erklären. So werden Rechtsinhaber in die Lage versetzt, ihre Schutzgegenstände exklusiv zu halten und Nutzer auf den Lizenzweg zu drängen, wo sie trotz der vorgesehenen Vergütungsfreiheit der Schranke für die Gewährung des Zugangs oder die Aufhebung des Nutzungsvorbehalts ein Entgelt verlangen können.

These 7: § 44b UrhG, Art. 4 DSM-RL zeichnet sich durch eine geringe Techniksensibilität aus.

Durch das pauschale Abstellen der Schranke auf maschinenlesbare Nutzungsvorbehalte in § 44b Abs. 3 S. 2 UrhG werden die Vorgaben der technischen Kommunikation im Internet negiert, die auf maschinenlesbare Standards wie robots.txt als De-facto-Kommunikationsstandard referenzieren.[1059]

1059 Ausführlich hierzu in Kap. G.III.3.; hierauf hinweisend, *Reda*, Stellungnahme DiskE (Fn. 881), 8.

Dabei hat sich gezeigt, dass die fehlende Techniksensibilität auch zu dem Problem führt, dass über § 44b Abs. 3 S. 2 UrhG die Gefahr droht, dass die Nutzung schutzunfähiger Inhalte zu Analysezwecken dem Rechtsinhaber zugewiesen wird. Begründet wird dies dadurch, dass maschinenlesbare Nutzungsvorbehalte wie robots.txt in ihrem technischen Gepräge nicht auf die Voraussetzungen urheberrechtlicher Schutzgegenstände angepasst sind, sondern als maschinenlesbare Nutzungsvorbehalte i. S. v. § 44b Abs. 3 S. 2 UrhG, Art. 4 Abs. 3 DSM-RL nur darauf abzielen, einem bestimmten Crawler einen bestimmten Teil einer Webseite zugänglich zu machen.[1060]

These 8: Rechtsvergleichend zeigt sich, dass die Schranke des § 44b UrhG, Art. 4 DSM-RL nicht in der Lage ist, den Rückstand des europäischen Rechtskreises zu nutzerfreundlichen Rechtsregimen wie dem US-amerikanischen Copyright Law aufzuholen.

Die Untersuchung der flexiblen Fair-Use-Doktrin hat gezeigt, dass im US-amerikanischen Copyright Law aufgrund der Einordnung der Verfahren des Text- und Data-Mining als „non expressive use" kein Konflikt mit dem Urheberrecht besteht. Zu konstatieren ist zudem, dass über das nutzerfreundliche Fair-Use-Regime es gerade gewinnorientierten Nutzern möglich ist, urheberrechtliche Schutzgegenstände beliebig für Text- und Data-Mining-Verfahren in ihren Analysedatenbestand zu übertragen, um ihnen dann im Anschluss die begehrten Informationen zu entnehmen.[1061]

These 9: Statt einer Schrankenregelung zum kommerziellen Text- und Data-Mining wäre es sinnvoll gewesen, eine einheitliche Freistellung auf Schutzbereichsebene zu vollziehen und die „Urheberrechtsfreiheit des Text- und Data-Mining" zu betonen.

Die verwertungsrechtliche Analyse des Text- und Data-Mining-Prozesses und die konkret identifizierten Schwächen der Schranke in § 44b UrhG, Art. 4 DSM-RL führen zu dieser Lösung. Insbesondere der Umstand, dass de lege lata auch ein Abruf ganzer Datenbanken ihrer normalen Auswertung nicht zuwiderläuft, führt zu der Schlussfolgerung, dass es sinnvoll gewesen wäre, für die Auswahl von Werken ebenfalls eine Schutzbereichsbegrenzung in § 16 UrhG zu kodifizieren und somit Handlungen, die der Auswahl von Werken allein zu Zwecken der Informationsgewinnung dienen, vom Verbotsrecht des Urhebers

---

1060 *Burk*, U. Chic. L. Rev. 2019, 283 (291 f.).

1061 Dieses Fazit ist auch für das japanische Rechtsregime mit seiner TDM-Schranke zu ziehen, siehe hierzu *Ueno*, GRUR Int. 2021, 145 (149).

auszunehmen. Mit § 23 S. 3 UrhG, § 23 Abs. 3 UrhG besteht dabei bereits ein regelungstechnisches Vorbild, welches, präzisiert auf die Belange des Vervielfältigungsrechts, in der Lage gewesen wäre, eine gegenüber der eingeführten Schranke des § 44b UrhG interessengerechtere Regulierung des kommerziellen Text- und Data-Mining zu erreichen und die fehlende wirtschaftliche Verwertung von Schutzgegenständen durch den Prozess zu betonen.

II. Wertende Schlussbetrachtung

In Rekurs auf die zu Beginn der Untersuchung zentral formulierte Forschungsfrage hat die Untersuchung der Schranke des kommerziellen Text- und Data-Mining ergeben, dass diese nicht sachgerecht ist und der verwertungsrechtlichen Relevanz dieser Digitaltechnik nicht entspricht.

Allein für die Auswahl ganzer Werke oder geschützter Werkteile besteht danach ein abstraktes Freistellungsbedürfnis über Schranken, das im Angesicht des § 44b UrhG, Art. 4 DSM-RL aber so einseitig zugunsten der Rechtsinhaber ausgestaltet wird, dass die Schranke für Nutzer in ihrer beabsichtigten Wirkung leerlaufen wird.

Diese faktische Zuweisung des Text- und Data-Mining zugunsten der Rechtsinhaber entspricht dabei in keinster Weise dem Freihaltebedürfnis für Informationen im Urheberrecht und der Zielsetzung des Text- und Data-Mining-Prozesses, neue Informationen automatisiert zu offenbaren.

Dogmatisch sinnvoller wäre es daher seitens des Gesetzgebers gewesen, eine umfassende Analyse der verwertungsrechtlichen Relevanz des Text- und Data-Mining unter Beachtung ihrer technischen Prämissen vorzunehmen, um darauf aufbauend einen sachgerechten Lösungsvorschlag zu unterbreiten.

War es dabei bisher Usus, die auf Schutzbereichsebene angelegten Probleme über die Einführung von spezifischen Schranken zu lösen, wird an dieser Stelle auf Grundlage der gewonnenen Erkenntnisse für einen Paradigmenwechsel plädiert, der die Probleme dort löst, wo sie entstehen, und das Risiko einer interessenungerechten und an den technischen Realitäten vorbeilaufenden Schranke ausschließt.

Die Untersuchung zeigt insoweit eindrücklich, dass eine Schranke, wie sie § 44b UrhG, Art. 4 DSM-RL bereitstellt, nicht den erwünschten Durchbruch der Text- und Data-Mining-Verfahren im europäischen Binnenmarkt wird liefern können.

Sie ist dabei auch als warnendes Beispiel einer Entwicklung zu verstehen, aus der die Forderung an das Urheberrecht heranzutragen ist, sich auf seinen berechtigten Kern zurückzuziehen und nicht durch zweckwidrige Schrankenregelungen künftigen digitalen Schlüsseltechnologien der „data-mining society“ die Luft zum Atem zu nehmen.[1062] Insofern fungiert der Vorschlag einer Novellierung des Vervielfältigungsrechts als Anstoß einer zu führenden Debatte, die auf die Korrektur des legislativ fehlgehenden Verständnisses des kommerziellen Text- und Data-Mining drängen muss.

1062 Mit dieser Forderung bereits *Hoeren*, MMR 2000, 3; *Hoeren*, in: Ullrich/Drahos/Ghidini (Hrsg.), Kritika, 23 (31); *Raue*, JZ 2013, 280; die Bedeutung des TDM für die Entwicklung künstlicher Intelligenz betonend, *Steinbrecher*, MMR 2019, 639 (640).

Literaturverzeichnis

Adriaans/Zantinge, Data Mining, Harlow 1998.

Alpar/Niedereichholz, Data Mining im praktischen Einsatz: Verfahren und Anwendungsfälle für Marketing, Vertrieb, Controlling und Kundenunterstützung, Braunschweig 2000.

Alpaydin, Maschinelles Lernen, 2. Aufl., Berlin 2019.

Amstutz, Dateneigentum - Funktion und Form, AcP 2018, S. 438-551.

Apel/Kaulartz, Rechtlicher Schutz von Machine Learning-Modellen, RDi 2020, S. 24-34.

Auer-Reinsdorff/Conrad, Handbuch IT- und Datenschutzrecht, 3. Aufl., München 2019.

Auer-Reinsdorff/Grützmacher, § 15 Schutz von Datenbanken und Datenbankwerken, in: Conrad/Grützmacher (Hrsg.), Recht der Daten und Datenbanken im Unternehmen - Zugleich Festgabe für Jochen Schneider zum 70. Geburtstag, Köln 2014, S. 205-228.

Bechtold, Multimedia und Urheberrecht - einige grundsätzliche Anmerkungen, GRUR 1998, S. 18-27.

Bechtold, Vom Urheber- zum Informationsrecht - Implikationen des Digital Rights Management, München 2002.

Becker, Schutzreche an Maschinendaten und die Schnittstelle zum Personendatenschutz, in: Büscher/Glöckner/Nordemann/Osterrieth/Rengier (Hrsg.), Marktkommunikation zwischen Geistigem Eigentum und Verbraucherschutz, Festschrift für Karl-Heinz Fezer zum 70. Geburtstag, München 2016, S. 815-831.

Beekmann/Chamoni, Verfahren des Data Mining, in: Chamoni/Gluchowski (Hrsg.), Analytische Informationssysteme, 3. Aufl., Berlin 1999, S. 263-282.

Benecke, Was ist „wesentlich" beim Schutz von Datenbanken?, CR 2004, S. 608-613.

Bensberg, Die technischen Potenziale analytischer Informationssysteme - eine Grundlage für den interdisziplinären Dialog, in: Redeker/Hoppen (Hrsg.), DGRI Jahrbuch 2011, S. 181-200.

Bensberg, Web Log Mining als Instrument der Marketingforschung: Ein systemgestaltender Ansatz für internetbasierte Märkte, Wiesbaden 2001.

Bensinger, Sui generis Schutz für Datenbanken - Die EG-Datenbankrichtlinie vor dem Hintergrund des nordischen Rechts, München 1999.

Benz, Der Teileschutz im Urheberrecht, Tübingen 2018.

Berberich, Anmerkung zum Urteil des EuGH v. 19.12.2013, C-202/12 - Innoweb, MMR 2014, S. 188-190.

Berberich, Der Content „gehört" nicht Facebook! - AGB-Kontrolle der Rechteeinräumung an nutzergenerierten Inhalten, MMR 2010, S. 736-741.

Berger, Aktuelle Entwicklungen im Urheberrecht - Der EuGH bestimmt die Richtung, ZUM 2012, S. 353-361.

Berger, Die Wiedergabe eines Werks auf einem elektronischen Bildschirm ist Vervielfältigung, in: Schierholz/Melichar (Hrsg.), Kunst, Recht und Geld: Festschrift für Gerhard Pfennig zum 65. Geburtstag, München 2012, S. 3-14.

Bergmann, Acquis Communautaire, in: Bergmann (Hrsg.), Handlexikon der Europäischen, 5. Aufl. Baden-Baden 2015.

Berking, Die Unterscheidung von Inhalt und Form im Urheberrecht, Baden-Baden 2002.

Berthold, Data Mining - Daten suchen und finden?, HMD 2009, S. 4-5.

Beyer, Der Begriff der Information als Grundlage für die technische Beurteilung des technischen Charakters von personenbezogenen Erfindungen, GRUR 1990, S. 399-410.

Bisges, Der europäische Werkbegriff und sein Einfluss auf die deutsche Urheberrechtsentwicklung, ZUM 2015, S. 357-361.

Bitter/Buchmüller/Uecker, Urheberrecht, in: Hoeren (Hrsg.), Big Data und Recht, München 2014, S. 41-57.

Blázquez/Cappello/Fontaine/Valais, Exceptions and limitations to copyright, Strasbourg 2017.

Bollinger, Assoziationsregeln - Analyse eines Data Mining Verfahrens, Informatik-Spektrum 1996, S. 257-261.

Borghi/Karapapa, Copyright and Mass Digitization, Oxford 2013.

Boulanger/Carbonnel/De Coninck/Langus, Assesing the economic impacts of adapting certain limitations and exceptions to copyright and related rights in the EU, Analysis of specific policy options, Brüssel 2013.

Brachman/Anand, The Process of Knowledge Discovery in Databases: A Human-Centered Approach, in: Fayyad/Piatetsky-Shapiro/Smyth/Uthurusamy (Hrsg.), Advances in Kowledge Discovery and Data Mining, Menlo Park 1996, S. 37-57.

Bridy, The Evolution of Authorship: Work made by Code, Colum. J.L. & Arts 2016, S. 395-401.

Brühl, Big Data, Data Mining, Machine Learning und Predictive Analytics: Ein konzeptioneller Überblick, CFS Working Paper Series, No. 617, Fankfurt a.M. 2019, S. 1-9.

Büllesbach, Datenschutz bei Data Warehouse und Data Mining, CR 2000, S. 11-18.

Bunk, Text- und Data-Mining im Kontext von Smart Data - eine wirtschaftliche Perspektive, in: Raabe/Wagner (Hrsg.), Daten als Wirtschaftsgut, Berlin 2017, S. 30-43.

Burk, Algorithmic Fair Use, U. Chic. L. Rev. 2019, S. 283-308.

Busch, Algorithmic Accountability, Münster 2018.

Butler, Can a Computer be an Author? Copyright Aspects of Artificial Intelligence, Hastings Comm. & Ent. L. J., 1982, S. 707-747.

Caldarola/Schrey, Big Data und Recht - Einführung für die Praxis, München 2019.

Calliess/Ruffert, EUV/AEUV - Das Verfassungsrecht der Europäischen Union mit Europäischer Grundrechtecharta, 5. Aufl., München 2016.

Carroll, Copyright and the Progress of Science: Why Text and Data Mining Is Lawful, UC Davis L. Rev. 2019, S. 893-964.

Caspers/Guibault/McNeie/Piperidis/Pouli/Eskevich/Gavriilidou, Baseline report of policies and barriers of TDM in Europe (extended version), Amsterdam 2016, abrufbar unter: https://bit.ly/2O1K4QS (zuletzt abgerufen: 2.4.2021).

Chamoni/Gluchowski, Business Analytics - State of the Art, Cont. & Man. Rev 2017, S. 8-17.

Chapman/Clinton/Kerber/Khabaza/Reinartz/Shearer/Wirth, CRISP-DM 1.0 Step-by-step data mining guide, abrufbar unter: https://bit.ly/30VIfId (zuletzt abgerufen: 2.4.2021).

Chen/Han/Yu, Data Mining: An Overview from a database perspective, IEEE Transactions on Knowledge and Data Engineering 1996, S. 866-883.

Cichon, Urheberrechte an Webseiten, ZUM 1998, S. 897-902.

Clark, Text Mining and Scholarly Publishing Publishing Research Consortium, Loosdrecht 2013.

Cleve/Lämmel, Data Mining, 3. Aufl., Berlin 2020.

Cocoru/Boehm, An analytical review of text and data mining practices and approaches in Europe - Policy recommendations in view of the upcoming copyright legislative proposal, South Croydon 2016, abrufbar unter: https://bit.ly/31thFpY (zuletzt abgerufen: 2.4.2021).

Codd, A Relational Model for Large Shared Data Banks, Comm. of the ACM 1970, S. 377-387.

Conrad/Schubert, How to Do Things with Code - Zur Erklärung urheberrechtlicher Einwilligungen durch robots.txt, GRUR 2018, S. 350-358.

Czychowski, Anmerkung zum Urteil des EuGH v. 15.1.2015 - C-30/14 - Ryanair, GRUR 2015, S. 255-256.

de la Durantaye, Allgemeine Bildungs- und Wissenschaftsschranke, Münster 2014.

de la Durantaye, Neues Urheberrecht für Bildung und Wissenschaft - eine kritische Würdigung des Gesetzesentwurfs, GRUR 2017, S. 558-567.

de la Durantaye/Raue, Urheberrecht und Zugang in einer digitalen Welt - Urheberrechtliche Fragestellungen des Zugangs für Gedächtnisinstitutionen und die Digital Humanities, RuZ 2020, S. 83-94.

de Wachter, Intellectual Property in an Age of Big Data: an Exercise in Futility?, CRi 2014, S. 1-6.

Derclaye, The Legal Protection of Databases - A Comparative Analysis, Cheltenham 2008.

Dey/Karâa/Chakraborty/Banerjee/Salem/Azar, Int. J. Im. Mining 2015, S. 45-64.

Dietrich, Anmerkung zum Urteil des EuGH v. 19.12.2013, C-202/12 - Innoweb, GRUR Int. 2014, S. 284-285.

Döbel/Leis/Vogelsang/Neustroev/Petzka/Riemer/Rüping/Voss/Wegele/Welz, Maschinelles Lernen - Eine Analyse zu Kompetenzen, Forschung und Anwendung, München 2018, abrufbar unter: https://bit.ly/3niZDkj (zuletzt abgerufen: 2.4.2021).

Dommering, Data, Information and Communication in 21st-Century Europe: A Conceptual Framework, in: Kleist/Roßnagel/Scheuer (Hrsg.), Europäisches und nationales Medienrecht im Dialog, Baden-Baden 2010, S. 51-63.

Drees, Text- und Data-Mining: Herausforderungen und Möglichkeiten für Bibliotheken, Perspektive Bibliothek 2016, S. 49-73.

Dreier, Das WITTEM-Projekt eines „European Copyright Code“, in: Erdmann/Leistner/Rüffer/Schulte-Beckhausen (Hrsg.), Festschrift für Michael Loschelder zum 65. Geburtstag, Köln 2010, S. 47-60.

Dreier, Das WITTEM-Projekt eines „European Copyright Code“, ZEuP 2011, S. 831-850.

Dreier, Der Schrankenkatalog: Adäquate Zugangsregelung für die Wissensgesellschaft? ZUM 2019, S. 384-393.

Dreier, Die Schlacht ist geschlagen - ein Überblick, GRUR 2019, S. 771-778.

Dreier, Grundrechte und die Schranken des Urheberrechts - Anmerkung zu EuGH „Funke Medien NRW“ und „Spiegel Online“, GRUR 2019, S. 1003-1008.

Dreier, Urheberrechtliches Dürfen und Grenzen des Könnens, in: Büscher/Erdmann/Haedicke/Köhler/Loschelder (Hrsg.), Festschrift für Joachim Bornkamm zum 65. Geburtstag, München 2014, S. 749-760.

Dreier/Leistner, Urheberrecht im Internet: die Forschungsherausforderungen, GRUR 2013, S. 881-897.

Dreier/Leistner, Urheberrecht im Internet: die Forschungsherausforderungen, GRUR-Beilage 2014, S. 13-28.

Dreier/Schulze (Hrsg.), Urheberrechtsgesetz: Verwertungsgesellschaftengesetz, Kunsturhebergesetz: Kommentar, 6. Aufl., München 2018.

Drexl, Designing Competitive Markets for Industrial Data, JIPITEC 2017, S. 257-292.

Drexl/Hilty/Desaunettes/Greiner/Kim/Richter/Surblyté/Wiedemann, Ausschließlichkeits- und Zugangsrechte an Daten - Positionspapier des Max-Planck-Instituts für Innovation und Wettbewerb vom 16.8.2016 zur aktuellen europäischen Debatte, GRUR Int. 2016, S. 914-918.

Dreyer/Kotthoff/Meckel/Hentsch, Urheberrecht - Urheberrechtsgesetz, Urheberrechtswahrneh-mungsgesetz, Kunsturhebergesetz, 4. Aufl., Heidelberg 2018.

Ducato/Strowel, Limitations to Text and Data Mining and Consumer Empowerment: Making the Case for a Right to „Machine Legibility", IIC 2019, S. 649-684.

Duisberg, „Datenhoheit und Recht des Datenbankherstellers" - Recht am Einzeldatum vs. Rechte an Datensammlungen, in: Raabe/Wagner (Hrsg.), Daten als Wirtschaftsgut, Berlin 2017, S. 16-27.

Düsing, Knowledge Discovery in Databases, in: Chamoni/Gluchowski (Hrsg.), Analytische Informationssysteme, 4. Aufl., Berlin 2010, S. 281-306.

Ehinger/Stiemerling, Die urheberrechtliche Schutzfähigkeit von Künstlicher Intelligenz am Beispiel von Neuronalen Netzen, CR 2018, S. 761-770.

Ehlen/Brandt, Die Schutzfähigkeit von Daten - Herausforderungen und Chancen für Big Data Anwender, CR 2016, S. 570-575.

Ehmann, Big Data auf unsicherer Grundlage - was ist „wesentlich" beim Investitionsschutz für Datenbanken?, K&R 2014, S. 394-400.

Ehmann, Datenbankurheberrecht, Datenbankherstellerrecht und die Gemeinschaft der Rechtsinhaber - Zugleich Besprechung von BGH „Gedichttitelliste I und II", GRUR 2008, S. 474-478.

Ehmann, Wettbewerbsfreiheit und Investitionsschutz für Datenbanken, München 2011.

Ekstrand/Roush, „From Hot News to Hot Data: The Rise of Fintech, the Ownership of Big Data, and the Future of the Hot News Doctrine“, Cardozo Arts & Ent. L.J., S. 303-340.

Elteste, Screen Scraping: Wechselwirkung zwischen Datenbankrecht und Vertragsrecht, CR 2015, S. 447-451.

Enders, Digital Rights Management Systeme (DRMS) als besondere Herausforderung an das Urheberrecht, ZUM 2004, S. 593-605.

Ensthaler, Industrie 4.0 und die Berechtigung an Daten, NJW 2016, S. 3473-3478.

Erdmann, Die Relativität des Werkbegriffs, in: Erdmann/Leistner/Rüffer/Schulte-Beckhausen (Hrsg.), Festschrift für Michael Loschelder zum 65. Geburtstag, Köln 2010, S. 61-74.

Ester/Sander, Knowledge Discovery in Databases: Techniken und Anwendungen, Berlin 2000.

Etzioni, The World-Wide Web: Quagmire or Gold Mine?, Comm. of the ACM 1996, S. 65-68.

Everling, Probleme der Rechtsangleichung zur Verwirklichung des europäischen Binnenmarktes, in: Baur/Hopt/Mailänder (Hrsg.), Festschrift für Ernst Steindorff zum 70. Geburtstag am 13. März 1990, Berlin 1990, S. 1155-1173.

Fayyad/Piatetsky-Shapiro/Smyth, From Data Mining to Knowledge Discovery: An Overview, in: Fayyad/Piatetsky-Shapiro/Smyth/Uthurusamy (Hrsg.), Advances in Knowledge Discovery and Data Mining, Menlo Park 1996, S. 1-34.

Fayyad/Piatetsky-Shapiro/Smyth, From Data Mining to Knowledge Discovery in Databases, AI Magazine 1996, S. 37-54.

Fayyad/Stolorz, Data mining and KDD: Promises and challenges, Future Generation Computer Systems 1997, S. 99-115.

Felden/Koschtial/Buder, Predictive Analytics in der strategischen Anlagenwirtschaft, in: Mertens/Rässler (Hrsg.), Prognoserechnung, 7. Aufl., Heidelberg 2012, S. 519-537.

Feldman/Sanger, The Text Mining Handbook: Advanced Approaches in Analyzing Unstructured Data, New York 2006.

Filippov/Hofheinz, Text and Data Mining for Research and Innovation - Interactive Policy Brief 20/2016 by the Lisbon Council, Brüssel 2016, S. 1-16, abrufbar unter: https://bit.ly/3u4ErAY (zuletzt abgerufen: 2.4.2021).

Fischer, Perspektiven für ein Europäisches Urheberrecht, Baden-Baden 2014.

Fisher/Chicot/Domini/Misojcic/Bodea/Karanikolova/Radauer/Moreno/Gkogka, Study in support of the evaluation of Directive 96/9/EC on the legal protection of databases, Brüssel 2018, abrufbar unter: https://bit.ly/3fmIXGC (zuletzt abgerufen: 2.4.2021).

Flechsig, Der rechtliche Rahmen der europäischen Richtlinie zum Schutz von Datenbanken, ZUM 1997, S. 577-592.

Förster, Fair Use, Tübingen 2008.

Franzen, Privatrechtsangleichung durch die Europäische Gemeinschaft, Berlin 1999.

Freiknecht/Papp, Big Data in der Praxis - Lösungen mit Hadoop, Spark, Hbase und Hive - Daten speichern, aufbereiten, visualisieren, 2. Aufl., München 2018.

Fries/Scheufen, Märkte für Maschinendaten - Eine rechtliche und rechtsökonomische Standortbestimmung, MMR 2019, S. 721-726.

Fromm/Nordemann, Urheberrecht - Kommentar zum Urheberrechtsgesetz, Verlagsgesetzm Einigungsvertrag (Urheberrecht), neu: zur EU-Portabilitätsverordnung, 12. Aufl., Stuttgart 2018.

Frosio, Reforming the C-DSM Reform: A User-Based Copyright Theory for Commonplace Creativity, IIC 2020, S. 709-750.

Fuchs, Die Gemeinfreiheit von amtlichen Datenbanken, UFITA 2008, S. 27-46.

Fuchs/Hofkirchner, Ein einheitlicher Informationsbegriff für eine einheitliche Informationswissenschaft, in: Floyd/Fuchs/Hofkirchner (Hrsg.), Stufen zur Informationsgesellschaft, Festschrift zum 65. Geburtstag von Klaus Fuchs-Kittowski, Frankfurt a. M. 2002, S. 241-281.

Gabriel/Gluchowski/Pastwa, Data Warehouse & Data Mining, Herdecke 2009.

Gaster, "Obtinere" of Data in the Eyes of the ECJ - How to interprete the Database Directive after British Horseracing Board Ltd et al. v. William Hill Organisation Ltd, CRi 2005, S. 129-135.

Gaster, Der Rechtsschutz von Datenbanken, Köln 1999.

Geiger, Der urheberrechtliche Interessenausgleich in der Informationsgesellschaft - Zur Rechtsnatur der Beschränkungen des Urheberrechts, GRUR Int. 2004, S. 815-821.

Geiger/Frosio/Bulayenko, Creating a Text and Data Mining Exception for Machine Learning and Big Data in the Digital Single Market, in: Seuba/Geiger/Penin (Hrsg.), Intellectual Property and Digital Trade in the Age of Artificial Intelligence and Big Data, Strasbourg 2018, S. 95-111.

Geiger/Frosio/Bulayenko, Text and Data Mining: Articles 3 and 4 of the Directive 2019/790/EU, in: Garcia/Llorca (Hrsg.), Propiedad Intellectual y Mercado Único Digital Europeo, Valencia 2019, S. 22-64.

Geiger/Frosio/Bulayenko, The Exception for Text and Data Mining (TDM) in the proposed Directive on Copyright in the Digital Single Market - Legal Aspects, IIC 2018, S. 814-845.

Geiger/Griffiths/Hilty, Erklärung für eine ausgewogene Auslegung des Drei-Stufen-Tests im Urheberrecht, GRUR Int. 2008, 822-825.

Geiger/Izyumenko, The Constitutionalization of Intellectual Property Law in the EU and the Funke Medien, Pelham and Spiegel Online Decisions of the CJEU: Progress, but Still Some Way to Go!, IIC 2020, S. 282-306.

Geisler, Datenbanken - Grundlagen und Desing, 5. Aufl., Heidelberg 2014.

Gerpott/Mikolas, Zugang zu Daten großer Online-Plattformbetreiber nach der 10. GWB-Novelle, CR 2021, S. 137-144.

Gervais, Exploring the Interfaces Between Big Data and Intellectual Property Law, JIPITEC 2019, S. 3-19.

Ginsburg, Fair Use for Free, or Permitted-but-Paid, Berkeley Tech. L.J. 2014, S. 1383-1446.

Gitelman/Jackson, Introduction, in: Gitelman (Hrsg.), Raw Data is an Oxymoron, Cambridge 2013, S. 1-14.

Gluchowski, Business Analytics - Grundlagen, Methoden und Einsatzpotenziale, HMD 2016, S. 273-286.

Goldstein, Copyright's Commons, Colum. J.L. & Arts 2005, S. 1-10.

Golla, Algorithmen, die nach Terroristen schürfen - „Data-Mining" zur Gefahrenabwehr und zur Strafverfolgung, NJW 2021, S. 667-672.

Golla/von Schönfeld, Kratzen und Schürfen im Datenmilieu - Web Scraping in sozialen Netzwerken zu wissenschaftlichen Forschungszwecken, K&R 2019, S. 15-22.

Gomille, Kreative künstliche Intelligenz und das Urheberrecht, JZ 2019, S. 969-975.

Götz, Big Data und der Schutz von Datenbanken - Überblick und Grenzen, ZD 2014, S. 563-568.

Gräbitz, Die Auswirkungen der Richtlinie (EU) 2019/790 auf wissenschaftliche Bibliotheken, Bibliotheksdienst 2020, S. 654-707.

Grabitz/Hilf/Nettesheim, Das Recht der Europäischen Union, Band I, Stand: 71. Ergänzungslieferung, München 2020.

Graf/Schmidt, Data Mining und wissenschaftliche Forschung - de lege lata und de lege ferenda, S. 185-200.

Gräfe/Kahl, KI-Systeme zur automatischen Texterstellung - Urheber- und medienrechtliche Einordnung von Textgeneratoren in Journalismus und E-Commerce, MMR 2021, S. 121-126.

Grimmelmann, Copyright for Literate Robots, Iowa L. Rev. 2016, S. 657-681.

Grisse, Nutzbarmachung urheberrechtlich geschützter Textbestände für die Forschung durch Dritte, RuZ 2020, S. 143-159.

Grob/Bensberg, Das Data-Mining Konzept, in: Arbeitsberichte der Reihe computergestütztes Controlling Nr. 8, Münster 1999.

Grünberger, Anmerkung zum Urteil des BGH v. 9.7.2015 - Die Realität II, JZ 2016, S. 318-320.

Grünberger, Bedarf es einer Harmonisierung der Verwertungsrechte und Schranken? ZUM 2015, S. 273-290.

Grünberger, Die Entwicklung des Urheberrechts im Jahr 2018, ZUM 2019, S. 281-308.

Grünberger/Podzsun, Ein more technological approach für das Immaterialgüterrecht, ZGE 2014, S. 269-270.

Grützmacher, Dateneigentum - ein Flickenteppich - Wem gehören die Daten bei Industrie 4.0, Internet der Dinge und Connected Cars?, CR 2016, S. 485-495.

Grützmacher, Urheber-, Leistungs-, und Sui generis Schutz von Datenbanken - Eine Untersuchung des europäischen, deutschen und britischen Rechts, Baden-Baden 1999.

Haarmann, Keine Extraktion von Wissen aus verschiedenen Datenwelten, VW 2011, S. 1169-1173.

Haberstumpf, Das Urheberrecht - Feind des Wissenschaftlers und des wissenschaftlichen Fortschritts?, ZUM 2012, S. 529-538.

Haberstumpf, Der Schutz elektronischer Datenbanken nach dem Urheberrechtsgesetz, GRUR 2003, S. 14-31.

Haberstumpf, Die Paradoxien des Werkbegriffs. Können fiktionale Figuren urheberrechtlich geschützt sein?, ZGE 2012, S. 284-320.

Hacker, Immaterialgüterrechtlicher Schutz von KI-Trainingsdaten, GRUR 2020, S. 1025-1033.

Han/Kamber/Pei, Data Mining: Concepts and Techniques, 3. Aufl., Amsterdam 2012.

Hand, Statistics and Data Mining: Intersecting Disciplines, SIGKDD Explorations 1999, S. 16-20.

Hand/Mannila/Smyth, Principles of Data Mining, Cambridge 2001.

Handig, Durch „freie kreative Entscheidung" zum europäischen urheberrechtlichen Werkbegriff, GRUR Int. 2012, S. 973-979.

Handke/Guibault/Vallbé, Is Europe Falling behind in Data Mining? Copyright´s Impact on Data Mining in Academic Research, abrufbar unter: https://bit.ly/2QMyPNb (zuletzt abgerufen: 2.4.2021).

Hansen, Warum Urheberrecht, Baden-Baden 2009.

Hargreaves/Guibault/Handke/Valcke/Martens, Standardisation in the area of innovation and technological development, notably in the field of Text and Data Mining: report from the expert group, Luxembourg 2014.

Härting, „Dateneigentum“ - Schutz durch Immaterialgüterrecht?, CR 2016, S. 646-649.

Haucap/Loebert/Spindler/Thorwarth, Ökonomische Auswirkungen einer Bildungs- und Wissenschaftsschranke im Urheberrecht, DICE Ordnungspolitische Perspektiven No. 86, Düsseldorf 2016.

Hearst, Untangling Text and Data Mining, in: Dale/Church (Hrsg.), Proceedings of the 37th annual meeting of the Association for Computional Linguistics, Maryland 1999, S. 1-10.

Heesen/Jüngels, Der Regierungsentwurf der Text- und Data-Mining-Schranken, RuZ 2021, S. 45-55.

Herrmann/Dehißelles, Das Schutzrecht sui generis an Datenbanken, K&R 2009, S. 23-26.

Herresthal, Die Regelungsdichte von (vollharmonisierenden) Richtlinien, in: Gsell/Herresthal (Hrsg.), Vollharmonisierung im Privatrecht, Tübingen 2009, S. 113-161.

Hertin, Datenbankschutz für topografische Landkarten? - Eine Kontroverse zwischen den Landesvermessungsämtern und den privatwirtschaftlichen Verlagen von Kartografie, GRUR 2004, S. 646-652.

Hertin, Der Elementeschutz für Darstellungen wissenschaftlicher und technischer Art ist eröffnet - Die Konsequenz aus der Rechtsprechung des EuGH zum Datenbankschutz für analoge Kartografie, in: Dreier/Peifer/Specht (Hrsg.), FS Schulze, München 2017, S. 13-21.

Hetmank/Lauber-Rönsberg, Künstliche Intelligenz - Herausforderungen für das Immaterialgüterrecht, GRUR 2018, S. 574-582.

Heyer/Quasthoff/Wittig, Text Mining: Wissensrohstoff Text: Konzepte, Algorithmen, Ergebnisse, Berlin 2006.

Hill, Aus Daten Sinn machen: Analyse- und Deutungskompetenzen in der Datenflut, DÖV 2014, S. 213-222.

Hilty, Big Data: Ownership and Use in the Digital Age, in: Seuba/Geiger/Penin (Hrsg.), Intellectual Property and Digital Trade in the Age of Artificial Intelligence and Big Data, Strasbourg 2018, S. 85-94.

Hilty, Intellectual Property and the European Community´s Internal Market Legislation, IIC 2004, S. 760-775.

Hilty/Richter, PART B Exceptions and Limitations - Chapter 1: Text and Data Mining, in: Hilty/Moscon (Hrsg.), Modernisation of the EU Copyright Rules, München 2017, S. 25-60.

Hippner/Merzenich/Wilde, Grundlagen des Web Mining - Prozess, Methoden und praktischer Einsatz, in: Hippner/Merzenich/Wilde (Hrsg.), Handbuch Web Mining im Marketing, Braunschweig 2002, S. 4-31.

Hippner/Rentzmann, Text Mining, Informatik-Spektrum 2006, S. 287-290.

Hirschey, Symbiotic relationships: Pragmatic acceptance of data scraping, Berkeley Tech. L. J. 2014, S. 897-928.

Hoeren, Big Data and Data Quality, in: Hoeren/Kolany-Raiser (Hrsg.), Big Data in Context - Legal, Social and Technological Insights, Cham 2018, S. 1-12.

Hoeren, Anmerkung zum Urteil des EuGH, Urt. v. 9.11.2004 - BHB/William Hill, MMR 2005, S. 34-36.

Hoeren, Anmerkungen zum Beschluss des BGH v. 1.6.2017 - I ZR 139/15 - Afghanistan Papiere, MMR 2017, S. 684.

Hoeren, Das Urheberrechts-Wissensgesellschafts-Gesetz, IWRZ 2018, S. 120-125.

Hoeren, Dateneigentum - Versuch einer Anwendung von § 303a StGB im Zivilrecht, MMR 2013, S. 486-491.

Hoeren, Information als Gegenstand des Rechtsverkehrs - Prolegomena zu einer Theorie des Informationsrechts, MMR-Beilage 1998, S. 6-11.

Hoeren, Informationsgerechtigkeit als Leitperspektive des Informationsrechts, in: Taeger/Wiebe (Hrsg.), Informatik - Wirtschaft - Recht - Regulierung in der Wissensgesellscahft, Festschrift für Wolfgang Kilian, Baden-Baden 2004, S. 91-102.

Hoeren, Rechtliche Zulässigkeit von Meta-Suchmaschinen - Urheber- und wettbewerbsrechtliche Vorgaben, MMR-Beilage 2001, S. 2-9.

Hoeren, The hypertophy of German copyright law - and some fragmentary ideas on information law, in: Ullrich/Drahos/Ghidini (Hrsg.), Kritika, S. 23-47.

Hoeren, Thesen zum Verhältnis von Big Data und Datenqualität - Erstes Raster zum Erstellen juristischer Standards, MMR 2016, S. 8-11.

Hoeren, Urheberrecht 2000 - Thesen für eine Reform des Urheberrechts, MMR 2000, S. 3-7.

Hoeren, Urheberrecht in der Informationsgesellschaft - Überlegungen zu einem Rechtsgutachten von Gerhard Schricker et al., GRUR 1997, S. 866-875.

Hoeren/Pinelli, Daten im Rechtsverkehr - Überlegungen für ein allgemeines Datenvertragsrecht, JZ 2020, S. 879-884.

Hoeren/Schuhmacher, Verwendungsbeschränkungen im Softwarevertrag - Überlegungen zum Umfang des Benutzungsrechts für Standardsoftware, CR 2000, S. 137-146.

Hoeren/Sieber/Holznagel, Handbuch Multimedia-Recht, Stand: 54. Ergänzungslieferung, München 2020.

Hoeren/Uphues, Big Data in Industrie 4.0, in: Frenz (Hrsg.), Handbuch Industrie 4.0, Berlin 2020, S. 113-131.

Hoffmann-Riem, Rechtliche Rahmenbedingungen für und regulative Herausforderungen durch Big Data, in: Hoffmann-Riem (Hrsg.), Big Data - Regulative Herausforderungen, Baden-Baden 2018, S. 11-78.

Hoffmann-Riem, Verhaltenssteuerung durch Algorithmen - Eine Herausforderung für das Recht, AöR 2017, S. 1-42.

Hofmann, Grundsatz der Technikneutralität im Urheberrecht? - Zugleich Gedanken zu einem more technical approach, ZGE 2016, S. 482-512.

Holthausen, Big Data, People Analytics, KI und Gestaltung von Betriebsvereinbarungen - Grund-, arbeits- und datenschutzrechtliche An- und Herausforderungen, RdA 2021, S. 19-32.

Hoppen, § 2 Datenmodellierung und Datenspeicherung, in: Conrad/Grützmacher (Hrsg.), Recht der Daten und Datenbanken im Unternehmen - Zugleich Festgabe für Jochen Schneider zum 70. Geburtstag, Köln 2014, S. 7-23.

Hoppen, Sicherung von Eigentumsrechten an Daten - Technisch basierte Anmerkungen zur Rechtsentwicklung, CR 2015, S. 802-805.

Hoppen, Technische Aspekte bei der Bewertung von Software, in: Metzger/Wimmers (Hrsg.), DGRI Jahrbuch 2014, Rn. 135-237.

Hornung/Hofmann, Industrie 4.0 und das Recht: Drei zentrale Herausforderungen, in: Hornung (Hrsg.), Rechtsfragen der Industrie 4.0, Baden-Baden 2018, S. 9-64.

Hotho/Nürnberger/Pass, A Brief Survey of Text Mining, LDV-Forum 2005, S. 19-62.

Hugenholtz, Against “Data Property”, in: Ullrich/Drahos/Ghidini (Hrsg.), Kritika, Essays on Intellectual Property, 3. Aufl., Cheltenham 2018, S. 48-71.

Hugenholtz, Data Property in the System of Intellectual Property Law: Welcome Guest or Misfit?, in: Lohsse/Schulze/Staudenmayer, Trading Data in the Digital Economy: Legal Concepts and Tools, Baden-Baden 2017, S. 73-100.

Hugenholtz, Flexible Copyright: Can EU Author’s Right Accommodate Fair Use?, in: Stamatoudi (Hrsg.), International Copyright Law, Alphen aan den Rijn 2016, S. 417-434.

Immon, Building the Data Warehouse, 3. Aufl., New York 2002.

Immon, The Data Warehouse and Data Mining, Comm. of the ACM 1996, No. 11, S. 49-50.

Jakl, Das Recht der Künstlichen Intelligenz - Möglichkeiten und Grenzen zivilrechtlicher Regulierung, MMR 2019, S. 711-715.

Jennings/Yates, Scrapping over data: are the data scrapers' days numbered?, JIPLP 2009, S. 120-129.

Joens, Daten als Handelsware, Baden-Baden 2019.

Jotzo, Der Schutz großer Textbestände nach dem UrhG - Die Nutzbarmachung fremder Textbestände für die Forschung - RuZ 2020, S. 128-142.

Just/Latzer, Governance by algorithms: reality construction by algorithmic selection on the Internet, Media Culture & Society 2017, S. 238-258.

Jütte, Reconstructing European Copyright Law for the Digital Single Market, Baden-Baden 2017

Kaminski, Authorship, Disrupted: AI Authors in Copyright and First Amendment Law, UC Davis L. Rev. 2017, S. 589-616.

Kilian/Heusen, Computerrechts-Handbuch, Stand: 35. Ergänzungslieferung, München 2020.

Kirchner, Abkürzungsverzeichnis der Rechtssprache, 9. Aufl., Berlin 2018.

Klass, Werkgenuss und Werknutzung in der digitalen Welt: Bedarf es einer Harmonisierung des Urheberpersönlichkeitsrechts, ZUM 2015, S. 290-308.

Klein, Neue Lizenzen braucht das Land: Nutzungsart Big Data Miner, in: Taeger (Hrsg.), DSRI Tagungsband 2014, Big Data & Co - Neue Herausforderungen für das Informationsrecht, Edewecht 2014, S. 5-17.

Kleinemenke, Fair Use im deutschen und europäischen Urheberrecht?, Baden-Baden 2013.

Kleinemenke, Google Books und Fair Use - Lehren für eine flexiblere Ausgestaltung und Anwendung urheberrechtlicher Schrankenbestimmungen (auch) im deutschen und europäischen Recht, GRUR Int. 2014, S. 892-901.

Kleinkopf/Jacke/Gärtner, Text- und Data-Mining - Urheberrechtliche Grenzen der Nachnutzung wissenschaftlicher Korpora bei computergestützten Verfahren und digitalen Ressourcen, MMR 2021, S. 196-200.

Knobloch, Der Data-Mining Ansatz zur Analyse betrienswirtschaftlicher Daten, in: Bamberger Beiträge zur Wirtschaftsinformatik Nr. 58, Bamberg 2000.

Knobloch, Management von Datenanalyseprozessen, Bamberg 2018.

Knobloch, Prozessmodelle der Datenanalyse, Ködnitz 2007.

Köhler, Der Schutz von Websites gemäß §§ 87 a ff. UrhG, ZUM 1999, S. 548-555.

Köndgen, § 6 Die Rechtsquellen des Europäischen Privatrechts, in: Riesenhuber (Hrsg.), Europäische Methodenlehre, 3. Aufl., Berlin 2015, S. 95-124.

Kosala/Blockeel, Web Mining Research: A Survey, SIGKDD Explorations 2000, S. 1-15.

Krekel, Die digitale Datenbank - aktuelle Probleme im Recht des Datenbankherstellers, WRP 2011, S. 436-443.

Kreutz, Der Webseitennutzungsvertrag - Fiktion oder unbekanntes Rechtsgeschäft?, ZUM 2018, S. 162-168.

Kriesel, Einheitlicher europäischer Werkbegriff und Herabsenkung der Anforderungen an die Gestaltungshöhe bei Werken der angewandten Kunst, Frankfurt a. M. 2014.

Krzywicki/Wobcke/Bain/Martinez/Compton, Data Mining for Building Knowledge Bases: Techniques, Architectures and Applications, Knowl. Eng. Rev. 2016, S. 97-123.

Kuhlen, Informationen - Informationswissenschaft, in: Kuhlen/Semar/Strauch (Hrsg.), Grundlagen der praktischen Information und Dokumentation, Berlin 2013, S. 1-24.

Kummer, Das urheberrechtlich schützbare Werk, Bern 1968.

Kühn/Koch, Webseiten als schutzfähiges Werk nach UrhG, CR 2018, S. 648-654.

Küppers, Data Mining in der Praxis: ein Ansatz zur Nutzung der Potentiale von Data Mining im betrieblichen Umfeld, Frankfurt a. M. 1999.

Kuschel, Digitalisierung - Umbruch oder Fortentwicklung im Recht des geistigen Eigentums, in: Eifert (Hrsg.), Digitale Disruption und Recht - Workshop zu Ehren des 80. Geburtstags von Wolfgang Hoffmann-Riem, Baden-Baden 2020, S. 93-126.

Kuschel/Rostam, Urheberrechtliche Aspekte der Richtlinie 2019/770, CR 2020, S. 393-400.

Larenz, Methodenlehre der Rechtswissenschaft, 6. Aufl., Berlin 1991.

Lauber-Rönsberg, Autonome „Schöpfung“ - Urheberschaft und Schutzfähigkeit, GRUR 2019, S. 244-253.

Lauber-Rönsberg, Das Recht am eigenen Bild in sozialen Netzwerken, NJW 2016, S. 744-750.

Lauber-Rönsberg, Reform des Bearbeitungsrechts und neue Schrankenregelung für Parodien, Karikaturen und Pastiches, ZUM 2020, S. 733-740.

Lehmann, § 11 Abgrenzung der Schutzgüter im Zusammenhang mit Daten, in: Conrad/Grützmacher (Hrsg.), Recht der Daten und Datenbanken im Unternehmen - Zugleich Festgabe für Jochen Schneider zum 70. Geburtstag, Köln 2014, S. 133-142.

Leistner, „Ende gut, alles gut"... oder „Vorhang zu und alle Fragen offen"?, GRUR 2019, S. 1008-1015.

Leistner, "Last exit" withdrawal?, K&R 2007, S. 457-465.

Leistner, Big Data and the EU Database Directive - Current Law and Potential Reforms, in: Lohsse/Schulze/Staudenmayer (Hrsg.), Trading Data in the Digital Economy, Baden-Baden 2017, S. 27-58.

Leistner, Datenbankschutz - Abgrenzung zwischen Datensammlung und Datengenerierung, CR 2018, S. 17-22.

Leistner, Der europäische Werkbegriff, ZGE 2013, S. 4-45.

Leistner, Der neue Rechtsschutz des Datenbankherstellers - Überlegungen zu Anwendungsbereich, Schutzvoraussetzungen, Schutzumfang sowie zur zeitlichen Dauer des Datenbankherstellerrechts gemäß §§ 87a ff. UrhG, GRUR Int. 1999, S. 819-839.

Leistner, Der Rechtsschutz von Datenbanken im deutschen und europäischen Recht - Eine Untersuchung zur Richtlinie 96/9/EG und zu ihrer Umsetzung in das deutsche Urheberrechtsgesetz, München 2000.

Leistner, Die Methodik des EuGH und die Garantenfunktion der nationalen Gerichte bei der Fortentwicklung des europäischen Urheberrechts, in: Büscher/Erdmann/Haedicke/Köhler/Loschelder (Hrsg.), Festschrift für Joachim Bornkamm zum 65. Geburtstag, München 2014, S. 859-873.

Leistner, Einheitlicher europäischer Werkbegriff auch im Bereich der angewandten Kunst, GRUR 2019, S. 1114-1120.

Leistner, Konsolidierung und Entwicklungsperspektiven des Europäischen Urheberrechts - Referat im Rahmen der Vortragsreihe "Rechtsfragen der europäischen Integration" Bonn den 14.01.2008, Bonn 2008.

Leistner, Urheberrecht an der Schnittstelle zwischen Unionsrecht und nationalem Recht, GRUR 2014, S. 1145-1155.

Leistner, Urheberrecht unter dem Einfluss der EuGH-Rechtsprechung, EuZW 2016, S. 166-171.

Leistner, Was lange währt...: EuGH entscheidet zur Schutzfähigkeit geografischer Karten als Datenbanken, GRUR 2016, S. 42-44.

Leistner/Antoine/Sagstetter, Big Data - Rahmenbedingungen im Europäischen Datenschutz- und Immaterialgüterrecht und übergreifende Reformperspektiven, Tübingen 2021.

Leistner/Roder, Die Rechtsprechung des EuGH zum Unionsurheberrecht aus methodischer Sicht - zugleich ein Beitrag zur Fortentwicklung des europäischen Privatrechts im Mehrebenensystem, ZfPW 2016, S. 129-172.

Lessig, Code as Law, Code and other Laws of Cyberspace, New York 1999.

Leval, Commentaries - Toward a Fair Use Standard, Harv. L. Rev. 1990, S. 1105-1136.

Lewandowski, How Copyright Law can fix Artificial Intelligence's Implicit Bias Problem, Wash. L. Rev. 2018, S. 579-630.

Lewandowski, Suchmaschinen verstehen, 2. Aufl., Berlin 2018.

Lippstreu, Wege der Rechtsangleichung im Vertragsrecht, Tübingen 2014.

Loewenheim, Handbuch des Urheberrechts, 3. Aufl., München 2021.

Loewenheim, Handbuch des Urheberrechts, 2. Aufl., München 2010.

Lusti, Data Warehousing und Data Mining: eine Einführung in entscheidungsunterstützende Systeme, Berlin 1999.

Lutz, Zugang zu wissenschaftlichen Informationen in der digitalen Welt, Tübingen 2012.

Madria/Bhomwick/Ng, Research Issues in Web Data Mining, in: Mohania (Hrsg.), Proceedings of the First International Conference on Data Warehousing and Knowledge Discovery, Berlin 1999, S. 303-312.

Maier/Lehner, Daten, Information, Wissen, in: Lehner/Hildebrand/Maier (Hrsg.), Wirtschaftsinformatik: Theoretische Grundlagen, München 1995, S. 165-272.

Mainzer, Big Data und die Macht der Algorithmen, in: Schröder/Schwanebeck (Hrsg.), Big Data - In den Fängen der Datenkraken, 2. Aufl., Baden-Baden 2019, S. 51-72.

Mandl, Text- und Data-Mining, in: Kuhlen/Semar/Strauch (Hrsg.), Grundlagen der praktischen Information und Dokumentation, 6. Aufl., Berlin 2013, S. 183-191.

Mankowski, Die Grundbegriffe der Richtlinie, NZI-Beilage 2017, S. 15-18.

Manyika/Chui/Brown/Bughin/Dobbs/Roxburgh/Byers, Big Data: The next frontier for innovation, competition and productivity, Report by McKinsey Global Institute, San Francisco 2011, abrufbar unter: https://mck.co/3m0VaSC (zuletzt abgerufen: 2.4.2021).

Markl, Technische Einführung, in: Hoeren (Hrsg.), Big Data und Recht, München 2014, S. 3-10.

Marly, Bildschirmkopien, Cache-Kopien und Streaming als urheberrechtliche Herausforderungen, EuZW 2014, S. 616-619.

Marly, Der Schutzgegenstand des urheberrechtlichen Softwareschutzes - Zugleich Besprechung zu EuGH, Urt. v. 2.5.2012 - C-406/10 - SAS Institute, GRUR 2012, S. 773-779.

Mattioli, Data Policy in the United States: New Challenges, ZGE 2017, S. 299-316.

Mayer-Schönberger/Cukier, Big Data - A Revolution that will Transform how we live, work and think, London 2013.

Mehler/Wolff, Einleitung: Perspektiven und Positionen des Text Mining, LDV-Forum 2005, S. 1-18.

Meier, Überblick Analytics: Methoden und Potenziale, HMD 2019, S. 885-899.

Meier/Kaufmann, SQL- & NoSQL-Datenbanken, 8. Aufl., Berlin 2016.

Meier, M./Beckh, Text Mining, Wirtschaftsinformatik 2000, S. 165-167.

Meinicke, Big Data und Data Mining: Automatisierte Strafverfolgung als neue Wunderwaffe der Verbrechensbekämpfung?, in: Taeger (Hrsg.), DSRI Tagungsband 2014, Big Data & Co - Neue Herausforderungen für das Informationsrecht, Edewecht 2014, S. 183-202.

Menczer, Web Crawling, in: Bing (Hrsg.) Web Data Mining, Berlin 2007, S. 273-321.

Menell/Lemley/Merges/Balganesh, Intellectual Property in the New Technological Age 2020 - Volume II: Copyright/Trademarks and State IP Protections, Berkeley 2020.

Ménière/Rudyk, The Fourth Industrial Revolution from the European Patent Office Perspective, in: Seuba/Geiger/Penin (Hrsg.), Intellectual Property and Digital Trade in the Age of Artificial Intelligence and Big Data, Strasbourg 2018, S. 29-38.

Mertens/Bissantz/Hagedorn/Schultz, Datenmustererkennung in der Ergebnisrechnung mit Hilfe der Clusteranalyse, Die Betriebswirtschaft 1994, S. 739-753.

Mertens/Bodendorf/König/Schumann/Hess/Buxmann, Grundzüge der Wirtschaftsinformatik, 12. Aufl., Berlin 2017.

Metzger, § 18 Urheberrechtsschutz von Datenmodellen, Dateiformaten und Schnittstellen, in: Conrad/Grützmacher (Hrsg.), Recht der Daten und Datenbanken im Unternehmen - Zugleich Festgabe für Jochen Schneider zum 70. Geburtstag, Köln 2014, S. 245-253.

Metzger, Der Einfluss des EuGH auf die gegenwärtige Entwicklung des Urheberrechts, GRUR 2012, S. 118-126.

Metzger, Rechtsfortbildung im Richtlinienrecht: Zur judikativen Rechtsangleichung durch den EuGH im Urheberrecht, ZEuP 2017, S. 836-862.

Metzger, Regulierung im Urheberrecht - Herausforderungen und Perspektiven, ZUM 2018, S. 233-242.

Metzger, Urheberrechtsschranken in der Wissensgesellschaft: Fair Use oder enge Einzeltatbestände?, in: Leistner (Hrsg.), Europäische Perspektiven des Geistigen Eigentums, S. 101-122.

Meys, Data Mining Under the Directive on Copyright and Related Rights in the Digital Single Market: Are European Database Protection Rules Still Threatening the Development of Artificial Intelligence?, GRUR Int. 2020, S. 457-473.

Mitchell, Machine Learning und Data Mining, Comm. of the ACM 1999, S. 1-13.

Möhring/Nicolini, Urheberrecht: UrhG, KUG, VerlG, VGG: Kommentar, 4. Aufl., München 2018.

Müller, M., Daten, Informationen und Wissen: Überlegungen zu den zukünftigen Entwicklungen von Grundelementen der digitalen Gesellschaft, in: Hill/Martini/Wagner (Hrsg.), Transparenz, Partizipation, Kollaboration - Die digitale Verwaltung neu denken, Baden-Baden 2015, S. 67-80.

Müller, K./Werner, „Macht hoch die Tür, die Tor macht weit" - Das Zugangsrecht nach § 25 UrhG, GRUR 2018, S. 1202-1205.

Münchener Kommentar zum Bürgerlichen Gesetzbuch: BGB - Band 1: Allgemeiner Teil, 8. Aufl., München 2018.

Nastelski, Unbestimmte Rechtsbegriffe, Generalklauseln und Revision, GRUR 1968, S. 545-549.

Obergfell, Abschied von der "Silberdistel": Zum urheberrechtlichen Schutz von Werken der angewandten Kunst, GRUR 2014, S. 621-627.

Obergfell, Big Data und Urheberrecht, in: Ahrens/Bornkamm/Fezer/Koch/McGuire/Würtenberger (Hrsg.), Festschrift für Wolfgang Büscher, Köln 2018, S. 223-232.

Oechsler, Die Wahrung des Grundrechtsstandards im Urheberrecht, NJW 2020, S. 3206-3210.

Ohly, Anmerkungen zum Urteil des BGH v. 30.4.2020 - I ZR 115/16 - Metall auf Metall IV, GRUR 2020, S. 851-852.

Ohly, Unmittelbare und mittelbare Verletzung des Rechts der öffentlichen Wiedergabe nach dem „Córdoba"-Urteil des EuGH, GRUR 2018, S. 996-1004.

Ohly, Urheberrecht in der digitalen Welt - Brauchen wir neue Regelungen zum Urheberrecht und dessen Durchsetzung - Gutachten F zum 70. Deutschen Juristentag, München 2014.

Ohly, Urheberrecht in der digitalen Welt - Brauchen wir neue Regelungen zum Urheberrecht und zu dessen Durchsetzung?, NJW-Beilage 2014, S. 47-50.

Ohst, Computerprogramme und Datenbanken, Frankfurt a. M. 2003.

Ory/Sorge, Schöpfung durch Künstliche Intelligenz?, NJW 2019, S. 710-713.

Otte/Wippermann/Otte, Von Data Mining bis Big Data - Handbuch für die industrielle Praxis, München 2020.

Paal/Hennemann, Big Data im Recht, NJW 2017, S. 1697-1701.

Peifer, Buchausschnitte als Thumbnails - Google Books und Fair Use, GRUR-Prax 2013, S. 529-531.

Peifer, Selbstbestimmung im digitalen Netz - Privatkopie, Flatrate und Fair Use, ZUM 2014, S. 86-90.

Peitz/Schweitzer, Ein neuer europäischer Ordnungsrahmen für Datenmärkte?, NJW 2018, S. 275-280.

Peschel/Rockstroh, Big Data in der Industrie - Chancen und Risiken neuer datenbasierter Dienste, MMR 2014, S. 571-576.

Petersohn, Data Mining: Verfahren, Prozesse, Anwendungsarchitektur, München 2005.

Peukert, Das Urheberrecht und die zwei Kulturen der Online-Kommunikation, GRUR-Beilage 2014, S. 77-93.

Raue, Das Urheberrecht der digitalen Wissensgesellschaft, GRUR 2017, S. 11-19.

Raue, Die geplante Text und Data-Mining Schranken (§§ 44b und 60d UrhG), ZUM 2020, S. 172-175.

Raue, Free Flow of Data? The Friction Between the Commission`s European Data Economy Initiative and the Proposed Directive on Copyright in the Digital Single Market, IIC 2018, S. 379-383.

Raue, Informationsfreiheit und Urheberrecht, JZ 2013, S. 280-288.

Raue, Rechtssicherheit für datengestützte Forschung, ZUM 2019, S. 684-693.

Raue, Text- und Data-Mining - Die neue Urheberrechtsschranke des § 60d UrhG, CR 2017, S. 656-662.

Raue/Schöch, Zugang zu großen Textkorpora des 20. und 21. Jahrhunderts mit Hilfe abgeleiteter Textformate, RuZ 2020, S. 118-126.

Raue, P./Bensinger, Umsetzung des sui generis-Rechts an Datenbanken in den §§87a ff. UrhG, MMR 1998, S. 507-512.

Rauer/Kaase, "Reda-Bericht": Ansätze für die Reform eines neuen europäischen Urheberrechts, GRUR-Prax 2015, S. 364-366.

Reichman/Samuelson, Intellectual Property Rights in Data, Vand. L. Rev. 1997, S. 52-166.

Reinbothe, Der acquis communitaire des europäischen Urheberrechts, in: Riesenhuber (Hrsg.), Systembildung im Europäischen Urheberrecht, Berlin 2006, S. 79-106.

Reinbothe, Geistiges Eigentum und die Europäische Gemeinschaft, ZEuP 2000, S. 5-28.

Reinbothe, Neue Entwicklungen in der EU-Urheberrechtspolitik, ZGE 2015, S. 145-169.

Reinbothe, Hat die Europäische Gemeinschaft dem Urheberrecht gutgetan? in: Ohly/Bodewig/Dreier/Götting/Haedicke/Lehmann (Hrsg.), Perspektiven des Geistigen Eigentums und Wettbewerbsrechts: Festschrift für Gerhard Schricker zum 70. Geburtstag, München 2005, S. 483-500.

Reinbothe, Neue Entwicklungen in der EU-Urheberrechtspolitik, ZGE 2015, S. 145-169.

Reinemann/Remmertz, Urheberrechte an User-generated Content, ZUM 2012, S. 216-227.

Rieger, Der rechtliche Schutz wissenschaftlicher Datenbanken, Tübingen 2010.

Riehm, Die überschießende Umsetzung vollharmonisierender EG-Richtlinien im Privatrecht, JZ 2006, S. 1035-1045.

Riehm, VersR 2019, Rechte an Daten - Die Perspektive des Haftungsrechts, S. 714-724.

Risse, Web Content Mining Suche nach Informationen zu Wissenschaftlern, Saarbrücken 2006.

Roder, Die Methodik des EuGH im Urheberrecht: die autonome Auslegung des Gerichtshofs der Europäischen Union im Spannungsverhältnis zum nationalen Recht, Tübingen 2016.

Rolfes/Wendel, Die Veröffentlichung von Korpora amtlicher Werke zu Forschungszwecken aus urheber- und datenbankrechtlicher Sicht, ZUM 2018, S. 590-600.

Roßnagel, Rechtsfragen eines Smart Data-Austauschs - Datengetriebene Kooperation in der Industrie, NJW 2017, S. 10-15.

Rubinstein/Gal, Access Barriers to Big Data, Arizona L. Rev. 2017, S. 339-381.

Sag, The Google Book Settlement and the Fair Use Counterfactual, N.Y.L. Sch. L. Rev. 2010, S. 19-75.

Sag, The New Legal Landscape for Text Mining and Machine Learning, J. Copyright Soc´y U.S.A. 2019, S. 291-367.

Sagstetter, Digitaler Strukturwandel und Privatrecht - Neue Regeln für Big Data & Co.?, in: Husemann/Korves/Rosenkranz/Schmitt/Arnold/Beke-Martos/Dördelmann/Häsemeyer/Kämper/Musinsky/Tadus/Tophof/Weirauch (Hrsg.), Strukturwandel und Privatrecht, Basel 2019, S. 249-292.

Samuelson, The story of Baker v. Selden: sharpening the distinction between authorship and invention, in: Ginsburg/Dreyfuss (Hrsg.), Intellectual Property Stories, New York 2005, S. 159-193.

Samuelson, The EU's controversial digital single market directive, Comm. of the ACM 2018, S. 20-23.

Säuberlich, KDD und Data Mining als Hilfsmittel zur Entscheidungsunterstützung, Frankfurt a. M. 2000.

Säuberlich, Web Mining: Effektives Marketing im Internet, in: Wiedmann/Buckler (Hrsg.), Neuronale Netze im Marketing-Management, Wiesbaden 2001, S. 103-121.

Schack, Das neue UrhWissG - Schranken für Unterricht, Wissenschaft und Institutionen ZUM 2017, S. 802-808.

Schack, Europäische Urheberrechts-Verordnung: erwünscht oder unvermeidlich?, in: Leistner (Hrsg.), Europäische Perspektiven des Geistigen Eigentums, S. 173-189.

Schack, Europäisches Urheberrecht im Werden, ZEuP 2000, S. 799-819.

Schack, Schutz digitaler Werke vor privater Vervielfältigung - zu den Auswirkungen der Digitalisierung auf § 53 UrhG, ZUM 2002, S. 497-511.

Schack, Urheber- und Urhebervertragsrecht, 9. Aufl., Tübingen 2019.

Schack, Urheberrechtliche Gestaltung von Webseiten unter Einsatz von Links und Frames, MMR 2001, S. 9-17.

Schack, Urheberrechtliche Schranken für Bildung und Wissenschaft, ZUM 2016, S. 266-284.

Schack, Urheberrechtliche Schranken, übergesetzlicher Notstand und verfassungskonforme Auslegung, in: Ohly/Bodewig/Dreier/Götting/Haedicke/Lehmann, Festschrift für Gerhard Schricker zum 70. Geburtstag, München 2005, S. 511-521.

Schack, Weniger Urheberrecht ist mehr, in: Bullinger/Grunert/Ohst/Wöhrn (Hrsg.) Festschrift für Artur-Axel Wandtke zum 70. Geburtstag, Berlin 2013, S. 9-20.

Scheja, Schutz von Algorithmen in Big Data Anwendungen, CR 2018, S. 485-492.

Schicker, Datenbanken und SQL, 5. Aufl., Wiesbaden 2017.

Schmidt, J., Maximalschutz im internationalen und europäischen Urheberrecht, Göttingen 2018.

Schmidt, K./Zech, Datenbankherstellerschutz für Rohdaten? Wie Big-Data Anwendungen die Tatbestandsvoraussetzungen der §§ 87a ff. UrhG erfüllen können, CR 2017, S. 417-426.

Schnorbus, Die richtlinienkonforme Rechtsfortbildung im nationalen Privatrecht, AcP 2001, S. 860-899.

Schöch/Döhl/Rettinger/Gius/Trilcke/Leinen/Jannidis/Hinzmann/Röpke, Abgeleitete Textformate: Prinzip und Beispiele, RuZ 2020, S. 160-175.

Schöch/Döhl/Rettinger/Gius/Trilcke/Leinen/Jannidis/Hinzmann/Röpke, Abgeleitete Textformate: Text- und Data-Mining mit urheberrechtlich geschützten

Textbeständen, ZfdG 2020 Rn. 1-91, abrufbar unter: https://zfdg.de/2020_006 (zuletzt abgerufen: 2.4.2021).

Schricker, Abschied von der Gestaltungshöhe im Urheberrecht, in: Becker/Lerche/Mestmäcker (Hrsg.), Festschrift für Reinhold Kreile zu seinem 65. Geburtstag, Baden-Baden 1994, S. 715-721.

Schricker/Loewenheim, Urheberrecht: Kommentar, 6. Aufl., München 2020.

Schulze, Schleichende Harmonisierung des urheberrechtlichen Werkbegriffs? - Anmerkungen zu EuGH „Infopaq/DDF", GRUR 2009, S. 1019-1022.

Schulze, Wann beginnt eine urheberrechtlich relevante Nutzung?, ZUM 2000, S. 126-137.

Schulze, Werkgenuss und Werknutzung in Zeiten des Internets, NJW 2014, S. 721-726.

Schur, Die Lizenzierung von Daten, GRUR 2020, S. 1142-1152.

Schur, Die Lizenzierung von Daten, Tübingen 2020.

Schütte, Wissen, Zeichen, Informationen, Daten - Grundbegriffe der Wirtschaftsinformatik - Arbeitsbericht Nr. 9, Essen 2000.

Schweitzer, Datenzugang in der Datenökonomie: Eckpfeiler einer neuen Informationsordnung, GRUR 2019, S. 569-580.

Sendrowski, Zum Schutzrecht "sui generis" an Datenbanken, GRUR 2005, S. 369-377.

Senftleben, EU Copyright Reform and Startups - Shedding Light on Potential Threats in the Political Black Box, abrufbar unter: https://bit.ly/2kiJgFq (zuletzt abgerufen: 2.4.2021).

Senftleben, Grundprobleme des urheberrechtlichen Dreistufentests, GRUR Int. 2004, S. 200-211.

Siegmund, Einführung in Text Mining, in: Witte/Mülle (Hrsg.), Text Mining: Wissensgewinnung aus natürlichsprachlichen Dokumenten, Interner Bericht, Karlsruhe 2006, S. 41-58

Söbbing, Algorithmen und urheberrechtlicher Schutz, CR 2020, S. 223-228.

Sobel, Artificial Intelligence's Fair Use Crisis, Colum. J.L. & Arts 2017, S. 45-97.

Sökeland, Neue Schranken für Bildung und Forschung - Was ändert sich durch das Urheberrechts-Wissenschafts-Gesetz?, K&R 2017, S. 605-609.

Specht, Ausschließlichkeitsrechte an Daten - Notwendigkeit, Schutzumfang, Alternativen, CR 2016, S. 288-296.

Specht, Die neue Schrankenregelung für Text- und Data-Mining und ihre Bedeutung für die Wissenschaft, OdW 2018, S. 285-290.

Specht, Zum Verhältnis von (Urheber-) Recht und Technik, GRUR 2019, S. 253-259.

Specht/Kerber, Datenrechte - Eine Rechts- und Sozialwissenschaftliche Analyse im Vergleich Deutschland - USA, Münster 2017.

Specht-Riemenschneider, Konsequenzen der Ökonomisierung informationeller Selbstbestimmung: die zivilrechtliche Erfassung des Datenhandels, Köln 2012.

Specht-Riemenschneider, Urheberrechtlicher Schutz für Algorithmenerzeugnisse? - Phasenmodell de lege lata, Investitionsschutz de lege ferrenda?, in: Specht-Riemenschneider/Buchner/Heinze/Thomsen (Hrsg.), IT Recht in Wissenschaft und Praxis - Festschrift für Jürgen Taeger, Frankfurt a. M. 2020, S. 711-724.

Spindler, Die Modernisierung des europäischen Urheberrechts - Der Vorschlag zur Portabilitäts-VO und die Planungen der EU-Kommission, CR 2016, S. 73-81.

Spindler, Die neue Urheberrechts-Richtlinie der EU (Teil 1), WRP 2019, S. 811-817.

Spindler, Die neue Urheberrechts-Richtlinie der EU, insbesondere „Upload-Filter" - Bittersweet? CR 2019, S. 277-291.

Spindler, Grenzen des Softwareschutzes - Das Urteil des EuGH in Sachen SAS Institute, CR 2012, S. 417-422.

Spindler, Text- und Data Mining - urheber- und datenschutzrechtliche Fragen, GRUR 2016, S. 1112-1120.

Spindler, Text- und Datamining im neuen Urheberrecht und in der europäischen Diskussion, ZGE 2018, S. 273-300.

Spindler, Urheberrecht 4.0, in: Frenz (Hrsg.), Handbuch Industrie 4.0, Berlin 2020, S. 297-329.

Spindler/Schuster, Recht der elektronischen Medien, Kommentar, 4. Aufl., München 2019.

Stamatoudi, Text and Data Mining, in: Stamatoudi (Hrsg.), New Developments in EU and International Copyright Law, Alphen aan den Rijn 2016, S. 251-282.

Staudingers Kommentar zum Bürgerlichen Gesetzbuch mit Einführungsgesetz und Nebengesetzen, Buch 1: Allgemeiner Teil. §§ 90-124; §§ 130-133 (Allgemeiner Teil 3), 16. Aufl., Berlin 2016.

Steinbrecher, Die EU-Urheberrechtsrichtlinie aus Sicht der Digitalwirtschaft - Zeit für Augenmaß und faktenbasierte Gesetzgebung, MMR 2019, S. 639-643.

Steiner, Grundkurs Relationale Datenbanken, 9. Aufl., Wiesbaden 2017.

Steinhauer, Das Gesetz zur Anpassung des Urheberrechts an die Erfordernisse des digitalen Binnenmarktes, RuZ 2021, S. 5-26.

Steinmüller, Informationstechnologie und Gesellschaft: Einführung in die angewandte Informatik, Darmstadt 1993.

Steinrötter, Datenwirtschaftsrecht - Zu den Anzeichen für ein im Entstehen begriffenes Rechtsgebiet, in: Specht-Riemenschneider/Buchner/Heinze/Thomsen (Hrsg.), IT Recht in Wissenschaft und Praxis - Festschrift für Jürgen Taeger, Frankfurt a. M. 2020, S. 491-511.

Stender-Vorwachs/Steege, Wem gehören unsere Daten? - Zivilrechtliche Analyse zur Notwendigkeit eines dinglichen Eigentums an Daten, der Datenzuordnung und des Datenzugangs, NJOZ 2018, S. 1361-1367.

Stiemerling, „Künstliche Intelligenz" - Automatisierung geistiger Arbeit, Big Data und das Internet der Dinge, CR 2015, S. 762-765.

Stiemerling, § 5 Grundlagen der Datenauswertung, in: Conrad/Grützmacher (Hrsg.), Recht der Daten und Datenbanken im Unternehmen - Zugleich Festgabe für Jochen Schneider zum 70. Geburtstag, Köln 2014, S. 62-70.

Stiemerling, § 6 Aktuelle Herausforderungen: Unstructured, Real-Time und Big Data, in: Conrad/Grützmacher (Hrsg.), Recht der Daten und Datenbanken im Unternehmen - Zugleich Festgabe für Jochen Schneider zum 70. Geburtstag, Köln 2014, S. 71-78.

Stieper, Der Trans Europa Express ist aus Luxemburg zurück - auf dem Weg zu einer Vollharmonisierung der urheberrechtlichen Schranken, ZUM 2019, S. 713-720.

Stieper, Die Richtlinie über das Urheberrecht im digitalen - Keynote auf der Konferenz "Perspektiven des Urheberrechts im Informationszeitalter" am 19.11.2018 in Berlin, ZUM 2019, S. 211-217.

Stieper, Grenzüberschreitender Zugang zu digitalen Inhalten - oder Reform des europäischen Urheberrechts? GRUR 2015, S. 1145-1151.

Stieper, Das Verhältnis der verpflichtenden Schranken der DSM-RL zu den optionalen Schranken der InfoSoc-RL, GRUR 2020, S. 1-7.

Stieper, Rechtfertigung, Rechtsnatur und Disponibilität der Schranken des Urheberrechts, Tübingen 2009.

Stoffel, Web + Data Mining = Web Mining, HMD 2009, S. 6-20.

Streinz, Primärrechtliche Grundlagen des Europäischen Urheberrechts, in: Riesenhuber (Hrsg.), Systembildung im Europäischen Urheberrecht, Berlin 2006, S. 11-37.

Sucker, Der digitale Werkgenuss im Urheberrecht, Tübingen 2014.

Suhr, Richtlinienkonforme Auslegung im Privatrecht und nationale Auslegungsmethodik, Baden-Baden 2011.

Thieltges, Big Data, Machine Learning und Künstliche Intelligenz, ZfP 2020, S. 3-32.

Tillmanns, Data Mining zur Unterstützung betrieblicher Entscheidungsprozesse, Dortmund 2003.

Tinnefeld, Die Einwilligung in urheberrechtliche Nutzungen im Internet, Tübingen 2012.

Trevisan/Jakobs, Linguistisches Text Mining - Neue Wege für die Marktforschung, in: Keller/Klein/Tuschl (Hrsg.), Zukunft der Marktforschung Entwicklungschancen in Zeiten von Social Media und Big Data, Wiesbaden 2015, S. 167-185.

Triaille/de Meeûs d'Aegenteuil/de Francquen, Study on the legal framework of text and data mining (TDM), 2014.

Triaille/Dusollier/Depreeuw/Hubin/Coppens/de Francquen, Study on the Application of Directive 2001/29/EC on Copyright and Related Rights in the Information Society (The "InfoSoc Directive"), 2013.

Truyens/van Eecke, Legal Aspects of Text Mining, CLSR, S. 153-170.

Ueno, The Flexible Copyright Exception for 'Non-Enjoyment' Purposes – Recent Amendment in Japan and Its Implication, GRUR Int. 2021, S. 145-152.

v. Olenhusen, Urheber vs. Eigentümer et vice versa? Zur Problematik des urheberrechtlichen Zugangsrecht, in: Bullinger/Grunert/Ohst/Wöhrn (Hrsg.) Festschrift für Artur-Axel Wandtke zum 70. Geburtstag, Berlin 2013, S. 279-286.

v. Schönfeld, Screen Scraping und Informationsfreiheit, Baden-Baden 2018.

Versteeg, Defining "Author" for Purposes of Copyright, Am. U. L. Rev. 1996, S. 1323-1366.

Vogel, Überlegungen zum Schutzumfang der Leistungsschutzrechte des Filmherstellers - angestoßen durch die TV Total - Entscheidung des BGH, in: Hilty/Drexl/Nordemann (Hrsg.), Schutz von Kreativität und Wettbewerb - Festschrift für Ulrich Loewenheim zum 75. Geburtstag, München 2009, S. 367-376.

Vogel, Von Johann Stephan Pütter und von der Rechtsprechung des Europäischen Gerichtshofs zum Datenbankherstellerrecht, in: Bodewig/Dreier/Götting/Haedicke/Lehmann/Ohly (Hrsg.), FS Schricker, München 2005, S. 581-591.

Völtz, HTML5 - neuer Standard, neue Probleme?Ein Überblick über Neuerungen und rechtliche Fragen, MMR 2013, S. 619-623.

v. Lewinski, K., Datenflut und Recht - Informationsrecht als Deich, Kanal, Wasserhahn oder Rettungsring?, Karlsruhe 2013.

v. Ungern-Sternberg, Die Rechtsprechung des Bundesgerichtshofs zum Urheberrecht und zu den verwandten Schutzrechten in den Jahren 2008 und 2009 (Teil II), GRUR 2010, S. 386-396.

v. Ungern-Sternberg, Die Rechtsprechung des EuGH und des BGH zum Urheberrecht und zu den verwandten Schutzrechten im Jahr 2020, GRUR 2021, S. 1-18.

v. Ungern-Sternberg, Urheberrechtliche Verwertungsrechte im Lichte des Unionsrechts, GRUR 2012, S. 1198-1205.

Vossen, Datenmodelle, Datenbanksprachen und Datenbankmanagementsysteme, 5. Aufl., München 2008.

Wagner, Das Konzept der Mindestharmonisierung, Berlin 2001.

Wagner, K., Entstehung eines neuen Urheberrechtswerks am Beispiel des Musiksampling - Spannungsverhältnis mit vorbestehenden Schutzrechten, MMR 2019, S. 727-732.

Walter/v. Lewinski, European Copyright Law - A Commentary, New York 2010.

Wandtke, Grundsätze der Richtlinie über das Urheberrecht im digitalen Binnenmarkt, NJW 2019, S. 1841-1847.

Wandtke, Ökonomischer Wert von persönlichen Daten - Diskussion des „Warencharakters“ von Daten aus persönlichkeits- und urheberrechtlicher Sicht, MMR 2017, S. 6-12.

Wandtke, Schrankenlose Bildung und Wissenschaft im Lichte des Urheberrechts, GRUR 2015, S. 221-227.

Wandtke, Urheberrecht in der Reform oder wohin steuert das Urheberrecht - Widersprüche in den Reformen des Urheberrechts, MMR 2017, S. 367-373.

Wandtke, Werkbegriff im Urheberrechts-Wissensgesellschafts-Gesetz, NJW 2018, S. 1129-1135.

Wandtke/Bullinger, Praxiskommentar zum Urheberrecht, 5. Aufl., München 2019.

Wandtke/Hauck, „Scherz, Satire, Ironie und tiefere Bedeutung“: Die §§ 23 und 51 a im Referentenentwurf zur Neufassung des UrhG, GRUR-Prax 2020, S. 542-544.

Wandtke/König, Reform der urheberrechtlichen Schrankenbestimmungen zugunsten von Bildung und Wissenschaft, ZUM 2014, S. 921-930.

Wandtke/von Gerlach, Die urheberrechtliche Rechtmäßigkeit der Nutzung von Audio-Video Streaminginhalten im Internet, GRUR 2013, S. 676-683.

Weber, Die urheberrechtliche Zwangslizenz, Baden-Baden 2018.

Weiss/Indurkhya/Zhang, Fundamentals of Predictive Text Mining, 2. Aufl., London 2015.

Wiebe, Der Schutz von Datenbanken ungeliebtes Stiefkind des Immaterialgüterrechts CR 2014, S. 1-10.

Wiebe, Europäischer Datenbankschutz nach „William Hill" - Kehrtwende zur Informationsfreiheit?, CR 2005, S. 169-174.

Wiebe, Immaterialgüterrecht 4.0: Gewerbliche Schutzrechte, in: Frenz (Hrsg.), Handbuch Industrie 4.0, Berlin 2020, S. 279-296.

Wiebe, Protection of industrial data - a new property right for the digital economy?, GRUR Int. 2016, S. 877-884.

Wiebe, Schutz von Daten im Immaterialgüterrecht in: Hornung (Hrsg.), Rechtsfragen der Industrie 4.0, Baden-Baden 2018, S. 97-118.

Wiebe, Schutz von Maschinendaten durch das sui generis-Schutzrecht für Datenbanken, GRUR 2017, S. 338-345.

Wiebe/Funkat, Multimedia Anwendungen als urheberrechtlicher Schutzgegenstand, MMR 1998, S. 69-75.

Wiebe/Schur, Ein Recht an industriellen Daten im verfassungsrechtlichen Spannungsverhältnis zwischen Eigentumsschutz, Wettbewerbs- und Informationsfreiheit, ZUM 2017, S. 461-473.

Wilde, Data Warehouse, OLAP und Data Mining im Marketing - Moderne Informationstechnologien im Zusammenspiel, in: Hippner/Küsters/Meyer/Wilde (Hrsg.), Handbuch Data Mining im Marketing, Braunschweig 2001, S. 1-20.

Wirth, Die Pflicht zur Löschung von Forschungsdaten - Urheber- und Datenschutzrecht im Widerspruch zu den Erfordernissen guter wissenschaftlicher Praxis?, abrufbar unter: https://bit.ly/3lw39XG (zuletzt abgerufen: 2.4.2021).

Wirth, Die Pflicht zur Löschung von Forschungsdaten - Urheber- und Datenschutzrecht im Widerspruch zu den Erfordernissen guter wissenschaftlicher Praxis?, ZUM 2020, S. 585-592.

Wischmeyer/Herzog, Daten für alle? - Grundrechtliche Rahmenbedingungen für Datenzugangsrechte, NJW 2020, S. 288-293.

Witte, § 16 Abgrenzung von Datenbank und Datenbankinhalt, in: Conrad/Grützmacher (Hrsg.), Recht der Daten und Datenbanken im Unternehmen - Zugleich Festgabe für Jochen Schneider zum 70. Geburtstag, Köln 2014, S. 229-233.

Witten/Frank/Hall/Pal, Data Mining, 4. Aufl., Amsterdam 2017.

Würtenberger/Freischem, Stellungnahme des GRUR-Fachausschusses für Urheber- und Verlagsrecht zur Umsetzung der EU-RL im Urheberrecht (DSM-RL [EU] 2019/790 und Online-SatCab-RL [EU] 2019/789), GRUR 2019, S. 1140-1166.

Würtenberger/Freischem, Stellungnahme zu dem Referentenentwurf eines Gesetzes zur Angleichung des Urheberrechts an die aktuellen Erfordernisse der Wissensgesellschaft (UrhWissG) und zum Verleih von E-Books durch Bibliotheken (sog. "E-Lending"), GRUR 2017, S. 594-600.

Zaiane, Resource and Knowledge Discovery from the Internet and Multimedia Repositories, Burnaby 1999.

Zech, "Industrie 4.0" - Rechtsrahmen für eine Datenwirtschaft im digitalen Binnenmarkt, GRUR 2015, S. 1151-1160.

Zech, CR 2015, Daten als Wirtschaftsgut - Überlegungen zu einem „Recht des Datenerzeugers", S. 137-146.

Zech, Daten als Wirtschaftsgut - Überlegungen zu einem "Recht des Datenerzeugers", in: Metzger/Wimmers (Hrsg.), DGRI Jahrbuch 2014, Köln 2015, Rn. 1-65.

Zech, Information als Schutzgegenstand, Tübingen 2012.

Zech, Life Sciences and Intellectual Property: Technology Law Put to the Test, ZGE 2015, S. 1-14.

Zech, Urheberrecht und Technik - zugleich Anmerkung zu EuGH, Urteil vom 11.6.2020 - C-833/18 - Brompton/Get2Get, ZUM 2020, S. 801-805.

Zieger/Smirra, Fallstricke bei Big-Data Anwendungen - Rechtliche Gesichtspunkte bei der Analyse fremder Datenbestände, MMR 2013, S. 418-421.